張自烈『正字通』字音研究

古屋昭弘 著

好文出版

目　次

序　章　1

　　附・贛方言研究簡介　5

第1部　歴史・版本篇

第1章　張自烈と『字彙辯』―『正字通』の成書過程― ……　8

　　1．張自烈について　8
　　2．廖文英について　10
　　3．張・廖二氏の係わり　10
　　4．『字彙辯』と『正字通』　11
　　5．「十二字頭」等について　18
　　6．成書の背景　20
　　7．『正字通』の特徴　23
　　8．結び　25

第2章　『正字通』の版本について …………………………　31

　　1．『正字通作者辯』　31
　　2．内閣文庫蔵白鹿書院本　31
　　3．東京大学蔵白鹿書院本　33
　　4．劉炳補修本　33
　　5．清畏堂本　36
　　6．弘文書院本　37
　　7．三畏堂本　39
　　8．芥子園本　41
　　9．その他　43

i

第3章　金堡「刊正正字通序」と三藩の乱……………………46

　　1．はじめに　46
　　2．金堡「刊正正字通序」　46
　　3．劉炳「刊正正字通序」　47
　　4．金堡の交友関係　49
　　5．結び　52

第4章　張自烈『増補字彙』について……………………………55

　　1．はじめに　55
　　2．『増補字彙』について　56
　　3．『正字通』との関係　57
　　4．音注について　61
　　5．結び　62

第5章　張自烈年譜稿………………………………………………66

　　附論　明刊『箋註陶淵明集』のことなど　103
　　1．『箋註陶淵明集』　103
　　2．『眞山人後集』　106
　　3．『陪集』　108
　　4．その他　110

第2部　音韻篇

第1章　『正字通』と17世紀の江西方音………………………113

　　1．声母の面での特色　113
　　2．韻母の面での特色　114
　　3．声調の面での特色　116

4．まとめ　118

第 2 章　白鹿書院本『正字通』最初期の音注…………………121

　　　1．二種類の白鹿書院本　121
　　　2．音注の対照および『増補字彙』との関係　122
　　　3．山咸二摂の音注　126
　　　4．その他　127

第 3 章　白鹿書院本『正字通』声韻調の分析…………………132

　　　1．音注について　132
　　　2．反切系聯法の問題点　133
　　　3．声調相配の問題　135
　　　4．白鹿書院本『正字通』の声母　136
　　　5．反切上字系聯表　137
　　　6．白鹿書院本『正字通』の韻母　155
　　　7．反切下字系聯表　168
　　　8．白鹿書院本『正字通』の声調　199

第 4 章　同音字表（細目は別記）……………………………203

第 5 章　『正字通』における中古全濁上声字の扱い…………245

　　　1．はじめに　245
　　　2．中古全濁上声　246
　　　3．声調をめぐる議論　248
　　　4．「叶音」としての処理　250
　　　5．結び　252
　　　6．資料　253

第6章　『苞山詩集』と張自烈の読書音 ………………… 261

  1．はじめに　261
  2．詩について　261
  3．訳注五首　264
  4．おわりに　270
  5．資料　『苞山文集詩巻之一　旅詩』　271

終　章　288

  附表1　内閣文庫蔵白鹿書院本反切対照表　298
  附表2　江戸日本への三字書の舶載　320

書　誌　323

人名索引　332　　事項・書名索引　338　　あとがき　343

（第4章）同音字表　細目（以下、漢字は主な摂の名）

  [a]　　假 ………………… 204　　　[iəu]　　流 ………………… 220
  [ia]　　假 ………………… 205　　　[an][aʔ]　山咸 …………… 221
  [ua]　　假（蟹）………… 205　　　[ian][iaʔ]　山咸 ………… 223
  [o]　　果 ………………… 206　　　[uan][uaʔ]　山（咸）…… 226
  [ɿ]　　止 ………………… 207　　　[iuan][iuaʔ]　山 ………… 228
  [i]　　止蟹 ……………… 207　　　[ən][əʔ]　臻梗曾深 ……… 229
  [u]　　遇（流）………… 209　　　[iən][iəʔ]　臻梗曾深 …… 231
  [iu]　　遇 ……………… 211　　　[uən][uəʔ]　臻梗曾 ……… 235
  [ai]　　蟹 ……………… 212　　　[iuən][iuəʔ]　臻梗曾 …… 237
  [uai]　蟹 ……………… 213　　　[oŋ][oʔ]　江宕 …………… 238
  [uəi]　止蟹 …………… 214　　　[ioŋ][ioʔ]　江宕 ………… 240
  [au]　　效 ……………… 216　　　[uoŋ][uoʔ]　宕 …………… 241
  [iau]　效 ……………… 217　　　[uəŋ][uəʔ]　通（梗）…… 241
  [əu]　　流 ……………… 219　　　[iuəŋ][iuəʔ]　通（梗）… 243

<図1>

内閣文庫蔵白鹿書院本 見返し

同左子集第一葉表（19.5×12.8cm）

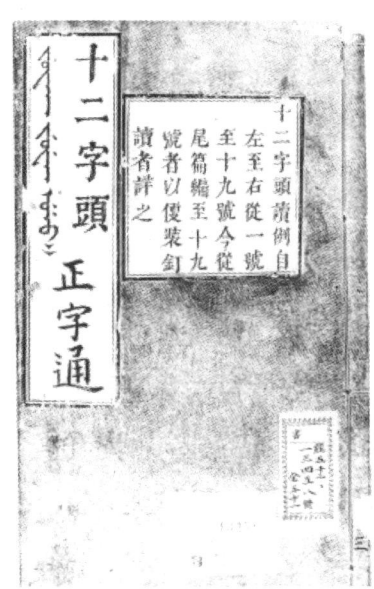

内閣文庫蔵白鹿書院本「十二字頭」表紙

同左見返し

<図2>

東北大学附属図書館蔵本　見返し　　　　同左子集第一葉表

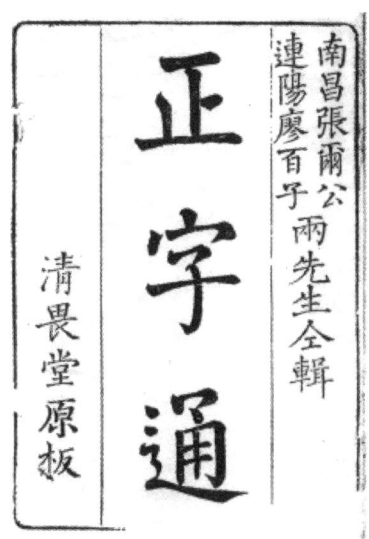

早稲田大学図書館蔵本　見返し　　　　同左子集第一葉表

序　章

　『正字通』は『康熙字典』の藍本のひとつとして、明万暦年間刊の梅膺祚『字彙』と並び称される大型字書である。清康熙十年（1671）に初刻本が出て程なく日本にも舶載され、江戸時代を通じてよく利用された。しかしながら清朝では「引用が煩蕪で誤りも多い」（徵引繁蕪、頗多舛駁）[1]というような評価を受けることも多く、現代に至るまでそれ自体が研究対象となることは稀であった。

　今回『正字通』の音釈、特に反切を全面的に調査した結果、それに江西贛方言地区の一方言音（おそらく読書音）が反映していることが判明した[2]。方言史・音韻史の資料として貴重であり、本書の目的もこの方言音の体系的な再構に置かれる。この書をより有効に利用するためには、作者の生涯及び成書過程に対する詳細な調査探究がぜひとも必要となる。特に重要なのは作者がいかなる言語生活を送ったかという点であろう。

　本書第1部はその点を中心に論じたものである。ここで現在ほぼ共通の理解となっている事項を整理する意味で、『四庫全書總目提要』（以下『提要』と略称）「經部小學類存目・正字通」の記述の要点を挙げておきたい。

（一）『正字通』の真の作者は明の張自烈、字は爾公。
（二）廖文英、字は百子、連州の人。康熙初年、南康府知府の任にある時、張氏の書を購入、巻頭に満文「十二字頭」を加え、自分の名で出版。
（三）二人の死後、成書の経緯を知る友人等の力添えで、張氏の名を冠した版本も出現。

　以上は大筋としては勿論問題ない。第1部第1章では、特に（一）（二）について、新知見も含め、細節に渉る描写ならびに補充説明を加える。年譜も作りながら（第5章）、明末清初の党社「復社」の巨頭として名を馳せた張自烈の生涯、そしてその中での『正字通』の成書過程を明らかにする。第2章〜第4章では（三）に関連する版本の問題を詳論する。

本書第2部は音韻篇である。『正字通』は専ら『字彙』批判を目的として作られただけに、その音注、特に反切も『字彙』とはかなり違うものとなっている。一方『字彙』の反切自体は『洪武正韻』の反切を基盤として、その中に編者梅膺祚の安徽呉語の字音の影響が少し顔を覘かせるもの。『洪武正韻』乃至『字彙』の反切は、『廣韻』などの伝統的な韻書と比べた場合、声母や韻母の一部合流は見せるものの、声母の全清・次清・全濁の区別は保っている。声調の枠組みも中古の四声のままである。これに対し『正字通』は、反切帰字の平仄に関わらず、『字彙』の多くの全濁反切上字を次清字に、また多くの次清反切上字を全濁字に換えるなど大幅な改訂を施している。その結果、「次＝自」「譬＝備」「勸＝倦」（いずれも左が次清、右が全濁）のような、同音化が起こっている。また韻母の面でも、臻深梗曽四摂の合流や山咸二摂の合流（例えば「姻＝音＝英＝鷹」や「壇＝談」）など、摂を越えた韻母の合流が多く見られる。

　詳細は第2部での議論に譲るが、『正字通』の音注の特殊性を簡単に示すため、ほぼすべての類型が見られる人偏の最初の20数字の反切について、以下『洪武正韻』『字彙』と較べておきたい：

	洪武	字彙	正字通（清畏堂本）
①仭	而振切	而震切	如禁切
②仂	歷德切	歷德切	盧白切
③什	寔執切	寔執切	世執切
④仆	芳故切	芳故切	符遇切
⑤仈	———	布拔切	布衲切
⑥仔	祖似切	祖似切	祖此切
⑦以	養里切	羊里切	隱起切

　以上のうち①では臻摂「仭」の『洪武正韻』『字彙』二書の反切下字「振震」（臻摂）が『正字通』では深摂「禁」に、②では曽摂「德」が梗摂「白」に、③では禪母「寔」が書母「世」に、④では敷母「芳」が奉母「符」に、⑤では山摂「拔」が咸摂「衲」に、⑥では止摂全濁上声の「似」が次清「此」に、⑦では以母の「養羊」が影母「隱」に、それぞれ換えら

2

れている。①②⑤は『正字通』における臻深梗曽四摂合併、山咸二摂合併、③④⑦は声母における清濁の区別（影母・喩母の区別を含む）の消失、⑥は全濁上声字の去声化の、それぞれ現れである。

	洪武	字彙	正字通
⑧今	居吟切	居吟切	居欣切
⑨他	湯何切	湯何切	湯戈切
⑩仙	蘇前切	蘇前切	蘇焉切
⑪仚	虛延切	虛延切	虛焉切
⑫仜	胡公切	戶工切	湖同切

これらの例では『洪武正韻』『字彙』二書の反切下字「吟何前延」が、『正字通』としては陽平調になってしまうため陰平調の「欣戈焉焉³」に、「公（工）」が、『正字通』としては陰平調になってしまうため陽平調の「同」に、それぞれ換えたことがわかる。次のように元のままで問題ない時はわざわざ用字を換えることはしない。

	洪武	字彙	正字通
⑬仇	渠尤切	渠尤切	渠尤切（「仇尤」ともに陽平調）
⑭仟	倉先切	倉先切	倉先切（「仟先」ともに陰平調）
⑮仉	───	止兩切	止兩切（上声の例）
⑯代	度耐切	度奈切	度奈切（去声の例）
⑰介	居拜切	居拜切	居拜切（去声の例）
⑱令	力正切	力正切	力正切（去声の例）
⑲仗	呈兩切	呈兩切	直亮切又養韻（去声優先の例）
	直亮切	又直亮切	

逆から言えば、『正字通』の反切が『字彙』と同じ字面であっても、それは張自烈が自分の字音に適合すると判断した上での継承であり、徹底的に改造された反切と同等にみなして構わないと判断される。

	洪武	字彙	正字通
⑳人仁	而鄰切	而鄰切	如神切
㉑仺	止忍切	止忍切	章引切
㉒仕	時吏切	時吏切	時至切

これらの例では、なぜ『正字通』で用字変更の必要性があったのかややわかりにくい[4]。

　　　　　洪武　　　字彙　　　正字通
㉓仍　如陵切　時征切　如神切

この例では『洪武正韻』が中古音のまま正しく曽摂三等日母の音を示しているのに対し、『字彙』では上字を禅母「時」、下字を梗摂「征」に換えている。これは『字彙』の編者梅膺祚の安徽呉語の字音の影響と考えられる（古屋1998a）。一方『正字通』は下字を臻摂「神」としている。

　　　　　洪武　　　字彙　　　正字通
㉔仢　―――　符約切　職略切

この例は『字彙』の字音自体を『正字通』で他の音に換えたものである。
以上からも『正字通』の作者が『字彙』の反切を改造あるいは継承するに当たって、細心の注意を払っていたことが理解されよう。
他に、上述の「反切帰字の平仄に関わらず、『字彙』の多くの全濁反切上字を次清字に換えた」例を一字追加しておきたい（「仲直」は全濁澄母、「昌」は次清昌母）：

　　　　　洪武　　　字彙　　　正字通
　　仲　直衆切　直衆切　昌用切

本書第2部では、まず第1章で、以上のような音注の特徴と17世紀の江西方言音との関連を考え、次に第2章で内閣文庫蔵白鹿書院本（白鹿内閣本）にこそ張自烈の音注の本来の姿が見られることを他の版本の音注との対照を通して考証（巻末に附表あり）、第3章で白鹿内閣本の音注に基づき反切系聯法を適用、声母と韻母の分析をしたうえ、宜春を中心とする現代贛語音をも参照しつつ張自烈の字音体系を再構、第4章として同音字表の形にまとめた。第5章では『正字通』の全濁上声字の扱いを論じる。第6章では、張自烈の詩について、再構音を加えながら考証した。

終章では、版本の系譜、および字音体系の中古音・清初官話との対応を表の形にまとめ、更に『正字通』の日本への舶載などについて言及（巻末に附表）。その後に本書全体に関する詳細な書誌をつけた。

附・贛方言研究簡介

　第2部で詳論するとおり『正字通』の音注は17世紀の宜春贛方言の字音体系を示す可能性が高い。この資料を研究史の中に正確に位置付けるためにも、ここで贛方言研究の状況を紹介しておく必要があろう。

　まず、Forke の1903年の論文 Über einige südchinesische Dialekte und ihr Verhältniss zum Pekinesischen は既に歴史的資料ともいうべきもの。その中に「袁州方言」（宜春方言）への言及があり、数十の漢字の発音がローマ字で記されている。この中で注目すべきは「准」「傳」すなわち正歯・舌上三等の合口字が、kwing すなわち軟口蓋音声母として描写されていることである。このような特徴は現代宜春（陳1991）には見られないが、李・張1992によれば、湖南東部の醴陵や平江の贛方言に見られるものである。

　そのあとの段階つまり40年代から現時点までの研究状況は、北京大学「中文論壇」[5]所載の「江西漢語方言文献目録」に詳しい。40年代には中央研究院歴史語言研究所による江西方言調査も行なわれたが、その結果は公開されておらず、楊時逢の「南昌音系」（1969）や「江西方言聲調的調類」（1971）などにその一端を伺いうるのみである。

　研究書や辞書の面では、一地点を扱ったものとして、羅常培1940『臨川音系』、余直夫1975『奉新音系』、羅肇錦1989『瑞金方言』、陳有恒1989『蒲圻方言』（湖南の贛方言）、魏鋼強1990『萍郷方言志』、顔森1993『黎川方言研究』、熊正輝1995『南昌方言詞典』、顔森1995『黎川方言詞典』、魏鋼強1998『萍郷方言詞典』などが出ており、更に、現代贛方言を全体的に扱ったものとして、陳昌儀1991『贛方言概要』、李如龍・張雙慶1992『客贛方言調査報告』、劉綸鑫1999『客贛方言比較研究』の三著が出てからは、研究に大きな進展が見られつつある。

　贛方言の歴史的研究を中心とするものとしては、Sagart 1993 LES DIALECTES GAN や劉澤民2005『客贛方言歴史層次研究』の出版が注目される。前者は南昌方言音系の共時的研究、および中古音との比較を含む

通時的な考察を中心として、更に武寧・上高・南城の分析をも加えたうえ、声韻調の音韻変化の諸相とその動因が論じられている。後者では客家方言を含む多くのデータに基づき、「近古層」「中古層」「上古遺留層」のような歴史的な「層」を探求・分析したもの、客家・贛両方言の関係、全濁・次清合流の問題、一部の贛方言において章母系声母が [t- tʰ-] に対応する問題[6]なども詳しく論じられている。

　文献の面では、もともと方言関係の資料自体が少ないこともあり、たとえ断片的な情報であっても貴重である。たとえば明の袁子讓『字學元元』の「江右知端無別、如朝知刁端同音、晝知丢端同音、是也」、方以智（張自烈の友）の『通雅』「切韻聲原」の「建昌勸錕爲一」[7]のような情報をもっと収集する必要があろう。前者は「朝」や「晝」のような知母字が端母のように [t-] で現れる特徴が明代に既に見られることを示す。李・張1992によれば、現代江西の新余・宜豊・安義・修水などに見られる特徴である。後者は恐らく「勸」など中古三等合口字が撮口呼や斉歯呼でなく合口呼で現れる特徴を指摘したものであろう。李・張1992によれば、現代江西の南城（明清の建昌府）では「勸」が [kʰuan] と読まれており、恐らく方以智もそのような音を念頭に置いていたものと思われる。

　また、16世紀末の『問奇集』には各地の方言音についての言及があり（たとえば「二楚…解爲改」）、その表し方に江西新建の出身である作者張位の方言音が反映しているとする説がある（丁邦新1978）。しかしSagart1993の考証のとおり、「A爲B」と言う場合のBは当時の官話音によっていると見る方が自然であろう。

　花登正宏1981「明代通俗小説「律條公案」について」は白話小説の音注に贛方音的要素を見出したものとして特筆される。内閣文庫蔵『新刻海若湯先生彙集古今律條公案』（萬暦年間刊行）に付けられた1250例の傍注のうち来母と端母の合流例、非・敷・奉母と暁・匣母合口の合流例[8]などに基づき、傍注に現れた音韻的特徴と江西臨川方言音との関連、更に海若湯先生すなわち湯顕祖が臨川の人であることとの関連を指摘している。

　以上からも、他の大方言に較べて贛方言の研究はまだまだ少なく、特に特定の時代・地点の音韻体系の全体像を示す資料は皆無に近いことがわかる。

以下の章について
一、原則として引用文や書名は旧字による。
二、「叙」のように傍点をつけたものは、字体がやや異なることを意味する。
三、有気音を表す音声記号は右肩の小さいhに統一。

注――――
1 『四庫全書總目提要』「經部小學類存目・正字通」の項。引用文の句読点は筆者（古屋）によるもの。以下同。朱彝尊『經義考』にも「村夫子挾梅膺祚之字彙、張自烈之正字通、以爲兔園册、問奇字者歸焉」とあり、『字彙』『正字通』を俗書扱いしている。
2 古屋1992。当時、河野六郎先生の御指教を忝なくしたことを付記しておきたい。
3 反切帰字と異なり、「欣」は臻摂、「戈」は合口字。
4 ⑳の場合、「而」が日母の音を表すのに不適当となっていた可能性がある。臻深梗曽四摂合併に関連することもあろう。たとえば『正字通』で「人」と同音になる「任」と、「軫」と同音になる「枕」は『字彙』でそれぞれ「如深切」「章錦切」であり、『正字通』の「如神切」「章引切」はそれに由来するかもしれない。
5 www.pkucn.com による。
6 羅常培1940や陳昌儀1997のようにそれを上古音の層に属すると見る学者も多い。平山久雄氏は夙に、奉新方言の同様の状況に関して、章母系声母がそり舌音の段階を経て [t-] などになったという説を出しておられる（余直夫1975による）。大嶋1996に詳しい。
7 「鎕」は「鐺」の俗字、『廣韻』戸關切。
8 たとえば、抵＝理、嫡＝暦、嫡＝力（いずれも左が端母、右が来母）、また、焚＝魂、繁＝還（いずれも左が奉母、右が匣母）など。
附注（校正に際して）：その後の重要な著作に『江西省方言志』（方志出版社、2005）、孫宜志『江西贛方言語音研究』（語文出版社、2007）がある。

第1部　歴史・版本篇

第1章　張自烈と『字彙辯』　―『正字通』の成書過程―

1．張自烈について

　張自烈（1598-1673）、字は爾公、号は芑山。江西袁州府宜春の人。芑山は「張子居芑山」の如く地名のように使われるが、実際にそのような山や場所があるわけではなく、詩経に由来する書室名および号である[9]。出身地について『四庫提要』「正字通」の項では南昌の人と言い、同「經部四書類存目」の『四書大全辯』の項では正しく宜春の人とする。張氏の『芑山文集』、『宜春縣志』『袁州府志』『江西通志』[10]等みな宜春としている。以下、これらの資料に基づき、張氏の一生を追ってみたい（詳しくは第5章）。

　誕生は萬暦二十五年（1597）十二月（正確には1598年）。祖父の張化鵬は童試に失敗、早世している。父の張曰柱は故郷宜春から出ることなく官職にも就いていない。弟に自熙と自勲。叔父に張曰楨。二十九年（1601）、自烈は初めて家庭教師につき、三十七年（1609）、仲思袁先生という人に師事している。四十二年（1614）、県学の生員となり[11]、崇禎二年（1629）には数箇月、湖広の邵陽に滞在、四年（1631）、南京国子監の貢監生となる。南京で暮らすこと十数年、その間、四年（1631）と九年（1636）に北京へ行ったほか、婺源、揚州などへ行っている。南京で書籍を集めること三十万六千余巻という。萬暦四十三年（1615）から崇禎十五年（1642）まで計十回郷試を受けるが、悉く不合格。明末の有名な文社「復社」の中心人物の一人として、阮大鋮を弾劾する「南都防亂揭」（留都防亂公揭）にも署名[12]。十五年（1642）の冬、宜春へ戻るが、張献忠の反乱の中で、十

六年（1643）の冬、左良玉の兵が宜春を侵し、その際、父と弟の自熙を失う。十七年（順治元年、1644）の春、母と弟の自勲をつれて郷里を離れ、江西広信府興安県葛川（葛源）に難を避ける。李自成による北京陥落すなわち「国変」ののち、福建の建陽へも行っている。乙酉の年（1645）、南明政権の馬士英・阮大鋮の興した党獄に巻き込まれそうになるが、清軍による南京陥落のため免れる。戊子の年（1648）、母をつれて葛川から宜春に戻る。翌年、母死。己丑の年（1649）、再び福建の建陽へ行く。冬、葛川へ行き、翌年、葛川に置いてあった蔵書を宜春に移す。甲午の年（1654）、南京へ転居。庚子の年（1660）、南直隷の宣城に居を移す。乙巳の年（康熙四年、1665）、再び南京へ転居。辛亥の年（1671）、廬山に寓す。癸丑の年（1673）、廬山に死す。享年七十七歳。

　張自烈は「理学節義の郷」江西に生まれ、程朱の学の闡明に一生を献げた学者である。数多くの著述の中で彼が最も力を注ぎ、また師友たちの称賛を最もかちえた書が、永楽年間の『四書大全』に対する増補修訂版とも言うべき『四書大全辯』である。崇禎十三年（1640）、貢監生の時に南京で一度出版、姜曰広・呉応箕・周鑣・方以智・沈寿民・陳名夏など錚々たる師友たちが序を書いている。その後、弟と共に刪定を続けること十数年、家財を尽して出版を試みるが成らず、辛卯の年（1651）、江南学政・李嵩陽の力でようやく刊行[13]。

　その他の著述としては『古今理學精義』『古今理學辨似録』『大學衍義辯』『聖學格物通』『五經大全辯』『憲章類編』、歴史関係では『訂定資治通鑑綱目』『實録定本』『宦寺賢姦録』『黨戒録』『懲姦録』『本朝會典經緯録』『成仁録』『史辯』『批評二十一史』、詩文では自らの『芑山文集』のほか、編訂したものとして『古詩文辯』『甲戌文辯』などがある。原稿の形で終わったものも多いらしく、四庫全書には存目として『四書大全辯』と後述『正字通』が著録されているに過ぎない。また、古人や近人の著作の普及にも努力し、『重訂陶淵明全集』『近思録』『朱晦庵集』『二程全書』『周濂溪張横渠集』『陸象山集』『王文成集』、近人の郝敬『山草堂集』、余懋衡『古方略』などを編集評定、そのうち二三を刊行している[14]。呉応箕『樓山堂集』、戴重『河邨集』など友人の文集の刊行にも度々奔走している。

2．廖文英について

廖文英、字は百子、号は昆湖、広州府連州（＝連陽）の人。昆湖は連州城の西にある昆湖山に由来。「湟川廖公」と呼ばれることもあるが、湟水もまた連州城の西を流れる川である。連州からの歳貢生[15]。「正字通自序」に「弱冠遊京師呉下」とあるので、北京の国子監で学んだらしい。その後、薦辟されて崇禎十二年（1639）、江西南康府推官となり（『正字通』姚序に「年二十筮仕理南康」という）、江西提学使侯峒曽（号は広成）の知遇を得る。黎元寛の「正字通序」[16]によれば、文章は張二無・侯広成の両先生に、経済は李懋明・史道隣の両先生に学んだと言い、侯峒曽のほか張瑋・李邦華・史可法などの明末の高官と交流があったことがわかる。崇禎末年、江西袁州府推官となり、張献忠の反乱と左良玉の兵乱のさなか臨時的に袁州府知府の任に着く。国変後も乙酉の年（1645）までは福王政権のもとその任に在ったらしい。康熙年間刊『連州志』によれば、崇禎末年、廖氏は袁州府知府になるが、服喪のため帰郷[17]、のち洪承疇の抜擢により衡州府同知になったと言う。同治年間刊『衡州府志』によれば、廖氏が同知になるのは順治十五年（1658）のこと。また、羅香林『客家研究導論』所引『崇正同人系譜』によれば、廖文英は客家出身であり、彼の故郷・連州も客家の多く住む地域である。清の康熙七年（1668）、南康府知府となり、任に在ること七年、十二年（1673）には『重修白鹿書院志』や『南康府志』を編纂。同じ頃『孝忠經傳合編』や自らの詩文集『石林堂集』を刊行したことが知られるが[18]、今は両書とも伝わらない。『妙貫堂餘譚』[19]によれば、広東で耿精忠の乱（1674年三月から）が起きる前に死去したと言う。子に仲玉と叔玉がいる。

3．張・廖二氏の係わり

『芑山文集』には廖氏を「同學」と称した文が見えるが[20]、南京の国子監で共に学んだ時期があるか否かは不明。上述のとおり廖氏は崇禎十二年（1639）に二十歳なので、張自烈より二十三歳年下である。崇禎末年、張

氏の住む袁州で知府代理となった廖氏は、十七年（1644）二月、張氏に
『袁州府志』の続修を担当するよう要請、張氏はまず以前の府志の欠陥を
指摘した手紙を送り、同年五月には担当辞退の手紙を書いている[21]。結局、
国変後の混乱の中で府志続修の計画は頓挫したらしい。同年十二月、廖氏
は張氏『四書大全辯』刊行に賛意を表わすとともに、翌年四月には刊行督
促の使者を、興安県葛川に避難中の張氏のもとへ派遣している[22]。清朝に
なり、南康府知府在任中の廖氏は管轄下にある廬山五老峰の白鹿洞書院に、
最晩年の張氏を招く[23]。この頃、張氏には廖氏を「賢大夫廖昆湖」と称し
た文（贈廖季子序）がある。また、張氏は廖氏の詩文を『石林堂集』とい
う形に編集、刊行に協力している。張氏が廬山で亡くなると、廖氏は書院
に近い青龍山での葬儀を取りしきり、自作の輓聯を供えている[24]。

　以上から見ても、一方が処士、一方が地方官でありながら、張・廖二氏
は長い期間に渉って交流を続けていたことがわかる。康熙刊『宜春縣志』
巻三「人物列傳、張自烈」の項には、「廖公百子與公爲性命交」と言う。
『正字通』刊行をめぐって悪評を受けることの多い廖氏に対しても、違っ
た角度から眺めなおす必要がありそうである。

4．『字彙辯』と『正字通』

　第1節で挙げた張氏の多くの著述のほか、定説に従えば『正字通』を加
えるべきことになるが、最初から『正字通』という書名であったわけでは
ない。張氏が『字彙』を批判するために作った字書は当初『字彙辯』と名
付けられていた。『芑山文集』巻十二には、1403字に及ぶ長文の「字彙辯
序」があり[25]、また「復友人論字彙辯書」の文も見える（巻九）。前者は
年月を記さないが、後者には「己亥某月日」とあり、1659年以前には『字
彙辯』が完成していたことがわかる。その他、年月不明ながら「復四方及
門論毀注書」（巻六）の文にも「某方卒業字彙辯、見洪武正韻背六書者頗
衆」云々の記述がみえる。

　最も重要なのが友人方以智の「字彙辯序」である。北京図書館蔵康熙初
年刊『浮山文集前編』巻五に収録、壬午年（1642）五月に書かれたもので、

中に「予友張芑山、宗格致之學……輯著四書大全辯、御史臺特題進覽頒行、中有餘暇、復取字彙是正其譌、屬智序之」とあり、『字彙辯』が『四書大全辯』修訂（崇禎帝の御覧に供し、再刊行するため）の余暇に作られたこと、しかもその時期が崇禎十五年（1642）五月以前であることがわかる。更に『四書大全辯』巻頭所収の刊行に関する諸文書のうち、順治十三年（1656）九月の江南布政司右堂馮某の告示は、『四書大全辯』の勝手な翻刻を禁じる内容であるが、その中に「本紳道濟堂新鐫字彙辯・詩經諸家辯、講悉源流、釐正豕亥、皆藝苑之楷模也。行世在邇、恐有坊間射利翻刻、合先嚴行示禁」[26]とあり、1656年を含む数年の間に『字彙辯』が已に刊行されていたこともわかる。

　前述「復友人論字彙辯書」は南直隷宣城の友人への手紙であるが、内容は『字彙辯』完成を知った宣城の梅氏、即ち『字彙』の作者梅膺祚の子孫が『字彙辯』という書名に難色を示したことを、張氏の友人が知らせてきたのに答えたものである。張氏は「拙刻蒐討非一書、辯正非一家、皆詳爲較定」と言い、『字彙』一書に対する「辯」では決してないこと、要は「明理適用」の追求にあり、好んで批判を事とするわけではないこと等を指摘している。

　刊行されたはずの『字彙辯』ではあるが、夙に佚書となってしまったらしい。顧炎武の甥、徐乾学の『傳是樓書目』[27]に「張自烈湯學紳、字彙補、十三卷十三本」とあり、これと『字彙辯』との関係が問題となる。『芑山文集』その他の資料に湯学紳という名は見えず[28]、本当の共著とは思われない。恐らく『字彙辯』を入手した湯氏が、書名の鋭さを和らげて再び出したものであろう。同じく『傳是樓書目』に依ったはずの『國志經籍志補』「傳是樓經部小學」には「張自烈、增補字彙、十二卷十二册」とあり、書名巻数ともに違いを見せるとはいえ、別の本とも思えない。また、豫章叢書の編者、清末民国初の胡思敬は「芑山文集跋」で、『袁州府志』に張氏の著として『字彙辯』が挙げられているが已に伝わらない、と言っている[29]。

　ところが尊経閣文庫には康煕二十九年（1690）刊の『增補字彙』が蔵されていたのである。全十二集、二十册。第一集の初めに「袁州張自烈爾公

増補、溧水湯學紳康民訂正」と言う。巻首に「字彙補凡例」「字彙補總目」があるので、この書が『字彙補』とも呼ばれうることがわかる。刊行年代こそ遅いが、内容から見て『字彙辯』の初期の面影を反映している可能性が高い。反切の問題も含め第1部第4章で改めて論じたい。

　さて、一番の問題は『字彙辯』が即ち後の『正字通』に当たるとなぜ言えるのかという点にある。まず、宣城梅氏の子孫は書名を『字彙』或いは『字辯』と変えるようにも要求しているが、そこから却って『字彙辯』は『字彙』と構成を同じくする字書であったことが確認される。上述『字彙補』が十三巻（或いは十二巻）である点から言っても、『字彙辯』の規模が『字彙』と同等のものであったことは確実である[30]。『正字通』は正にそのような構成と規模を具えており、『字彙』の注を「舊注」と称しながら逐一批判してゆくその体裁は、むしろ『字彙辯』の名にこそふさわしいと思わせるものがある。

　次に、『芑山文集』の「字彙辯序」には、批判すべき小学書として『説文解字』以下多くの書名が列挙されるが、そのほとんどすべてが、『正字通』巻頭の引証書目135種の中に含まれる点が注目される。

〈字彙辯序〉	〈正字通〉
許氏　説文	許愼　説文解字
李陽冰　説文刊定	李陽冰　六書刊定
呉淑　説文五義	呉淑　説文五義
李騰　説文字原[31]	周伯琦　説文字原
徐鉉　説文韻譜[32]	徐鉉　説文集註
徐鍇　説文繫傳	徐鍇　説文繫傳
釋曇域　補説文	釋曇域　説文補
包希魯　説文補義	なし
長箋	趙宧光　説文長箋
六書略	鄭樵　六書略
字林	呂忱　字林
集韻	宋祁　景祐集韻
玉篇	顧野王　玉篇

第1部　歴史・版本篇

篇海	韓道昭　改併篇海
	屠隆　篇海類編
	張忻　訂正篇海
增韻	毛晃　增修互注韻略
廣韻	陸法言　廣韻
復古編	張有　復古編
本義	趙古則　六書本義
正譌	周伯琦　六書正譌
類釋	倪鏜　六書類釋
六書統	楊桓　六書統
六書故	戴侗　六書故
精蘊	魏校　六書精蘊
總要	吳元滿　六書總要
同文備攷	王應電　同文備考
字彎	葉秉敬　字彎
四聲譜	沈約　四聲韻譜
禮部韻	丘雍　禮部韻略
類篇	丁度　類篇
韻補	吳棫　韻補
考古圖[33]	なし
古文奇字	朱謀㙔輯　古文奇字
鐘鼎篆韻	薛尚功　鐘鼎篆韻
洪武正韻	洪武正韻
孫吾與　韻會定正	孫吾與　韻會定正
楊時偉　牋注	楊時偉　正韻牋
轉注古音	楊愼　轉注古音略

　また、同じく「字彙辯序」には、具体的な例を挙げて『説文解字』『六書略』『轉注古音』『洪武正韻』『韻會小補』を批判した部分があるが、全15例のうち14例について『正字通』の該当箇所でも同様の言及をしている。たとえば、「字彙辯序」では「人伏禾中爲秂」を『説文』の誤りの一例[34]

第1章 張自烈と『字彙辯』

としているが、『正字通』午集下「禿」の項でも「説文引王育説：倉頡出見禿人伏禾中、因以制字。按此説鄙俚無明據」と言う。勿論「字彙辯序」と『正字通』では規模が違いすぎるので、これらの一致も九牛の一毛に過ぎないが、手がかりとしては充分であろう。

次に、僧形になったあとの方以智は順治十年（1653）より南京の建初寺看竹軒に住むが、その子方中通が康熙年間、自著『陪詩』巻一と『陪集』巻二[35]の中で次のような重要な証言をしている。「芑山先生初輯『字彙辯』、時過竹關、取老父『通雅』商榷」「時先君天界（寺）圓具後、閉關建初寺之竹軒、芑山先生居止數武、朝夕叩關、商略可否、日輯七字為度、殆二十年而書成、易名正字通、舉而贈之廖昆湖」。つまりその頃、張自烈も方以智の近くに暮らし始め、しばしば方以智と『字彙辯』の内容について協議、毎日、親文字七字ずつ注を書きため、二十年かけて完成、のちに「正字通」と名を改めたというものである（第1部第5章、1654年の条参照）。

いま一つ重要な証言がある。蕭惠蘭2003によれば順治十四年（1657）の秋、張自烈は、南京に来た友人の趙巍（元の名は趙鋭、字は国子、江西廬陵の人）に『字彙辯』を見せるが、「辯」という語がまた物議をかもすに違いないと趙巍から忠告され、書名を「正字通」に換えたというのである。趙巍「黄公説字序」に「丁酉秋、晤張自烈于金陵道濟堂。出其字彙辯。巍謂爾公：君著述、毎用辯字、既犯物義、亦數見不鮮。爾公遂易名正字通。…後廖氏得之、改序更例、姓字泯矣。」[36]とある（顧景星『黄公説字』所載）。

方中通や趙巍の文の中でも言及されているが、廖文英が張自烈からのちの『正字通』に当たるものを入手したことは、諸資料からみて確実である。まず、康熙十七年（1678）刊『正字通』の劉炳の序（実際は金堡が執筆したもの、本書第1部第3章で詳述）に、「廖氏（百子）が張氏（爾公）から五百金で稿本を譲り受けたが、五百金が張氏の手に渡らないうちに張氏が死去した」（百子請以五百金易其藁、藁已入而金未出、爾公下世、百子擅之）とあるのが最も注目される[37]。その他の記載は以下のとおり。

康熙二十四年（1685）、清畏堂本[38]『正字通』呉源起序：南粵諸名士……言、書爲張爾公先生之手筆。（廖）先生購其本於衡州、晨夕較定、授梓南康。

第1部　歴史・版本篇

　康熙三十九年（1700）、鈕琇『觚賸』[39]「粤觚」上：正字通出衡山張爾公之筆、（廖）昆湖爲南康太守、以重貲購刻、弁以己名。

　康熙四十二年（1703）、裘君宏『妙貫堂餘譚』巻三：正字通爲宜春張爾公先生著。先生隱廬山、歿無子。南康守嶺南廖文英、得其書梓之、遂爲己物。

　張氏最晩年の文まで採録した豫章叢書本『芑山文集』に、『字彙辯』のほか張氏著の字書の名がひとつも見えない以上、廖氏の入手したものこそ即ち『字彙辯』だったと考えるのが自然であろう。勿論、前述のように『四書大全辯』が一度南京で刊行されてから、なおも孜々として修訂を続け、再度刊行しなおした張氏のことであるから、『字彙辯』刊行後も増補修訂作業を続行し、その稿本を廖氏が入手したという可能性もあろう。確かに康熙四年（1665）、弟張自勲への手紙の中で、張氏は「兄近來訂正字彙」（『芑山先生文集』巻十）と言っている。一方、『正字通』の多くの版本に収録される廖氏の自序は、康熙九年（1670）八月に書かれている。すなわち廖文英が張自烈の原稿を入手したのは康熙四年から康熙九年の間のこと、更に限定を加えるならば、廖氏が南康府知府になる康熙七年（1668）から九年（1670）までのことに違いない。自序には「會坊人鳩貲、就版于白鹿洞、因名曰正字通」とあり、『正字通』の初版は、坊間の書賈の資金援助により、廖氏の管轄下にある廬山の白鹿洞書院で刊行されたことがわかる。

　廖氏による白鹿洞の管理はかなり実質的なものであったらしく、康熙五十九年（1720）頃の『白鹿書院志』[40]巻五「主洞」には、「廖文英、號昆湖、連州人、知南康府、督洞學事、置田清租、增號舍、繕墻垣、宿洞課士、興廢舉墜、以師張汝公、刻有正字通行世」とあり、書院経営のため、減租の申請、建物の修復などに奔走、書院に宿泊して講義もしたらしい。また、康熙十二年（1673）には『白鹿書院志』を重修、年月は不明ながら、隠居中の挙人、南康府星子県の呉一聖を書院の主講として招聘している。数十年前の崇禎十三年（1640）、南康府推官だった廖氏は、江西提学使侯峒曽から白鹿洞のことを任されている[41]が、清朝に入り知府になってから宿願を果したと言うべきであろう。なお、上記『書院志』に言う張汝公が張爾

公の誤り[42]とすれば、廖氏は張自烈に師事する立場だったことになる。

　ここで注目されるのが、廖氏の招きで辛亥の年（1671）から白鹿洞書院に客居中の張氏が、死の前年つまり壬子の年（1672）一月に書いた「贈廖季子序」（『芑山文集』巻十五）である。廖季子とは廖文英の子、叔玉を指すが、この文には「廖子叔玉、今賢大夫昆湖先生季子也。齒雖後其兄仲玉者四年…往歳叔玉同兄戒裝北雝…叔玉以省覲反康、與余晨夕獨久…會昆湖公正字通成、客有惑叔玉者謂書誠淹博、若知希何。叔玉默弗答、退諗所親曰：家先生之爲是書、雖以正字名、要其歸明體適用之學備具、知不知無加損、在審所施而已」（『芑山先生文集』巻十五、「北雝」は北京の国子監、「康」は南康府）とあり、廖文英著『正字通』の完成を張氏も知っていたことがわかる。客人に、父（廖文英）の書について「誠に該博の書ながら、いかんせん知る人が少ない」と言われた叔玉が、それには答えず、あとで家族らに「父のこの書は'正字'と名付けられているが、その根本は明体適用の学が具わっているところにある。世に知る人がいるか否かはどうでもよいことで、大事なのは如何に用いていくかである」と語ったのを、張氏も聞いて感服している。つまり、この時期、廖氏の一家と張氏は共に白鹿洞書院で暮らしていた可能性が高い[43]。彼の言う『正字通』が前年（1671）の後半に印行された白鹿書院本を指すことは確実である。

　中国には、この文を根拠として『正字通』の作者は廖文英だと言い、張自烈と『正字通』の関係を否定する研究者もいる。しかしそれらの研究者は『正字通』の成書過程全体を見ていないというべきであろう。たとえば『正字通』の作者を廖文英と考える胡迎建1990は次のように言う。「又查豫章叢書中張自烈著書目錄、知其以治史見長、僅有字彙辯論文字、文字不到一千字。可見研究文字非其所長、何能作『正字通』」。しかしこの中で言う「字彙辯」とは、実は「字彙辯序」（『芑山先生文集』巻十二）の誤りである。序文だけで千字に達すること（実際には1403字）から逆に『字彙辯』の規模の大きさが伺われるのである。

5.「十二字頭」等について

　廖文英は張氏の書を購入してから「晨夕較定」[44]したと言う。内閣文庫蔵白鹿書院本から東京大学蔵白鹿書院本の間の改訂（第2部第2章で詳述）が廖氏の手になるものだとすれば、彼の「較定」作業は『正字通』全体に渉る相当注意深いものだったと言える。ただし、あれだけ特殊な反切（後述）をほぼそのままにした点から見て、張氏本来の面影は大部分保たれたと言うべきであろう。

　巻頭に置かれた満文「十二字頭」については、『提要』に「國書十二字母、則自烈之時所未有、殆文英續加也」とあり、一般にこの説が認められている。明朝滅んでのちは「順治」「康煕」といった年号を極力避け、干支で紀年し続けた自烈であってみれば、自ら満文の字母表を加えたとは勿論考えがたい。ここでは積極的な論拠として、「十二字頭引」を書いた正黄旗教習の廖綸璣が、廖文英と同郷つまり広州府連州出身の監生であったこと[45]、更には廖綸璣が廖文英の子であった可能性の高いことを指摘しておきたい。

　まず、廖綸璣の書いた「十二字頭引」には、篆字陽文の「廖綸璣印」と陰文「仲玉」の二つの印が刻されており、仲玉が廖綸璣の字であることがわかる。次に、上述「贈廖季子序」の中で張自烈は廖文英の二人の息子すなわち叔玉及び四歳年上の仲玉について言及している。これほどの一致がある以上、廖綸璣が廖文英の子である確率は非常に高いと言えよう。張自烈は同文の中で更に「仲玉居輦下秉鐸爲人師」と言うが、このことも廖綸璣が正黄旗教習だった事実と完全に一致する。自らの子息の関係する「十二字頭」であってみれば、廖文英が採用する可能性は確かに高いと言えよう[46]。

　いまひとつ、満洲族の統治と関係する事柄を挙げてみたい。『正字通』の音釈や訓釈において「奴」「胡」「虜」等の字が、完璧とは言えないまでも、避けられる傾向にあるということである。まず、反切の例を幾つか挙げる。

第1章　張自烈と『字彙辯』

	〈字彙〉	〈正字通〉
努	奴古切奴上聲	孥古切音弩
内	奴對切餒去聲	乃對切餒公聲
囊	奴當切諾平聲	乃昂切諾平聲
寧	奴經切佞平聲	尼形切佞平聲
農	奴冬切音濃	乃同切音濃
納	奴答切南入聲	乃八切南入聲
諾	奴各切囊入聲	尼各切那入聲
賀	胡臥切和去聲	呼課切訶去聲
蟹	胡買切音駭	呼買切音駭
惠	胡桂切音慧	呼桂切音慧
含	胡南切音涵	河南切音涵
鹹	胡碞切音咸	瑚碞切音咸
回	胡爲切音廻	戸爲切賄平聲
丸	胡官切音完	戸煩切音完（白鹿内閣本[47]による、他の版本は「胡瞞切音完」）

　これだけでは音韻に関係する問題にも見えるが、次のような例から見れば改字の傾向は明らかである。まず、『正字通』の注釈の中で『字彙』が「舊注」「舊本」として引用される場合。『字彙』の反切「奴勒切」「奴浪切」「胡臥切」が『正字通』ではそれぞれ「孥勒切」（未集中90a）、「孥浪切」（申集下44a）、「湖臥切」（酉集中34a）として引用されている。次に、両書の「虜」（申集）の注釈の一部を比較してみたい。

　『字　彙』：漢書晋灼注、生得曰虜、斬首曰獲。

　『正字通』：漢書晋灼注、生得曰鹵、斬首曰獲。

　このように「虜」を「鹵」に替えた例が散見される。このほか「匈奴傳」「契丹、東胡種」とあるべきものが、『正字通』で「匈孥傳」（申集上66a）、「契丹、東湖種」（酉集下65a）となっていたり、『字彙』の「匈」「虜」「胡」の注に見られる「匈奴、北夷名」「酋虜也、北狄曰虜」「北虜曰胡」の諸訓が、『正字通』では姿を消している点などを指摘することができる[48]。

19

これらの改字或いは一種の避諱が張氏によるものか廖氏によるものか判断するのは困難である。張氏の『字彙辯』は明末に執筆されたとはいえ、刊行は清朝になってのことだからである。反切上字「胡」の場合、濁音匣母の「胡」が『正字通』で清音暁母の「呼」に置換えられる例が多いが、このように『字彙』の全濁や濁音の反切上字が『正字通』で次清字・清音字に替えられる例は、匣母に限らず『正字通』の反切全体の特徴である[49]ところから言えば、「胡→呼」の場合も張氏の段階で避けたと見るのが自然であろう。たとえば「賀」の字の例では、直音注までも清音字「訶」になっているが、これなどは反切と連動する問題であり、「胡臥切」を「呼課切」、「和去聲」を「訶去聲」と替えたのがともに作者自身であることを伺わせる。反切用字としての「胡」が幾つか残っていることなど（たとえば「五胡切」）不可解な点もあるが、それは康熙刊『芑山文集』の場合も同様であって、明らかに満洲族を示す「奴」が避けられていない文も見えるのである[50]。同『芑山文集』凡例に「甲申以後論著、慮觸時諱、封瘞芑山、不出示世」（門人の席仁が書いたもの）とあるのは勿論内容面のことを言ったものであろうが、「奴」「胡」「虜」等の字を避けることと無関係ではありえまい。

なお、張自烈より十数歳年少の顧炎武も、自作の詩文中で「胡」「戎」「夷」等の字を詩韻の韻目字に置換えている[51]。

6．成書の背景

ここでは、先の諸節とやや重複する嫌いもあるが、張自烈の性格・心境などの面から『字彙辯』『正字通』の成立をふりかえってみたい。音釈の特殊性を理解するうえでも、この面からの考察は必須である。

まず、性格について言えば、張氏の文章や身の処し方からも伺われることながら、「鯁亮にして阿らず」という友人方以智の評[52]が的を得ているように思われる。また友人劉城が「未嘗作一草字」[53]というような平素の字の書き方からも謹厳実直な性格がわかる。十回の郷試にすべて失敗するが、あくまでも科挙による登用の正道を目指したと見え、それ以外の方途

は一切受入れなかったようである。自分より遥かに年少の呉偉業が進士となり、国子監司業の任に就いた時などは、さすがに不満を隠していない[54]。崇禎十五年（1642）の頃、三十万巻の蔵書を背景に『字彙辯』を完成。刊行には及ばなかったらしい。国変ののち丁亥の年（1647）、五十一歳の時すでに自ら墓誌銘を撰し、「明、上書言事、累徴不就、張某之墓」と、墓石の題まで決めている[55]。その題のとおり、崇禎年間には、史可法・方孔炤・徐石麒などの高官の招きを固辞し、南明政権や清朝からの数度の招聘にも応じていない[56]。良友との往来を大切にする一方で、名流世儒に対する批判を憚らない[57]。

『字彙辯』執筆以後の状況を考えるに、師友のうち、侯峒曽、徐石麒、呉応箕、周鑣、夏允彝、袁継咸、左懋第、楊廷麟、黄淳耀、楊廷枢、周鍾、銭禧などは、国変後、数年の間に相継いで戦死・自尽・獄死・刑死等の最期を遂げている。他の友人、たとえば徐孚遠、方以智、黄宗羲、陳貞慧、沈寿民、冒襄などは、或いは南明に仕え、或いは僧となり、或いは山野郷里に身を潜めたままである。清朝に仕えた者には陳名夏がいる。友人の多くは復社の成員であった。戊子の年（順治五年、1648）、抗清起義に投じた恩師姜曰広に会い、共に国に殉ずるよう勧められるが、自烈は八十歳の母の存在を理由に泣いて断わっている[58]。その師も母も翌年に死去。すでに父と弟張自熙を殺され、多くの知己にも死なれた当時の張氏の心境については云々するまでもなかろう。

庚寅の年（1650）には『刪定四書大全辯』の刊行準備と併行して、宜春に十余間の蔵書室を構え隠居[59]。弟の自勲はのちに、癸巳の年（1653）以降の兄の手紙は「感憤悲歎之辞」ばかりだ、と言っている[60]。辛卯の年（1651）から翌年にかけて『刪定四書大全辯』刊行という宿願を果したあと、空白感と悲嘆の気持が一挙に襲ってきたのであろうか。このような状況下、明末に作った『字彙辯』を修訂する仕事に一時期沈潜したのではあるまいか。相当量の蔵書を背景に、増補作業を行なった可能性も高い。

この時期以降、張氏にとって慰めになることがあったとすれば、子の張世垺の結婚（庚子の年、1660）と孫二人の誕生くらいなものであろう。癸卯の年（康熙二年、1663）には、今までの自分の著述はみな空言だったと

天を仰いで嘆き、『芑山文集』の版木を一部焼き捨てている。或いはその前年に南明の桂王・魯王が亡くなったことと関係するかも知れない。丁未の年（1667）、張氏七十一歳の時には、上述二人の孫と子の世埰が相継いで死去、後嗣の望みを完全に断たれてしまう[61]。

　その翌年、つまり戊申の年（康熙七年、1668）、友人の廖文英が南康府知府となり、朱子にゆかりの深い廬山白鹿洞書院を管理。「功行未章、國史無述」[62]と嘆く張氏にとって、廖氏による書院への招聘は至上の喜びであったに違いない。書院の主講となれば、朱子と並んで洞志に名をのこすことができるからである[63]。辛亥の年（1671）、廬山に居を移し、書院で暮らすようになる。前述のとおり廖氏の一家と共に日を過した時期がある。弟の張自勲が来訪、二十年ぶりの再会を果たすのもこの頃である。『宜春縣志』に南康の士人が争って張氏に師事したというところから見て、張氏は実質的な主講となったものと思われる[64]。

　前述のとおり、張氏が廖氏に『字彙辯』或いはその増訂本を譲渡（売却）するのは、廖氏が知府となってから、張氏が廬山へ転居するまでの間である。張・廖両氏の友好関係から見て、譲渡及びそれ以後の経緯は、張氏の名を伏せて出版したことも含め、すべて両氏の間で納得づくの事であったように思われる。

　そもそも理学者張自烈にとって『字彙辯』は『四書大全辯』ほどには重要な著作ではなかったと考えられる。一般的規準からすれば全十三巻（或いは十二巻）の『字彙辯』は、大著の部類に入るであろうが、張氏の全著作の中に占める割合は微々たるものである。『四書大全辯』は三十八巻、附録六巻。成書の経緯を物語る序や疏を集めた附録部分だけで一巨冊を占めるのには、四庫の館臣も、前代未聞だと驚いている[65]。ほかにも『古詩文辯』560巻、『實錄定本』680巻、『本朝會典經緯錄』115巻、『治書』30巻など、原稿の形で終わったらしいとはいえ、みな大型の著作ないしは編著である。

　また、張氏は訓詁の学をあまり重視していない。『文集』「自撰墓誌銘」には「嗜古厭訓詁」と言い、「字彙辯序」には「苟徒湛溺訓故、罔裨時用、居郷而行同跙躅、立朝而迹蹈姦雄。縦令深晰見溪群疑曉匿影喩之翻切、掩

通蝌斗岣嶁鐘鼎尊彝之瓌麗、識盡古今字、視不識字等耳」、つまり、訓詁に溺れて時用に益するところがなければ、朝野の奸賊にほかならず、たとえ「見溪群疑曉匣影喩」の如き反切や古代の金石文に通暁していても、字を知らないのと同じである、とまで言い切っている。

　勿論、張氏はそのような傾向を批判する意味で『字彙辯』を編纂したわけであるが、字書という性格上、多かれ少なかれ訓詁学的にならざるをえず、表面的に見た場合、作者の個性あるいは思想性が見えにくくなっていることも事実であろう。張氏の多くの著述のうち理学関係のものは思想性が強すぎ、歴史関係のものはほとんど明朝のことばかりである。ここからも『字彙辯』は譲渡するのに最も都合のよい書だったと考えられるのである。

7．『正字通』の特徴

　ここで『正字通』の特徴について少し触れておきたい。まず、「字彙辯序」には編纂の経緯と目的について次のような言及がなされている。

　　余故折衷諸家、補字彙舊本罅漏、合鋟問世、願後學因流溯源、睹指識歸、以窮理爲讀書之要、以適用爲萬事之準、以會意討六書精義、盡去一切摭拾牽合舛譌之病…[66]

　ここにも「窮理適用」の追求を見ることができるが、このような目的意識の実際の反映を『正字通』に探るとすれば、その最たるものは、奇字僻字の多さを競うかのような明代の諸字書とは異なって、来歴の確かな字のみに反切及び訓釈を附すことにより、文言常用字を浮きあがらせる結果となっている点であろう。任意に例を挙げれば辰集「欠」部199字の標出字のうち、反切を附したものが、『字彙』では164字、『正字通』ではなんと53字のみである。これは主に僻字奇字の多くを「譌」「俗」として大胆に切り捨てるか、或いは何らかの字の異体字として処理したためである。

　訓釈について言えば、『字彙辯』に由来するだけあって『字彙』や『篇海』類に対する批判が目立つのは当然のことながら、『説文』『廣韻』『洪武正韻』に対しても権威を認めない。特異な引用文が散見し、『提要』に

「徴引繁蕪」と言うような状況が見られることも確かながら、張氏としては「窮理適用」の考えがあってのことであり、訓詁学者や考証学者とはおのずと立場を異にするものである[67]。

　次に音釈であるが、訓釈と違って、時用にかなうかどうか些か疑問がある。前述のとおり音釈、特に反切に、江西を中心とする贛方言的特徴が色濃く反映しているからである。中古全濁声母と次清声母が平仄に関わらず同音化していること（例：柱＝杵、地＝替、局＝曲）、山・咸二摂や臻・深・梗・曽諸摂がそれぞれ合流していること（例：蘭＝藍、殷＝音＝英＝鷹）等を総合して考えると、贛語圏の中でも、宜春一帯を始めとする一部の地域にしか通用しないことになってしまうのである。張氏が『字彙』の反切を改訂するに当たり自らの読書音を絶対的な基準としたためと思われるが、かといって張氏に伝統的音韻学の素養が欠如していたと言うことはできない。『正字通』には、音韻上の問題について的確な判断を下している箇所が時折見られるからである。たとえば、

　　品　正韻稟品収入上聲軫、按二音皆唇音合口、宜移歸寢韻（丑集上）
　　瞲　舊注許轄切香入聲、誤、香之第四聲如謔、瞲非謔音也（午集中）

　これらの指摘は『廣韻』など中古音の観点から見て全く正しいものである。問題はこれらの記述と反切との間に矛盾が生ずる点にある。例えば上述「品」の場合、臻摂（軫韻）・深摂（寢韻）の合流を示す反切の体系からすると、無意味な注となってしまう。思うに張氏は伝統的音韻学に対して正確な知識を持ってはいたが、それに束縛されることを嫌ったのであろう。これは前に引用した「字彙辯序」の「たとえ見溪群疑暁匣影喩の如き反切…に通暁していても字を知らないのと同じである」云々の言葉からも充分に伺われるところである。

　ここで興味深いのが康熙刊『芑山文集』「詩巻」所収四十二首の古体詩・近体詩の押韻状況である[68]。たとえば次の「宿牛首」の五絶、

　　一路車塵赤　千峰草色青　羈魂今夜穩　相倚到深林

梗摂青韻の「青」と深摂侵韻の「林」が押韻するのは、『正字通』の反切の特徴とまさに一致する。勿論、詩韻としては破格である。このほか「客舎草鳴似蚕唔之」の詩では庚韻「鳴」と真韻「塵輪濱」、「感事」の詩

では職錫韻「剆晢」と屑韻「虺巀血」が、それぞれ韻を踏んでおり、古体詩とはいえ、もともと四十二首しかない詩集にこれほど多くの特異な押韻例が見られることからも[69]、自らの読書音に対する張氏の自信を伺うことができる。以上諸韻の通用状況は、すべて『正字通』の反切に類例を見出しうるものである。

なお『袁州府志』所載の廖文英の詩は七律三首のみであるが、みな詩韻の範囲内で押韻している。『字彙辯』の譲渡に際して、その反切に張氏の個性が強く反映しているとは、廖文英も思い及ばなかったことであろう。

8．結び

張氏死後のことは、『提要』にもその一部が引用される『妙貫堂餘譚』に語ってもらうことにしたい。

　　（張爾公）先生隱廬山、歿無子。南康太守嶺南廖文英…卒、粵有耿逆之變、家道中破、其子以所鋟板售于連帥劉炳。適海幢僧阿字來連、知是書起末、爲言于炳、因改刊歸先生、仍以剖劂之功屬廖氏、而海内始知正字通之所自出。(巻三)

つまり、張・廖両氏の死後、広東に耿精忠の乱が起こり、経済的に困った廖の子が『正字通』の版木を連州の軍事官（総兵）劉炳に売却。『正字通』出版の顛末を知る海幢寺の僧阿字が連州に来た際、そのことを劉炳に告げたため劉氏は張自烈の名を冠して刊行、初版刊行の功を認めて廖氏の名も併記した、ということである。このような経緯で、「連陽廖文英百子輯」「南昌張爾公・連陽廖百子兩先生全輯」等々、作者名の一定しない状況が出現することになるが、各種版本については次の章で改めて論じたい。

後継ぎに恵まれなかったためか、或いは明朝と異なる清代の学風のせいか、理学者張自烈の名と著述は、一部の人達の間を除いて、急速に忘れ去られていったようである。出身地についても、分宜、南昌、南城などはまだ良いとして、衡山、崑山、江陰[70]とする記載も出現、江西の人であることすら知られなくなって行く。呉応箕、黄宗羲、方以智、沈寿民、侯方域ら友人の詩文集に張氏宛の文が見えるのが、せめてもの救いである。康熙

刊『芑山文集』も乾隆年間の禁書処分を経て稀覯書となるが、幸い江南の兪王爵が二十四巻に編集しなおした定本が、二百余年を経て豫章叢書に収載され[71]、今に至っている。

なお、廖文英が張氏の墓に刻したのは「清、故處士、張芑山墓」の八字であったという[72]。

注――――

9 張氏『芑山文集』「芑山説」に「張子自名其讀書處曰芑山…非實有其地、故郡邑志不載」と言い、詩経の「豐水有芑」や「薄言采芑」の句に由来する旨の説明をしている。『芑山文集』は康熙刊本と豫章叢書本による。前者は張自烈が生前、弟の自勲と門人たちと共にまとめたもの。北京図書館蔵。以下「巻〜」と称する場合は豫章叢書本によったことを示す。『文集』と略称。

10 『宜春縣志』は北京図書館蔵康熙刊本による。『江西通志』は北京大学図書館蔵康熙二十二年（1683）刊本による。『袁州府志』は同治年間刊本による。

11 『文集』「自撰墓誌銘」に「烈張氏、字爾公、芑山其號也。祖諱某、負才就童子試、不售、早世。考諱某、隱德不仕。烈五歲就外傅、萬曆己酉年十三受業仲思袁先生。甲寅遊邑庠」（雜著三）とある。以下、特にことわらない限り、『文集』から情報を集めたもの。詳しくは第1部第5章「張自烈年譜稿」に譲る。なお黄宗羲『思舊錄』にも張氏の項あり。その他『清史列傳』など。

12 「留都防亂公掲」の七人目に署名。陸世儀『復社紀略』（北京大学図書館蔵雍正年間抄本）に列挙する七百余人の中に張氏の名は見えないが、道光年間刊『復社姓氏傳略』巻六（海王邨古籍叢刊、1990）には『江西通志』の張氏の伝を載せる。『文集』「書牘」、劉城あての手紙に「復社」云々の文が見える。

13 四庫存目叢書所収『四書大全辯』は崇禎十三年石嘯居刻本（新郷市図書館蔵）である。北京大学図書館には順治十三年（1656）頃の『四書大全辯』の版本あり。

14 張氏の自著と編著は『四書大全辯』所載の「請重定四書大全第一疏」および康熙刊『文集』「芑山自傳」（傳記一）による。これらのうち刊行されたことが文献上確認されるのは『古今理學精義』『古今理學辨似錄』『甲戌文辯』『重訂陶淵明全集』『古方略』等である。このほか『皇明歷科程式』『詩經程墨文辯』『丁丑文辯』『己卯程墨文辯』『壬午程墨文辯』など、科挙のための程文集を編んでいる。崇禎七年（1634）から十五年（1642）の頃、南京の書賈の依頼を受けて編集したものらしい。ここでは『甲戌文辯』で代表させる。

15 廖氏については主に同治年間刊『連州志』と同『南康府志』による。北京大学図書

館蔵。前者では「歳貢」(選挙志)、後者では「抜貢」(職官志)、「選貢」(名宦志)という。北京図書館蔵康熙年間刊『袁州府志』名宦志にも伝あり。
16　白鹿書院本以来の序である。康熙十年 (1671) 五月の撰。
17　廖氏が袁州を離れたのは1645年のこと。『袁州府志』に「乙酉春以母憂行」とある。
18　『文集』巻十三「石林堂集序」による。なお早稲田大学図書館蔵本に廖文英訂の『韻字孝經解』の和刻本（安永十年、京都近江屋治郎吉）がある。
19　康熙三十五年 (1696) 挙人の裘君宏の著。北京大学図書館蔵。四十二年 (1703) 刊。
20　「石林堂集序」に「某同學昆湖廖先生守南康」云々とある。
21　『文集』「復廖太尊論脩府志書」と「辭廖崑湖公祖脩志書」(書牘六)。前者は年月を記さないが、後者には「甲申仲夏」とある。
22　『四書大全辯』「回奏頒行四書五經大全辯疏」による。
23　『文集』巻十二「心書序」の弟自勲の後記に「辛亥芑山以故人廖公守南康迎寓匡麓」と言う。「匡麓」は廬山のふもとの意。
24　『文集』巻十二「自撰墓誌銘」の弟自勲の後記に引用。「先生生不偶、八十老全人、討古枯心血、逃名掃客塵。莫容知道大、守正復天眞、留骨匡廬麓、陶潛前後身」という聯である。「莫容知道大」は「世に容れられなかったことから反対に先生の目指した"道"が偉大だったことがわかる」の意。
25　康熙刊『芑山文集』の「雜序巻之五」の目次には「字彙辯序」が見えるが、「巻之第五」は未だ刊刻されていない旨の注記がある。
26　「本紳」は張自烈を指す。「道濟堂」は南京流寓中の張氏の書室名と思われるが、『文集』には言及されない。趙巍「黄公説字序」に「丁酉秋、晤張自烈于金陵道濟堂」と言う。
27　『傳是樓書目』は北京大学図書館蔵清抄本による。
28　『文集』「自撰墓誌銘」(雜著三)によれば、張自烈には娘が一人いて、同郷の湯大器という人に嫁いでいる。湯学紳もあるいはこの湯家と関係があるかも知れない。
29　康熙刊と同治刊の『袁州府志』には見えないようである。
30　『字彙』は十四巻あるが、そのうち二巻は目録と検字および韻図等である。『字彙』は1991年上海辞書出版社影印の康熙二十七年刊本による。
31　『説文字原』は元の周伯琦の著。李騰は唐の人。
32　『説文解字篆韻譜』は徐鍇の著。
33　『考古圖』は宋の呂大防の著。
34　このほか「榕松」の二字を混同したこと、「眞」を「變形登天」と説明したこと等、合計10例を『説文』の誤りの例としており、そのうち「豚走豕追爲逐」を除き、すべて『正字通』の該当箇所でも批判している。『説文』以外では、『轉注古音』が「鵠

第1部　歴史・版本篇

鶴」の二字を混同したこと、『洪武正韻』が「鼜鼞」を混同したこと、『韻會小補』が（呉越春秋の）「九櫓」を「凡櫓」としたこと等、合計5例を挙げる。これらは『正字通』の本文のみならず巻頭の凡例でも諸書の誤りの例として挙げられている。

35　この情報が任道斌『方以智年譜』の中にあることを知ったのは北京大学の何九盈氏の教示による。

36　「方從青原而示寂、張托廬阜以終化」は、方以智が江西吉安の青原山で、張自烈が廬山で、それぞれ死去したことを言う。

37　阿部兼也1989にも引用。阿部氏は、この版本（本書で「劉炳補修本」と名付けたもの）に合計八篇の序があり、「張爾公が稿本を完成したものの上梓の費用に窮したため、廖文英に五百金で売り渡したこと」「再版刊行に当たった劉炳が、廖文英の旧知たるのみならず、その遺児の救出に成功した武将であったこと」などを述べるとともに、江戸時代寛保元年（1741）刊の僧珂然『正字通作者辯』も引用している。

38　清畏堂本は早稲田大学図書館蔵本と北京大学図書館蔵本による。

39　北京大学図書館蔵の清刊本による。なお『觚賸』と次の『妙貫堂餘譚』は『提要』に一部が引用されている。

40　北京図書館蔵の清刊本による。

41　『正字通』の自序、『白鹿書院志』巻三による。

42　ちなみに現代宜春方言では「汝」と「爾」が同音（[θ²¹]）である。

43　『白鹿書院志』によれば、書院の管理体制は主洞、副講、堂長、管幹が各一人、典謁が二人、経長が五人、学長が七人、引賛が二人というものである。明代には学田が十五頃あったという。

44　清畏堂本『正字通』の呉源起序。

45　同治刊『連州志』「國朝文職官」の項に「廖綸璣監生、鑲黃旗教習」とある。『正字通』巻頭の「十二字頭引」は康熙九年（1670）に書かれているが、そこでは「正黃旗教習」と言う。

46　中國工人出版社影印『正字通』（1996年）の「前言」で董琨氏は、廖綸璣を廖文英の弟と推定しているが、誤り。

47　白鹿内閣本については本書第2部第2章に詳しい。

48　このほか「胡」「夷」を右よりにやや小さく刻す例も散見。

49　本書第2部第3章で詳論。また第1部第4章で述べるように『字彙辯』の初期の面影を伝えると考証される『増補字彙』もこれらの改字が張氏によることを示す。

50　『文集』「進策一、本計」に「自奴越關寧、穴遼薊、窺宣大、棄南衛東山老寨千餘里、徙築遼舊城」とある。岡本さえ「清代禁書」（『東洋文化研究所紀要』第七十三冊、1977年）によれば、奴児哈赤の率いる満洲族を「奴」と称する習慣は1620年以後普及

したという。
51 富壽蓀「顧炎武詩中之韻目代字」(『中華文史論叢』1981年第2輯)。
52 『文集』巻九「復李乾統書」。
53 『四書大全辯』の劉城の序による。方中通の詩にも「先生の字を見る毎に從來草書無し」という。本書第1部附論「明刊『箋註陶淵明集』のことなど」第4節参照。
54 『文集』「復吳次尾論積分書」(書牘八)。
55 『文集』「自撰墓誌銘」。丁亥年七月二十四日の撰。
56 『文集』「復陳士業辭史公辟命書」(書牘八)、「與友人論辭薦舉書」(書牘四)、巻九「復李乾統書」などによる。
57 特に江西東郷の人、艾南英に対する批判の激しさが有名だったらしく、黄宗羲『思舊錄』や『提要』「四書大全辯」の項に言及がある。『文集』にも「與艾千子書」を収録。千子は南英の字。
58 『文集』「自撰墓誌銘」。
59 『文集』「誰廬記」(傳記二)による。書室を「芑山書院」、居室を「誰廬」と名づけ、「誰廬居士」を名のる。南京時代の三十万六千余巻の蔵書が、転居と戦乱のため大幅に減少した旨の記述が、『文集』「芑山藏書記」に見えるとはいえ、この時期まだ相当量の蔵書があったことは確実である。参考までに徐乾學の蔵書楼「傳是樓」の規模を見ておくと、「築樓於所居之後、凡七楹間、命工斲木爲櫥、貯書若干万卷」(汪琬「傳是樓記」、『傳是樓書目』の序)と言う。
60 『文集』巻十「與卓菴」の後記による。「卓菴」は弟自勳の号。
61 『文集』巻二十一「書孤史後」、巻十四「過子詩序」、巻九「復李乾統書」などによる。
62 『文集』「芑山自傳」。
63 『宜春縣志』人物列伝では張氏のことについて「載在洞志、與朱紫陽陶靖節兩先生並傳云」というが、康熙刊の『白鹿書院志』には張氏の伝が見当らない。なお張氏は明末崇禎十七年(1644)二月、一度白鹿洞への招きを受けたが、国変のため主洞となる機会を失っている。
64 『宜春縣志』では「晚僑寓五老峰下住白鹿書院」、同治刊『袁州府志』では「晚僑寓五老峰下主講白鹿書院」という。ただし『白鹿書院志』には主洞として廖文英を挙げるのみである。
65 『提要』「四書大全辯」の項。
66 訳:「そこで私は諸家の説を綜合折衷、「字彙」の欠陥を補って、刊行することにした。後学たちがこれを指針として、「理を窮め、用に適う」ことを読書や万事の準則とし、会意によって六書の奥義をもとめ、断片を拾い集めたり、こじつけたりする悪弊を一掃することができるようにと願ってのことである。」「合鋟」とあるが、『字彙』

第1部　歴史・版本篇

と「辯」が截然と分かれていて、それを合刻したという意味とは思えない。
67 そのほか「鸚鵡」や「蟋蟀」の如き不可分の術語の場合、訓釈を一方の字に集中させるようにした点も評価される。訓釈についての特徴は次のような論著も参照。劉葉秋『中國古代的字典』（1963年、北京）、同氏『中國字典史畧』（1983年、北京）、小川環樹「中国の字書」（『日本語の世界』第三巻、1981年、中央公論社）、趙振鐸『古代辭書史話』（1986年、成都）および阿部1989など。笹原宏之氏の教示による。
68 豫章叢書では『芑山詩集』として独立させているが、詩数は三十八首に減少。本書第2部附論に詳しい。
69 四十二首のうち十五首までが仄声韻（うち入声韻五首）である。また、律詩の体裁に見える詩でも対句に凝らないものが多い。奇字・怪字も頻見し、全体に沈鬱悲愴な作品が多い。たとえば「懷夏葬仲」は友人の夏允彝を憶う詩である。「今夕何所思　思君君已去　不恨道路長　恨君別我邊　假寐忽逢君　蒼茫與君語　未知君夢中　相逢竟何如」というものであるが、「何如」（いかん？）の「如」を去声に読んでいるのもやや特異である。水谷誠氏の教示によれば「多読字の韻字の場合、語義と声調の分離もありうる」とのこと。
70 分宜は袁州府下の県。註6所引の『復社姓氏傳略』は分宜のところに張氏の伝を置くが、伝中には宜春の人という。南昌の人とするのは『提要』「正字通」の項。清畏堂本等の『正字通』に「南昌張爾公」とあるところから誤ったものであろう。南城とするのは『提要』集部『此觀堂集』の項。衡山（湖南）とするのは『觚賸』、崑山（江蘇）とするのは粵雅堂叢書本の『南雷文定前集』「陳定生先生墓誌銘」である。ただし、友人の黄宗羲が誤るはずはなく、これは粵雅堂の誤刻。四部叢刊本の黄氏『吾悔集』の同墓誌銘では正しく「芑山張爾公」としている。江陰とするのは黄容『明遺民録』および謝正光1990。
71 胡思敬「芑山文集跋」による。なお北京図書館には叢書本と構成を等しくする清刊『芑山先生文集』の単行本あり。
72 康熙刊『江西通志』「人物志」巻三十七「張自烈」の項に「南康太守廖文英重其品、詣葬于白鹿洞山外之鄭家冲、書其碑曰清故處士張芑山墓」という。

第2章 『正字通』の版本について

1．『正字通作者辯』

　『正字通』が成ってから約七十年（1741年）、江戸時代の珂然[73]という浄土宗の僧が『正字通作者辯』[74]を刊行している。彼は主に清畏堂本『正字通』の呉源起の序により、この書の本当の作者が張自烈であることを確認、更に張自烈の生涯について説明するとともに、以下のような『正字通』の版本数種を紹介している。

　　清畏堂本　陳成徳本　芥子園本　弘文書院本（二種）　刪略本

　18世紀前半の日本で、珂然がこれほど多くの版本を見ていることに驚かされる（珂然は更に呉源起・廖文英の序および「正字通凡例」の全文を訓読している）。本章では、珂然の基礎の上に、『正字通』の各種版本を整理すると共に、作者の問題についても論じてみたい。
　現存の版本には、珂然の挙げたもののほか、少なくとも以下の5種の版本がある。

　　白鹿書院本　劉炳補修本　三畏堂本　帯巴楼本　帯月楼本

　珂然の挙げた陳成徳本と刪略本は今回の調査では見出せなかった。

2．内閣文庫蔵白鹿書院本（白鹿内閣本）

　各種版本の対照の結果、白鹿書院本・劉炳補修本・清畏堂本はほぼ同版の関係にあることが判明した。中でも白鹿書院本はすべての版本の中で最も初期のものである。内閣文庫蔵本の見返しには「廖百子先生輯、正字通、潭陽成萬材梓行」とあり、「白鹿書院藏板」の朱の方印が押されている〔図

31

1上）。廖文英（字は百子、号は昆湖）の自序に「坊人鳩貲、就版于白鹿洞、因名曰正字通」と言うのと一致する。すなわち南康府知府の廖文英が廬山の白鹿洞書院を管理している時、福建建陽の書賈、成萬才の協力の下、刊行されたものである。康熙九年（1670）七月に書かれた自序のほか、以下の四序がある。

　　張貞生　康熙九年十一月
　　尹源進　康熙十年五月
　　黎元寛　康熙十年四月
　　姚子荘　康熙十年六月

　ここから内閣文庫蔵本はほぼ康熙十年の後半に印行されたものと推定される（もちろん他に撤去された序がないと仮定した場合）。序のあとには凡例、総目、字彙旧本首巻があり、引証書目はない。そのあとに正黄旗教習の廖綸璣が康熙九年十月に書いた「十二字頭引」と満文「十二字頭」が置かれる。これは単刊の一冊であり、「白鹿書院蔵板」の朱の方印が押されている〔図1下〕。そのあとは全十二集にわたる字典の本文である。第一集の初めに「連陽廖文英百子輯」と言う。内容的な特徴として、字典の本文中の「玄」「夷」の大部分が「佉」（または「鉉」）「俀」と刻されていることを挙げることができる[75]。これはもちろん避諱、すなわち康熙帝の名が玄燁であることと当時「夷」が満洲族を表したことに関係する。おもしろいのは内閣文庫蔵本でこれらの字の上にしばしば「玄」（五画目、缺筆）や「夷」を刻印した紙片を貼ってあることである。工藤1994によれば、雍正年間になると、「夷」「胡」「奴」などを避けること自体、満洲族に対する不敬と見なされ、故意に避けないようにとの命令が下される。内閣文庫蔵本の紙片もこのことと無関係ではありえないであろう。3で述べるとおり、そのような傾向は康熙年間からすでに始まっていたと思われる。

　第一集亠部の「亡」の字が「亾」と刻されるのも白鹿書院本の特徴である。「亾」は確かに「亡」の古字であるが、亠部にあるのはおかしいので、他の版本では「亡」に直されている。

　「十二字頭」第六字頭に誤刻がある。ak、ekの満文の右にある「阿忒」「厄忒」は「阿客」「厄客」の誤り。

3．東京大学蔵白鹿書院本（白鹿東大本）

　この白鹿書院本は内閣文庫本よりあとの改修本である。見返しの上部に、内閣文庫本にはない「禮部鑑定」の四字を補っており、巻首には張貞生、尹源進、黎元寛、姚子荘[76]の序のほか、礼部尚書龔鼎孳が康煕十一年（1672）一月に書いた序および史彪古、王震生、陳年穀、文徳翼の序が加わり、引証書目も加わっている。龔序には「廖使君昆湖…以其暇纂輯是書、屬長君仲玉持以示余、竝索弁首」と言い、仲玉（廖綸璣）が北京へ原稿或いは印刷された本を持って行き、龔鼎孳に序を請うたことがわかる。不思議なのは廖文英の自序が見えないことである[77]。

　改修本だけにかなり多くの箇所（音注に関するものだけでも630以上）が埋木の方法で訂正されている（第2部第2章で詳述）。上述諸点の訂正はほぼこの段階（おそらく康煕十一年から十二年の間）でなされたものと推定される。すなわち、内閣文庫蔵白鹿書院本に散見した（「玄」に替わる）「佉」や「鉉」は、東京大学蔵白鹿書院本の字典本文では、時に五画目を欠筆した「玄」と改刻され、時に改刻を待たず「佉」の人偏と最後の一画が削られている。「侇」は時に「夷」と改刻され、時に人偏が削られており、「湖」も時にさんずいが削られている。偏を削られたこれらの「玄」「夷」「胡」の字は、その当然の結果として右よりの細長い字となった。

　第一集一部の「亾」も「亡」に直され、「十二字頭」第六字頭の誤刻「阿忒」「厄忒」も正しく「阿客」「厄客」と直されている。この点は三畏堂本（神田1993）も同様である。また「十二字頭」の最終行の「十二字頭終」の二字目がかすれて「十一字頭終」に見えるのも特徴である。なお、「十二字頭引」と「十二字頭」は既に単刊の一冊ではなく、黎序のあとに綴じ入れられている。

4．劉炳補修本

　康煕十二年（1673）張自烈は廬山で病死する。享年七十七歳。康煕刊

『宜春縣志』によると、廖文英は張自烈のため盛大な葬儀を営み、張を白鹿洞書院に近い青龍山に埋葬したという[78]。ほどなく廖文英は任期を終え広東連州に帰郷する。東北大学蔵劉炳補修本『正字通』の六篇の新序（後述）によれば、帰郷に伴い『正字通』の版木も連州に運んだという。その頃、三藩の呉三桂と耿精忠が相継いで清朝に反旗を翻し、連州一帯も戦乱に巻き込まれる[79]。康熙刊『連州志』によれば、「平藩」すなわち平南王の尚可喜（あるいは尚之信）は一人の将軍を連州守備のため派遣する。その将軍が『正字通』を新たに印行した劉炳（字は煥之）である。劉炳補修本『正字通』の六篇の新序によれば、劉炳が『正字通』の版木を入手した経緯は以下のようである。

劉炳は連州で廖文英と知り合ってから、戦乱の中、廖一家を保護する。その後、なぜか廖文英は仲玉（廖綸璣）・叔玉を連れて他の地に行き、そこで病没する。仲玉兄弟は（恐らく呉三桂側の）監獄に入れられそうになるが、劉炳のおかげで事なきを得、連州に帰る。謝意を表すため仲玉兄弟は『正字通』の版木を劉炳に贈る。その頃、広州海幢寺の阿字和尚が連州に来て、『正字通』の本当の作者が張自烈であると劉炳に告げる。劉炳は版木の欠けた箇所の補修を阿字に依頼する[80]とともに、第一集初めの「連陽廖文英百子輯」の八字を「南昌張自烈爾公輯、連陽廖文英百子梓」の二行十六字に改刻し、見返しも「張爾公先生輯」に換える〔図2上〕。張自烈は南昌の人ではなく袁州府宜春の人であるとはいえ、この段階で張自烈の名誉もようやく回復されたというべきであろう。

阿字、法名は今無和尚、阿字は字である。広州海幢寺は阿字の師兄、今釈和尚すなわち金堡の創建した寺である（侯外廬1988）。金堡は張自烈の友人銭秉鐙と共に南明永暦政権に仕えたことがあり、僧形となってからは、南京に住む方以智との往来もあった[81]。金堡が『正字通』と張自烈の関係を知っていたとしても不思議はない。そのうえ金堡が他人のために書いた「刊正正字通序」が彼の『徧行堂續集』に見える。興味深いのはその序の内容が劉炳補修本の劉炳の序とほぼ一致することである。金堡「刊正正字通序」には「『正字通』一書、廖太守百子刻于南康、此張爾公之書也…予鎮連陽…」とあり、金堡が正に劉炳のために代筆したことがわかる。劉炳

第2章　『正字通』の版本について

補修本にとって金堡の貢献は阿字と同じように大きかったというべきであろう。(詳しくは次章)

　東北大学蔵本によれば、見返しの「潭陽成萬材梓行」の七字はそのまま保留されており、「廣居堂藏板」の印が押されている(「廣居堂」は劉炳の書室名)。最初に龔鼎孳の序が置かれている。龔序の中の「離」の字は最初の三画が「山」である。次の廖文英の自序は内閣文庫蔵白鹿書院本と内容は同じであるが、同版ではない。他の序とともに新たに版刻されたものであろう。廖序のあとには「廖氏初行是書、原序尚多、今存首序與廖氏自序、以證改正之由」という説明がある(京都大学人文科学研究所蔵の正字通は見返しを欠き、序も廖氏のものを残すのみであるが、この数行が見えるので、劉炳補修本であると判断される)。この二序のほか劉炳補修本のため新たに書かれた序は以下のとおりである。

　　劉炳　　　　康熙十七年(1678)二月
　　高光夔　　　康熙十七年秋日
　　錢捷　　　　康熙十七年十二月
　　王令　　　　康熙十七年八月
　　李蕡・呉盛藻　(年月なし)

　錢捷を除き、みな広東で官に就いている人たちである(錢捷もこの時、広東正考試官)。序文の年月から見て東北大学蔵本は恐らく康熙十八年(1679)の前半に印行されたものであろう。これらの序はみな責める口調で、廖文英が『正字通』の原稿を入手しながら約束の五百金を張自烈に渡さないうちに張氏が死去したことに言及している。たとえば呉盛藻の序には「積數十年心力、而『正字通』一書遂成…以老貧不能梓、(廖文英)請以五百金爲直而售焉、以爲己有。居無何而張子以憂鬱死、廖君遂梓之」と言う。もちろん彼らも廖文英が『正字通』を出版した功績は認めている。

　上述のとおり、劉炳補修本が使った版木はもともと白鹿書院の版木であり、補修した部分を除けば、新たに刻されたのは序文のみである。なお「十二字頭」は見えない。仲玉(廖綸璣)が自編「十二字頭」の版木のみ手元に残したものと考えられる。

5．清畏堂本

　劉炳は三藩のひとつ平南王尚氏が連州に派遣した将軍であった。康熙十五年（1676）二月、尚之信は清に反旗を翻し、父の尚可喜は憤死する。尚之信は「広東に盤踞し、高見の見物の態度をとる」（薛1991）。『正字通』の劉炳序が書かれたのは十七年（1678）二月のこと。八月、呉三桂病死。尚之信は清に降伏、十九年（1680）八月、広州に護送され、閏八月、北京で死を賜る。二十年（1681）、三藩に属していた人々はすべて旗籍に編入される（薛1991）。この間、劉炳が如何に過ごしたのかを知る手だてはないが、いずれにせよ彼が『正字通』の版木にかまっている余裕はなかったと思われる。

　康熙二十四年（1685）、呉源起という礼科給事中が広東を訪問する。彼の『正字通』序によれば、彼の父と廖文英が交友関係にあったため、廖文英を訪ねに行ったが、廖氏はすでに死去したあとであった。この頃『正字通』の版木は「久屬他姓、束之高閣」という状態であった。呉源起は私財を投じて版木を買い取り、『正字通』を印行、これが清畏堂本である。

　呉源起は浙江秀水の人、順治十八年（1661）の進士、清畏堂は彼の書室名である。『呉鼎吾行實』の著あり。鼎吾は父呉鑄の字である。呉鑄は崇禎十年（1637）の進士。『正字通』呉源起序および『廣信府志』『洛陽縣志』によれば、明の崇禎年間、呉鑄と廖文英はそれぞれ江西広信府と南康府で推官を務めており、二人の間には交流があった。呉源起は康熙八年（1669）以降、洛陽県知県の任にあった時、廖文英から『正字通』を一部贈られている。

　珂然の言うとおり、清畏堂本には蔵板本と原板本の二種類がある。比較対照の結果、もともとの清畏堂本が蔵板本であり、後の人が同じ版木を使って印行したのが原板本であることがわかる。いずれにせよ白鹿書院で開彫され、のちに劉炳によって印行された版木である。そのため清畏堂本と白鹿書院本・劉炳補修本を比べてみると、しばしば版匡の亀裂まで一致する。ただ後になるほど亀裂と漫漶の程度が激しくなるだけである。

　北京図書館分館蔵の清畏堂蔵板本によれば、呉源起は劉炳補修本の見返

しを新しいものに替えている。すなわち「張爾公先生輯」の六字を取り去り、「潭陽成萬材梓行」の七字を「清畏堂藏板」に替えている。序文は自分が新たに書いたもののほか、龔鼎孳と廖文英の二序を収めている。第一集初めの「南昌張自烈爾公輯、連陽廖文英百子梓」の題はそのままである。東京大学図書館蔵の清畏堂蔵板本も同様である。北京大学図書館善本閲覧室も清畏堂蔵板本一部を蔵する。

なお内閣文庫蔵の清畏堂蔵板本の場合、呉序と廖序しか収めず、第一集初めの「南昌張自烈爾公輯、連陽廖文英百子梓」も「南昌張自烈爾公、連陽廖文英百子全輯」と改刻されている。龔序を撤去した版本が多いのは、龔鼎孳没後の地位低下に伴うものであろう。

清畏堂原板本は、尊経閣文庫と早稲田大学図書館の蔵本によれば、新たに刻した見返しに「南昌張爾公、連陽廖百子兩先生全輯」の十五字を補い、「清畏堂藏板」の五字を「清畏堂原板」に替えるとともに〔図2下〕、蔵板本にはなかった「十二字頭引」と「十二字頭」を新たに刻し、凡例のあとに補っている（第六字頭の誤刻「阿忒」「厄忒」は未訂正、第八字頭の「直舌而旋」を「直舌而使」と誤る）。その他は蔵板本と同じである。ただ、漫漶の程度はますます激しくなり、たとえば廖序の中で康熙帝を意味する「今上」の二字は、これらの原板本では「□上」となっている。なお、戸川芳郎先生家蔵の原板本および二松学舎大学蔵の原板本二部では「今上」の一字目がまだ消えていない。

白鹿東大本から清畏堂本の間で本文の改訂はほとんどなかったと推定される。個別的には「灌」（巳上102b3）の字の反切が白鹿内閣本で「古患切」だったものが、白鹿東大本で「古阮切」に、更に清畏堂本で「古玩切」に替えられた例がある。

6．弘文書院本

上述の三種の版本すなわち白鹿書院本・劉炳補修本・清畏堂本は「白鹿書院系版本」と称することができる。日本の各図書館等の蔵書状況から見て、最も普及した版本は清畏堂本（特に原板本）である。これら以外の版

第1部　歴史・版本篇

本すなわち弘文書院本・三畏堂本・芥子園本について言えば、字典本文の版式は白鹿書院系版本と全く同じであるが、互いに同版の関係にはない。

　弘文書院本の場合、東京大学東洋文化研究所蔵本によれば、見返しには「廖百子先生輯、正字通、弘文書院藏板」（版匡のうえに「新鎸」）とある。第一集初めの題は「連陽廖文英百子輯」。巻首には「正字通姓氏」の項があり、「鑒定」として龔鼎孳と張貞生の二人、「較閲」として黎元寬・熊維典・文燈巖（文德翼）を初めとする全二十三人、「同志諸名流姓氏」として江一經を初めとする全十九人、「白鹿書院受業姓氏」として錢正振を初めとする六十八人（張自烈の弟張自勳の名も）、更に「正字通承同官諸名公參訂」として高不矜を初めとする八人、「監刻」として徐容を初めとする五人の名が並べられている。「十二字頭」「十二字頭引」もあるが、第六字頭の誤刻「阿忒」「厄忒」（正しくは「阿客」「厄客」）はまだそのままである。第八字頭の「直舌而旋」については誤刻なし。

　全体に渉り、版心下部に篆書体の「弘文書院」の四字が刻される。序は張貞生、王震生、黎元寬、姚子莊、史彪古の五篇である。不思議なのは廖文英の自序と龔鼎孳の序が見えないことである。「正字通凡例」の最後の条の二行目が他の版本では「…之一二、精義不具載」であるのに、弘文書院本では「…之一□□義不具載」というように未刻部分がある。

　なお社会科学院語言研究所蔵と台北国立故宮博物院図書館蔵の弘文書院本は「正字通承同官諸名公參訂」と「監刻」の部分を欠く。台北蔵本は更に「十二字頭」「十二字頭引」を欠く。

　東京大学蔵白鹿書院本の段階で偏旁を削り取られ、右よりの細長い字となった「玄」「夷」「胡」の字は、弘文書院本では、細長いながらも明らかに新たに刻された字と判断できるものとなっている。ほかにも誤刻の状況などを併せて考えた場合、しばしば最も早い時期の版本と見なされる弘文書院本にしても、実は白鹿書院系版本（東京大学蔵白鹿書院本の段階以降のもの）を翻刻した版本であることは確実である。

　弘文書院本特有の誤刻の例を、気がついたもののみ以下にあげてみたい。左が正しいと思われるもの（他の版本による）。

第 2 章　『正字通』の版本について

　　　　　　　　　弘文書院本
辰中5b8　　　不必從　　　不必從一
辰中22b5　　　㊄　　　　㊄
巳上32b5　　　兄入聲　　　見入聲
午下83b3　　　多官切　　　之官切
酉中65b8　　　九迂切　　　九這切

弘文書院本のみが他の版本（白鹿内閣本を除く）と異なるところ。
　　　　　　　　　弘文書院本
寅下45a7　　　烏關切　　　烏官切（＝白鹿内閣本）

　江戸時代の珂然は、弘文書院本には巻首の部分が他と異なる別種のものがあると言う。佐々木猛氏の示教によれば、大阪外国語大学蔵の弘文書院本は、版心に「弘文書院」の篆文四字がないなどの特徴を有する。珂然の言う別種の弘文書院本である可能性が高い。なお大阪外国語大学蔵本には龔鼎孳と張貞生の序が見え、「正字通姓氏」の項はない。龔序の中の「離」の字は最初の画が「山」ではない普通の字体である。大東文化大学辞典編纂室蔵正字通も見返しを欠くが、大阪外国語大学蔵本との対照の結果、同じく弘文書院本（第二種）であることが判明した。

7．三畏堂本

　見返しには「廖百子先生輯、正字通、三畏堂重梓」とある。第一集初めの題は「連陽廖文英百子輯」。「十二字頭」第六字頭の誤刻「阿忒」「厄忒」は正しく「阿客」「厄客」と直されている。「十二字頭」の最終行が「十二字頭終」でなく「十一字頭終」と刻されている。上述のとおり、これらは東京大学蔵白鹿書院本の特徴である。すなわち三畏堂本は東京大学蔵白鹿書院本の段階の版本から翻刻された可能性が高いと思われる。第八字頭の「直舌而旋」については誤刻なし。
　北京大学図書館工具室蔵の三畏堂本には張貞生・黎元寛の序以外に王震

第1部　歴史・版本篇

生・陳年穀の序が見える。廖序は見えない。陳序は今のところほかに東京大学蔵白鹿書院本にしか見られず、ここからも三畏堂本が東京大学蔵白鹿書院本の段階から翻刻された可能性の高さを見て取ることができる。

架蔵の三畏堂本には見返しに「江右三畏堂校訂古今書籍經史時文詩集於本坊發兌」の朱印が押されている。「江右」というところから三畏堂が江西の書坊であったことがわかる。

三畏堂本特有の誤刻の例を、気がついたもののみ以下にあげてみたい。左が正しいと思われるもの（他の版本による）。

		三畏堂本
子下83a1	尺八短劍	尺八鈍劍
丑上57a6	俗書刊誤	俗書刊韻
寅中13a8	苦公切	言公切
卯上4a6	骨骲	骨骴
卯上5a7	或作骰	或作者
卯上7a8	鬱邑	音邑
辰中19a3	析木	析大
辰中38a5	許教切	詩教切
辰下8b8	此説	北説
巳上6a7	失考正	失者正
午上1a8	縝密	滇密
午上19a2	戸倫切	戸■切
午上29b6	四沿切	四洽切
午上31a1	音贊	一贊
午上37a1	龜殼	龜□
午上41b3	書其名	書且名
午上43b4	齊地名	齊地文
午上48a2	增韻	曾韻
午中25b6	保匿	保極
未下62a3	朕以懌	朕以王
申上26a2	朱註	未註

40

第2章 『正字通』の版本について

酉上57b5	趙談	趙譀
戌上32b5	牛刎切	半刎切
戌上32b7	呼王切	呼至切
亥上1b2	永嘉太守	說嘉太守
亥下10b4	當罰者	當訥者
亥下10b7	可以窒穴	可以窒大

三畏堂本のみが他の版本（白鹿内閣本を除く）と異なるところ。

三畏堂（＝白鹿内閣本）

午上26a2	俗字舊	助諫切
午上26b3	服玄	服佉
申上24a3	夷姓	俠姓

8．芥子園本

　内閣文庫蔵本によれば、見返しには「廖百子先生輯、正字通、芥子園重鐫」とある。序文は龔鼎孳のもののみである（龔序の中の「離」の字は最初の三画が「山」）。第一集初めの題は「連陽廖文英百子輯」。巻首に置かれた「正字通姓氏」は、弘文書院本以外の他の版本には見られないものである。すなわち芥子園本は弘文書院本を翻刻した版本である可能性が高い。ただし弘文書院本（第一種）は龔鼎孳の序を収めず、弘文書院本（第二種）の龔序の中の「離」の字は最初の画が「山」ではない普通の字体である。

　全体に渉り、版心下部に篆書体の「芥子園重鐫」の五字が見える。「十二字頭」第六字頭の誤刻「阿忒」「厄忒」（正しくは「阿客」「厄客」）もそのままである。第八字頭の「直舌而旋」については誤刻なし。

　なお江戸時代の珂然の見た芥子園本には龔序のほか芥子園すなわち李笠翁の序があったというが、そのような版本をまだ見出せていない。李漁全集にも見えない。

　芥子園本特有の誤刻の例を、気がついたもののみ以下にあげてみたい。

41

第1部　歴史・版本篇

左が正しいと思われるもの（他の版本による）。

	芥子園本	
子下87b8	音卞	音ノ
丑下82a4	春秋傳	春秋■
丑下83b2	持畱切	侍畱切
寅下45a7	烏關切	息關切（白鹿内閣本・弘文書院第一種本は「烏官切」）
卯上19a2	音叉	音又
卯中17b3	音紐	音糾
卯中53a1	梯泥	悌泥
辰下6a1	寬上聲	作上聲
巳中10b6	之深切	之漢切
午下65b4	卑遙切	鬼遙切
未上31b6	哀上聲	哀上聲
未中16b1	雪遇切	雲遇切
未中48a2	千木切	十木切
未下9a1	邦妹切	邦脉切
申下41a1	蛍占切	蛍古切
酉中8b1	西安	而安
戌上50b1	他協切	他挾切
戌中26a4	上聲	主聲
戌中30a7	浜原	□原（三畏堂本は「沂原」と誤る）
亥上47a3	丁候切	下候切
亥中15b6	竹角切	作角切
亥中18a7	音臼	音曰（三畏堂本も「音曰」に近い）
亥下60a2	盧容切	盧客切

芥子園本のみが他の版本（白鹿内閣本を除く）と異なるところ。

	芥子園本	
卯上48a5	夷險	俀險（白鹿内閣本では「俀」のうえに「夷」

第2章 『正字通』の版本について

　　　　　　　　　　　　の紙片貼付、白鹿東大本では人偏を削ったら
　　　　　　　　　　　　しく右よりの「夷」となる）
戌上76b4　　苦昊切　　苦激切（＝白鹿内閣本）

9. その他

　蕭惠蘭2003では帯巴楼本『正字通』が紹介されている。それによれば、この版本では張序のあとに「十二字頭引」と「正字通姓氏」の項があり、後者は「鑒定」の龔鼎孳と張貞生の二人、「較閲」全二十三人、「同志諸名流姓氏」全十九人、「白鹿書院受業姓氏」全六十八人を含む。この点は弘文書院本と同じである。

　蕭2003は張貞生の一序しかないことその他の論拠により、帯巴楼本こそ白鹿書院本より前に位置する版本だと結論づけている。しかし序文の多寡のみであまり多くのことを言うのは危険である（たとえば芥子園本の中には龔序ひとつしか収録しないものもある）。反切や「胡夷玄」等の字の状況がどうなっているのか知りたいところである。

　他にはアメリカのウィスコンシン大学に「帯月楼本」正字通があるが、見返しが「廖百子先生輯、正字通、帶月樓梓」となっていること以外、不明である[82]。

　また、神田信夫先生家蔵の『正字通』（十二字頭の部分のみ）の見返しには「廖百子先生輯　正字通　清可堂藏板」（「字」は異体字）とあり、清可堂本という版本があったことになる。推定の域を出ないが、「十二字頭」だけを抜き出した書賈が「清畏堂藏板」の真似をして「清可堂藏板」という見返しを作ったものではなかろうか。

注

73　珂然は、江戸時代18世紀前半を代表する浄土宗の伝記作家である。珂然の主著に忍澂・義山両師の伝記がある（『浄土宗全書』巻18所収『義山和尚行業記』）。前者は名利・法然院の事実上の開山、後者は浄土宗総本山・華頂山知恩院住職。義山は、「正しい」「あるべき」経典の発音ということに非常に意を用いていた。『浄土宗大辞典』

には「義山点」という項目あり。浄土宗のお経の現行の発音は、義山が定めたものである。義山と親交のあった珂然に『正字通作者辯』があるのは少しも不思議ではないと言えよう。この注の情報はすべて野川博之氏の教示による。詳しくは古屋・野川2007。

74 日本に『正字通』が初めて舶載された正確な時期は未詳であるが、伊藤東涯（1670-1736）『助字考』元禄六年（1693）の自序によれば、東涯は当時すでに『正字通』を利用している。また、神田1993によれば、1694年の木下元高の文に『正字通』が引用されているという。岩見1980によれば、新井白石は1695年に甲府藩のため『正字通』を購入している。17世紀末には『正字通』が日本に舶載されていたことがわかる。なお『正字通作者辯』の閲覧に関して寺村政男氏のお世話になった。

75 これ以外にも字典の本文では「胡奴虜」などを避ける傾向がある（前章）。

76 古屋1994bでは廖綸璣が廖文英の親戚か同郷の友人ではないかと推定、更に古屋1995では廖綸璣が廖文英の子であることを考証。彼らが父と子だとすれば、白鹿書院本に関係する六人（廖文英、廖綸璣、張貞生、尹源進、黎元寛、姚子莊）のうち少なくとも四人（廖父子、張、姚）が客家の人ということになる（『崇正同人系譜』による）。彼らがみな『正字通』の反切の贛方言的色彩に気がつかなかったかに見えるのも、或いは客家方言が同様の特徴を備えていることと関連するかもしれない。ただし、荘初昇氏の私信での教示によれば、連州の言語状況は複雑であり、廖父子が客家であったと速断することはできないとのことである。

77 張自烈と廖文英の事跡については本書第1部第1章に詳しい。張自烈の文集は民国刊の豫章叢書所収の『芑山文集』のほか、北京図書館には康熙刊の文集が三種ある。そのうちの一種『芑山先生文集』は内容と配列が豫章叢書本と同じである。劉炳補修本『正字通』の銭捷の序に「憶壬子途過金陵、坊人出『正字通』一刻」とあり、壬子年（1672）の秋、南京では『正字通』が既に売られていたことがわかる。

78 このほか康熙刊『江西通志』巻三十七に「南康太守廖文英重其品、詣葬于白鹿洞山外之鄭家冲、書其碑曰清故處士張芑山墓」とある。

79 『清史列傳・尚可喜傳』に「因三桂精忠連結爲寇、未能以重兵達粵。粵東之連州惠州博羅…土賊蠢動、可喜發兵征剿、屢奏捷」とある。

80 たとえば呉盛藻の序に「廖君之歸連陽也、徘徊故道、震虺鋒烟。于斯時也、始與連帥劉君煥之善、凡恃以無恐。繼而劉帥提孤軍死力、三連不致蹄于賊。廖君先翱翔異地、併其二子而出、未幾物故、而二子幾逮鄰封獄、劉帥…遂力出二子歸。二子德劉帥、因以是書謝…及檢視而殘缺漶滅什之一。適阿字禪師游于連。劉帥以補殘之事屬阿師」とある。銭捷の序に「此刻百卷攜入連陽…余將行、于海幢晤阿字上人、知此書乃江右張爾功 sic 所輯也」と言う。『四庫提要』「經部小學類存目」の「正字通」の項には概括

的な描写が見える。
81 方以智ら友人の推薦のもと永暦政権は張自烈を招聘したことがあるが、張自烈は固辞している。このことは方以智『浮山文集前編』や魯可藻『嶺南紀表』に見える。
82 University of Wisconsin, Madison Memorial Library, East Asian Collection。次のサイトによる情報（www.library.wisc.edu/guides/EastAsia/index.htm）。

第3章　金堡「刊正正字通序」と三藩の乱

1．はじめに

　南明永暦政権に仕えたのち出家した金堡（1614-1680）[83]の『徧行堂集』は、刊行後百年近くもたった乾隆年間の禁書政策の中で、その版木を所蔵していた韶州丹霞山別伝寺の僧侶達に一大惨禍をもたらしたことで有名である。その続集巻二に「刊正正字通序代」が収録されている。「代」とあるが、内容のみからでは誰のための代筆かすぐにはわからない。

　幸い現存する『正字通』の数多くの版本の中に、この序と酷似したものが見られる。即ち三藩の平南王配下の将軍劉炳が印行した版本[84]に附された劉炳自身の「刊正正字通序」がそれである。「康熙十七年歳次戊午仲春日、潁南劉炳書於湟川公署」の記から、1678年陰暦二月に湟川すなわち広東連州で書かれたことがわかる。後述の如く、この序が金堡執筆の序に基づいていることは明らかである。本章では金堡がどのような立場で字書『正字通』の序を代筆するに至ったかについて考えてみたいと思う。

2．金堡「刊正正字通序」

　まず、やや長いが金堡の序を引用しておきたい。

a　方正學語廖鏞「汝讀書幾年、尚不識一是字」、其言痛切、可以一日三省。夫一字必有一是、則字字皆有一是。不出形聲點畫之外、亦不在形聲點畫之中。卽使無一字不識而有一念不是、則不可以對天地、質衾隱、徵庶民、俟百世、雖加之以不識一字之名而不敢辭者、理如是也[85]。
b　「正字通」一書、廖太守百子刻於南康、此張爾公之書也。爾公、西江名宿、年老食貧、百子請以五百金易其藁、藁已入而金未出、爾公下世、百子擅之、卽百子之利與名俱得、爾公之名與利俱失、是路見之所不平也。予鎭連陽、得板於其家、乃爲表爾公之名、正百子之實。百子之實在授梓、爾

公之名在立言、爾公可以無怨於百子、百子可以無罪於爾公矣。予未識爾公、曾交百子、非有所私輕重。心術之微、一發於眞僞、而事爲之顯、交爭於名實。百子不可欺天下後世、容可自欺。授藁出自爾公、百子豈能強奪、酬金出自百子、爾公故難強求。爾公全不負生交、而百子半負死友、予斷然刊正、所謂南山可移、此判不改者也。雖然、貧老儒生、卽有此書、一旦溘先朝露、終亦蠧殘鼠嚙、安能公諸四方。將母此書之靈、假手於百子以傳耶。百子未酬爾公、已爲爾公酬剞劂氏矣。豈可謂百子非爾公之益友哉。予不敢自詡爲爾公之功臣、不妨自附於百子之益友。倘於百子生前相規正、使之翻然得此一是、更無餘憾。今也一似魁百子之過而私重爾公者、則予聞而稍後疑有莫之爲而爲者耳。

b 以下の内容を要約すると、『正字通』は江西の碩学張自烈（字は爾公）の原稿を、南康府知府廖文英（字は百子）が五百金で譲り受け、自分の名で刊行[86]。支払い以前に張が死去したので、道徳的には非難されるべきだが、張も生前に刊行する能力はなかったのだから、廖の刊行の功績も認めつつ張の名で印行することにした、というもの。連州（連陽）を鎮撫した際、廖の家で『正字通』の版木を贈られたことに言及、金堡が代筆したのが正に広東連州に関連する武官であることを示す。

3．劉炳「刊正正字通序」

次に劉炳印行の『正字通』の劉序であるが、金堡の代序と較べた場合、aの部分のみ大きく異なっていることがわかる。

a' 須信畫前原有易。此邵堯夫先生至的之見。夫畫前之易、固不在形聲點畫之内、亦不出形聲點畫之中。是用格至正誠之工、謹懼愼讀之學、則明炳幾先、無一不出於中正者耳。然正則吉、不正則凶。正則通、不正則不能通。正則同文同倫、言法行則、可以對天地、格鬼神、徵庶民、俟百世。不正則不能以質衾影。可見此畫前之易、在天在人、不容須臾泯沒者也[87]。

第1部　歴史・版本篇

　この部分の変更は、恐らく金堡の序が明初の方孝孺の言葉を引用するなど明朝色を強く出しすぎたせいであろう。ただし、この修改が金堡自身によるものか劉炳によるものか今となっては確定困難である。これ以外の部分について劉序は金序と大同小異であるが、劉の連州鎮撫が丙辰の年（1676）から始まったという新情報が加わっている。
　劉序以外の序[88]の執筆者と官職は以下のとおり。

　　高光夔　　廣東提學道按察使司僉事
　　李薈　　　連州知州
　　錢捷　　　禮部祠祭清吏司員外郎（廣東正考試官）
　　王令　　　廣東等處提刑按察使司按察使
　　呉盛藻　　廣東通省鹽法按察司副使

　このうち高・錢・王の三序（および劉序）に康熙十七年または戊午（1678）の記が見られるが、この年は正に三藩の乱[89]の最中に当たる。広東では、清朝に忠実だった平南王尚可喜は既に死去、十五年（1676）二月にはその子尚之信が平西王呉三桂と靖南王耿精忠に呼応して反旗を翻すが、まもなく（同年中）耿と尚は清に再び投降。十七年には呉三桂も形勢不利の状況下にあった。
　上で見たとおり序の執筆者達はみな広東在任中の官僚である。尚可喜配下であった劉炳も完全に清朝側に立っていると見てよいであろう。康熙刊『連州志』巻五の丘琳の伝に「滇黔播亂、連楚接壤、平藩遣將劉炳爲防禦、凡有機密亦商於琳。炳常疑一郷通寇、欲滅之、賴琳言而止」とあり、呉三桂の乱が湖広に接する連州に波及してきたため、平南王側から防衛のため派遣された劉炳は、連州の人が呉三桂に通じているのではないかと疑心暗鬼になっていたことがわかる。

　さて、劉序以外の序の内容を総合すると、次のような情報が得られる。
一、廖文英が劉炳と知りあうのは連州に帰郷してからのこと。
二、戦乱の中、廖は外地で死去、二人の子[90]も危機に陥るが、劉の援助に

より難を逃れる。

三、二子は返礼として劉に父が南康から持ち帰っていた『正字通』の版木を贈る。

四、劉の友人広州海幢寺[91]の阿字和尚が連州に来て『正字通』の真の作者が張自烈であることを告げるとともに、版木の欠を補う。

以上は『四庫提要』「小學類存目・正字通」の項に引かれる鈕琇『觚賸』、裘君宏『妙貫堂餘譚』の説と一致するが、むしろこれらの序文のような資料が鈕氏や裘氏の情報の来源となった可能性が高い。いずれにせよ『正字通』の歴史の中での劉炳補修本の重要性は、何よりもその真の作者の名を始めて明らかにした点にある。その点では阿字和尚の功績が最も大ということになるが、それならば序の作者達の言及しない金堡の役割はどうなるのであろうか。当時の知名度から見て、また劉炳の序の代筆という一事のみをとっても、金堡すなわち澹帰和尚の貢献の方がずっと大きかったのではなかろうか。金堡と阿字・廖文英・劉炳の關係について更に探ってみる必要がありそうである。

4．金堡の交友関係

まず金堡と阿字の関係から。そもそも金堡は順治七年（1650）に南明の永暦政権から離れたあと出家、二年後、広州雷峰寺の函罡和尚[92]の門下に入ったわけであるが、阿字も同門なのである。二人の法名は今釈（字は澹帰）と今無（字は阿字）。年齢は阿字の方が十七歳も若いが、入門は阿字が先である。丙辰の年（1676）阿字は『徧行堂集』の序を書いているが、その中に「壬寅予領衆海幢、澹歸方開丹霞」と言うとおり、阿字は広州海幢寺、金堡は韶州丹霞山別伝寺を本拠としつつ、頻繁に往来していた。『徧行堂集』巻二十一には阿字に宛てた書簡数篇を収録、また、続集巻二の「光宣臺集序」は阿字の文集のために書かれたものであり、二人の緊密な交流を伺わせる。

次に金堡と廖文英の関係であるが、『徧行堂集』巻二十六に南康府知府廖文英宛の書簡「荅廖昆湖太守」が見える。

耳熱雅望二十餘年…垂示大刻、鼎鐘立業、金玉宣音、如拜百朋之錫。山書附正、未免布鼓過雷門矣。

とあり、金堡は廖と直接の面識はなかったが、廖から刊行物（"大刻"）を贈られ、返礼に自著を贈ったことがわかる。この「大刻」が『正字通』である可能性は高い。廖は白鹿洞書院で刊刻したばかりのこの大型字書を友人達に贈っていた[93]。

金堡と劉炳（字は煥之、安徽潁上の人）の関係を物語るものとして、『徧行堂集』には以下のとおり金から劉に宛てた文が多く収録されている。

①劉副將軍煥之壽序（卷五）
②與劉煥之副戎（卷二十五）
③贈劉副將軍煥之（卷三十六）
④劉煥之總戎六袠壽序（續卷二）
⑤與劉煥之總戎（續卷十二）

まず①では劉炳について「今平王賢之、用以治刑、聽斷唯允」云々と言い、平南王尚可喜の篤い信任を得ていたことを示す。ちなみに金堡と尚可喜の交流、及びそれに対する明の遺民達の反感は有名である[94]。

次に②では広州で阿字・劉炳と共に語り合ったことに言及するほか「江右道中聞留鎮粵東之信……知有連陽之行、想楚粵要衝、必藉威德乃能彈壓、輒在廣居笑語之間也」と言い、江西を雲遊中に劉炳連州派遣の消息を得たことがわかる。なお「廣居堂」は劉の書室名である。⑤にも「廣居之燭影」とあるほか、劉炳補修本『正字通』の見返には「嶺南廣居堂藏板」の篆印が押されている。

④は内容から戊午の年（1678）の夏以降の執筆であることがわかる。金堡はその二年後、六十六歳で死去しているので、劉炳はこの二年の間に還暦を迎えたことになる。

最も重要なのが⑤である。

荅教至、知旌旆已還連陽、王事鞅掌、故應如是。示及瘡痍滿目…吾兄與

第3章　金堡「刊正正字通序」と三藩の乱

同事諸公協力撫綏、已見小康景象矣。

云々とあり、連州一帯の鎮撫が一段落したことを劉炳からの手紙で知ったことがわかる。また、

　正字通敘藁已寄海幢矣。此舉眞快人意、惜快意事不可多得、生天地間一年、作此等事一件、活得八十年、庶不虛過矣。

とあり、劉炳のために代筆した正字通序を既に海幢寺（阿字宛であろう）に送ったこと、劉炳の今回の措置が一生に数度とない快挙であることを述べている。後者が、張自烈の著と明示した『正字通』の印行を指すことは確実であろう。金堡のこれほどの喜びようは、この快挙の推進者が正に金堡自身であった可能性を示唆するものと言えよう。いずれにせよ、共に語り合う仲であった金堡・阿字・劉炳にとって、廖文英『正字通』の真の作者が明の遺民張自烈であることは、共通の認識となっていたに違いない。問題は金堡や阿字がその事実を如何にして知りえたかである。

　今のところ金堡と張自烈の直接の交流を示す資料はないが、二人に共通の友人が多いことが注目される。金堡の属していた南明の永暦政権に張自烈を推薦したことのある方以智もその一人であるが、方は『正字通』の前身である『字彙辯』の序を崇禎年間に執筆、順治年間には張の『字彙辯』増訂過程に直接寄与している[95]。また方以智の子方中通は詩文集『陪集』で、『字彙辯』が後に『正字通』と改名したと明言している。他にも共通の友人として陳弘緒・銭秉鐙・熊非熊などがいる。特に熊は最晩年の張自烈と共に廬山に滞在していた人物である[96]。

　更に金堡は康煕十二年（1673）の冬、廬山滞在中の師函罡を訪ねているが[97]、張自烈は正にこの年、廬山で死去したばかりである。

　以上から見ても、金堡が『正字通』の真の作者について知りうる機会はかなり多かったと言うべきであろう。

　廖文英が『正字通』の刊行により名利を共に獲得したこと[98]について、上述の金序に「是路見之所不平也」（劉序では「識者有不平之嘆」）と言う

とおり、一部の人々、特に康熙年間まで生きのびた明の遺民たちの間には、張自烈の『字彙辯』ないし『正字通』が、礼部尚書の龔鼎孳や明浙江提学史であった黎元寛の序を冠せられて、堂々と廖文英の名で出されたことへの懐疑や不満があったに違いない。廖文英が子の廖綸璣の「滿字十二字頭」（満洲語の字母表）を白鹿書院本『正字通』に附載したことも反感の一因となりえたであろう。劉炳補修本から「十二字頭」が消えていること[99]や、晩年の黄宗羲が自らの『明文授讀』（康熙三十八年刊）に友人張自烈の文として特に「字彙辯序」を選録したこと、『字彙辯』の初期の面影を伝える『増補字彙』[100]が康熙二十九年（1690）張自烈の名で刊行されたこと、なども単なる偶然とは思えないのである。

5．結び

　残る疑問は、劉炳補修本の序の作者達がなぜ一様に阿字の役割のみを書き立て、金堡（或いは今釈・澹帰）の名に言及しなかったのかという点である。実際に連州の地まで赴いたのが阿字だったからであろうか。それもあろうが、当時の状況から見れば、やはり金堡が南明の遺臣として著名だったため、広東在任中の清朝官僚たちに正面から金堡を頌揚するのを憚る気持ちがあったからと見るのが自然であろう。これについては、金堡が尚可喜のために書いた『元功垂範』が、原刻本では正しく今釈撰となっているのに、後の版では清朝官僚の尹源進の撰となっていること[101]も参考になろう。彼ら、特に広東在住の知識人の間では、阿字と金堡は一心同体のような存在に映り、阿字の名を挙げた場合その背後に金堡がいることは、暗黙の了解事項となっていたのではなかろうか。

　康熙十九年（1680）、金堡は師の函罡に先立ち六十六歳で死去[102]。翌年、阿字も四十九歳の若さで死去。同年、清朝は三藩の乱を完全に平定。劉炳のその後は不明である。劉炳補修本『正字通』の版木は、数年後、礼科給事中呉源起の所有に帰し、部分的な改刻を経て再び印行されることになる。この版が最も普及した清畏堂本である。

第3章　金堡「刊正正字通序」と三藩の乱

注——

83　金堡、字は衛公・道隠、浙江仁和の人。崇禎十三年（1640）の進士、臨海州の知州。国変後、南明永暦政権の兵科給事中となるが、桂林陥落後、出家。王政堯1986「金堡」（『清代人物傳稿』上編第三巻）および廖肇亨1999「金堡『徧行堂集』による明末清初江南文人の精神様式の再検討」を参照。なお『徧行堂集』は東洋文庫蔵の写真版による。丹霞山の惨禍については葉調生『鷗陂漁話』などに詳しい。

84　いわゆる劉炳補修本である。東北大学図書館蔵本と北京図書館蔵本による。版本については前章に詳しい。

85　方正学は明初の正学先生方孝孺。廖鏞はその弟子。徐本『明史列傳』に「成祖卽位、以鏞與弟銘嘗受學方孝孺、令召之。孝孺怒曰汝讀幾年書、尚不識一是字」とある。「質衾隠」は「質衾影」のこと。「我が身を振りかえり恥じるところがない」の意。

86　張と廖の交友や生涯については本書第1部第1章「張自烈と『字彙辯』」や同第1部第5章「張自烈年譜稿」に詳しい。

87　堯夫は北宋の邵雍の字。なお黄沛栄1998では、劉炳の序を始め『正字通』の各版本の序をほぼ網羅、標点附きの全文を紹介している。

88　劉炳補修本には白鹿書院本以来の龔鼎孳と廖文英の序が冠されているが、ここでは新たに執筆された序だけを扱う。

89　三藩の乱については劉鳳雲1994『清代三藩研究』を参照。なお、尚之信の乱に際して後述の海幢寺にも被害が及んだという。

90　兄の仲玉は学名を廖綸璣といい、北京での官職は正黄旗教習。弟の叔玉の名は恐らく廖綸球（康熙刊『連州志』による）。呉盛藻の序に「廖君已先翱翔異地、竝其二子而出、未幾物故、而二子幾逮鄰封獄」とあり、廖綸璣兄弟が呉三桂側の獄につながれそうになったことがわかる。

91　銭捷の序には「余將行、於海幢晤阿字上人」とあり、銭は広州で阿字に会ったことがわかる。

92　汪宗衍1986『明末天然和尚年譜』（台湾商務印書館、もと1942年）による。天然は函罡の別字。

93　例えば銭捷の序に「甲寅郵寄一部、藏家篋中」、後述の呉源起の序に「惠以所梓正字通一書」とある。なお金堡の師の函罡は康熙十年（1671）から数年、廖文英の招きにより廬山の帰宗寺に滞在している。

94　例えば邵廷采『思復堂文集』に「堡爲僧後、嘗作聖政詩及平南王年譜。以山人稱頌功德、士林詈之」とある。

95　本書第1部附論「明刊『箋註陶淵明集』のことなど」に詳しい。

96　康熙刊『廬山志』「姓氏考」に「熊非熊、燕西、南昌人、高士」、『崇正同人系譜』巻

第1部　歴史・版本篇

　　五下には「連平人、歳貢、任教授」とある。張自烈は死去の直前、熊非熊の詩集の序を廬山で執筆。
97　汪宗衍1986『明末天然和尚年譜』77頁。
98　白鹿東大本の黎元寛の序や史彪古の序によれば、廖文英は「進御」すなわち皇帝の天覧に供することも考えていたらしい。
99　後の諸版本の形態と異なり、内閣文庫蔵白鹿書院本において「十二字頭」は独立した見返しを持つ単刊本であった。廖綸璣が自編「十二字頭」の版木のみは劉炳に贈らなかった可能性もある。
100　次章「張自烈『増補字彙』について」で詳論。
101　謝国楨1981『増訂晩明史籍考』703頁。尹源進は康煕年間の吏部稽勲司郎中、白鹿書院本の序の執筆者の一人でもある。
102　蔡鴻生1995「清初嶺南僧臨終偈分析」(『學術集林』4) に金堡の臨終の偈についての解説が見える。

第4章　張自烈『増補字彙』について

1．はじめに

　本章では『正字通』の成書過程の探索において懸案となっていた『増補字彙』について考えてみたいと思う。

　康熙年間、一部の人達のあいだでは『正字通』の作者が張自烈であることは勿論、その字書の前身が『字彙辯』という名であったことも知られていた。たとえば、方以智の次男方中通は自著『陪詩』巻一で「芑山先生初輯字彙辯、時過竹關、取老父通雅商榷」と言い、「字彙辯、後改名正字通」と注する。同じく『陪集』巻二「篆隷辯從自序」で「時先君天界圓具後、閉關建初寺之竹軒。芑山先生居止數武、朝夕叩關、商略可否、日輯七字爲度、殆二十年而成、易名正字通」[103]と言う。方以智が南京の天界寺で円満具足したのち、建初寺の看竹軒に籠るのは癸巳の年、すなわち順治十年（1653）のことであるが、その頃、芑山先生張自烈も近くに住み、『字彙辯』の増訂に関して、『通雅』の作者である方以智と学問的交流を深めたこと[104]、『字彙辯』は二十年来の著作であり、のちに『正字通』と改名したこと、等を見てとることができる。父と共に暮らしていた方中通が、自らの見聞を記したものである以上、『字彙辯』と『正字通』の関係についての証言も信を置くに足りるものと言えよう。

　ただし、『字彙辯』という書は現在伝わらない。原稿段階では『字彙辯』と呼び、刊行の段階で『正字通』となったとすれば、それも当然と言えようが、『正字通』以前に『字彙辯』が少なくとも一度は刊行されたことを示す資料があり、検討が必要となる。その資料とは、順治年間刊、張自烈『四書大全辯』巻頭所収の順治十三年（1656）、江南布政司右堂馮某の告示[105]である。張自烈の近著のひとつとして「新鐫字彙辯」を挙げ、その勝手な翻刻を禁じている。乾隆年間刊『江南通志』職官志によれば、この馮某とは順治十一年から十四年にかけて江南右布政使であった馮如京のことである。また、張自烈は『芑山先生文集』巻九「復友人論字彙辯書」（己亥

55

年、1659年の執筆）で自らの『字彙辯』を「拙刻」と謙称している。

　管見の限り、この順治年間刊『字彙辯』も夙に佚してしまったらしい。目録その他で『字彙辯』を著録するのは『袁州府志』（張自烈は江西袁州府宜春の人）くらいなものである。そのかわり徐乾学『傳是樓書目』には張自烈・湯学紳[106]『字彙補』十三巻十三本が、また同書目に依った『國志經籍志補』[107]には張自烈『増補字彙』十二巻十二冊が著録されている。

2.『増補字彙』について

　張自烈『増補字彙』が駒場の尊経閣文庫に所蔵されていることを知ったのは、迂闊にも最近のことであった（その後、韓国の高麗大学晩松文庫にも所蔵されていることを知る）。二十冊に装訂されたもので、見返しには「康熙二十九年新鐫、張爾公先生訂正、増補字彙、繡谷振鄴堂藏板」とあり、1690年の刊行であることがわかる。一冊目は、①湯學紳序、②字彙原序、③字彙補凡例、④字彙補總目、⑤石渠閣新鐫字學元韻譜、から成り、③④によりこの書が『字彙補』とも呼ばれうること[108]が判明する。第二冊からが子集～亥集の十二集、尊経閣本では子、巳、未、申、酉、戌の六集が各二冊ずつとなっている。第二十冊は魏周郁『切韻指掌』である。子集の巻頭には、

宣城	梅膺祚	誕生	原輯
袁州	張自烈	爾公	増補
溧水	湯學紳	康民	訂正
句曲	蔣先庚	震青	釋疑

とある。第一冊の湯学紳自序は康熙乙卯年十一月、即ち1675年に書かれたもので、その冒頭には、「宣城之書、自萬暦中季迄行於今、茲家奉圭璋、人爭枕秘者百餘年矣。岜山張先生釐正其譌而増補之、書未成帙、游匡廬、殞白鹿」云々とあり、また、喬中和（萬暦年間の人、字は還一）の韻図『元韻譜』を合刻したことについて「還一元韻藏于趙、岜山字彙藏于呉、多則百十年、少則五六十年、未有發篋而梓之行者」[109]と言う。『字彙』の増補版の完成を待たずに張自烈は廬山の白鹿洞書院で死去したこと、『元韻

譜』は趙の地（山西）に百年間、張氏の『字彙』は呉の地（蘇州一帯）に五六十年間、ともに刊行されぬまま蔵されていたことがわかる。張自烈の死は癸丑年、即ち康熙十二年（1673）のことであり、この序の執筆はその二年後に当たる。

　湯学紳の序による限り、『増補字彙』は順治刊本『字彙辯』以前の原稿に由来するらしい。そもそも『増補字彙』と『字彙辯』との関係が問題になるが、前者がある段階の『字彙辯』の姿を伝えるものと考えるのは極く自然であろう。書名の不一致については、次のような種々の可能性が想定される。

　①湯氏の入手した張自烈の原稿に正式な書名が附されていなかった。
　②張自烈の原稿は単に『字彙』と名づけられていた。
　③張氏自身が『字彙辯』を『増補字彙』と改名した。
　④湯氏たちが原稿（あるいは順治刊本）の『字彙辯』という書名を『増補字彙』と変更。
　⑤1675年の湯氏序から1690年の刊行の間に他の人によって改名。

　尊経閣本自体において書名が一定していない点から見て、①②の可能性が高いと思われる。前述の張自烈「復友人論字彙辯書」によれば、宣城梅氏は『字彙辯』という書名に難色を示し、『字彙』或いは『字辯』と変えるよう要求したという[110]。『字彙』の作者、梅膺祚の子孫や親戚にとって、一族の誇りのひとつである『字彙』に「辯」という字がつくことは、耐えがたいことであったとみえる。『字彙辯』から『増補字彙』或いは『字彙補』への改名も宣城梅氏の意向と無関係ではなかろう。

3．『正字通』との関係

　さて、次に問題となるのは『増補字彙』と『正字通』の関係である。廬山白鹿洞書院において、南康府知府廖文英が民間の書坊の協力のもと『正字通』の初版を印行したのは康熙十年（1671）のことと考えられるのに対し[111]、湯学紳が『増補字彙』の序を書いたのは康熙十四年（1675）である。張自烈が白鹿洞で死去したことに言及しながら、湯氏が『正字通』に触れ

ないのは、その存在を全く知らなかったか、故意に無視したかのどちらかとしか思えない。いずれにせよ、両書ともに『字彙辯』に由来することが予想される以上、両書の内容を比較する必要があろう。

　まず、体裁の面では、両書に共通して存在するのは、各集にどのような部首が配されているかを示す「總目」のみであり、序文と凡例について言えば、『増補字彙』には湯氏序のほか梅鼎祚「字彙序」が見え、凡例も『字彙』のそれを僅かに変えたものに過ぎないのに対し、『正字通』の場合、版本によって様々な序が付されてはいても、梅鼎祚の序は見られず、凡例も独自に作られたものである。このほか、『正字通』のみに見られるものとして「舊本首卷」「引證書目」「滿文十二字頭」がある。反対に『増補字彙』のみに見られるのは、各集卷頭の格子状の検索表（『字彙』と類似）、及び『元韻譜』『切韻指掌』の二韻図である。『字彙』附載の『韻法直圖』『韻法横圖』は両書ともに収録していない。

　次に本文の標出字と訓釈についてであるが、『増補字彙』の見返しには、左上に「悉依宣城原刻釐訂聲韻、闡發六書、増補大小字註參拾餘萬、精詳無遺、可稱定本、識者辯之」の朱文が見える。確かに、『正字通』ほどではないにせよ、『字彙』より訓釈が大幅に増えていることは事実であり、『正字通』で「舊本闕」として増補されている標出字も、『増補字彙』においてやはり「舊本闕」として掲出されていることがほとんどである。具体例として、やや紙幅をとるが、子集の「一」「丐」の訓釈を比較してみたい。句読点のみ筆者。

『字彙』：堅溪切音奇、伏羲畫卦先畫一、奇以象陽數之始也、凡字皆生於此。〇又益悉切因入聲、誠也均也同也少也初也。〔說文〕惟初太極、道立於一、造分天地、化生萬物。又姓。按古惟奇音、後人轉爲益悉切、音變而義不變也。〇又叶伊眞切音因、易繫辭、言致一也。叶上句人字。〔法苑珠林偈〕欲比舍利弗智度及多聞、于十六分中、猶尚不及一。〇一說叶弦雞切音兮、言致一也、叶上句損一人、人音時[112]、得其友、友音移、皆古音相叶。〔參同契〕白者金精、黒者水基、氷者道樞、其數名一。〇又叶於利切音意、〔左太冲吳都賦〕藿蒳豆蔻、薑彙非一、江蘺之屬、海苔之類。

58

第4章　張自烈『増補字彙』について

『増補字彙』：堅溪切音奇、伏羲畫卦先畫一、奇以象陽數之始、凡字皆生於此。○又伊悉切因入聲、誠也同也初也。〔增韻〕均也。〔易繋辭〕天下之動、貞夫一者也。〔記禮運〕禮必本于太一、〔註〕未分曰一、太極函三爲一之理也。又音各[113]、山名、〔五經通義〕終南山、長安南山也、一名大一。又三一、〔漢郊祀志〕以大牢祀三一、〔註〕天一地二泰一、泰一者天地未分元氣也。又尺一、詔版也、〔後漢陳蕃傳〕尺一選擧、〔註〕版長尺一、以寫詔書。又姓、明一炫宗、一洪、一善。○又去聲叶於利切音意、〔左思吳都賦〕藿䕸豆蔻、薑彙非一、江蘺之屬、海苔之類。○〔說文〕惟初大始、道立于一、造分天地、化成萬物。〔六書故曰〕說文弌、古文一、佀謂弌非能古、于一从弋無義、今惟財用出内簿書用壹貳參肆、以防姦易、从弋者當廢、弌弍亦如之。舊訓叶伊真切音因、引繋辭言致一也、叶上句人字。按〔吳棫韻補〕明言易爻辭不韻。今增誤。

『正字通』：伊悉切因入聲、廣韻、數之始也、又同也初也。增韻、均也。易繋辭、天下之動、貞夫一。記禮運、禮必本于太一、註、未分曰一、大極函三爲一之理也。樂記、禮樂刑政、其極一也、註、四者事雖殊、其致一歸于愼、所以感之者以同民心出治道也。又星經、太一星在紫微垣端門之左位前、歷數所始、七政所起、萬物所從出也。又大一、山名、五經通義、終南山、長安南山也、一名大　。又三　、漢郊祀志、以大牢祀三一、註、天一地二泰一、泰一者天地未分元氣也。又尺一、詔版也、後漢陳蕃傳、尺一選擧、註、一版長尺一、以寫詔書。又姓、明一炫宗、一洪、一善。又去聲實韻音意、左思吳都賦、藿䕸豆蔻、薑彙非一、江蘺之屬、海苔之類。○說文惟初大始、道立于一、造分天地、化成萬物、徐曰、大極生兩儀、一者旁薄始結之義、橫者象天地人之氣、橫屬四極也。同文備考曰、以其無二爲精一之義、以其均平爲均一之義、一二三畫少易混、古文一二三作弌弍弎、俗用壹、乃絪縕之壹、貳乃加益之貳、參乃參宿字借用、非。六書故曰、說文弌、古文一、佀謂弌非能古、于一从弋無義、今惟財用出内簿書用壹貳參肆、以防姦易、从弋者當廢、弌弍亦如之。按、一二弌弍壹貳義通、六書故必欲廢弌弍、備考不欲借壹貳、竝泥。舊註存堅溪切一音奇、數之始也、凡字皆生于此。不詳一－－卽奇偶義、與一二通、音與一字反、亦非。又音因、引繋辭言致一也、一叶上人字、又音兮、上句損一人、人音時、得其友、友音移。

59

第1部　歴史・版本篇

按、吳棫韻補明言易爻辭不韻。今誤增因兮二音、不知易不盡用叶音也。又參同契、法苑珠林偈、淺陋無深義、故刪。(以下、171字略)

丐

『字彙』：居大切音蓋、乞也取也、又與也。〔唐杜工部贊〕沾丐後人多矣。○又居曷切音葛、義同。

『增補字彙』：居大切音蓋、乞也、又與也。〔唐杜甫贊〕沾丐後人多矣。○又居曷切音葛、義同。○一曰、本作匄、俗譌爲丐。

『正字通』俗匄字。説文本作匄、正韻去聲泰、收丐匄、註亦作丐 sic。韻會上聲銑、丐轉居大切、與匄溷、去聲丐、同匄。引唐杜甫贊、沾丐後人。皆未詳贊本作匄、俗譌爲丐、合丐匄爲一、竝非。舊註失考、故誤。別詳勹部匄註。

　この二字に限らず、ほかの標出字の訓釈の場合も、ほぼ同様の状況を呈する。つまり『增補字彙』の訓釈（音註については後述）は『字彙』から『正字通』への過渡的段階にあると言えるのである。
　張自烈が崇禎末年に一度『字彙辯』を完成したであろうことは、方以智が崇禎十五年（1642）に「字彙辯序」[114]を書いていることから推定されるところである。その後も孜々として増訂作業に務め、順治十三年（1656）頃の刊行後もなおその作業を続けていたことは、『芑山先生文集』巻十「與卓菴弟二」（卓菴は弟張自勳の号）に康熙乙巳年（四年、1665）のこととして「兄近來訂正字彙」と言っていることから伺うことができる。その後、庚戌年（1670）以前に廖文英に讓渡（売却）、辛亥の年（1671）に『正字通』という名で刊行されたと考えられるが、『正字通』がこのように度重なる増訂作業を経て成立したのに対し、それよりあとに刊刻されたとはいえ、『增補字彙』が『字彙辯』初期の姿を伝えるものであることは、ほぼ確実であろう。

第4章　張自烈『増補字彙』について

4．音注について

　本書第2部で詳論するとおり、『正字通』の音注、特に反切には贛方言的な音韻的特徴が見られ、江西袁州府宜春の人、張自烈が作者であることを如実に示している。『増補字彙』の音注がいかなる状況を呈するか興味の持たれる所以である。ここではまず『正字通』の特徴的音注を対象として、『字彙』『増補字彙』『正字通』三書の音注を比較してみたい。『正字通』は白鹿内閣本による（第2部第2章参照）。

①中古全濁声母、平仄に拘らず次清声母と合流
　　　『字彙』　『増補字彙』『正字通』
　秤　丑正切　　丑正切　　丑正切
　鄭　直正切　　丑正切　　丑正切

②平声の陰陽（帰字声母の清濁）を反切下字で表示
　舗　滂謨切　　普沽切　　普沽切
　蒲　薄胡切　　普吾切　　普吾切

③臻深梗曽四摂の合流
　巾　居銀切　　居欣切　　居欣切
　經　居卿切　　居欣切　　居欣切
　今　居吟切　　居欣切　　居欣切

④山咸両摂の合流
　山　師姦切　　師姦切　　師姦切
　杉　師銜切　　師姦切　　師姦切
　單　都艱切　　都*艱切　　都干切
　耽　都含切　　都干切　　都干切

⑤入声字の直音注に陰声字を使用

61

第1部　歴史・版本篇

	『字彙』	『増補字彙』	『正字通』
諾	奴各切囊入聲	尼各切那入聲	尼各切那入聲
僻	匹亦切聘入聲	披席切批入聲	披席切批入聲
橘	厥筆切鈞入聲	厥律切居入聲	厥律切居入聲
合	胡閣切含入聲	侯閣切*含入聲	侯閣切呵入聲

⑥反切用字として「奴」「胡」を避ける傾向

努	奴古切奴上聲	孥古切音弩	孥古切音弩
內	奴對切餒去聲	乃對切餒去聲	乃對切餒去聲
囊	奴當切諾平聲	*奴當切諾平聲	乃昂切諾平聲
寧	奴經切佞平聲	尼形切佞平聲	尼形切佞平聲
農	奴冬切音濃	乃同切音濃	乃同切音濃
納	奴答切南入聲	乃八切南入聲	乃八切南入聲
賀	胡臥切和入聲	呼課切訶去聲	呼課切訶去聲
蟹	胡買切音駭	呼買切音駭	呼買切音駭
惠	胡桂切音慧	呼桂切音慧	呼桂切音慧
含	胡南切音涵	河南切音涵	河南切音涵
鹹	胡碞切音咸	瑚碞切音咸	瑚碞切音咸
囘	胡爲切音迴	戶爲切賄平聲	戶爲切賄平聲
丸	胡官切音完	戶煩切音完	戶煩切音完

　以上からも、『増補字彙』の音注は『正字通』と一致することが圧倒的に多いことがわかる。不一致例（＊印を付したもの）の大部分においては、『字彙』と『増補字彙』の間で一致が見られ、訓釈の場合と同様、『増補字彙』が過渡的段階にあることを示している。

5．結び

　上述の如く、『正字通』の訓釈は概して『増補字彙』のそれより大幅に多い。標出字によっては『増補字彙』の訓釈が『正字通』の中にすべて含

第4章　張自烈『増補字彙』について

まれることもしばしばである。『増補字彙』が『正字通』よりあとに刊行されていることから言えば、前者が後者を刪略して成ったのではないかとの疑いもありうることになる。しかしながら、『正字通』を刪略して『増補字彙』の形にするには、かなり煩瑣な操作を想定しなければならない。たとえば『正字通』の音注は『字彙』と同じく反切と直音から成るが、異読のある場合、韻目と直音のみを示し、反切は省くのが通例である。これは凡例で規定された体例のひとつであるが、『増補字彙』では『字彙』と同じく又音反切も掲出されている。たとえば、

　　　　『字彙』　　　　　『増補字彙』　　　　『正字通』
　三　又叶疏簪切音森　　又疏簪切音森　　　又侵韻音森
　上　又叶陳羊切音常　　又叶陳羊切音常　　又陽韻音常

の如くである。『正字通』から『増補字彙』ができたとすると、全書に渉って一々『字彙』によって反切に戻しなおしたことになり、大変な労力を要する。まして『増補字彙』のみに見られる訓釈や、『正字通』と一致しない反切も皆無ではないことを思えば、やはり湯学紳の序に言うとおり、未刊行の原稿に基づくものと考える方が自然である[115]。

　おわりに、音韻史研究の立場から『増補字彙』の存在の意義を考えるならば、第一に『増補字彙』と『正字通』の音注、特に贛方言的特徴をそなえた反切と直音の大部分が両書に共通することから、両書の資料的価値が確定したことを挙げねばならない。つまり、作者及び成立に関する疑問点がほぼ解消し、来歴の確かな音韻資料となったということである。『正字通』の作者の問題は康熙年間に解決済みであったにも拘らず、いまだに張自烈の関与を一切否定するような廖文英作者説[116]が間々見られ、『正字通』の資料的価値を不安定なものとしていた。しかしながら、廖文英と関係のない『増補字彙』が、音注・訓釈等あらゆる面で『正字通』の前段階の状態を示しており、しかも張自烈が晩年に至るまで『字彙辯』の増訂に務めていたことが判明した以上、張氏の貢献を認めない廖文英作者説は全く存在しがたくなったと言えよう。

第1部　歴史・版本篇

注————————————————————————

103 北京大学中文系、何九盈先生の教示による。『篆隸辯從』については『小學考』巻二十八に「江南通志曰桐城方中通撰、未見」とある。

104 『正字通』「引證書目」所掲の諸書の作者名が姓名で記されているのに対し、方以智の『切韻聲原』『通雅』のみが恣山と号のみを冠されていることも、この時の交流と関係しよう。

105 本書第1部第1章第4節で引用済み。康熙年間刊『芑山先生文集』巻十二所収の「字彙辯序」は年月を記さないが、張自烈生前刊行の『芑山文集』雜序巻之五の目次に「嗣刻」として「字彙辯序」の名のみ見えるところからして、崇禎年間以降の執筆に係るものと思われる。即ち順治刊本『字彙辯』の自序として書かれた可能性が高い。康熙三十八年（1699）刊、黄宗義『明文授讀』巻三十二にも張自烈「字彙辯序」を収録。

106 順治年間刊『溧水縣志』人物志（孝子）には湯学紳の小伝が見える。白鹿郷の人であること、継母への孝行により順治十一年（1654）に表旌されたことがわかる。

107 第1部第1章第4節で言及済み。

108 ここからも『傳是樓書目』の「字彙補、十三卷三本」と『國志經籍志補』の「増補字彙、十二卷十二冊」が同一の書を指していることは明らかである。巻数の不一致は付録の韻図の存在によるものか。なお、張自烈の書以外にも、呉任臣『字彙補』（康熙五年刊）があり、また、乾隆年間には『増補字彙』という別の本もあったらしい（光緒年間刊『増補會海字彙』に序を収録）。

109 趙蔭棠『等韻源流』（商務印書館、1957）によれば、喬中和『元韻譜』は萬暦三十九年（1611）の頃に完成したもの。湯学紳の序では、『字彙』（1615年頃の刊）から湯氏の時代（1675年）まで「百餘年」、『元韻譜』からは「百十年」、『増補字彙』からは「五六十年」の年月がたっていると言うが、これらの数字には誇張があるとしか思えない。とはいえ、1656年頃の順治刊本『字彙辯』以前の原稿を指していることだけは確かであろう。なお『等韻源流』219頁には湯学紳「増補字彙序」の一部を引用しており、趙蔭棠も張自烈『増補字彙』を見ているらしい。

110 文中には「來問辯字彙、梅氏後裔、慮不能隠黙、存"辯"請削"彙"、存"字彙"請削"辯"、如是而後可以杜其口」とあり、宣城の友人が梅氏の抗議を伝えてきたことがわかる。張自烈は、「字彙序」を書いた梅鼎祚の孫梅朗中と交友関係にあったが、朗中は崇禎年間に死去しており、この時の宣城の友人とは沈寿民のことかも知れない。なお、自烈は梅鼎祚や梅膺祚（梅鼎祚の五番目の従弟）にとって子の世代にあたる梅士享のため伝を書いている（『芑山先生文集』巻十六「明文學梅伯獻傳」）。

111 内閣文庫蔵『正字通』（経五十二、一三四五八、五十一冊）の見返しには「白鹿書

第4章　張自烈『増補字彙』について

院藏板」の朱印あり。建陽の成萬材が刊行したものであるが、五種の序のうち二種（廖文英と張貞生）は庚戌年（1670）の執筆、三種（尹源進、黎元寛、姚子荘）は辛亥年（1671）夏の執筆に係る。この版本と、一般に初版と認められている弘文書院本との関係については、本書第1部第2章を参照されたい。

112 叶音の例とはいえ、日母の「人」と禅母の「時」の関係は普通でない。これは日母と禅母を混同する呉語の影響によるもの。古屋1998a「『字彙』與明代呉方音」に詳しい。
113 「又音各」については不明。
114 本書第1部第1章第4節で言及済み。『浮山文集前編』巻五所収。
115 ただし、初期『字彙辯』の原稿が、一方ではそっくり呉地方に残り、一方では張自烈自身により度々増訂され、のちに『正字通』となったとすると、原稿が少くとも二部はあったと想定せざるをえず、これほど大規模な字書のことだけに、やや不安がのこる。
116 たとえば、胡迎建1990（語言研究所の李栄氏の教示による）。

第5章　張自烈年譜稿

　張自烈の伝を含む文献には『宜春縣志』『袁州府志』『江西通志』等の地方志のほか、朝鮮の『皇明遺民傳』、黄容『明遺民錄』、卓爾堪『明遺民詩』、黄宗羲『思舊錄』、張維屏『國朝詩人徵略初編』、張其淦『明代千遺民詩詠』、黄嗣艾『南雷學案』、陳作霖『明代金陵人物志』等があり[117]、『清史列傳』にも弟・張自勳の伝に附載された形の小伝が見えるが、管見の限り年譜はまだない。張慧剣1986『明清江蘇文人年表』には自烈の事跡が散見されるとはいえ、なにぶん数十人の文人中の一人、しかも江西の人のこととて、当然の事ながら各条ともごく簡略なものである。

　彼の年譜を編むに当たって最も基本となる資料は、何といっても彼自身の『芑山文集』である。「芑山自傳」「自撰墓誌銘」を初め各時期の自らの行状を記した文がかなり多く収録されている。ただ、現在通行している文集は民国期の豫章叢書所収のものであり、情報量が以下に述べる諸版本より少ない。今回、北京図書館善本閲覧室で目にする機会をえたのは次の三種、いずれも清初ないし康熙年間の刊本である。

一、『芑山文集』存二十六巻（巻一から巻三を欠く）。巻首に岳蛻、呂恂の序および自序、総目、凡例、目録。蘇州葉瞻泉刻本。

二、『芑山文集』存三十巻（序および制義一巻を欠く）。巻首に総目、凡例、目録。刊記を欠くが、一と同じく葉瞻泉刻本。一、二ともに著者の生前おそらく順治年間に編集されたもの。

三、『芑山先生文集』存十九巻（巻二十から巻二十四を欠く）。巻首に芑山先生自序、弟・自勳の跋、俞王爵の序、凡例、答張世埈世兄書、目録。康熙刻本（1687年頃）。豫章叢書本は内容・編次ともにこの版本を直接うけつぐもの。

　以下に挙げるのは、この『芑山文集』（一、二）と『芑山先生文集』および自烈の友人達の文集、地方志その他を資料として編んだ年譜である。

明・萬曆二十五年　丁酉（1597）一歳

十二月（厳密に言えば西暦1598年に当たる）、張自烈、江西省袁州府城内すなわち宜春県に生まれる。祖父の名は張化鵬、童試に失敗、若くして死去。父は張曰柱、出仕することなく郷里で暮らす。母は何氏。叔祖に張化龍。

『芑山文集』（以下特に断らない限りすべて清初刊の『文集』所収の文）「自撰墓誌銘」（雑著巻三）に「烈、張氏、字爾公、芑山其號也。祖諱某、負才就童子試、不售、早世。考諱某、隱德不仕。…烈生萬曆□□年十二月十□日」、「與兒生訣書」（書牘巻十）に「父生萬曆丁酉」と言う。「僦屋記」（傳記巻三）の「先世敝廬、隸故相國分宜鳴珂里上、與叔祖併居、居湫隘」の記述から、張氏の家は、袁州府分宜の人厳嵩が袁州府城内の鳴珂里に建てた居宅の近くにあったことがわかる。なお祖父・叔祖と父の名は順治年間刊『四書大全辯』に見える。母の姓は『文集』目次に「故妣何氏孺人墓誌銘」（本文は佚）とあるのによる。

萬曆二十九年　辛丑（1601）五歳
塾師について勉強を始める。

「自撰墓誌銘」に「烈五歳就外傅」と言う。ただし「與兒生訣書」には「己酉就外傅」とあり、それならば十三歳のことになる。同文には「丁酉曁丙午、閲十歳、幼志雖未除、舉止與羣兒異」とも言う。丙午年は萬曆三十四年（1606）。

萬曆三十七年　己酉（1609）十三歳
袁仲思先生に師事。

「自撰墓誌銘」に「萬曆己酉年、十三受業仲思袁先生」と言う。仲思は号か字と思われるが、この袁氏については未詳。「雜記」（傳記巻四）の記述から、辛酉の年（1621）に袁仲思が清豊県の知県の招聘を受け、彼の地に赴いたのちほどなく死去した、という事実を知りうるのみである。なお甲申の年（崇禎十七年、1644）の北京陥落すなわち「国変」ののち九江総督として明に殉じることになる袁継咸は、自烈の親友であるが、この時期二人はともに学んだらしい。「上皇帝爲友訟冤書」（書牘巻三）

に「臣與咸居同里、學同塾」、「苔江督辭辟薦書」(書牘卷八)に「若吾子于僕蓋髫齔交也。同里同學十數年」と言う。吾子は袁継咸を指す。

萬暦四十一年　癸丑（1613）十七歳
童試を受験。
　袁継咸『六柳堂遺集』「日録」に「癸丑十六歳、余始就童子試…余廼與友張爾公懇求再試」云々とある。

萬暦四十二年　甲寅（1614）十八歳
春、宜春県学の生員となる。
　「旅記」(傳記卷三)小注に「甲寅春補邑庠生、遠近遊從日衆」、「芑山制義序」(序卷一)に「甲寅洎癸未、籍諸生三十年」と言う。県学は袁州府城外の北側に位置。
この年、易氏と結婚。
　「儆屋記」に「甲寅…既昏。榻去突數武、無容膝地。宅後斗室庫陋、蛇豕雜處」、「自撰墓誌銘」に「妻易氏」と言う。

萬暦四十三年　乙卯（1615）十九歳
郷試を受けるが不合格。
　「自撰墓誌銘」に「乙卯洎壬午、十就闈試、皆報罷」と言う。江西省南昌で受験したと思われる。「厄記」(傳記卷二)に「萬暦乙卯、予隨叔祖泊舟章江」とあるのは、その時のことか。章江は南昌を指す。
郷里で塾師となる。
　「與兒生訣書」に「乙卯靦顔爲人師、里中及門日衆」と言う。

萬暦四十六年　戊午（1618）二十二歳
郷試不合格。
　乙卯年から壬午年（1642）まで十回郷試を受けたという上述「自撰墓誌銘」の記載による。

泰昌元年　庚申（1620）二十四歳
歳試で首席となる。
　袁継咸『六柳堂遺集』「日録」に「庚申、督學爲楚蒲圻魏公（諱詔號奉之）首列爲友張爾公、邑稱得人、余二等」とあり、江西提学使の魏詔に認められたことがわかる。

天啓元年　辛酉（1621）二十五歳
宦官の専横に憤慨、『宦寺賢姦録』を編集。
　「自撰墓誌銘」に「天啓元年、憤璫亂、輯宦寺賢姦錄…書成未上」と言う。「芑山自傳」（傳記巻一）によれば、この書は十巻、未刊行。
郷試不合格。
　戊午年と同じ根拠による。なお、この年、袁仲思先生が清豊県に赴くのを見送る。袁氏の学生数人は自烈が引受ける。「雑記」によれば、袁氏は弟子達に「二三子患無師邪。張子學足爲汝儕師」と言っている。

天啓四年　甲子（1624）二十八歳
袁継咸と共に郷試を受けるが、不合格。
　「上皇帝爲友訟冤書」に「甲子繼咸與臣就試鄉闈」とある。継咸は合格、挙人となり、翌年の殿試で進士となる。

天啓五年　乙丑（1625）二十九歳
時文集のことで周鍾に批判の手紙を書く。
　「與吳次尾書」（書牘巻七）に「先是周介生國表一選、四方奔命恐後、弟賤名拙作、未嘗借齒牙其間。乙丑弟途次作長書投金沙」云々とあり、周鍾（字は介生、金壇＝金沙の人）所編の文集『國表』に自分の文が選ばれなかったことから、編集方針に疑問を呈したものであろう。「與吳次尾論悟死生書」（書牘巻五）によれば、この時、周鍾は「微寓規諷」の真意を悟らず、自烈に「爾公非吾友、乃吾師也」云々の返事を送っている。次尾は呉応箕の字。

69

天啓七年　丁卯（1627）三十一歳
南京で郷試を受けるが、不合格。
　　「厄記」に「丁卯春復入金陵就試」と言う。

崇禎元年　戊辰（1627）三十二歳
冬、湖広省邵陽へ行く。十二月二十九日着。
　　「旅記一」（傳記巻三）によれば、同郷の袁一鰲が邵陽県知県となり、孫の袁世琦の師として自烈を招いたもの。同文には「秋潛迹邑蟠龍利舍」ともあり、邵陽へ行く前、暫く郷里の蟠龍寺に宿泊していたことがわかる。袁州府城の南、蟠龍山の上に位置。

崇禎二年　己巳（1629）三十三歳
一月、邵陽で袁世琦の師となる。
　　「旅記一」に「己巳正月朔、琦執贄北面予」と言う。同文および「旅言三刻自序」（序巻四）によれば、二月に南昌へ赴き貢監生になるための試験を受けようとするが、風に阻まれ中止、三月六日、郷里に戻り両親に仕えること約一箇月、この間、北京で金銭を詐取した同郷の諸生を弁護したかどで人から袁州府知府に誣告されるが、提学使・蔡懋德のおかげで事なきを得る。五月には再び邵陽へ行き袁氏の家塾の師を継続。

崇禎三年　庚午（1630）三十四歳
春、袁世琦の童試受験に伴い邵陽を出発。
　　「旅記二」に「庚午春、琦就童子試、隨予發昭陵、歸、仲夏琦補邑博士弟子員、欲仍延予家塾、予辭」とあり、世琦が一定の成果（県学の生員となる）を収めたのち邵陽を離れたとみえる。なお『芑山先生文集』巻十二「心書序」によれば、この年、弟の張自煕と張自勳も童試を受け、ともに知学使者の資格を得ている。
秋、郷試に失敗。友人の黄宗羲や沈寿民も。
　　「旅言三刻自序」に「庚午歸就闈試、肆意疾書、墨燥紙窮、驚嘆良久、擲卷狂笑出闈、杜門家居」と言う。

十一月、旧居を叔祖に売り、楊氏宅を（借金をして）買う。

「儌屋記」に、「庚午十一月、舉舊居出售從祖、兼稱貸市楊氏宅一區、距舊居半里許。十二月率仲季扶二親居焉」とあり、弟二人と両親ともども転居したことがわかる。

崇禎四年　辛未（1631）三十五歳
三月、貢監生として北京へ行く。
八月、南京国子監に移籍。

「旅記二」に「辛未正月予將北上…三月至京師。客友人袁侍御臨侯邸第…臨侯…私為予投牒儀曹、籍北雍、尋改南。臨侯方左官南大行、六月偕返金陵、館予思補署。八月朔上南雍」とあり、北京で御史となっていた袁継咸の計らいで、北京国子監（北雍）から南京国子監（南雍）へ移籍したこと、継咸が南行人司の司副に転任するのに伴ない、南京へ行き、八月初に国子監に入ったことがわかる。「旅言三刻自序」及び「復呉次尾論積分書」（書牘巻八）によれば、北京滞在中に張溥、楊以任、呉偉業といった復社の名士に会っている。三人ともこの年の殿試で進士となったばかりである。自烈の国子監入学については『宜春縣志』に「由邑廩入國學」とあり、宜春県学の廩生から歳貢の形で国子監監生となったものと思われる。この年の五月に書かれた「上南大司成姜公書」（書牘巻八）によれば、北京から南京への移籍に関して、当時南京国子監祭酒だった姜曰広から一度は批判されたらしい。なおこの年の十二月に書かれた「旅言三刻自序」によれば、五月に北京を発ち、南下の途中で盗賊に襲われ負傷している。南京では書籍蒐集に力を入れ、三年もしないうちに三十万六千巻の本を集めたという。「芑山藏書記」（傳記巻二）に「辛未詣京師、上南離、臚古今理學經濟書目、置几右、賈人持書目中書來…不三年致書三十萬六千卷有奇」とある。国子監では姜曰広と国子監司業・謝徳溥の知遇を得る一方、交友関係も広まる。『宜春縣志』には「爲姜謝二先生所賞識、名大震一時、閶門白下知名人士投契甚殷」と言う。閶門は蘇州、白下は南京。

崇禎五年　壬申（1632）三十六歳
南京滞在。十月に一度揚州へ行く。

　「旅記四」に「壬申、予客大行袁臨侯思補署。秋七月、臨侯以差歸里。予乏傔、寓食易又尹旅次…（十月）十七日舟次維揚…二十二日儌舟返金陵」とあり、袁継咸の役所に寄寓したあと、同郷の友人、易嗣重（字は又尹）の宿に移ったことがわかる。「傔」は従者。揚州へは、袁一鷟の紹介で、海門県知県の家塾の師となるためであったが、揚州で会った海門県知県の態度が無礼なため塾師の件は取りやめとなる。

十二月より翌年春まで再び袁世琦を教える。

　「旅記二」に「是時、袁瞻嶸繇邵陽晉南廷評、與予相見白門、移書復趣琦同予季來就業。予寓金陵不數日、琦果來。壬申冬暨癸酉春、予皆講授廷評署中」と言う。邵陽県知県から南大理評事に昇任した袁一鷟が、南京に世琦と張自勲を呼びよせ、自烈に大理評事の役所で教授させたものである。なお『四書大全辯』周鑣序によれば、自烈はこの年の夏、南礼部主事の周鑣（字は仲馭）と知りあう。

崇禎六年　癸酉（1633）三十七歳
二月、楊以任（字は維節）の書斎で福建の黄孺子と知りあう。

　『箋註陶淵明集』の附記に「仲春予過楊維節先生齋頭、晤閩中黄孺子、劇譚竟日、心識其爲端人也。頃孺子出伯氏子虛律陶纂示予」とある。

秋、南京で郷試を受けるが不合格。一時帰郷、家宅を親戚に売り、南郷の龔荘に土地を買う。

　「儌屋記」に「癸酉就試南闈、報罷歸、息駕楊宅、湫隘與舊居埒、思入山著書。會族人有欲市楊宅者、輒委券與人償之、受直、買南郷龔氏田荘、爲異時避地計。侘居友人錢駿伯城南總戎第」と言い、郷里では友人銭経済（字は駿伯）の家、即ち衛弁石の旧宅に寄寓したことがわかる。なお、この年の春、蘇州で復社の虎邱大会が開かれるが、自烈が参加したか否かは不明。

崇禎七年　甲戌（1634）三十八歳

時文集『甲戌文辯』を編集。艾南英（字は千子）から批判され、論争となる。

「與呉次尾書」に「千子云、詢之衆人、皆云增補定待、爾公飾其說曰今文辯、其爲翻刻不待言」云々とあり、艾南英所編『定待』を勝手に翻刻したものが『今文辯』すなわち『甲戌文辯』と思われたらしい。この年十一月に書かれた「與艾千子書」（書牘巻七）には、艾南英の批判に対する自烈の反論が見られる。黃宗羲「思舊錄」にも「爾公選文辯、多駁艾千子定待。千子大怒、亦肆訾嗷」とある。徐石麒『可經堂集』文輯巻六には「今文辨序」を収録。なお、劉城『嶧桐集』「答張爾公書」もこの頃に書かれたものと推定されるが、むしろ自烈をたしなめる内容である。「與楊維斗論神怪書」（書牘巻五）によれば、自烈はこの年蘇州で蔡雲怡先生すなわち蔡懋德と会っている。維斗は友人・楊廷枢の字。また、呉応箕『樓山堂集』「陳百史古文序」には「甲戌、又從張爾公得其詩及一二序文讚之」とあり、呉応箕や陳名夏（字は百史）との交友を伺うことができる。この年、「鄒貞節傳序」（『芑山先生文集』による）を執筆。なお『四書大全辯』の姜曰広の序によれば、蘇州から郷里への帰途、舟が沈みそうになる災難に遭う。

崇禎八年　乙亥（1635）三十九歳
南京滞在。郷里では鳴珂里の彭氏宅を借りる。

「僦屋記」に「乙亥、復僦鳴珂里上彭宅」とあり、小注に「故州倅彭學夔宅以百金僦居」と言う。この年、八月に「駁科臣專任科貢議」「四書小題文辯序」、冬に「皇明歷科程式序」を執筆。

崇禎九年　丙子（1636）四十歳
南京で郷試受験、失敗。郷里では彭氏宅に住む。

「旅記二」に「丙子、再試南闈、又不得志」、「僦屋記」に「丙子、予復就試南闈、復報罷、居彭宅十閱月、湫隘視楊宅益甚」と言う。この年十二月に書かれた「旅詩自序」（序巻四）に「今年復試陪京、感事、復擲卷出、友人醵金餉予、卻不受」とあり、金銭面での困難さがしのばれる。

呉応箕『樓山堂集』「書木末亭酒間語」によれば、この秋、自烈は呉応箕とともに、当時尚宝司卿だった徐石麒の酒席に参じている。十月、「詩經程墨文辯序」（序巻三）を執筆。書坊の求めに応じて程文集を続々と編集・出版したことがわかる。「旅記二」によれば、側室鍾氏を納れるのもこの頃。

この年、南京で友人たちと文社にしばしば参加。

『羅雪堂先生全集初編二』（文華出版社、p737）「萬年少先生年譜」崇禎九年丙子の項に「(萬壽祺)先生與同志開文社於南京、數爲大會。與會者：沈眉生壽民、冒辟疆襄、劉伯宗城、陳則梁梁、張公亮明弼、呂霖生兆龍、劉魚仲履丁、張苣山自烈、顧子方杲、侯雍瞻岐曾、方密之以智、孫克咸臨、沈崑銅士柱、麻孟璇三衡、梅惠連之熉、劉湘客湘、周勒卣立勳、李舒章雯、顧偉南開雍、徐闇公孚遠、宋子建存標、陳百史名夏、陸子元慶曾等。見冒巢民吳樓山先生集序」とある。

十一月、北京へ向かう。十二月末に到着。

「旅記二」に「丙子…夜閱邸抄、見袁臨侯以某御史矯劾逮入都」と言う。山西提学使となっていた袁継咸が、巡按御史・張孫振の誣告を受け逮捕されたため、友人の冤を訴えるべく北京へ行ったもの。十二月朔日に書かれた「旅詩自序」は旅の途中の作であろう。

崇禎十年　丁丑（1637）四十一歳

一月、北京の獄中に繋がれた袁継咸に会い、訴冤の上疏文を書く。

「旅記二」に「丙子…十二月朔渡江…衝風雪馳、三十餘日始達京師。丁丑正月朔、就獄見臨侯」と言う。「上皇帝爲友訟冤書」の冒頭は「袁州大学生臣某、謹昧死上書」である。

三月、袁継咸と別れ、六月に南京へ戻り、七月帰郷。

傅山たち山西の諸生の請願や都御史の力もあって、袁継咸の冤が晴れる。「旅記二」に「三月朔四日、復就獄與臨侯訣…初六日僦車南歸…六月抵白門、急買舟攜側室歸里、七月抵家」とある。同文によれば、北京で監察御史・徐養心から子の塾師となるよう依頼されるが、辞退している。五月に「與合郡鄉紳論六款書」（書牘巻六）、十一月に「丁丑文辯序」

（序巻三）と「駁陳言議」（疏議巻二）を執筆。

冬、礦徒暴動のため、南郷の龔莊に避難。

「傚屋記」に「丁丑冬、楚礦賊突窺袁。十一月二十七日、偕仲季扶攜老幼避居龔莊」と言う。「芑山藏書記」によれば、甲戌（1634）年に南京から郷里へ移しておいた蔵書に大きな被害が出る。

崇禎十一年　戊寅（1638）四十二歳

六月、婺源の友人、余垣（字は大微）を訪ねる。

「旅記五」に「戊寅、率山余子大微、屬其弟中台來金陵、出書幣招予入家塾、命群從問業予…五月十七日、中台偕予發金陵、六月初三日抵率山…九月朔、予辭率山返金陵」と言う。中台は余垣の弟、余維枢の字。この時、自烈は余氏の家塾での講義のほか、余氏兄弟の祖父、余懋衡の著『古方略』の評定も依頼されている。なお、婺源への途次、七月、国子監の同学、劉城（字は伯宗）の『嶠園近義』に序を書いている。五月には「金方平時文序」を執筆。

冬、次男張世応誕生。

「與兒生訣書」に「戊寅冬、舉應兒」と言う。「自撰墓誌銘」によれば側室鍾氏の生むところ。同文には、正室易氏の生んだ長男は夭逝したこと、同じく易氏の生んだ長女は後に同郷の湯大器という人に嫁いだこと等も見える。冬に「四書程墨文辯序」を執筆。

この年、湖広巡撫、方孔炤から薦挙されるが、袁継咸を通して辞退。

「與少京兆徐公論薦舉書」に「楚大中丞方公、欲舉賤姓名塞明詔、袁臨侯以方公語告某、某數移書卻之」、「自撰墓誌銘」に「戊寅…大中丞方□□舉烈塞明詔。辭」と言う。なお、この年の七月、阮大鋮を弾劾する「留都防亂公掲」が呉応箕によって書かれ、黄宗羲、楊廷枢、周鍾、陳貞慧、周立勲、銭禧、沈士柱、麻三衡、羅万藻、徐孚遠、劉城、沈寿民、梅朗中、侯岐曾、梅之熉、厳渡、陳名夏、冒襄、金光房、黄淳耀などの友人と並んで自烈も署名しているが、七月には婺源にいた自烈が如何に署名したのかは不明。たとえば、父方孔炤に従い湖広省にいた友人、方以智は署名していない。

崇禎十二年　己卯（1639）四十三歳
一月、呉応箕『樓山堂集』に序を書く。
南京で郷試受験、不合格。

　「旅記五」に「己卯壬午、大微中台兩就金陵闈試、復與予相見、榜發皆不遇」とあり、余氏兄弟も不合格だったことがわかる。黄宗羲『吾悔集』巻一「陳定生先生墓誌銘」（定生は陳貞慧の字）に「崇禎己卯、金陵解試、先生次尾舉國門廣業之社、大略揭中人也。苫山張爾公、歸德侯朝宗、宛上梅朗三、蕪湖沈崑銅、如皐冒辟疆及余數人、無日不連輿接席、酒酣耳熱、多咀嚼大鍼以爲笑樂」とあり、陳貞慧、呉応箕、侯方域、梅朗中、沈士柱、冒襄、黄宗羲らと自烈の交友の様子を伺うことができる。

秋、次男世応死亡。

　「與惟適弟一」（書牘巻十）に「崇禎戊寅冬、舉應兒。己卯秋、殀喪、葬金陵」と言う。惟適は弟自熙の字。七月には「錢吉士制義序」を執筆。吉士は錢禧の字。

九月、揚州と蘇州へ行く。

　「旅記四」に「己卯臨侯備兵海陵。九月…璫矯劾臨侯。急挐舟浂江千里見臨侯舟中。十六日過瓜歩…十月十九同臨侯抵金陵。臨侯歸里、予復之呉門」とあり、兵備道となった袁継咸が宦官から弾劾され罷官、自烈は揚州まで袁継咸に会いに行き、共に金陵に戻ったこと、そのあと自烈は蘇州へ行ったこと等がわかる。十一月執筆の「記邗上語」（雑著巻一）にも揚州行きのことが記されている。

この年の秋、『四書大全辯』初本を完成。

　「自撰墓誌銘」に「己卯寓金陵、定著四書大全」と言う。呉応箕、劉城、方以智、陳名夏の序はこの年の冬に書かれたもの。劉城の序に「予…會同舍生、欲傳其書、苦鳩工無資。已爲請之國子先生。國子先生樂其事、移書太宗伯及御史臺、俾共督成焉」、自烈の「刪定四書大全辯序」に「崇禎己卯秋、南大司成周公鳳翔、見予析別疑異、深中旨要、亟咨部鋟行…遠近購者踵至。姚子履中捐千金鏤版金陵、世稱金陵本是也」とあり、国子監祭酒周鳳翔、礼部、都察院の援助を得て刊行の運びとなったこと

がわかる。十一月には「己卯程墨文辯序」を執筆。なお、恐らくこの年、廖文英、江西南康府推官となる(『正字通』姚序に「年二十筮仕理南康」という)。

崇禎十三年　庚辰(1640)四十四歳
南京に滞在。
　「怡草二刻序」(序巻四)に「庚辰、予屏居金陵、倦揖客、僦舎獨與天駟近」と言う。天駟は友人金光房の字。
二月、『四書大全辯』の自序を書く。
　なお、恩師姜曰広の序はこの年の二月、友人沈寿民の序は八月に書かれている。刊行はその後か。自烈はこの二月に「與吳次尾論悟死生書」(書牘巻五)と「評定余冢宰古方略序」(序巻二)を執筆。戊寅(1638)年六月の項で触れた兵書、余懋衡『古方略』評定本が完成したのであろう。呉応箕もこの書に序を書き、「予友張爾公従其家得之…授諸梓者也」と言う(『樓山堂集』)。
八月、『古今理學精義』完成か。
　『苗山先生文集』によれば、同書の序はこの年、仲秋月の作である。同じ月に「與友人論辭薦擧書」(書牘巻四)も執筆。十一月、「古今論表策合辯序」(序巻三)を執筆。
この年、「上皇帝論特用書」(書牘巻三)を書く。郷里では弟の自熙と自勲が南郷の龔莊の土地に家を建て始める。
　「僦居記」に「庚辰、仲季念二親老、方築室龔莊…屋成、奉二親宴笑者凡二年」と言う。
この年、『四書大全辯』刊行。
　四庫存目叢書167・168に崇禎十三年刊の石嘯居刻本が収録されている。

崇禎十四年　辛巳(1641)四十五歳
春、郷里の西郷、李氏宅を借りて側室と共に住む。
　「僦屋記」に「辛巳春、予攜室僦居西郷李宅、日渉覽二十一史、足不踰戸限」と言う。

三月、「與友人論四書大全書」を書き終わる。
　『文集』には同名の書簡を七通収録。『芑山先生文集』の七通目に「辛巳季春望後三日」とある。永楽帝勅撰の『四書大全』に「辯」を加えたことから、かなり非難もされたことが、書簡の内容から伺われる。第三書簡には「某辯諸家解經傳未當者、非辯聖經也」とあり、決して経典そのものに対する批判ではないことを強調している。
この年、友人の冒襄、郷里にいた自烈を訪問。
　「與惟適卓菴弟一」（書牘巻十）に「辛巳、冒辟疆…歸舟道袁、持嶽遊日記、請序」と言う。冒襄『同人集』巻一にも「兩人促膝論天下事、相視出涕」と言う。
安慶等の巡撫、史可法から幕僚となるよう招かれるが辞退。
　「自撰墓誌銘」に「辛巳大中丞史公可法、辟掌書記、友人陳弘緒數勸駕、不就」とある。「復陳士業辭史公辟命書」（書牘巻八）によれば、自らの性格の「磏介」さも理由のひとつとして固辞したらしい。士業は陳弘緒の字。なお、このあと史可法は兵部尚書となる。
江西提学使・侯峒曽、巡按御史・徐養心、『四書大全辯』重訂の諭旨を請う。
　『文集』および『四書大全辯』所収「重訂四書大全第一疏」に「崇禎十四年、江西學臣侯峒曾據兩直十三省公呈、轉詳按臣徐養心請旨重訂」とある。「復督學侯廣成公祖書」（書牘巻八、廣成は号）の文から、恐らく前年に自烈は南昌で侯峒曽に会っていること、自烈に非難が集中するのを心配した袁継咸が刊行に反対したこと、自烈もきちんと増刪を加えてから重刊したいと考えていたこと等がわかる。

崇禎十五年　壬午（1642）四十六歳
三月、三男張世堉誕生。
　「儌屋記」に三月、移側室就冀荘、與母同臥起、予既行、三月舉堉兒」とあり、側室鍾氏が西郷から南郷へ移ってから生んだことがわかる。
五月、この頃『字彙辯』完成か。
　方以智『浮山文集前編』巻五に壬午年五月に書かれた「字彙辯序」が見

える。「予友張芑山…輯著四書大全辯、御史臺特題進覽頒行。中有餘暇、復取字彙是正其譌、屬智序之」と言う。この月、自烈は「贈周生辭聘詩序」（序巻二）を執筆。

六月、弟の自熙、南郷の山寇を避け、袁州府城内南隅の彭氏宅を購入、自烈の側室と世堉もそちらへ転居。

「僦屋記」に「四月寇掠南郷…仲弟急稱貸買郡城南陬彭宅避寇」と言う。南京で郷試受験、失敗。

「旅記七」に「壬午、復辭家試金陵、念天下多故、初場復擲卷出、不卒事」と言う。

八月、沈寿民『姑山問業』、梅之煁『四書寄言』、劉廷鑾（劉城の子）『孔明過化録』、劉輝『劉巨増述略』に、それぞれ序を書く。

このほか秋に「余冢宰崇祀紫陽書院記」「書吳子上金公書後」「送余子還率山序」を執筆。

十月、南京から郷里へ引きあげる。

「僦屋記」に「十月還自金陵」、「與少京兆徐公論薦舉書」の弟自勳の後記に「壬午冬、載書自金陵歸、矢與予及惟適入山著書」と言う。惟適は弟自熙の字。十一月には「壬午程墨文辯序」「吳次尾壬午副卷序」「梅惠連制義序」を書く。「僦屋記」の白烈の後記に「堉兒未震、母復之徙龔莊。既誕、母禰之徙郡城。未幾由郡城復徙龔莊」とあり、この頃、袁州府城内の彭氏宅から再び南郷の龔莊に戻ったものと思われる。

崇禎十六年　癸未（1643）四十七歳

八月、「彭氏孺人墓誌銘」を執筆。

彭氏は范賢文（未詳）の妻。自烈の門人、蔡沐の後記に「吾師生平、恥爲諛墓文」とあるとおり、『文集』中に他人のための墓誌銘はこれを含め二篇のみである。

十一月、張献忠を討伐するはずの左良玉の軍が袁州を侵し、弟の自熙、妻の易氏、相継いで殺される。父の日柱も重傷を負い、やがて死去。自烈、母の何氏、末弟の自勳も負傷。

「上皇帝論左兵横暴書」（書牘巻三）に「親見左兵不殺賊而殺百姓、其患

第1部　歴史・版本篇

蓋倍蓰于寇…癸未十月、賊陥長沙、方乗間蹦袁…十一月、賊退而左兵至。左兵連營城内外、恣意肆虐、距城四五十里、無慮貧富、涓毫殆盡」、「厄記」に「癸未、左賊屠城。仲弟罵賊死。賊復圻予頒、傷予左臂及左耳。老父老母季弟被重創垂絶。母季弟幸存、老父捐館舍」、「與揭潛銘書」（書牘卷九）に「熙弟罵賊死。賊又殺其繼室、又殺其兩幼子、已又殺弟賤婦」とある。「涓毫」はごく微量の意。潛銘は友人の揭重熙の号。

この年、刪定本『四書大全辯』の完成と頒行を促す崇禎帝の諭旨がくだる。

国変後に書かれた「回奏鋟行四書五經大全辯疏」（疏議卷一）に「崇禎十六年、具疏恭請先帝御序…疏成未上、前任按臣徐養心特疏題請頒行、既奉"先帝倡明理學、該部速覆"之旨」と言う。

崇禎十七年　甲申（1644）四十八歳

一月、郷里を離れ、九江に難を避ける。九江総督になっていた袁継咸の案配で、故趙光抃の別荘に滞在。

「儗屋記」に「甲申正月朔四日、挈家出奔。舟過潯江、友人袁臨侯復督潯、聞予遠遁、急延予居趙氏半園」、「與揭潛銘書」に「是時漂寓旅次、所依依者、老母季弟、稚兒兩從子耳」とあり、母と子の世堉、弟とその二人の子が一緒だったこともわかる。

二月、袁州府知府（代理？）廖文英より『袁州府志』続修担当を依頼される。

「復廖太尊論脩府志書」（書牘卷六）の後記に「崇禎甲申仲春、予自信州還里。廖崑湖公祖擬續脩郡志、請予屬草…予時亟返信州、志卒不脩」とあり、二月に信州すなわち江西広信府から袁州に帰ったことになるが、この時の信州行きには謎が多い。その後、五月に「辭廖崑湖公祖脩志書」を書き、担当を辞退。なお、同二月廬山五老峰にある白鹿洞書院の「主洞」となるよう招かれるが、国変のため、この話は立消えとなる。「與鹿洞諸子論學書」（書牘卷九）の揭重熙の後記に「聞同社楊維斗貽書江右按君周公燦暨督學吳公炳、將興復鹿洞、端書奉幣請苎山張子主洞事…此甲申仲春事也」とある。吳炳は南曲『綠牡丹記』の作者。同じ月、「苎江督辭辟薦書」を書き、袁継咸による朝廷への推薦を辞退。

80

二月十六日、一人で南京へ旅立つ。

　「儻屋記」に「二月十六日予獨放舟之金陵。擬儻居固城強埠村、楚黃友人梅惠連慨出嚮所買田宅、未受少直、悉畀予」とあり、湖広麻城出身の友人、梅之熉（惠連は字）が、南直隷の高淳県強埠村の田宅を無料で提供してくれることになったことがわかる。この時、南京への舟の中で「記南浦何叔子語」「記豫章與大鴻臚公語」（雑著巻一）を執筆。叔子は同郷の友人、何山の字。大鴻臚公は同郷の先輩、袁業泗のこと。『芑山先生文集』巻十四「樓山遺詩序」に「甲申初余蒙難、入金陵謁新建姜先生邸署、復與樓山相見」とあり、南京で姜曰広や呉応箕と会ったことがわかる。万一に備え皇太子を南京に招く計画について、南兵部尚書の史可法に意見を述べた「上南大司馬史公論監國書」（書牘巻八）も、この時のもの。崇禎帝への請願を公疏でなく密啓によるべきことを主張。

三月、九江に戻り、国変の知らせに慟哭。

　「儻屋記」に「予返潯、辭臨侯就強埠。會逆賊陷都城、予崩慟曰、國社且屋、何以家爲」とあり、強埠村に住むことを袁継咸に伝えるとともに家族を迎えるため九江に戻っている時に、国変の知らせに接したことがわかる。「聖無死地辯」（雑著巻一）の後記にも「甲申春客友人潯督袁臨侯署中、聞天子殉宗社、崩慟欲絶」と言う。李自成軍による北京陥落および崇禎帝の縊死は三月十九日のことであり、月末あるいは四月初までにはその消息が九江にも届いたと思われる。顧炎武『聖安本紀』によれば、南京にその知らせが届くのは四月初である。なお、九江に戻る舟の中、「記白門孫幼窳語」（雑著巻一）を執筆。

三月、福建の建陽へ行く（？）。

　「旅記三」（傳記巻三）に「甲申避葛川…三月十七日發信州、宿鉛山縣、十九日踰關至崇安…二十五日至崇化里…四月初九日旋葛川」とあり、江西広信府興安県葛川（葛源）に避難したのち三月の後半は建陽に行っていたことになるが、「自撰墓誌銘」（雑著巻三）では「三月聞國變、將之閩、弗果、入信州卜葛川、家焉」と言い、三月の福建入りには触れていない。いま仮に「旅記三」の記述に従うとすれば、この時、建陽で友人鄭祖玄と自著『（刪定本）四書大全辯』の出版について相談している。

「重定闔錢刪本自序」（順治本『四書大全辯』所収）にも「甲申余過閩潭上與鄭祖玄遇」と言う。

五月、南昌へ行き、友人楊廷麟と共に国変を悲しむ。

「儌屋記」（傳記巻三）に「五月朔六日、急發櫂返豫章……道匡廬、友人宋未有割宅招予、予辭去。十九日抵章門、見友人楊機部、兩人相持泣皆失聲」とあり、途中で廬山に寄り、友人宋之盛（字は未有）から居宅の一部を提供する旨の申し出を受けたこともわかる。楊廷麟（号は機部）から福建か信州（広信府）への避難を勧められた自烈は、まず建陽に行こうとするが、関に阻まれ、福建入りを断念。「儌屋記」に「（五月）二十二日予發章江、二十九日、自河口抵鉛山、將之閩潭上、抵關、爲關卒遮遏、弗果」とある。ただし、陳弘緒『鴻桷續集』「涕餘序」には「五月某日、過建安王子侯。忽張爾公偕僧不群、自潯陽來、道三月十九日事、相與痛哭失聲越數日」とあり、これによれば、自烈は不群という僧と共に福建の建安に行っていた可能性がある。この月「鄒貞節傳序」（序巻二）を執筆。なお、福王弘光帝の南京での即位は十五日のこと。

七月、広信府上饒に滞在ののち興安県葛源へ。

七月望日、友人袁繼咸に宛てて書かれた「與江督袁臨侯書」（書牘巻八）に「五月内、擬踐閩友約、卜築建寧。楊機老力挽弟全寓上饒、因先扶老母、借居上饒徐宅」、「儌屋記」に「七月朔七日、退入信州、寓友人徐慧后宅…久之、徐孝靖遣伜導予就興安葛川」とあり、上饒の友人徐自定（字は慧后）らの案配で葛源に住むことになったらしい。八月に書かれた「跋謝文節集」（雜著巻二）には「予始至葛川、聞葛川宋故文節謝疊山避亂處桃花隝遺址在焉」とあり、南宋の謝枋得ゆかりの地であることに興味を持ったこともわかる。なお七月には上饒で「書羅圭峰集後」（雜著巻二）を執筆。同じく七月朔日に書かれた「與揭潛銘書」（書牘巻九）は、福建福寧の知州となっていた友人の揭重熙（潛銘は号）に福建への符伝発行を依頼したもの。「旅記六」（傳記巻三）には「甲申予卜居信州、六月聞興安葛川謝文節避亂故隝尚在、携僕遄往、儌鄭氏數椽、逆母與季曁群從家焉、七月朔九日抵家…八月十一日入葛川」とあり、この

段階で母と弟自勲を迎えたこと、一度郷里に帰っていること等がわかる。郷里で袁継咸の兄に土地の一部を売却している。「旅記序」に「三之信州葛川、一自甲申夏、自甲申秋、一自己丑冬」とあるのと矛盾はしないが、前述「僦屋記」に「七月七日に上饒へ入り徐氏の家に仮寓したという記述と、この「旅記六」の七月九日に郷里の家に到着したという記述については、どちらかに記憶違いがあるとしか思えない。

この頃、なおも『成仁録』の編校、『陶淵明集』や余懋衡『古方略』の刊刻、『四書大全辯』の刪定に従事。

「自撰墓誌銘」に「與季弟編較成仁錄、梓陶淵明集、余冢宰古方略、已又刪正大全辯。袁郡守廖文英、信倅樊公永定、以奉旨鋟行大全辯、請侍御周公燦續題進御」とあり、『四書大全辯』については、袁州府知府廖文英と広信府同知樊永定から江西巡按御史への周旋があったことがわかる。

十月、江西巡按御史の周燦、弘光帝に『四書大全辯』重定の旨を請う。

「回奏鋟行四書五經大全辯疏」(疏議巻一)に「十七年十月內、臣閱邸抄、見按臣周燦據江西府屬舉貢監生連名公呈、續題前事。奉旨四書五經大全辯、每鋟十部進覽。欽此欽遵」とあり、諭旨が降りたこともわかる。「續題前事」とは、崇禎十四年に侯峒曽と徐養心が『四書大全辯』重訂の旨を願い出たことを指す。五月に福王が帝位に就いて以来、馬士英(のちには阮大鋮)の影響下、東林系・復社系の人士たちへの迫害が始まっていた。この時も周燦の上疏が却って自烈にとって不利になる恐れがあると、袁継咸・冒襄など心配する友人も多かったらしい。『四庫提要』「經部・四書類存目」の「四書大全辯」の項には「福王時嘗以擅改祖宗頒行之書、挂諸彈章」とあり、永楽帝勅撰の『四書大全』に「辯」を加えたこと自体が誣告の口実となったらしい。

弘光元年　乙酉(1645)順治二年　四十九歳
四月、葛源へ刪定本『四書大全辯』完成督促の使者来たる。

「回奏頒行四書五經大全辯序」に「本年四月內、管袁州府事臣廖文英、奉撫臣曠昭、按臣王孫蕃、學臣吳炳各衙門照會、專差星馳至興安、督臣

錄就進御」とあり、江西の巡撫、巡按御史、提学使の照会をうけて、袁州知府廖文英が、葛源へ使いを出したことがわかる。

この頃、自烈の学問が偽学と見做され、逮捕されそうになる。

「復樊康侯公祖書」（書牘巻九）の小注に「乙酉樞部禁僞學、榜苣山姓名於通衢」、「自撰墓誌銘」に「是時黨獄熾、方逮烈入陪京、不一月陪京陥」と言う。陳貞慧『書事七則』「防亂公揭本末」にも「乙酉逮督撫袁繼咸、輔臣吳甡、逮宗室朱容藩、又逮御史左光先、逮翰林陳名夏、逮諸生沈壽民、張自烈、沈士柱、逮大司農侯恂、洎其子方域方夏、逮副都御史金光辰諸君子」とあり、自烈以外にも多くの友人が逮捕されそうになったことがわかる。結局、五月中旬の清軍による南京陥落で、党獄にも終止符がうたれるが、前年すでに逮捕されていた友人の周鑣は四月に刑死する。

五月、婺源へ行き、友人余垣（字は大微）、余維枢（字は中台）を訪問。

「旅記五」（傳記巻三）に「乙酉五月十三日、予偕及門俞子塞過婺、訪大微中台」とある。同文によれば、前年の五月、余氏兄弟が九江に自烈を訪ねるが、自烈は既に南昌へ向かったあとだったこと、この時は余氏の家で友人江志稷、曹鳴遠にも会えたこと等もわかる。「僦屋記」には、葛源が婺源から数百里という近さであることから、前年、余氏兄弟が自烈一家を婺源に住まわせようとしたことも見える。六月には「跋李生殉弟傳」（雑著巻二）を執筆。

閏六月、「與樊康侯公祖書」を執筆。

広信府同知の樊永定に社倉の弊害を説いたもの。同文には、自烈が葛源の団練（民間防衛）について参謀的役割を果していたことも見える。

この頃、福州の隆武政権から招聘を受けるが、辞退。

閏六月十五日、唐王朱聿鍵、福州で即位。隆武元年となる。「與少京兆徐公論薦舉書」（書牘巻四）の弟自勲の後記に「至乙酉夏、留都又告陥矣。迨閩京復振、徵書及苣山者再、同人皆勸駕、苣山思一得當以報先帝。予以母老、力引古義尼之」とあり、老母の存在を理由に弟から福州行きを引き留められたことがわかる。『文集』「策巻二」には隆武帝への策文四篇すなわち「審序」「法祖」「崇識」「講學」を収録。また「疏議巻一」

の「進四書大全辯疏」も隆武帝への上疏文である。方以智『浮山文集前編』巻十「請修史疏」には、自烈のことについて「隆武元年、冢臣郭維經、特疏題翰林院編修兼御營監軍御史。不起赴職」と言い、翰林院編修という官職まで用意されていたことがわかる。

この頃、『黨戒錄』を編集。

「自撰墓誌銘」に「陪京陷、烈因論次漢唐宋黨本末爲黨戒錄、凡三卷。□□行在侍御黃公錫袞、大宰郭公維經、連章交薦、辭不赴」とある。

十一月、隆武政権の重臣黃道周に上書。

前引「自撰墓誌銘」に「逾月、閣部黃道周、督師出關、過信州、日課士募兵、鬻官增餉、皆具文亡實、烈上書閣部、語切直、閣部不能用、敗沒」とある。この時の書簡「上黃閣部書」（書牘巻八）の中で自烈は「蓋私以閣下謹節雖著、軍旅未嫺、其不克勝任無疑」と直言している。この後、十二月六日に広信府から出陣した黃は、同二十四日、婺源城外で清軍の襲撃を受け俘虜となり、翌年三月、清に屈せず南京で処刑される。

この年、多くの師友、死去。

四月、周鍾、福王政権下の南京で刑死（周鑣については前述）。閏六月、左懋第、清に屈せず北京に死す。徐石麒、嘉興で縊死。七月、侯峒曽と黃淳耀、嘉定で敗死。九月、夏允彝、華亭で自尽。十月、呉応箕、貴池で敗死。十一月、麻三衡敗死。錢禧、この年、賊に殺される。戴重、流れ矢に当たり死す。

隆武二年　丙戌（1646）順治三年　五十歳

葛源に滞在。

「厄記」（傳記巻二）に「□□丙□信州潰、葛川炭炭…某生又訛言弘□匿予舍、邏者不時至、且屠葛川」とあり、自烈が弘光帝（福王）を匿っているとの謠言さえあったことがわかる。『興安縣志』によれば清軍が広信府城に入るのは四月のこと。「葛川書歸芑山說」（傳記巻二）に「丙□連膺辟召、擁書大息不就」、「刪定四書大全辯序」（序巻二）に「丙□遭時不綱、思亡命自匿、弗果」とあり、隆武政権からの招聘が相継ぐ中

での自烈の気持が伺われる。

冬、評定本『古方略』の刊刻を終了。

　「旅記五」に「丙戌冬、方略成」と言う。なお、この年二月、親友袁継咸、北京に死す、四十九歳。八月、隆武帝、清の俘虜となり殺害さる。十月、贛州陥落に伴い友人楊廷麟ら自尽。十一月、桂王、肇慶で即位。

永暦元年　丁亥（1647）順治四年　五十一歳
七月、「厄記」「自撰墓誌銘」「自祭文」（雑著巻三）を執筆。

　「自撰墓誌銘」に「烈生萬暦□□年十二月十□日、卒□□□□七月二十四日、享年五十有一、自題墓石曰、明上書言事、累徴不就、張某之墓」、「自祭文」に「維皇明□□三年、歳次丁□七月二十四日」とある。前年、広信府城が清軍の手に落ち、葛源陥落も間近という頃に書いたものであろう。「皇明□□三年」の空格には「弘光」か「隆武」が入るべきであろうが、いずれにせよ幻の年号である。

八月、「芑山藏書記」（傳記巻二）を書く。

　文末に「□□仲秋月既望葛川旅人張自烈記」とあり、『芑山先生文集』巻十八の同文に「丁亥仲秋既望葛川旅人某記」とある。なお、九月に「跋漢唐三帝紀要録序」（雑著巻二）を執筆、十一月に「書籲天文後」（雑著巻二）を執筆。前者は宋・李綱の著への跋、後者は明・方孝孺の文への意見である。この年の夏、友人楊廷枢、執えられ斬首。

永暦二年　戊子（1648）順治五年　五十二歳
この年、南昌で姜曰広に会う。

　叢書本巻二十二の「自撰墓誌銘」に「維舟章門三日、三見督師閣部姜公曰廣」とある。この時、姜は金声桓らに請われて、南昌一帯の抗清勢力の盟主となっていた。自烈も参加を勧められるが、老母の存在を理由に固辞。同文に「閣部曰、事蔑濟、我必死國難、張子志忠孝、盍委質同死此。烈泣曰、從師死、分也。獨老母八十、死必爲聶政所笑、矢不死猶死、上報二祖列宗、不報吾師、敢辭。閣部太息曰、我未審若母在、各行其志而已」と言う。

六月、葛源から母を連れて郷里の龔荘に戻る。

「儗屋記」に「自甲□迄丁□家葛川、凡四年、□□二月、母年七十七、泣謂予曰、兒使母一見故鄉墳墓、死不恨。六月朔、辭葛川、將母返龔荘」、また「九月就龔荘搆數椽、怡母楡暮、十一月落成、母尋棄世」とあり、龔荘に家を再建したことがわかる。「葛川書歸芑山説」(傳記卷二)に「□□奉母還里、書不獲反、留一蒼頭視之」、「刪定四書大全辯序」に「戊□將母還鄉邦、版留葛川」とあり、蔵書や『(刪定)四書大全辯』の版木(未完成)は葛源に下僕一人とともに残してきたこともわかる。

十二月、方以智から、永暦帝の命による『三朝實錄』編纂に参加するよう推薦される。

「復李乾統書」(先生本卷九)に「戊子、老友引僕同修三朝實錄、弗果」とあり、また、方以智が十二月に広西の平西山で書いた「請修史疏」が『浮山文集前編』卷十に見える。それによれば、永暦政権の重臣瞿式耜が「聖治方新、國史愈急、請敕遣史學閣臣、以奏中興大事」と奏上したのに対し、「三朝實錄、編次需人」云々の諭旨がくだり、それを受けて方以智が自烈を推薦したもの。「苟史學旣需專局、尤必亟請名儒、廣搜書籍、乃能其事。有如袁州張自烈者、臣請爲皇上舉之」と言う。翌年九月の方以智「六辭入直疏」には、このあとにくだった聖旨の内容が見える。「…所薦張自烈、隱居講誦、窮理著書、仍卽趣召前來共襄修纂、該衙門知道、欽此」というもの。このほか『浮山文集前編』には自烈宛の書簡二通を収録。年月を記さないが、ほぼこの頃のものと推定される。

この年、『四朝大事記』を編集。

「復陳皇士書」(先生本卷七)に「間嘗摭采見聞、始甲申卒戊子、輯四朝大事記、合忠姦殉節誤國者爲一書」と言う。皇士は顧炎武の姉婿、陳済生の字。この書簡は、陳済生編『啓禎兩朝遺詩』を見て感慨を深くした自烈が書いたもの。自烈は文中で楊文驄の名を削るよう要求している。

この年、刪定本『四書大全辯』の一部分を刊刻。

順治刊『四書大全辯』附載の「督學樊延昌原示」に「順治五年内、本宦(張自烈)流寓廣信、及門余楷等、廢産重鋟於葛源、惜未竣工」とあり、

門弟の余楷らの援助があったことがわかる。

永暦三年　己丑（1649）順治六年　五十三歳
一月、母・何氏死去。享年七十八歳。
　「書孤史後」（叢書本巻二十一）に「己丑、余母見背」、先生本巻十八の「葛川書帰苣山説」に「母帰八閲月見背」すなわち葛源から郷里に戻り八箇月後に母が死去したというのに拠る。なお、この月、南昌陥落に伴い姜曰広自尽。
六月に郷里を出発、福建建陽へ行く。
　「旅記三」に「己丑夏、追念鄭子前約、欲重鋟大全綱目…六月初三日發苣山…八月十四日入崇化里、見鄭子」とあり、刪定本『四書大全辯』の未刊刻部分を建陽で刊刻するための旅である。弟の自勲、弟子の袁世琦と俞塞も同行。同文によれば、往路邵武で邏卒に執えられ間諜の嫌疑を受けたこと、土寇の建陽侵入のため刊行計画が頓挫したことがわかる。なお、八月には建陽で「跋熊去非集」（雑著巻二）を執筆。朱子の孫弟子、宋・熊禾の文集への跋である。
十一月、建陽を離れ、一人で葛源を経て郷里へ。
　「旅記三」「旅記六」による。後者には葛源で誣告を受けたことも見える。十一月二十四日、葛源を離れ、一箇月後郷里に着く。
十二月、袁継咸を哭す。
　袁継咸『六柳堂遺集』の張自烈序（『文集』序巻一にも収録）に「己丑、予繇閩潭上歸里門、走哭臨侯牀垂」とある。

永暦四年　庚寅（1650）順治七年　五十四歳
六月、友人陳名夏（清・吏部漢尚書）の案配により、官費による『四書大全辯』刊刻計画が具体化する。
　この年の十一月に書かれた「葛川書帰苣山説」に「故人□太宰□□聞予未死、欲盡梓予論著以傳、屬□直指□□董成、直指行部江以西、首咨袁司李王□□…六月望日、司李馳直指貽予書來山中、告予故。予時逡巡久之、尋念大全茍版行、亦猶先朝之文獻也、書成變姓名出亡未晩、始詣郡

城通刺王司李、司李急徵大全序例上直指、移檄十三郡有司襄事」とあり、陳名夏の命を受けた巡按御史の趙如瑾（先生本による）が袁州府推官王延祹を介して出版計画を進めたことがわかる。「誰廬記」（傳記巻二）によれば、宜春県知県の王諏吉が刻工集めや作業場づくりに奔走する一方、自烈も龔荘に書室を建てて誰廬と名づける。「宜邑令王諏吉召工、就芑山、搆數椽、爲剞劂地。予因自爲屋十餘間、藏芑山書籍、退老其中」と言う。順治刊『四書大全辯』の巻首には、この間の経緯を物語る公文書や書簡が多数収録されているが、その中の「宜春縣王燕皇原示」によれば、自烈も刊刻のため資産をなげうって三百余金を工面している。

十月、葛源に置いてあった蔵書を宜春へ移す。

「葛川書歸芑山説」に「已又發符傳、趣興安令葉□□命徙葛川書凡禆大全者歸芑山。亡何、書未反、直指聞命旋都、事中寢。十月葛川書盡反、舟艫、潰壊過半…視葛川所藏又什亡六七」とあり、興安県知県の力添えで蔵書が戻ったものの途中で大きな被害に遭ったこと、また、巡按御史趙如瑾が北京に召喚されたため出版事業が中止になったことがわかる。そのためか、同十月、門弟の余楷と笪三開が『四書大全辯』刊刻の助勢に駆けつけ、友人余廛も書信で助力を申し出ている（「旅記五」）。なお、十一月には「旅記」の序、十二月には「儗屋記」を執筆。

この年、『芑山文集』の刊刻も開始。

『芑山文集』の自序に「甲申避地葛川、感時撫事、嘗刪取舊文授梓、梓未訖。庚寅里居、方輯次篇簡、綴為完書」、先生本巻十八「儗屋記」の後記に「庚寅山居、編次芑山集授剞、矢息駕誰廬」と言う。

この年、江西巡撫夏一諤より清朝に推挙されるが辞退。

「復陸懸圃書」（先生本巻九）に「庚寅、江右夏撫軍薦舉逸紳、濫及僕、不就」と言う。なお、友人魯可藻『嶺表紀年』庚寅永暦四年の項には、魯可藻がこの頃自烈たちを文学侍従として永暦帝に推薦したことが見える。この年三月、劉城（字は伯宗・存宗）死去、五十三歳。

永暦五年　辛卯（1651）順治八年　五十五歳
三月、江南督学御史・李嵩陽の資金援助により『四書大全辯』の刊刻を続

行。
　「傲屋記」（先生本巻十八）の後記に「會當事迫余出山梓大全」と言う。この年十一月に李嵩陽によって書かれた「四書大全辯序」（順治刊『四書大全辯』所収）に「大全辯屢鋟未就。今年春、亟馳書迓張子詣白門、矢鏤版傳世。而張子廼慨然笈書以來、相見鳩滋、出其書示予…其爲人尤剛重潔直、恥隨時好」云々とあり、南京へ来るよう招かれた自烈は李嵩陽と蕪湖で会ったことがわかる。乾隆刊『江南通志』および『清史列傳』「洪承疇列傳」によれば、李嵩陽は字を弦佩（または元佩）といい河南封邱の人。陳名夏の門人に当たる。

夏、南京へ。方以智の父、方孔炤に会う。
　「復李乾統書」に「辛卯、僕載至金陵、見方先生」、「傲屋記」の後記に「辛卯夏、發章江、來金陵」とある。なお、この夏「苦梁吟序」（序巻一）を執筆。友人余維樞に紹介された張益仁という人の旅遊詩集の序である。

冬、南京での『四書大全辯』の刊刻を終え、帰郷。
　「雜記」二十則に「辛卯、僑金陵、重鋟四書大全辯成。冬、予橐書還里」と言う。なお、この年「誰廬記」を執筆。

永暦六年　壬辰（1652）順治九年　五十六歳
春、再び南京へ行き『四書大全辯』を印行。
　「傲屋記」後記に「壬辰春、再至金陵、摹印大全行世。季冬、笈書歸」と言う。なお友人沈寿民の『姑山遺集』巻五には、この年四月に執筆の「與宜春張芑山書」を収録。

八月、「陳其年詩集序」（先生本巻十四）を書く。
　友人陳貞慧（字は定生）からの依頼で、その子陳維崧（字は其年）の詩集のために書いた序である。なお陳維崧『陳迦陵文集』巻四「與張芑山先生書」は南京滞在時の自烈に宛てた書簡であるが、この時より数年後のものと推定される。

冬、宜興に陳貞慧を訪ねる。
　「始至石埭告吳劉二子文」（叢書本巻二十二）によれば、この時、自烈

は陳貞慧と、亡友呉応箕（字は次尾）・劉城（字は伯宗・存宗）の遺文集の編刻について話し合う。なお、十月には侯方域（字は朝宗）も陳貞慧を訪ねており、侯方域の「答張爾公書」（『壮悔堂集』巻三）もこの頃に書かれたものらしい。中に「前月抵江陰、忽從陳定生處接足下手示」云々とある。自烈の「再告呉次尾文」（叢書本巻二十二）にも「壬辰冬、遇陳子定生於毘陵、備述顛末、相視潸涕、既而商邱侯朝宗以書來」云々とあり、侯方域が呉応箕の文集刊刻の費用負担を申し出たことがわかる（ただしのちに食言）。この年、友人掲重熙、建寧で処刑される。

永暦七年　癸巳（1653）順治十年　五十七歳
春、石埭県に滞在。呉応箕『樓山堂集』、劉城『嶧桐集』など亡友の文集刊刻のため奔走。

「儗屋記」の後記に「癸巳春、就及門陳子約、復挈家陵陽」、「樓山遺詩序」（先生本巻十四）に「癸巳、余家長陵、謀鋟其集行世、未訖工」とあり、門弟の陳某との約束により石埭に滞在したこと、『樓山堂集』の刊行計画を進めたことがわかる。また、『貴池二妙集』所収「樓山堂集」の李時の跋に「癸巳春、芑山張先生寓石埭、貽書峽川屬劉興父廷鑾洎呉山賓非、重輯此集、以斛峰戴氏所借章謨本為草稿」とあり、劉城の子、劉廷鑾（字は興父）らとの交流の様子が伺われる。李時は呉応箕の甥（内姪）、呉非は呉応箕の従弟。「始至石埭告呉劉二子文」にも「今余屬劉子興父方輯次兩先生遺文、合前既梓者版行之」と言う。このほか亡友戴重（字は敬夫）の文集『河邨集』の編定も担当。張自烈の序文（康熙刊『詩慰』所収）は年月を記さないが、この間の経緯を語っている。「樓山嶧桐集、予亟思表章、既為文泣告次尾存宗墓次、擬授梓、愧未觀成。河邨篇帙希簡、務旃無忝二子復廢産佐予弗逮、以故遍布同志」とあり、戴重の二子、戴本孝（字は務旃）、戴移孝（字は無忝）の強い要請のもと迅速に完成したことがわかる。なお、亡友袁継咸の文集『六柳堂遺集』は自烈が費用も負担して編定刊刻したものである。「六柳堂遺集序」（先生本巻十二）の後記に「六柳集、余捐槖梓以傳」とある。「書謝獻菴與曹東美書後」（叢書本巻二十一）にも「甲申後、余僑陵陽、痛亡

友袁臨侯、吳次尾、戴河邨遺文、其後裔力不克鋟布、復橐二百金梓之」と言う。

この年、陳名夏より清朝の史臣となるよう薦挙されるが、固辞。
「復李乾統書」に「故人瀨陽疏薦僕偕沈子出任史職、僕固辭」と言う。「瀨陽」は陳名夏の故郷溧陽のこと。「沈子」は沈寿民のことであろう。
なお、「邵鎮之先生八十序」（先生本巻十五）によれば、この年自烈は石埭で友人邵漆夫（おそらく名は晃）の父親の家を訪問。

永暦八年　甲午（1654）順治十一年　五十八歳
この年、一家で南京の城南に転居。僧形の方以智と隣人となり、崇禎末年に一度完成した『字彙辯』の増訂を続ける。
「書孤史後」（叢書本巻二十一）に「甲午余徙家金陵郭南、揵戶、命埩治六經」云々とある。世埩は十三歳。また、方以智の次子、方中通『陪詩』巻一「迎親集」に「芑山先生初輯字彙辯、時過竹關、取老父通雅商搉」、同『陪集』巻二「篆隸辯從自序」に「時先君天界圓具後、閉關建初寺之竹軒。芑山先生居止數武、朝夕叩關、商略可否、日輯七字為度、殆二十年而書成、易名正字通、舉而贈之廖昆湖」とある。方以智は前年に南京に至り、天界寺で円満具足ののち建初寺の看竹軒に籠っていた。方中通の言う如く、この時の『字彙辯』がのちの『正字通』である。『陪集』「呈父執張芑山先生」には自烈の困窮の様子も描かれている。「芑山先生自四書大全辯毀板後、窮困特甚。一日吳子班馳報竹關、云張先生絕糧二日矣。有時貴饋金求文、斥之不受。老父為餉米二十斛」と言う。「吳子班」は吳応箕の子、吳孟堅（字は班父）のこと。この文によると『四書大全辯』は「毀板」の処置を受けたことになるが、崇禎刊の金陵本と順治刊の刪定本のいずれを指すのか不明。福王政権下で金陵本が毀板となったことは「刪定四書大全辯序」に見える。どちらのことか不明ながら、朱彝尊『經義考』巻二五九「四書大全辨」の項に陸元輔の言として「時論以其立異、毀其所鏤板」とあり、自烈自身も「與卓菴弟一」（先生本巻十）で「大全諸家二書、久付咸陽一炬」と言う。

夏、宋犖ら、自烈を訪ねる。

宋犖『西陂類稿』に「夏日同杜于皇、康小范、陳伯璣、董文友、倪闇公、過高座寺、訪無可大師、復至萬松菴、訪張爾公」と言う。自烈の居所は「萬松菴」という名だったことがわかる。

秋、漢陽に滞在。麻城へも行き、友人梅之焜を訪ねる。

「送雪嵐郜先生還里序」（先生本巻十五）に「甲午秋、余遊漢上」と言い、郜氏すなわち提学使の郜煥元が自烈の宿を訪ねたことも見える。また、「明少司馬衡湘梅公傳」（先生本巻十七）に「甲午、余鑠漢上馳車抵麻城、見梅子惠連。是時、梅子憤國變、棄家披緇、退老病菴、兩目倶喪」とあり、梅之焜（字は惠連）は既に僧形かつ盲目となっていたことがわかる。この文は梅之焜の依頼で書いたその父梅国禎の伝である。

この年、『四方書牘』を編集。

「四方書牘序」（先生本巻十四）に「交天下士、書牘積數萬有奇…甲申後存亡殊遇、追緬疇昔、撫卷流涕、因輯次辛未洎甲午凡一百八十四通…時余年五十有八、旅食閉戸、絶遠恒交、四方書郵至弗答」とあり、辛未（1631）年からこの年までの友人からの書簡を精選してまとめなおしたことがわかる。

この年、方以智、自烈『孤史』の序を執筆。

『浮山文集後編』巻一に「張子年五十有八、先自祭、與子訣、而今不死」云々とある。陳名夏、北京で刑死。十二月、侯方域、三十七歳で病死。

永暦九年　乙未（1655）順治十二年　五十九歳

南京滞在。世增、十四歳。

「儗屋記」の後記に「以陵陽難久淹、復就寓白下郭南、凡六年」、「書孤史後」（叢書本巻二十一）に「乙未、增年十四、挾策從予及門方子遊」とある。世增が弟子入りした自烈の門人「方子」とは方爰發であろうか。

この年、「復四方及門論毀註書」（先生本巻六）を執筆。

「順治乙未某月日」と記すが、自烈が「順治」の年号を使うのは疑問。『四書大全辯』が朱子の注をそしるものとする意見に対し、門弟たちに弁解したもの。年月は記さないが、「與陳伯璣論毀註書」（先生本巻六）も同じ頃書かれたものか。「伯璣」は『詩慰』の編者、陳允衡の字。「復

四方及門論毀註書」の文には「某方卒業字彙辨」とあり、この年までに『字彙辯』の増訂作業が一段落したことがわかる。「字彙辯序」(先生本巻十二)も年月不明ながらこの頃の執筆と推定される。なお、ずっと後のことになるが、友人黄宗羲は自編『明文授讀』に自烈の「字彙辯序」を収録している(康熙三十八年刊)。

永暦十年　丙申（1656）順治十三年　六十歳
南京滞在。二月、「逸園集序」(先生本巻十三)を執筆。
　『逸園集』は、姜日広がかつて称賛した王養正(もと南康府知府)の文集。同序に「今年春、公子與參襄公逸園集、來白門請余評定版以行」云々とあり、王養正の子、王与参が自烈に評定を依頼したことがわかる。
九月、江南右布政使の馮如京、張自烈の著作の翻刻を禁ずる告示を出す。
　順治本『四書大全辯』に附載された公文書の中に、この年九月の「江南布政司右堂馮」による「禁翻刻道濟堂書籍原示」があり、「江西流寓江寧郷官張□道濟堂四書大全辯、理學經史諸刻僅存次第流行、嚴杜各坊翻刻、所有本紳道濟堂新鐫字彙辯、詩經諸家辯…行世在邇、恐有坊間射利翻刻、合先嚴行示禁」云々の文面から『字彙辯』の刊行が間近であったことが伺われる。
十二月、方以智、自烈の還暦を祝う。
　方以智「合山爨廬詩」に「吾輩感天地、烈火一爐煮」に始まる「壽張芑山六十」の詩一首が見える(任道斌『方以智年譜』による)。この年、陳貞慧死去、五十三歳。

永暦十一年　丁酉（1657）順治十四年　六十一歳
南京滞在。八月、「復及門諸子辨謗書」(先生本巻六)を執筆。
　同文によると、この頃、宋の学者たちの事蹟を『自訟錄』という題の本にまとめている。
九月、「樓山遺詩序」(先生本巻十四)を書く。
　「今年秋、遺孤孟堅趨見余白門、出甲乙遺詩視余」とあり、呉孟堅が南京に自烈を訪ね、父呉応箕が甲申・乙酉の年に作った詩を見せたことが

わかる。

　この年の秋、友人趙崡（元の名は趙鋭、字は国子、江西廬陵の人）、南京で自烈に会い、『字彙辯』を見せられる。趙崡の忠告により自烈は書名を「正字通」と換える。

　　趙崡「黄公説字序」に「丁酉秋、晤張自烈於金陵之道濟堂。出其字彙辨。崡謂爾公、君著述、毎用辨字、既犯物義、亦數見不鮮。爾公遂易名正字通。謂其旁通事理以附于通典通考之別例云。因崡談字有所取證、下索存編、謹以所閲字彙數百字報爾公。起例中参輯諸家有方密之趙國子姓字。後廖氏得之、改序更例、姓字泯矣。歳月荏苒、炯炯在懷。方從青原而示寂、張托廬皐以終化」という（顧景星『黄公説字』所載）。ここに「張自烈が自分で書名を『正字通』と変えた」とあるが、この年のこととは限らないであろう。

　十二月、「送雪嵐郜先生還里序」（先生本巻十五）を書く。

　　甲午の年（1654）に知りあった郜煥元が北直隷長垣に帰るのを送る際の文である。なお「復陸懸圃書」に「丁酉、感時僵餓者三日、餓未嘗死」とあり、一時餓死を企図したことがわかる。

永暦十二年　戊戌（1658）順治十五年　六十二歳
南京滞在。秋、遺文も含む呉応箕『樓山堂集』の刊刻終了。

　　『樓山堂集』の李時の跋に「（癸巳春）張先生既命工繕寫…至戊戌秋乃訖功」、自烈の「再告呉次尾文」の後記に「自損旅費七十余金、召寫人繕寫訖…劉興父糾樓山子姓故舊、釀貲協梓、集始告成」とあり、自烈が繕写の費用を負担したほか最終的には劉廷鑾が呉応箕の親戚友人から資金を集めて完成させたことがわかる。同文に「往年通家子李時呉孟堅、檄召江上後進百餘人從僕講業秋浦之隴上…老友沈耕巌慮觸時諱、引晦菴西山爲炯鑒、事遂寢」とあり、この李時や呉孟堅が百人ほどの仲間に呼びかけて自烈に講義させようとしたが、沈寿民の忠告で取りやめになったことがわかる。秋浦は貴池のこと。

　この年、廖文英、湖広衡州府同知となる。

　　康熙刊『衡州府志』秩官志・同知（国朝）の項に「廖文英、號崑湖、廣

第1部　歴史・版本篇

東連州人、貢士。明末任江西南康府推官、投誠。順治十五年任」と言う。龔鼎孳「正字通叙」や康熙刊『連州志』の伝によれば洪承疇の抜擢によるもの。

永暦十三年　己亥（1659）順治十六年　六十三歳
南京滞在。この年、「復友人論字彙辯書」（先生本巻九）を書く。
　「己亥某月日」と記す。万暦年間の『字彙』の作者梅膺祚の子孫が自烈の「字彙辯」という書名に反発するであろうことを心配した宣城の友人（沈寿民か）への書簡である。「來問辯字彙、梅氏後裔、慮不能隱默、存辯請削彙、存字彙請削辯、如是而後可以杜其口…拙刻蒐討非一書、辯正非一家、皆爲詳爲較定、與字彙舊本別」と言う。友人が書名を「字辯」か「字彙」に変えるよう勧めてきたのに対し、決して『字彙』一書のみを批判の対象としたわけではないことを釈明している。
世堉、十八歳。
　「書孤史後」に「余覽兒"除夕詠落葉"二絶"姑孰道中憶親"諸詩」とあり、親元を離れた世堉が自作の詩を送ってきたことがわかる。
この年、友人の沈士柱、獄死。

永暦十四年　庚子（1660）順治十七年　六十四歳
正月五日、急病になる。
　この年の五月に書かれた「復李來園書」（先生本巻九）に「庚子正月初五、遘劇疾、幾死。…小兒方受室宛上」云々と言う。来園は李昌祚の号。
この頃、世堉、宣城で沈寿民の娘と結婚。自烈たちも宣城に転居。
　「書孤史後」に「堉年十九、就婚沈氏草堂、尋寓濮莊」、「儌屋記」の後記に「庚子、兒受室、復移宛上濮莊」と言う。また、沈寿民『姑山遺集』附載の黄宗羲撰「沈耕巖先生墓銘」に「女三…一適袁州保擧張公自烈子堉、徐孺子生」とある。
十月、閻若璩（字は百詩）宛の書簡を執筆。
　「與閻百詩書」（先生本巻九）の中で自烈は「某白、往者過維揚邂逅吾子李叔則坐中…及僕客淮、閱一月、吾子數過僕語、語輒移日、廣所未

聞」云々と、二十五歳の閻若璩の学識に感心すると同時に、詩経・礼記などの中の疑わしい例をあげて「僕謂此皆經之可疑者也」と言い、最後に励ましの言葉を述べる。李叔則は李楷のこと。この文から、この頃自烈は淮安に滞在していたことがわかる。この冬に執筆の「書王侯二子集後」（叢書本巻二十一）にも「寓淮上書」とある。

十二月、常州に滞在。

「書謝獻菴與曹東美書後」（叢書本巻二十一）に「庚子季冬寓毘陵書」とある。同文には、この年の秋、如皋の冒襄（字は辟疆）が自烈からの借金の依頼に際して快い態度を見せなかったため、友人陳允衡が冒襄を批判したことも見える。「今年秋、余求友淮上、會旅困、靦顏求貸於冒子。友人陳伯璣謂冒子曰、芑山生平嚴取舍、同人在仕版者、恥干以私、家故落。曩者芑山貧不忍忘死友、今貧無以自存、冒子忍遽忘生友哉」という。

永暦十五年　辛丑（1661）順治十八年　六十五歳

この年、初孫誕生。

「書庭訓後」（叢書本巻二十二）に「辛丑兒舉丈夫子」という。同文によれば、二年後、孫娘も誕生。

壬寅（1662）康熙元年　六十六歳

この年、衡山へ行く。

「龍溪孫氏族譜序」（先生本巻十五）に「壬寅、遊衡山。前太中丞嶺南廖青田公、借弟進士應召聯翼、期余次其家乘。辭」とあり、嶺南廖氏からの族譜編集の依頼を断ったことがわかる。廖應召、廖聯翼は己亥年（1659）の進士。この年、呉三桂、永暦帝を殺害。鄭成功、台湾で死去。

癸卯（1663）康熙二年　六十七歳

二月、「龍溪孫氏族譜序」を書く。

友人孫羽辰の族譜の序についても一旦は辞退するが、沈寿民の再三の勧めにより執筆。

この年、南京に滞在中、『芑山文集』の版木を焼き捨てる。

「復李乾統書」に「今拙集自梓于庚寅者、癸卯客長干、以感事命家僮焚版代炊、久委灰燼」、『芑山文集』自序に「自傷三十年間、興道進退、卒顛隮至此、空言何補哉。一夕仰天怫悒、舉未梓者悉焚去、存若干卷藏于家、仍署芑山文集」、「與卓菴弟二」（先生本卷十一）に「芑山文集舊刻、偶發感憤、業盡投一炬、凡已梓未梓可存者復自爲刪取、俟它日偕吾弟面訂、或再災木」とある。自序に言う焼却はもっと以前のことか。

甲辰（1664）康熙三年　六十八歳
春、世堉の妻沈氏、病死。

「書孤史後」に「春、兒婦不幸以疾終」と言う。

この年、『字彙辯』刊刻のため福建に行き、遊藝（字は子六）と会う。

遊藝『天經或問』和刻本所載の張自烈の序に「歳甲辰、余以刻字彙辨故入閩、道經書林、會子六。憶昔余寓江寧時、即聞子六名、知天學、善測驗」云々とある。「復陸懸圃書」によれば、自烈は己丑年（1649）にも建陽で遊藝たちに会っている。

この年、「邵鎭之先生八十序」（先生本卷十五）を書く。

「歳甲辰、鎭之邵先生八十初度、其仲子漆夫」云々とあり、石埭の友人邵漆夫の父の傘寿を祝ったもの。

この年、施閏章、張自勲に『袁州府志』の纂校を依頼。

「復廖昆湖公祖論脩府志書」の弟自勲の後記に「甲辰、憲使施公閏章屬余修志、合正續爲一」とある。康熙刊李芳春修『袁州府志』は丁未年（1667）の施閏章の序を収め、凡例によれば、纂校の張自勲のほかに袁継梓（継咸のいとこ）、沈寿国（寿民の弟）、梅庚（梅朗中の子）も参加、同凡例に「先是則宜春徵君張爾公自烈…淹雅多聞、咸有釐正、具載姓名、其詳仍列之簡首」とある。なお施閏章の『學餘堂文集』には自烈宛の書簡「答張爾公」がみえる。「復陸懸圃書」によれば、施閏章は自烈を韓愈に喩えたことがあるという。

乙巳（1665）康熙四年　六十九歳

二月、なおも『字彙辯』の増訂を続ける。
　「康熙乙巳仲春望後三日」と記された「與卓菴弟二」に「兄近來訂正字彙辯、既屢鋟未就。理學精義及辨似錄、稍有條緒」云々とあり、『字彙辯』の刊刻がまだ終っていなかったこと、旧著『古今理學精義』『古今理學辯似錄』も刊刻しようとしていたことがわかる。
夏、宣城濮荘から再び南京に転居。
　「儗屋記」の後記に「乙巳夏、辭濮莊、復僦居白門」と言う。
この年、建陽に行く。
　「復陸懸圃書」に「乙巳、僕再過潭陽」と言う。なお、この年「沈嶂峩先生八十壽序」を執筆。邵漆夫の母方の伯父の傘寿を祝ったもの。

丙午（1666）康熙五年　七十歳
南京滞在。秋、「程崐崙詩古文序」（先生本巻十三）、「書鐔津後集」（叢書本巻二十一）を書く。
　程崐崙は程康荘のこと。王漁洋の友人でもある。
この年、河南へ行く。
　「復李乾統書」に、この年のこととして「是時、僕方客杞上」とある。「孟調之先生六十序」（先生本巻十五）は年月を記さないが、「秋、余發金陵、訪調之孟先生」と言い、孟氏が杞の人であることに触れていることから、この時のものと推定される。この年、陳弘緒死去、七十歳。

丁未（1667）康熙六年　七十一歳
正月、世埴の二人の子、死亡。
二月、張世埴も二十六歳で死去。
　この年に書かれた「書孤史後」に「兩孫丁未正月朔夭喪、而埴兒踰月溘逝矣」と言う。
同二月「復陸懸圃書」「復李乾統書」執筆。
　懸圃は陸廷掄の字。李乾統については不詳。
三月、「書庭訓後」を書く。
　「丁未三月誰廬七十遺老」と記す。この年「過子詩序」も執筆。「旴江

過子雲將、從余遊二十年」とあり、門人過雲生（字は雲将）の詩集への序である。「康熙丁未某月日」と記す。

戊申（1668）康熙七年　七十二歳
八月、李清の文集の序を書く。

　「澹寧齋集序」（先生本巻十二）に「昭陽映碧李先生、敦躬行、寡嗜好、鍵戸著書、至老不倦」云々とあるが、いつから李清と往来があったかは不明。年月は記さないが「荅李映碧書」（先生本巻八）もあり、「僕年七十、無俄頃釋書、比日眉睫間、蛛絲萬縷」と言う。李清はこの年六十七歳。彼の『三垣筆記』には左良玉を批判した張自烈を称賛する文が見える。同八月、「宗子發漢文選序」を執筆。興化の人、宗元豫（字は子発）の『兩漢文選』への序である。「復陸懸圃書」によれば、宗元豫は自烈に十数人を対象にした講義をさせようとするが、張自烈の名を知る者も少なくなったため沙汰やみとなる。同文に見える宗元豫の書信に「士學久頽、絃誦垂絕、告里中以芑山姓字、惘然若隔世」云々とある。

この年、廖文英、南康府知府となる。

　同治刊『南康府志』による。なお廖文英は崇禎末年すなわち二十歳のころ（『正字通』姚序による）に南康府推官を務めたことがある。

己酉（1669）康熙八年　七十三歳
庚戌（1670）康熙九年　七十四歳
南京滞在（？）。

この年、廖文英、自分の管理する白鹿洞書院において、建陽の書賈の協力のもと『正字通』の刊刻を始め、九月、自序を書く。
十一月、翰林院侍読学士の張貞生、「正字通叙」を書く。

　自烈が自編の字書を廖文英に譲り、廖がそれを自分の名で刊刻したことは、金堡『徧行堂續集』巻二「刊正正字通序代」に詳しい。「正字通一書、廖太守百子刻於南康、此張爾公之書也」云々とある。これは三藩の乱のころ連州を鎮撫した（平南王の側の）将軍劉炳が康熙十八年（1679）に印行した『正字通』のため、金堡が将軍に替わって書いた序である。

辛亥（1671）康熙十年　七十五歳

春、石埭県へ行く。

　二月執筆の、「邵漆夫詩序」（先生本巻十四）に「春、余過陵陽。友人邵子、笈詩屬余序」とある。

この年、廖文英の招きに応じ、廬山五老峰下の白鹿洞書院に転居。

　「心書序」（先生本巻十二）の自勲の後記に「辛亥、以故人廖公守南康、迎寓匡麓。余始得攜姪兒往謁相見、握手痛涕」、『宜春縣志』に「晩僑寓五老峰下、住白鹿書院、康人士爭師之」とあり、弟の張自勲とその子張世埈に再会できたことがわかる。『袁州府志』には「主講白鹿書院」とあるが、「主洞」にはなれなかったらしい。なお、「石林堂集序」（先生本巻十三）は年月不明ながら、自烈が編定した廖文英の文集への序である。この年、黎元寛、尹源進、姚子荘、『正字通』に序を書く。十月、方以智死去、六十一歳。

壬子（1672）康熙十一年　七十六歳

正月、「贈廖季子序」（先生本巻十五）を書く。

　廖文英の子・叔玉が北京に行くのを送った際の文である。叔玉の兄・仲玉は学名を廖綸璣といい、北京で正黄旗教習となっていた。同文に「會昆湖公正字通成」とあり、廖文英の『正字通』が既に完成したことがわかる。内閣文庫所蔵の白鹿洞書院蔵板『正字通』は前年に刊行されたものと考証される。同正月、礼部尚書龔鼎孳、「正字通叙」を執筆。

夏、「六柳堂遺集序」に後記を書く。

　「六柳集、余捐橐梓以傳、後世傳余文者誰哉」と言う。

九月、「重鋟陶淵明集序」（先生本巻十二）を書く。

　友人陶彦存の評定した陶淵明集への序である。なお、自烈は崇禎年間及び国変後の二度に渉り陶淵明集を評定刊行している。同九月、弟張自勲の著『心書』に序を書く。

癸丑（1673）康熙十二年　七十七歳

正月、「罿嵊詩序」（先生本巻十四）執筆。

第1部　歴史・版本篇

熊非熊（字は燕西）の詩集への序である。同文に「余與熊子燕西、後先僑匡麓、居相比、兩人嘗過從對語…一日熊子出罨嵲詩、屬余序。…抑余三十年以前、陰悼厲階、矢與世絶。甲申後、浮家四方轉徙、銜哀、日飾巾待期。今復偕熊子晤語于此、獨何心哉。余故論次罨嵲詩、重有感也、悲夫」と言う。康熙刊『廬山志』「姓氏考」に「熊非熊、燕西、南昌人、高士」とある。ちなみに同書は張自烈のことを「汝公、分宜人、高士」と、やや不正確に記す。

この年、病を得て白鹿洞書院に死す。

「自撰墓誌銘」（叢書本巻二十二）の自勲の識に「不幸癸丑疾革、遺命願從白鹿遊、因葬芑山於鹿洞之側」とあり、臨終の遺言により白鹿洞書院の近くに埋葬されたことがわかる。『宜春縣志』に「以壽終、郡侯廖公百子、與公爲性命交、率郡之紳士致祭焉、欲誌不朽、爲祔葬於洞左青龍山」、康熙刊『江西通志』「人物」巻三十七に「年七十七卒、無嗣、南康太守廖文英重其品、詣葬于白鹿洞山外之鄭家冲、書其碑曰、清故處士張芑山墓」と言う。

注――――――――――――――――――――――――――――――

117　ここでは、記述の最も詳しい康熙年間刊『宜春縣志』巻四「人物列傳・理學」所載の伝と、誤りを多く含む『明遺民錄』所収の小伝を挙げておきたい。『宜春縣志』「張自烈、爾公、號芑山。性鯁介、勵行積學、爲文高古、有尚書左國遺風。由邑廩入國學、屢冠多士、爲姜謝二先生所賞識、名大震一時。閶門白下知名士、投契甚殷、咸知有張芑山先生、先生亦毅然以守待爲己任、皋比講席、固所不辭、而校讎藝林、尤極謹嚴、然以謹嚴之故、間有疑謗、卒堅持不易、其生平大概如此。自前朝迄國朝、屢膺辟薦、俱辭弗就。惟謝賓客、閉戶著書、寢食不遑、至老無倦容。其著述甚富、問世者頗多。大抵得力在大極圖説西銘諸篇也。晚僑寓五老峯下、住白鹿書院、康人士爭師之。著有理學精義、芑山文集等書。以壽終、郡侯廖公百子、與公爲性命交、率郡之紳士致祭焉、欲誌不朽、爲祔葬於洞左青龍山。載在洞志、與朱紫陽陶靖節兩先生並傳云」。『明遺民錄』「張自烈、字爾公、江陰人。在南雍名聲籍甚。仕粵授講讀之任、事敗、還」。後者では（南直隸）江陰の人と言い、南明政權に仕えたと言うが、ともに誤り。

附論　明刊『箋註陶淵明集』のことなど

1.『箋註陶淵明集』

　北京の中国科学院図書館（正式には文献情報中心）の善本閲覧室で明末清初の書籍数種を見る機会があり、張自烈に関する新知見を多く得ることができた。年譜の補充を兼ねて以下に記してみたい。

　まず『箋註陶淵明集』については、井上一之・松浦友久両氏の教示と好意により他機関のテキスト二種をも加えて考察することができた。すなわち東洋文庫蔵本（A）、科学院図書館蔵本二部（B、C）、北京師範大学図書館蔵本の複写（D）の四種である。まず見返しから見ると、Bには「張爾公先生評　東坡和詩附後　陶淵明詩集　敦化堂梓」、Dには「張爾公先生評選　陶淵明集　樂愚堂藏板」とあり（A、Cは見返しを缺く）、版式の不充分な対照からも、少なくとも二種の版があることがわかる。序文はAが沈澳、袁継咸、趙維寰、夏允彝、沈寿民の五序を持つのに対し、Bでは沈澳序と趙序（半葉および数行のみ存す）、Cでは袁序と趙序、Dでは沈澳序（末半葉を缺く）のみである。郭紹虞「陶集考辨」（『照隅室古典文學論集』上、上海古籍出版社、1983）にも張自烈評本について「卷首有沈澳、夏允彝、沈壽民、趙惟寰、袁繼咸諸人序。各本亦鮮全載者」と言い、五篇の序を持つのが本来の姿であることがわかる。序文の揃わないテキストの存在は清朝の禁書政策と関連しよう（後述）。

　刊行時期については、自烈自身の最新の記に「崇禎六年六月望日」とあることから見て、崇禎六年（1633）の秋以降ほどない時期に刊行されたものと思われる。当時、自烈は三十七歳、江西袁州府宜春県の県学の生員から南京国子監の貢監生となり、文名が高まりつつあった頃である。崇禎五年には同郷の友人、南行人司司副の袁継咸の役所や同じく同郷の易嗣重の宿に寄寓、十二月から翌年の春までは同郷の南大理評事、袁一鰲の役所で家庭教師を務めている。南京の書坊の求めに応じて次々と程文集などを出すのもこの頃から数年の間のことである。

後年すなわち康煕十一年（1672）、最晩年の自烈は廬山で「重鋟陶淵明集序」（芑山文集巻十二）を書くが、それには、

　余夙景元亮節義、見晉書齒諸隠逸、乙之。既奮筆刪釐本傳、已又兩鋟其集行世、語具夏彝仲袁臨侯序中。會秦焔版災、旅篋所藏舊帙、蕩悉無復存、惋惜甚。頃陶子出其手評先集徵余序。

とあり、自烈が隠逸というより寧ろ忠義の面で陶淵明を慕っていたこと、その面から昭明太子の陶淵明伝を書き改めたこと[118]、二回に渉り陶淵明集を刊刻したこと、南康の陶氏（陶彦存、事蹟不詳）が自ら評定した陶淵明集の刊行に当たり自烈に序文を索めたこと等がわかる。実際『芑山文集』には「晉陶潛傳」（巻十六）が収録されており、そこにも「淵明不忘晉、宜列忠義、晉書妄附隱逸」云々の附記が見える。また「自撰墓誌銘」（巻二十二）には国変（崇禎十七年三月、1644）後のこととして「入信州卜葛川、家焉。與季弟編較成仁錄、梓陶淵明集、余冡宰古方略」とあり、江西広信府葛源に避難していた自烈が弟の自勲と共に『成仁録』（明に殉じた人々の記録）や余懋衡の兵書『古方略』の編輯刊行と併行して『陶淵明集』の刊行にも着手していたことがわかる。つまりこの時の刊行が第二回目であり、崇禎六年の刊行が第一回目であることが想定されるわけである。

　ここで序文の五人についても紹介しておきたい。まず沈澳は「九十七老人」「清朝遺老」と自署しており、高齢の在野の士であることがわかる。呉山嘉『復社姓氏傳略』巻四に南直隸寧国府涇県の人として沈澳（字は内景）の名が見え、同一人物と思われる。序では自烈の容貌について「天骨畸特」と言い、自烈が酔うと「張旭の十四世の孫」と称したり、「又顛張先生」と大呼したりしたことに言及する。周知の通り唐の張旭（呉の人）は世の人から「張顛」と呼ばれていた。

　袁継咸は前述の通り江西袁州府宜春の人、字は季通、号は臨侯、萬暦二十四年（1596）の生まれ、天啓五年の進士、国変後の乙酉の年（1645）九江総督として清軍に拉致され、翌年北京で刑死。明史に伝あり。陳鼎『東林列傳』にも収録されているとおり東林派人士の一人である。袁の死後に自烈が編輯した遺文集『六柳堂集』は乾隆年間に禁書となっている。

　趙維寰は浙江嘉興府平湖の人、文集として『雪廬焚餘稿』『焚餘續草』

（共に尊経閣文庫蔵）がある。李天根『爝火録』巻三に見える蘇州の諸生、顧維寰と同一人物だとすれば、国変後に蘇州で殉死。同書に「維寰籍學宮時系趙姓、故或稱趙維寰」とある。陶集の序では自烈の学問と人柄について「吾友爾公氏、書倉墨塚、破月穿天、不讀非聖之書、不發無源之論、獎薄敦頑、直以千古名教是非爲己任」と言う。なお彼の文集や『讀史快編』は乾隆年間、禁燬処分に遭っている。

　夏允彝は南直隷松江府華亭の人、字は彝仲、崇禎十年の進士、長楽県知県となり、福王政権崩壊後の乙酉の年九月に入水死。明史に伝あり。松江の文人結社、幾社の中心人物であり、大きく見れば自烈と同じく復社の成員である。彼の著『幸存録』も乾隆年間の禁書の対象となっている。陶集の序には、南京で袁継咸の紹介により自烈と知りあったこと、明君の世に生まれながら自烈が出仕しない（薦挙に応じないことを指すのであろう）のを訝る気持などが記される。『芑山文集』巻八所収「復夏彝仲書」には「拙刻陶集告竣、承諾弁言、幸既見示」云々とあり、夏允彝が正にこの序の執筆を承諾する旨の書簡を自烈に出したことがわかる。

　沈寿民は南直隷寧国府宣城の人、字は眉生、号は耕巌、萬暦三十五年（1607）の生まれ、自烈とは南京国子監の同学である。序によれば周鑣の紹介により知りあう。みな復社の成員である。国変後は遺民として宣城で暮らし、自烈の死の二年後（1675）に死去。『姑山文集』の著がある。なお彼の娘は自烈の子に嫁いでいる。

　以上五人の序に続き、テキストAでは①昭明太子「陶淵明集序」、②同「陶靖節傳」、③自烈「陶集總論」、④本文目録、⑤「石獻函書目」[119]が置かれている。そして「箋註陶淵明集　明後學張自烈爾公評閱」と題された⑥本文巻一〜六が終わったあと、⑦謔菴居士「律陶」、⑧黄槐開「敦好齋律陶纂」、⑨蘇軾「和陶」が附せられている。いずれも陶詩に唱和した詩を集めたもの。他のテキストの場合も、順序こそ異なるものの、内容的にはほぼ同じである。すなわちBは①③②⑤④⑨⑧⑥（⑦なし、④⑥⑨に缺葉あり）、Cは①②④⑥⑨⑦⑧（③⑤なし）、Dは①②③⑦⑧⑨⑤④⑥の順。

　このうち⑦の謔菴居士とは自烈より一世代上の王思任（字は遂東）のこと。浙江会稽の人、戯曲の評などで有名である。⑧の敦好齋黄槐開（字は

子虛）は、自烈の崇禎六年の附記に「仲春予過楊維節先生齋頭、晤閩中黃孺子、劇譚竟日、心識其爲端人也。頃孺子出伯氏子虛律陶纂示予」とあるところから、崇禎六年二月に楊以任（字は維節）の書斎で知りあった福建の黃孺子の伯父に当たる人であることがわかる。この黃孺子については事蹟不明であるが、自烈「與友人論交書」（芑山文集卷七）に列挙された数十人の友人の中にその名が見える。なお楊以任は辛未の年（1631）の進士、江西瑞金の人、やはり復社の成員である。

　⑤の書目では近刊予定の自烈編著の書名が次のように多数並べられている。まずは自烈編定の書から、

　　五經參同　歷代文汰　明文蒐異　明詩摘　史記佚　諸子推要　老莊滙解　唐宋八大家約　批評陶淵明集　批評白樂天集　批評劉復愚集　批評東皐子集　文山集刪存　批評方青峒集　大學衍義笈行　名臣奏疏定　賢妃要言

次は自著、

　　經譯　史訊　四傳贅論　杞盱　觥侑　兵解　出處譜　屛守銘　楚些謠述　友古圖　刪補英雄傳　高士傳贊補　燕吳夜錄　琴言　文瓢　倦庵錄　鵑吟　郵牘

果たしてこれらの中の何点が出版されたのか今は不明であるが、前者の中の「批評陶淵明集」が（今回扱っている）本書を指すことは確実であろう。なお橋川時雄「陶集版本源流攷」でも本書を「批評陶淵明集」の名で著録している。

2．『眞山人後集』

　清初の李昌祚の詩文集である。科学図書館蔵本は文二卷詩二卷の全四冊、見返しに「周彝初先生鑒定　漢陽李過廬先生文集　大業堂藏板」とあり、周有德（字は彝初）の序が康熙七年（1668）に書かれていることから、刊行もその頃と思われる。編訂者として周有德のほか周亮工（字は櫟園）の名も見える。李昌祚は湖広漢陽の人、号は過廬と来園。乾隆刊『漢陽縣志』によれば、字は文孫、崇禎十五年（1642）の挙人、順治九年（1652）

の進士、翰林院庶常から検討となり、康熙年間に河北道、嘉湖道を経て、大理寺少卿となっている。この詩文集の名から真山人とも名乗ったことがわかる。自烈といつ知りあったのかは不明。『芑山文集』には庚子の年（1660）執筆の「復李來園書」を収めるほか、丁未の年（1667）執筆の「復陸懸圃書」「復李乾統書」にも友人として李昌祚の名が見える。後述の清初の詩に「相思二十年」とあるところから見て恐らく崇禎年間からの交流と思われる。『眞山人後集』には自烈関係のものとして序一篇と詩一首が収められている。

　まず「四書諸家辯序」は自烈が最も心血を注いだ大著『四書大全辯』の姉妹篇ともいうべき書のための序である。執筆時期は不明。尊経閣蔵『四書諸家辯』二巻十四冊（未見）は順治刊本と称されている。なお『四書大全辯』は崇禎十三年（1640）に石嘯居初刻本が出たあと順治八年（1651）には南京で増訂版が刊刻されている。さて李昌祚の序では自烈について「如吾友爾公張先生、累辟不就、浮家江上、可謂能退者矣。且持已也甚嚴、而其接人也甚和」と言う。次に南京で自烈と別れる際に作った五言古詩「白下別張爾公」を見てみたい。

　　江風寒何早　　江風　寒きこと何ぞ早き
　　蕭蕭向我吹　　蕭蕭として我に向ひて吹く
　　石頭城下來　　石頭城下に來たり
　　十日不成寐　　十日　寐(ねむ)りを成さず
　　橋邊横舟艤　　橋邊に舟を横たへて艤(つな)げば
　　乃見芑山子　　すなわち芑山子に見ゆ
　　相思二十年　　相ひ思ふこと二十年
　　相隔數千里　　相ひ隔つること數千里
　　相將各有懷　　相ひ將りて各の懷ひあるも
　　脈脈不能哆　　脈脈として哆(かた)ることあたはず
　　天欲成君志　　天は君が志を成さんと欲す
　　而我遂如此　　而して我は遂にかくの如し
　　斯文應有屬　　斯文はまさに屬するあるべし
　　君學誠良史　　君が學まことに良史

107

第1部　歴史・版本篇

視我直芸署	我を視れば芸署に直し（芸署は書庫）
鬱鬱相垠毀	鬱鬱として相ひ垠毀す（垠毀は互いに排斥しあうこと）
有母未遑將	母あるもいまだ將るに遑なく
一官眞敝屣	一官　真に敝屣のごとし
嗟嗟歷多難	嗟嗟　多難を歷たり
世情日澒漫	世情　日々に澒漫
逢場盛顏色	場に逢ふごとに顔色を盛にし
深夜浹背汗	深夜に背汗を浹らす
誰爲素心人	誰か素心の人たらんや
安得不永歎	いづくんぞ永歎せざるを得んや
我行悲思殷	我が行　悲しき思ひ殷きも
知我莫如君	我を知ること君に如くはなし
十月濤聲急	十月　濤聲急なり
岸柳沸暮雲	岸柳　暮雲を沸ふ
腸斷不爲別	腸斷ちて別れを爲さず
徒爾涕紛紛	徒爾に涕紛紛たり

　この詩は年月を記さないが、「芸署（書庫）に直す」等の表現から見て李昌祚が清朝の官おそらく翰林院庶常（庶吉士）となって間もない頃の作と考えられる。

3．『陪集』

　著者の方中通は南直隷桐城の人、明末四公子の一人方以智の次男である。『陪集』は『陪古』『陪詩』『陪詞』から成る詩文集であり、主に父に従って過ごした清初の数十年を背景としている。科学院図書館蔵本は全十三巻のうち十一巻を存する康熙刊本である。自烈に関する情報を最も多く含む『陪詩』巻一「迎親集」は目次によれば「壬辰至戊戌」すなわち1652〜1658年の間の詩を集めたもの。この時期、南明政権との関わりを断たれ僧となった方以智は、南京の建初寺の看竹軒に籠りながらも多くの友人との交流を続けていたが、中でも最も親密な旧友の一人が当時（1654年）すぐ

108

近くに住んでいた自烈である。「迎親集」には自烈の窮乏生活ぶりが描かれている。ある時などは自烈が二日も食物を口にしていないことを、故呉応箕（字は次尾）の子呉孟堅が看竹軒に報せに来たため、方以智は早速米二十斛を贈ったという。方中通の詩[120]に曰く、

　　絶糧已二日　　糧を絶ちて已に二日
　　呎石不相聞　　呎石なるも相ひ聞こえず
　　乞米未書帖　　米を乞ふに未だ帖を書かず
　　送窮肯賣文　　窮を送るに文を賣るを肯ぜんや
　　何須餅恥罄　　何ぞ須ひん　餅罄くるを恥づるを
　　猶幸鉢堪分　　猶ほ幸ひとす　鉢分くるに堪ふるを
　　有僕同枵腹　　僕有り同じく枵腹なるも（枵腹は空腹）
　　追隨問字勤　　追隨し字を問ふこと勤なり

この空腹の「僕」すなわち下男は、方中通の注によれば、名を半拙と言い、自烈に文字の学を習っていたという。この頃、自烈は崇禎末年に一度完成させた字書『字彙辯』の増補作業を続けており、方以智『通雅』の内容を盛り込むべく、しばしば看竹軒を訪れていた。方中通の詩[121]に曰く、

　　毎見先生字　　先生の字を見る毎に
　　從來無艸書　　從來　草書無し
　　五車皆篆籀　　五車みな篆籀
　　七字度居諸　　七字もて居諸を度す
　　筆可存塗乙　　筆は塗乙に存すべく
　　文多辯魯魚　　文は魯魚を辯ずること多し
　　叩關鈔五雅　　關を叩きて五雅を鈔し
　　商略到年餘　　商略して年餘に到る[122]

ここからは、どんな時にも崩し字を書かない自烈の性格、国変後の動乱期にも自烈が小学の書をなお多く所有していたこと、『字彙辯』の増補作業が毎日標出字七字ごとに為されていたこと、などが伺われる。任道斌1983『方以智年譜』も引用するとおり、方中通はこの詩に『字彙辯』がのちに『正字通』と改名したとの注を加えている。

このほか『陪詩』には自烈の友人たちの名も散見される。たとえば方以

智と同じく明末の四公子の一人冒襄（字は辟疆）。「迎親集」の「丁酉秋日父執冒樸巣大會世講于白門」の詩からは、丁酉の年すなわち順治十四年（1657）冒襄が友人の子息たちを南京に集め詩会を催したことがわかる。この時一堂に会したのは方以智の三子、方中徳、方中通、方中履と甥の方中発、呉応箕（1645年死去）の子呉孟堅、陳貞慧（明末四公子の一人、1656年死去）の子陳維崧、戴重（1645年死去）の二子戴移孝と戴本孝、冒襄の子冒丹書、梅朗中（1642年死去）の子梅庚、沈寿民の子沈玟[123]、そして方以智の門弟黄虞稷などである。同じく「迎親集」によれば壬辰から戊戌の間（1652～1658）方中通は南直隷貴池に劉城（1650年死去）の子劉廷鑾を、また湖広麻城に父の友人梅之熉を訪ねている。更に「省親集」によれば庚子から庚戌の間（1660～1670）方以智と中通は江西南昌に陳弘緒を訪ねている。第二世代も含めた明の遺民たちの往来の様子が伺われて興味深い。

4．その他

以上のほかにも張自烈の友人の文集を数冊閲覧することができたが、時間の関係で詳細な調査をするゆとりはなかった。ここでは次の二種の紹介をもって小文の結びとしたい。

戴重『河村集』。これは乙酉の年（1645）太湖周辺の抗清活動の中で負傷し死去した友人のために自烈が編集した遺文集である。科学院図書館蔵本は清抄本一冊。序は自烈が書いたもの。なぜか『芑山文集』には収録されていないので貴重である[124]。序によれば、呉応箕、劉城など亡友の文集の刊刻が思いどおりに進まず苦慮していたところ、戴重の二子移孝と本孝が父の文集の編集を懇請したため、篇幅の少ない『河村集』を先に完成させたという。戴重の伝は劉城が生前に書いたもの[125]。戴重の著作として「師陶」一巻と「陶詩考異」五巻があることを記す。

陳名夏『石雲居文集』。自序は順治三年（1646）三月の執筆。自烈に関する記述は少ないが、巻十五の沈寿民への書簡「荅沈眉生」に「昔謂知我者四人、伯宗、爾公、雲子、泊我眉生」云々とあり、陳名夏が爾公すなわ

附論　明刊『箋註陶淵明集』のことなど

ち自烈を四人の知己の中に含めていることが注目される（伯宗は劉城、雲子は朱隗）。順治年間、清朝の漢人官僚として吏部尚書の高位にあった陳名夏が、自烈の『四書大全辯』の刊刻を間接的に援助したり、自烈や沈寿民に清朝への出仕を勧めたりしたのも宜なるかなと言えよう。

なお満洲人の反感を背景に陳名夏が処刑されるのは順治十一年（1654）のこと。『陪詩』「南畝集」によれば、甲寅から壬戌の間（1674〜1682）、陳名夏の女婿方中通は南直隷高淳県強埠村にある岳父の墓に詣でている[126]。

注———

118　昭明太子の陶靖節伝と自烈の晋陶潜伝との大きな違いは、前者では檀道濟が肉を餽る段が陶淵明が彭沢令になる前に置かれているのに対し、後者ではその段が省かれている点にある。これは自烈が弟自勲の意見を採用したものである。晋陶潜伝に附された自勲の識語に曰く、「宋書列濳隠逸、爲宋言也。晉書不入忠義、則非知濳者。余初持此議。芑山急韙之、因改陶濳傳、刪歸去來辭、而補恥屈後代一段、甚合史法。但道濟餽肉在宋元嘉三年、芑山初本據南史置令彭澤前、未免失考。余復馳書正之。芑山爲更定若此」。

119　「石獻」は崇禎十三年刊『四書大全辯』（四庫存目叢書167・168）が石噛居刻本であることと関係するかもしれない。

120　題は「呈父執張芑山先生」、原注に「芑山先生自四書大全辯毀板後、窮困特甚。一日呉子班馳報竹關、云：張先生絶糧二日矣。有時貴饋金求文、斥之不受。老父爲餉米二十斛」という。第八行の注「僕有半拙者習字學、依先生鈔録不去」。

121　題は「芑山先生初輯字彙辯、時過竹關、取老父通雅商権」、注に「後改名正字通」という。第二行の注：「即脱槀不作艸書、謂：即此是敬也」、第三行の注：「所藏六書甚富」、第四行の注：「毎日計編七字」。なお「居諸」は月日のこと、「塗乙」は修正すること、「叩關」は竹関すなわち看竹軒を訪ねること、「五雅」は実際上『通雅』を指す。

122　本書所引の詩の訓読に関して松浦友久氏の教示を忝なくした。

123　これら第二世代の父たちはみな自烈の親友である。なお方以智の看竹軒を訪問した人の中には冒襄のほか銭秉鐙（銭澄之）や呉偉業もいる。

124　陳允衡『詩慰』（康熙刊）所収「河邨集」には自烈の序も附されている。

125　戊子（1648）六月二十四日の劉城の跋に「復社中江南死義者多人、余慨爲之傳。次尾而外、如麻孟璿三衡、沈景山壽嵩、夏彜仲允彝、陳臥子子龍、孫克咸臨、江文石天一、徐九一沂、楊維斗廷樞、黄藴生淳耀、顧子方杲、吾友也。皆未得其家狀、不能成

第1部　歴史・版本篇

傳」とあり、呉応箕（字は次尾）と戴重以外にも劉城が多くの友人の伝を書こうとしていたことがわかる。
126　詩の題は「強埠拝先岳陳芝山先生墓」。陳名夏（字は百史、号は芝山）は高淳県に近い溧陽の人。

第2部　音韻篇

第1章　『正字通』と17世紀の江西方音

１．声母の面での特色

　『正字通』の音注の最大の特徴は中古全濁声母が平仄に拘らず次清声母と合流していることである[127]。以下、萬暦年間の『字彙』、崇禎末年の『字彙辯』の段階を反映する『増補字彙』（刊行は康熙年間）、および『正字通』（この章では清畏堂本）の反切を比べてみたい。

			『字彙』	『増補字彙』	『正字通』
⎰	秤	次清昌母	丑正切	丑正切	丑正切（丑：次清徹母）
⎱	鄭	全濁澄母	直正切	丑正切	丑正切（直：全濁澄母）
⎰	策	次清初母	恥格切	初格切	初格切（恥：次清徹母
					初：次清初母）
⎱	宅	全濁澄母	直格切	直格切	初格切（直：全濁澄母）
⎰	兔	次清透母	土故切	土故切	土故切（土：次清透母）
⎱	度	全濁定母	獨故切	獨故切	土故切（獨：全濁定母）
⎰	次	次清清母	七四切	七四切	七四切（七：次清清母）
⎱	字	全濁從母	疾二切	七四切	七四切（疾：全濁從母）
⎰	磬	次清溪母	丘正切	丘映切	丘映切（丘：次清溪母）
⎱	競	全濁群母	具映切	丘映切	丘映切（具：全濁群母）
⎰	礮	次清滂母	披教切	鋪告切	鋪告切（披鋪：次清滂母）
⎱	抱	全濁並母	部巧切	鋪告切	鋪告切（部蒲：全濁並母）
			又蒲報切		

⎧毯	次清透母	吐覽切	徒覽切	徒覽切	（吐：次清透母）
⎩但	全濁定母	徒亶切 又杜晏切	徒覽切	徒覽切	（徒：全濁定母）
⎧朴	次清滂母	匹各切	蒲各切	蒲各切	（匹：次清滂母 蒲：全濁並母）
⎩薄	全濁並母	弼角切	蒲各切	蒲各切	（弼：全濁並母）
⎧器	次清溪母	去冀切	奇計切	奇計切	（去：次清溪母 奇：全濁群母）
⎩妓	全濁群母	巨起切 又奇寄切	奇計切	奇計切	（巨：全濁群母）
⎧匹	次清滂母	僻吉切	竝密切	竝密切	（僻：次清滂母 竝：全濁並母）
⎩弼	全濁並母	薄密切	竝密切	竝密切	（薄：全濁並母）
覻	次清清母	七慮切音覷	七遇切音覷	七遇切音聚	（覷：清母 聚：從母）
健	全濁群母	巨展切音件	渠建切謙去聲	渠建切謙去聲 （謙：溪母　巨渠：群母）	
仲	全濁澄母	直衆切蟲去聲	直用切蟲去聲	昌用切充去聲 （直蟲：澄母　昌充：昌母）	
膈	全濁崇母	牀甲切暫入聲	初洽切音插	初洽切音插 （牀：崇母　初插：初母）	
團	全濁定母	徒官切段平聲	徒桓切象平聲	徒桓切象平聲 （徒段：定母　象：透母）	

2．韻母の面での特色

　山咸二摂あるいは止蟹二摂などの、摂を超えた韻母の合流は近世中国語において特に珍しいものではないが、以下のように臻深梗曽四摂の合流は少なくとも北方標準官話では見られないものである。

2.1 臻深梗曽四摂の合流

	『字彙』	『増補字彙』	『正字通』
⎧斤巾	居銀切	居欣切	居欣切（斤巾銀欣：臻摂）
⎨經京	居卿切	居欣切	居欣切（經京卿：梗摂）
⎩今金	居吟切	居欣切	居欣切（今金吟：深摂）
⎧隣鱗	離珍切	離呈切	離呈切（隣鱗珍：臻摂）
⎨零陵	離呈切	離呈切	離呈切（零陵呈：梗曽摂）
⎨林	犁沈切	力盈切	離呈切（盈：梗摂）
⎩臨	犁沈切	離呈切	離呈切（林臨沈：深摂）
⎧珍	之人切	之深切	之深切（珍真人：臻摂）
⎨眞	之人切	之深切	之深切（深：深摂）
⎨征蒸	諸成切	之深切	之深切（征蒸成：梗曽摂）
⎩斟碪	諸深切	之深切	之深切（斟碪深：深摂）
整	之郢切音拯	章引切音軫	章引切音軫（整郢拯：梗曽摂 引軫：臻摂）
臣	池隣切音陳	稱人切音成	稱人切音成（臣隣人陳：臻摂 成：梗摂）
立	力入切林入聲	里習切音力	里習切音力（立入習林：深摂 力：曽摂）

2.2 山咸二摂の合流

	『字彙』	『増補字彙』	『正字通』
⎧山	師姦切	師姦切	師姦切（山姦：山摂）
⎩樧	師銜切	師姦切	師姦切（樧銜：咸摂）
⎧單	都艱切	都干切	都干切（單艱干：山摂）
⎩耽	都含切	都干切	都干切（耽含：咸摂）
⎧田	亭年切	亭年切	亭年切（田年：山摂）
⎩甜	徒兼切	亭年切	亭年切（甜兼：咸摂）
⎧蘭	離閑切	離寒切	離寒切（蘭閑寒：山摂）
⎩籃	盧談切	離寒切	離寒切（籃談：咸摂）

115

第2部　音韻篇

⎧鐵	他結切	他協切	他協切（鐵結：山攝）
⎩貼	他協切	他協切	他協切（貼協：咸攝）
⎧獺	他達切	徒荅切	徒荅切（獺達：山攝）
⎩塔	託甲切	徒荅切	徒荅切（塔荅甲：咸攝）
殘	財難切音瀺	才寒切音虥	才寒切音虥（殘難寒瀺：山攝
			虥：咸攝）
險	虛檢切脅上聲	許檢切撿上聲	許檢切撿上聲（險檢脅：咸攝
			撿：山攝）

　以上のみからも、『正字通』の反切に反映した音が、『廣韻』等の伝統的韻書あるいは『洪武正韻』の字音体系でもなく、また全濁仄声字と全清字が合流した『中原音韻』などの官話音系でもなく、ほかならぬ作者自身の方言音であろうと予想することができよう。阿部兼也1989が「京、居欣切」に基づき呉語の影響を考えたのは、結果的に呉語ではないにせよ、『正字通』反切の方言的要素を指摘したという意味で評価される。

　なお、本居宣長は『漢字三音考』（天明五年、1785）の中で「字彙正字通ナドノ音釈、古ヘノ音韻ニカナハズ、反切ナドモ合ザル者多クシテ甚濫リナリ」と言い、「乘」「丞」（共に曽攝）が「時征反音成」（「征」「成」ともに梗攝）で表されている例などを挙げている。方言の影響とまでは言っていないものの、その炯眼には驚かされる。

3．声調の面での特色

　声調についてはまず次のことが注目される。『正字通』では（多くは『増補字彙』でも）、平声かつ同韻母と推定される中古次清・全濁平声の二字について、同じ反切上字を使いながら反切下字のみ異にするものが多く見られる。その反切下字を分析すると、中古次清平声の帰字には中古全清・次清の下字が使われ、中古全濁平声の帰字には全濁・次濁の下字が使われていることがわかる。近世中国語の観点からすれば、平声の陰陽（帰字声母の清濁）を反切下字で表示している可能性が高い。

第1章 『正字通』と17世紀の江西方音

		『字彙』	『増補字彙』	『正字通』	
⎧鋪	次清滂母	滂模切	普沽切	普沽切	（沽：全清）
⎩蒲	全濁並母	薄胡切	普吾切	普吾切	（吾：次濁）
⎧圈	次清溪母	驅圓切	區宣切	區宣切	（宣：全清）
⎩權	全濁群母	逵員切	逵員切	區員切	（員：次濁）
⎧槍	次清清母	千羊切	七央切	七襄切	（襄：全清）
⎩牆	全濁從母	慈良切	七羊切	七羊切	（羊：次濁）
⎧通	次清透母	他紅切	徒工切	徒工切	（工：全清）
⎩同	全濁定母	徒紅切	徒紅切	徒紅切	（紅：全濁）
⎧分	全清非母	敷文切	敷因切	敷溫切	（溫：全清）
⎩汾	全濁奉母	符分切	敷文切	敷文切	（文：次濁）
⎧番	全清非母	孚艱切	符山切	符山切	（山：全清）
⎩凡	全濁奉母	符銜切	符寒切	符咸切	（咸：全清）
⎧兄	全清曉母	許容切	許雍切	許雍切	（雍：全清）
⎩雄	次濁于母	胡容切	許龍切	許龍切	（龍：次濁）

以上のような対になる例のみならず、全体的に同じ状況が観察されるため、中古平声が陰陽に分かれていたことは確実といえよう。

次に、中古上声については、たとえば次清溪母上声「起豈」と全濁群母上声「技」が同じく「區里切」で表されていることを始めとして、陰陽に分かれている様子は見られない。全濁上声の変化に関しては以下のような類型が見られる。

		『字彙』	『正字通』
①臼	巨九切求上聲	→去久切求上聲
②跪	渠委切葵上聲	→苦委切葵上聲
③件	巨展切乾上聲	→巨展切乾上聲、又黷韻音欠
④技	巨起切奇上聲、又去聲奇寄切	→區里切奇上聲、又去聲奇寄切
⑤距	臼許切渠上聲	→丘許切渠上聲、又去聲與拒距通
⑥儉	巨險切箝上聲	→苦險切音遣、今通讀去聲
⑦近	巨謹切勤上聲、又去聲具吝切	→具吝切音覲、又軫韻勤上聲
⑧妓	巨起切奇上聲、又去聲奇寄切	→奇計切音器

117

⑨舅　巨九切音臼　　　　→巨又切音舊

　これらの中古全濁上声字のうち、①②は上声に留まっているもの。③④⑤⑥は上声の音注を先に出し、そのあとに去声の音注を置いたもの、⑦は去声の音注を先に出し、上声の音注を置いたもの。⑧⑨は去声の音のみである。反切あるいは直音注において、⑦⑨を除く全ての例が「中古全濁声母が平仄に拘らず次清声母と合流」の特徴を見せる（「去苦欠區丘器」は次清字、詳しくは第2部第5章）。

　中古の去声と入声については、上述のとおり、去声の次清透母「兔」と全濁定母「度」が共に「土故切」と注された例、入声の次清初母「策」と全濁澄母「宅」が共に「初格切」と注された例を始めとする多くの例が、それらが陰陽に分かれていないことを物語る。

　結局『正字通』に反映した声調は、平声が陰陽各一類、上声・去声・入声が各一類の体系、すなわち五声体系を持つものであることが判明する。

4．まとめ

　音韻面での顕著な特徴をまとめると以下のようである。

　　一、中古の全濁声母・次清声母の合流（平仄を問わず）
　　二、臻深梗曽四摂の韻母の合流
　　三、陰平・陽平・上・去・入の五声体系
　　（中古平声字は反切下字により声調の陰陽が示される）

　さて、これらの条件を満たす方言音を探す場合、まずは現代方言から始めざるをえないが、注意すべきは、現代方言において、ある声母や韻母が合流しているからと言って、明末清初にもそうであったとは限らないということである。しかしながら、現代で合流していなければ候補にすらなりえないこともまた事実である。まず、第一の特徴は客家・贛の二大方言や山西・江蘇・安徽などの一部の方言に見られる。第二の特徴は呉語や下江官話・西南官話を始め広い地域に見られるもの。第三の特徴も下江官話を

第 1 章 『正字通』と17世紀の江西方音

始め現代でも多くの地点で見られるもの。『西儒耳目資』に代表される明末清初の官話も同様である。しかし、これら三つの特徴を同時に満たす方言はそれほど多くない。管見の限り贛語の一部の方言がそれに相当する。そして、その中に張自烈の故郷宜春がある。

　陳昌儀1991によれば、調査された90地点のうち、中古の全濁声母・次清声母の合流（平仄を問わず）、臻深梗曾四摂の韻母の合流を前提としたうえで、陰平・陽平・上・去・入の五声体系を持ち、中古四声との対応が『正字通』と一致あるいは近似するのは12地点のみ[128]であり、そのうち実に 6 地点が宜春片に属する。宜春片の清江・新干の両県は声調のみならず声母の状況も『正字通』と一致する。宜春片の宜春小片には宜春市、萍郷市、分宜県と新余市が含まれる。これらの地点の特徴は「古陽平、古陰去今合併爲一箇調類」ということ、つまり「提奇」などの所謂「古陽平」と「替氣」などの所謂「古陰去」が合流するということである。問題は『正字通』において合流しているのはそれらではなく、「替氣」などの去声次清字と「地忌」などの去声全濁字だという点である。しかしながら宜春小片には内部差異も見られ[129]、中古声母と声調の対応の面で『正字通』と一致する地点もある。

　本書第 1 部での年譜研究から、張自烈が袁州府宜春の人であり、一生のうち言語形成期を含め長い期間そこに住んでいたことが明らかになっていること、そして更に『正字通』の音注の音韻的特徴から客観的に浮上した数少ない現代方言の候補の中に宜春が入ることが明らかになった以上、『正字通』の音注の反映する音が明末清初の宜春方言音に関連すると考えることはほぼ問題なくなったと言えよう。

　もちろん張自烈が完全に日常の口語音に基づいたとは思えない。以下の章で詳しく分析するが、『正字通』の「凡例」に「要當悉心講求正韻正聲、勿概爲方音所蔽、庶幾音義兼得之矣」と言っているところから見ても、『正字通』が反映しているのは口語音系を基礎として形成された読書音だと思われる。また、張自烈は注釈の中でしばしば「正音」「南北通音」などの術語を使っており、自らの発音に満腔の自信を持っていたことがわかる。

119

第2部　音韻篇

　以上のような前提に立って、以下『正字通』の音注を更に詳しく分析してみたいが、その前に、版本と音注の問題をめぐって、ぜひ調べておかなければならないことがある。

注─────────────────────────────────

127　ごく少数ながら、中古全濁声母字の反切上字に全濁・次清字でなく、全清字が使われた例が見える。倍：邦昧切、重：之仲切、洞：都弄切、極：紀逆切、轎：古吊切、など。

128　余干片の鄱陽県、景徳鎮、楽平県、貴溪、吉安片の萬安県、老営盤、宜春片の宜春市、新干県、三湖鎮、清江県、樟樹市、水西。

129　『贛方言概要』では「萍郷市除外」と言い、宜春小片でも「古陽平」と「古陰去」が合流しない地点があることがわかる。魏鋼強『萍郷方言志』によれば、たとえば萍郷の上栗鎮などの地点の声調は中古の四声との対応の面で『正字通』と一致する。

第2章　白鹿書院本『正字通』最初期の音注

1．二種類の白鹿書院本

　第1部第2章で詳論したとおり、『正字通』には多くの版本があるが、そのうち劉炳補修本と清畏堂本などの版本は、基本的にみな白鹿書院本（正確には白鹿洞書院本）の版木を使って印行されたもの、その他の版本たとえば弘文書院本・三畏堂本・芥子園本などはみな白鹿書院本系版本を翻刻したものであり、版式・行款などすべて同じである。古屋2002では清畏堂本『正字通』の全反切を同音字表[130]にまとめ、音注の反映する贛方音的な読書音（張自烈は江西袁州府宜春の人）を分析した。その後、各種版本の音注を詳しく対照した結果、内閣文庫蔵白鹿書院本（以下「白鹿内閣本」と略称）の音注とその他各種版本の音注の間にかなりの異同があること、また東京大学図書館蔵の白鹿書院本（以下「白鹿東大本」と略称）の音注はその他各種版本の音注とほぼ完全に一致することが判明した。以下、二種の白鹿書院本の間になぜこのような違いがあるのかについて考えてみたい。

　康熙十年（1671）、大型字典『字彙辯』の作者張自烈（1598～1673）は友人の南康府知府廖文英の邀請に応じて、廬山白鹿洞書院で講学する。張氏は増訂後の『字彙辯』を廖文英に贈り、「正字通」という書名のもと廖氏の名義で出版することを許す[131]。この頃、張氏と廖文英父子は書院で生活を共にした時期もあった。康熙九年、廖文英は『正字通』の自序を執筆、廖の求めに応じて張貞生・尹源進・黎元寛・姚子荘等の友人も序を書く[132]。康熙十年（1671）、廖氏は福建建陽の書賈の協力のもと『正字通』を刊行。下述する龔鼎孳の序がないこと、まだ改修がなされていないこと、印刷の鮮明度などから見て、白鹿内閣本はこの時に刊印された版本と推定される。

　その頃、廖文英の子、廖綸璣[133]は、北京で満洲正黄旗教習の職に就いていた。康熙十一年（1672）一月、礼部尚書の龔鼎孳は廖綸璣の求めに応じて『正字通』の序を書く。白鹿東大本は、巻首にこの龔鼎孳序を冠してい

第2部　音韻篇

ること、また改刻が施されていることから、改修ののち印行された版本であることがわかる。改修の時期は康熙十年から十一年の間と推定される。白鹿東大本と白鹿内閣本は同版であり、改修[134]された箇処は音注に関するものだけでも約630項目に及ぶ（附表1参照）。白鹿書院本系版本たとえば劉炳補修本・清畏堂本等、およびその他の同版でない各種版本すなわち弘文書院本・三畏堂本・芥子園本等はみなこの改修後の白鹿書院本に由来する。

換言すれば、未だ改修されていない白鹿内閣本の音注こそ張自烈の本来の状況を反映するものであり、『正字通』の音注が反映する贛方音的読書音の研究に際しては白鹿内閣本の音注を出発点とすべきことがわかる。

2．音注の対照および『増補字彙』との関係

日本の尊経閣文庫と韓国の高麗大学晩松文庫には張自烈『増補字彙』（全十二集）が収蔵されている。『正字通』より後の康熙二十九年（1690）の刊印であるが、注解・音注など内容面から見ると梅膺祚『字彙』から『正字通』へ至る中間階段を反映するものであることがわかり（本書第1部第4章）、張自烈『字彙辯』の初期段階の原稿または刊本に基づいて出版されたものと推定される。この推測が正しければ、白鹿内閣本の（未改修の）音注と『増補字彙』の音注は同じか似ていることが期待される。以下、試しに白鹿東大本・白鹿内閣本・『増補字彙』・梅膺祚『字彙』四書の音注を少し対照してみたい。特に注記のない場合、『正字通』白鹿東大本の音注とその他各種版本の音注は同じである。まず臻深梗曽摂三等開口来母の反切帰字に一等字の反切下字が使われた例を挙げてみたい。

2．1　臻深梗曽摂開口来母の字における三等と一等の交流

	白鹿東大本	白鹿内閣本	増補字彙	字彙
子中9a4[135]　令	力正切零去聲	力恨切林去聲	力恨切林去聲	力正切陵去聲
丑上15b1　吝	力刃切音蘭	力恨切音蘭	力恨切音蘭	良慎切音蘭
卯中47b7　接	力正切音令	力恨切音令	力恨切音令	里甑切音令

122

第2章 白鹿書院本『正字通』最初期の音注

巳上96b3	瀾	力刃切音藺	力恨切音藺	力恨切音藺	長sic刃切音藺
巳中15a6	閦	力刃切音各	力恨切音各	力恨切音各	良刃切音各
午上42a4	甗	力刃切音各	力恨切音各	力恨切音各	良慎切音各[136]
申上132a7	藺	力刃切音各	力恨切音各	力根sic切音各	良慎切音各
酉上8a2	覵	力刃切音各	力恨切音各	力恨切音各	良刃切音各

(恨：臻摂一等開口恨韻匣母、正：梗摂三等開口勁韻章母、刃：臻摂三等開口震韻日母、すべて去声)

　上の表から、白鹿内閣本の反切の特徴が果たして『増補字彙』と同じであること、すなわち両書とも反切下字に一等字（"恨"）を使用していること、そして白鹿東大本ではそれを三等字（"正"や"刃"）に改めていることがわかる。陳1991と李張1992によれば、臻深梗曾摂三等開口来母の字が一等字と同音になるのは余干など贛語の特徴である。現代宜春方言にはこのような特徴が見られないとはいえ、やはり張自烈自身の読書音の現れ[137]と考えるのが自然であろう。もちろん「力恨切」が反切上字の「力」の韻母の影響のもと結局 *lin のような音を表しているとの解釈もありえよう（*liəʔ + hən →/liən/ [lin]）。

　上述の通り、白鹿書院本二種の間のこのような改訂は康熙十年（1671）から十一年の間になされたものである。張自烈が白鹿書院で死去するのは康熙十二年のこと、すなわち生前すでに『正字通』の出版を知っていた張自烈にも、音注を改訂する時間と機会があったことになる。問題は改訂の結果が張自烈本来の音韻的特徴と合わないことである。たとえば『正字通』の音注の中で最も目立つ音韻的特徴は「中古の全濁声母・次清声母の合流（平仄を問わず）」であるが、改訂の結果この特徴に合わない例が出現している。たとえば全濁群母「榽」（辰中78a7）において、白鹿内閣本の音注「苦減切乾上聲」（苦：次清溪母）が白鹿東大本では「九輦切乾上聲」（九：全清見母）に改訂されている[138]。

　『正字通』の音注にはいまひとつ「反切下字によって平声の陰陽を示す」という特徴がある。たとえば平声全清見母の「奸」（丑下32b7）において、白鹿内閣本の音注「經天切音艱」（天：平声次清透母）が白鹿東大本では

123

第2部　音韻篇

「居顔切音齦」（顔：平声次濁疑母）に改訂されている。近世中国語において普通「奸天」は陰平声、「顔」は陽平声である。

　もしも張自烈であれば、このような改訂をするはずがない。清畏堂本の呉源起の序では廖文英が『正字通』刊刻に当たり、毎日校正の仕事に勤しんでいた[139]と言う。やはり音注を改訂したのは張自烈ではなく廖文英であったと見るのが自然であろう。恐らく康熙十年に『正字通』を刊行した後も廖文英は校正を続け、その過程で自分の読書音あるいは伝統的音韻体系（洪武正韻の音系を含む）に合わない反切を見出し、改訂したものであろう。

　以下その他の例を見てみたい。

2.2　梗曽摂一二等合口見組字と臻摂合口一三等字の交流

		白鹿東大本	白鹿内閣本	増補字彙	字彙
子下117b4	厷	公甸切音觥	公昏切音觥	公昏切音觥	姑弘切音觥
丑上32b6	咣	公甸切音觥	公昏切音觥	公昏切音觥	姑横切音觥
卯上38a6	惸	呼胘切音轟	呼昆切音轟	呼宏切音轟	呼宏切音轟
卯中52a6	挎	呼胘切音轟	呼昆切音轟	呼昆切音轟	呼宏切音轟
午下3b1	砿	戶[140]盲切音宏	戶倫切音宏	戶倫切音宏	戶萌切音宏
午下72a6	宖	戶盲切音宏	戶倫切音宏	戶倫切音宏	胡泓切音宏
午下80b7	竑	戶盲切音宏	戶倫切音宏	戶倫切音宏	胡萌切音宏
申上119a2	黌	呼胘切音轟	呼昆切音轟	呼昆切音轟	呼宏切音轟[141]
酉下25a7	轟	呼胘切音甍	呼昆切音甍	呼昆切音甍	呼宏切音甍[142]

（甸：梗摂二等合口耕韻曉母、盲：梗摂二等庚韻明母、胘：曽摂一等合口登韻見母、昏：臻摂一等合口魂韻曉母、昆：臻摂一等合口魂韻見母、倫：臻摂三等合口諄韻来母、すべて平声）

　臻深梗曽四摂の韻母の合流も『正字通』の音注の音韻的特徴の一つであるが、廖文英は梗曽摂一二等合口見組の字の反切のみ改訂したかに見える[143]。これは或いは廖文英自身の方言と関係があるかも知れない。彼は広東連州の出身、おそらく客家の人である（『崇正同人系譜』による）。一部の

124

客家方言には臻深梗曽四摂の開口韻母が合流する特徴を持つ地点があるが、それらの方言も梗曽二摂と臻摂の合口韻母を区別するのが普通である。それに対して一部の贛語では梗曽二摂と臻摂が開口合口ともに合流している。

2.3 臻摂文韻非敷母字の反切下字に三等開口字が使われた例

		白鹿東大本	白鹿内閣本	増補字彙	字彙
子下45b2	分	敷温切音芬	敷因切音芬	敷因切音芬	敷文切音芬
寅上66a4	岎	敷温切音分	敷殷切音分	敷殷切音分	敷文切音分
寅中43b4	紛	敷温切音分	敷因切音分	敷因切音分	敷文切音分
辰中68b8	棼	敷温切音分	敷因切音分	敷文切音焚	敷文切音分
辰下48a7	氛	敷温切音分	敷因切音分	敷温切音分	敷文切音分[144]

（温：臻摂一等合口魂韻影母、因：臻摂三等A開口真韻影母、殷：臻摂三等開口欣韻影母、すべて平声）

このような改訂も廖文英が校正の過程で行なったものであろう。「敷因切音分」のような音注は、もしそれらが [fiən] [fin] のような音を表わしているとすれば、やや特殊であるが、或いは単に [fən] のような音を [fiən] で表わしただけかも知れない（「分」の現代宜春方言は [fən]）。次の章で論じるとおり、『正字通』では非母系と荘母系の声母の場合、韻母の直拗の区別が曖昧になる傾向がある。たとえば、符遇切＝符素切（「遇」は拗音 *iu、「素」は直音 *su）など。

2.4 中古の全濁声母・次清声母の合流（平仄を問わず）に関連する例

白鹿書院本二種の間の改訂において、中古の全濁声母・次清声母の合流（平仄を問わず）を示す反切に関連する例はほとんど見られない。これは恐らく廖文英が連州客家の人であり、客贛二大方言が同様の音韻的特徴を共有していることと無関係ではないであろう。ここでは関係する例すなわち本来の全濁次清合流を示す音注あるいは全濁声母の音注を全清声母に替えた例を挙げてみたい（最初の例は上でも掲出済み）：

第 2 部　音韻篇

		白鹿東大本	白鹿内閣本	増補字彙	字彙
辰中78a7	揵	九輦切乾上聲	苦減切乾上聲	九輦切見上聲	巨展切音件 又與寋同
戌上47a8	鐏	徂悶切存去聲	徂悶切存去聲	徂悶切存去聲	作管切音纘又 徂悶切存去聲
戌中70a6	靚	疾應切精去聲	疾應切情去聲	疾郢切情上聲	疾郢切情上聲 又去聲疾正切

（苦：次清溪母、徂疾情：全濁從母、乾件巨：全濁群母、九見：全清見母、徂精：全清精母）

3．山咸二摂の音注

　古屋2002が清畏堂本の反切に基づき張自烈の読書音体系を再構しようとした時、最も困難を感じたのが山咸二摂であった。今回、白鹿書院本二種の音注を対照した結果、果たして改訂が最も多いのが山咸二摂の音注であることがわかった。白鹿内閣本では二等開口牙喉音と三四等開口牙喉音の合流[145]また一等開合口牙喉音と二等開口牙喉音の合流の傾向があるのに対して、白鹿東大本ではそれらを区別する傾向が確かに存在するのである。詳しくは次章で論じるが、ここで数例見ておきたい。

		白鹿東大本	白鹿内閣本	増補字彙	字彙
丑下32b7	奸	居顏切音艱	經天切音艱	經天切音艱	居寒切音干 又居閑切音艱

（二等開口牙喉音：奸顏、三四等開口：天）

		白鹿東大本	白鹿内閣本	増補字彙	字彙
巳上50a8	渙	湖貫切音喚	湖慣切音喚	湖慣切音喚	呼玩切音喚

（一等合口牙喉音：渙貫喚、二等合口牙喉音：慣）

　二等開口牙喉音の「奸」が白鹿内閣本では三四等開口牙喉音（たとえば

126

第2章　白鹿書院本『正字通』最初期の音注

「堅兼」など、同じく「經天切」）と同音となっている。また白鹿内閣本では一等合口牙喉音「貫」と二等合口牙喉音「慣」が同韻となっていることが伺われる。白鹿東大本の段階の版木に由来する清畏堂と違って、白鹿内閣本に反映した張自烈の読書音体系であれば、山咸二摂の再構もそれほど困難でない可能性がある。

4．その他

上で述べた項目のほか、白鹿書院本二種の間の改訂はなお多方面に渉る。ここでは幾つか個別的な例を挙げてみたい。

4．1　「于、余」が同声調でないこと

「羊劬切音于」を「羊劬切音余」に替えた例が多数[146]見られる。たとえば：

		白鹿東大本	白鹿内閣本	増補字彙	字彙
卯中51b5	揄	羊劬切音余	羊劬切音于	羊劬切音于	雲俱切音于
辰下7a4	歈	羊劬切音余	羊劬切音于	羊劬切音余	雲俱切音于

これは恐らく「于」が『正字通』としては「衣虛切」すなわち陰平調に相当し、「羊劬切」の表す陽平調と矛盾することに気がついたための改訂であろう。ちなみに現代宜春方言でも「于」は陰平。他にも内閣本の「羊劬切音俞」を東大本で「羊劬切音余」に直した例が幾つかあるが、こちらの改訂の理由は不明。

4．2　「吹、威」が同韻でないこと

「古吹切」を「古威切」に替えた例もかなり多い[147]。たとえば：

		白鹿東大本	白鹿内閣本	増補字彙	字彙
丑中3a7	圭	古威切音閨	古吹切音閨	古吹切音閨	居爲切音規
辰下18a8	歸	古威切音規	古吹切音規	古威切音規	居爲切音規

127

第2部　音韻篇

　「吹」「威」は共に止摂三等合口字であるが、声母が異なるため（昌母と影母）、同韻とならない方言がある。この改訂は恐らく廖文英の読書音においても「吹」「威」が同韻でなかったことに起因するものであろう。

4.3　陰声字が陽声字と相配

		白鹿東大本	白鹿内閣本	増補字彙	字彙
亥上25b7	骨	古忽切昆入聲	古忽切古入聲	古忽切古入聲	古忽切昆入聲

　「古入聲」が「昆入聲」に相當するということは、「古、昆、骨」三字の韻母が近いことを意味する。このような音注は改訂後の『正字通』の中にも幾つか見られる。たとえば「諾、尼各切那入聲（＝囊入聲）」など（次章第3節）。

4.4　改音

　改訂の中には、白鹿東大本が別の音に替え、白鹿内閣本の音の方がむしろ『字彙』などの伝統的反切と一致する、というものもある。

		白鹿東大本	白鹿内閣本	増補字彙	字彙
巳上80a5	潵	詞夜切音謝	施職切音石	施職切音石	常隻切音石
巳上94b5	瀧	霍虢切音畫	古伯切音革	古伯切音革	古伯切音革
巳下28a3	㺉	許簡切音喊	古覽切音感	古覽切音感	古禫切音感
巳下35b4	獡	且藥切音鵲	書藥切音爍	書藥切音爍	式略切音爍
午下2a4	𥑸	蒲各切音朴	普木切音朴	普木切音朴	匹各切音朴
午下5a3	硑	補京切音氷	披經切音砰	披經切音砰	滂丁切音砰
午下14b7	磙	直類切音墜	杜貴切音隊	杜貴切音隊	徒對切音隊
午下59b5	稴	烏合切音庵	衣尖切音淹	衣尖切音淹	衣炎切音淹
午下77a1	窲	力弔切音料	豺豪切音巢	豺豪切音巢	鉏交切音巢
未上27b6	箉	相咨切音思	想里切音徥	想里切音徥	胥里切音徥
未上36b6	篙	祁堯切音喬	居宵切音嬌	居宵切音嬌	堅姚切音嬌
申上99b2	薢	兵謎切音閉	方未切音沸	方未切音沸	友 sic 未切音沸

128

第 2 章　白鹿書院本『正字通』最初期の音注

		白鹿東大本			
申上123a2	藉	砌夜切音赿	詞夜切音謝	詞夜切音謝 又前歷切音寂	詞夜切音謝 又前歷切音籍
申中47b6	蛦	相咨切音思	伊齊切音侇	伊齊切音夷	延知切音夷
酉上46b6	誑	苦謗切狂去聲	居況切光去聲	居況切光去聲	古況切光去聲
酉上77b3	譤	呼安切罕平聲	許戰切喊去聲	許鑑切喊去聲	許鑑切喊去聲
酉下52a6	遷	他協切音燮[148]	蘇協切音燮	蘓協切音燮	蘇協切音燮
戌上38b5	鎞	篇迷切音批	邊迷切音笓	邊迷切音笓	邊迷切音笓
戌中58a3	霊	他果切音朶	丁可切音朶	丁可切音朶	都火切音朶
亥上13a4	駿	須閏切音峻	祖問切音俊	祖問切音俊	祖峻切音俊 又須晉切音峻
亥上21b6	騎	鉏林切音岑	慈盈切音情	慈盈切音情	慈陵切音情

　以上の例の東大本の音註は廖文英の読書音を反映している可能性が高い。

4.5　避諱

　音注の改訂には時に音韻と関係ないものもある。白鹿内閣本はしばしば「胡、夷」の二字を「湖瑚、侇」に替えている。この例は甚だ多いので、ここでは各一例のみ挙げる：

		白鹿東大本	白鹿内閣本	増補字彙	字彙
丑上18a8	吳	五胡切音吾	五湖切音吾	五胡切音吾	訛胡切音吾
子下36a3	澨	伊齊切音夷	伊齊切音侇	延齊切音夷	延知切音夷

　「胡、夷」の二字を避けることは満洲族の統治と関係がある。清初の漢人知識人たちは異民族とくに満洲族を貶めるこれらの字を避けようとしたのである。ところが白鹿東大本では「湖瑚、侇」の偏旁を削り、「胡、夷」の字に戻そうとする明らかな傾向がある。つまり当時は既に「胡、夷」の二字を避ける必要がなくなった（或いは避けることが許されなくなった）ことがわかる（本書第 1 部第 2 章第 2 節）。類似の例として「玄」（康熙帝の名諱）がある。白鹿内閣本で「佉」または「鉉」となっていたものを、白鹿東大本では大部分、缺筆した「玄」にするか、または偏旁を削ってい

129

第2部　音韻篇

るのである。

　白鹿東大本は改修を経たとはいえ、張自烈本来の読書音体系を全く変えてしまったわけではない。本稿2.1～2.3で挙げた「力恨切音客、公昏切音觥」の類の音注は、改修を経たはずの白鹿東大本ないしは他の版本の中にもまだ幾つか見られるのである。白鹿書院本二種の間の改修は全面的かつ徹底的なものではなかったことがわかる[149]。いずれにせよ本書の目的が張自烈本来の読書音体系の再構にある以上、白鹿内閣本の音注に基づいて分析を進めるのが当然ということになろう。

注————

130　林慶勳氏も2003年12月に「《正字通》的音節表」を発表。本章執筆に際して啓発されるところが多かった。この場を借りて感謝したい。

131　趙撝「黄公説字序」によれば、書名を「正字通」と変えたのは張自烈自身だと言う（本書第1部第5章、1657年の条参照）。

132　張貞生『庸書』巻十二「荅廖太守」には「正字通大有益來學、拙言固不敢辤、祈再借巨筆弁首爲全書之光。令郎翩翩品格、自當遠到、吾嶺東又喜得一桂林枝矣」と言い、廖文英が刊行したばかりの『正字通』を翰林院侍読学士の張貞生に贈り、北京にいた息子の廖綸璣を通じて序文執筆の依頼をしたことがわかる。

133　廖綸璣は閩南語の韻図『拍掌知音』の作者でもある（詳しくは古屋1994b）。『拍掌知音』の成書は一般に1800年頃と言われるが、実は遅くとも1700年頃。

134　恐らく埋木の方法によるもの。

135　子中9a4は子集中の第九葉オモテ第四行の意、以下これに準じる。

136　四書の反切がこの条と全同となるもの以下の通り：子中80a1、酉中82b3、未上37a8。

137　他に"力永切鄰上聲"を"力引切鄰上聲"に改めた例が見える（獜、子中71a4）。

138　『字彙』の「又與甕同」の注に依拠した音とも考えられる。

139　南粵諸名士皆大喜、因言：…（廖）先生晨夕較定、受梓南康。

140　弘文書院本は"月盲切"と誤刻。

141　四書の反切がこの条と全同となるもの：未中77a4、戌下25a5。

142　四書の反切がこの条と全同となるもの：巳上54a8、酉上23b3。

143　白鹿東大本の改訂の中には伝統に合わない例もある。たとえば潛字（臻摂三等、巳

上59a5)。白鹿内閣本の反切「米允切」（允：臻摂三等）が白鹿東大本では「米郢切」（郢：梗摂三等）に改刻されている。

144 四書の反切がこの条と全同となるもの：辰上8b1、辰下39a7、辰下43b6。

145 山咸二摂以外にも效摂・蟹摂などにも同様の状況があるはずであるが、関連する例がごく少数であるため（例えば「矯」の反切「古巧切」の「古了切」への改訂）、ここでは省略に従う。

146 同様の例：辰中80a7、辰中83b3、巳上50b8、午上3b6、午上9b8、午上21b2、午上40a1、午中39b6、午中68a1、未中67b7、申中40a6、申下32b2、酉上6a2、酉上60b1、戌中49b2、亥上27a3。

147 同様の例：丑下77a5、丑下80a6、卯中67b4、辰中97b7、午中73b2、未中89b3、申下23b5、酉上2a2、酉下75a8、酉下92a7、戌上72a8、戌下11a7、亥上50a6、亥上51b3、亥下7b8、亥下62b6。

148 この例では反切上字だけを換え、直音注を換え忘れたものと思われる。

149 白鹿書院本二種の間の改修には他にも注解や満文十二字頭に関連するものがある。

第3章　白鹿書院本『正字通』声韻調の分析

1．音注について

　本章では前々章に引き続き『正字通』の音注を更に詳しく分析してみたい。陳昌儀1991『贛方言概要』や『宜春市地方志』[150]により常用字の現代宜春方言音も参照する。これは単に張自烈の本籍が宜春だという理由からだけではなく、言語形成期を含め張自烈が最も長く暮らしたのが宜春であることを考証したうえでの判断である（本書第１部第５章）。もちろん『正字通』の音注の特徴自体が宜春を浮かび上がらせたことも大きい。

　現代宜春方音がそのまま明末清初の宜春方音に相当するわけではない。通時的な音韻変化および現代宜春方言自体の内部差異の問題がある。なによりも『正字通』に反映しているのが口語音そのものではありえず、口語音の体系の上に形成された一種の読書音であることを念頭に置く必要がある。

　前章で論じたとおり内閣文庫蔵白鹿書院本（以下、「白鹿内閣本」と略称）『正字通』には、後のいかなる版本とも異なる最初期の音注が見える。本稿では張自烈の本来の姿に近いと推定されるその白鹿内閣本[151]の音注に基づき、声韻調についての考察を進めたいと思う。

　先に確認しておくべきことは、たとえ見た目は似たような音注であっても『正字通』と『字彙』では表す音の違う場合がありうるという点である。たとえば、中古音であれば同音であるはずの『字彙』「千羊切」と『正字通』「七羊切」の場合（千と七は中古清母）、前者は中古音どおり清母の「槍」の音を表すのに対し、後者は従母の「牆」を表す。『正字通』では「槍」の反切は「七襄切」である[152]。

　また「杖」の直音注「長上聲」の場合、『字彙』では反切「呈兩切」のとおり中古澄母上声の音を表すと言えるが（杖長呈ともに澄母）、『正字通』では反切が次清昌母「廠」と同じ「齒兩切」（齒は昌母）となっている。つまり「長上聲」は中古昌母上声相当の音を表すのである[153]。「伴」

132

の直音注「盤上聲」の場合も同様である。『字彙』では反切「蒲滿切」のとおり中古並母上声の音を表すと言えるが（伴盤蒲ともに並母）、『正字通』では反切が次清滂母「普」を使った「普滿切」となっている。つまり「盤上聲」は中古滂母上声相当の音を表すのである。

　声母と韻母の組み合わせに関連する問題もある。唇音声母のもとで韻母の開合が曖昧になるのは中古音以来の反切の特徴である。たとえば、

　　　莫侃切＝莫管切（下字「侃」は山摂一等開口、「管」は山摂一等合口）
　　　「解」佳買切≠「拐」古買切（下字は同じく「買」だが、「解」は開口、「拐」は合口）

このほか『正字通』では韻母の直拗の区別が曖昧になる声母がある。非母系と荘母系である。たとえば、

　　　非母系：符遇切＝符素切（「遇」は拗音 *iu、「素」は直音 *su）
　　　荘母系：側鳩切＝側鉤切（「鳩」は拗音 *kiəu、「鉤」は直音 *kəu）
　　　　　　　初覲切＝初艮切（「覲」は拗音 *kiən、「艮」は直音 *kən）[154]

非母系は唇歯音 [f] と荘母系は舌葉音 [tʃ tʃʰ ʃ] と再構され、これらの子音のあとでは介音 [-i-] の有無が中立的になると考えられる。特に後者は音声学的にも理解しやすいものと言えよう。以下の議論でも、これらの声母については韻母の直拗に関して中立的と考えて再構を進めたい。

２．反切系聯法の問題点

　本稿では韻母の分析に当たって、声母の場合と同様、主に反切系聯法を使うことになるが、韻書の反切を系聯するのと違って、字書の反切の系聯には様々な困難が伴う。韻書では、少なくとも、ある韻目の中の諸反切の主母音・韻尾・声調が等しいことは自明の理である。ところが部首引きの字書では、主母音・韻尾・声調が等しいものが各部首に分散してしまう。原則として一つの音節に一つの反切が対応する韻書と異なり、字書では同じ字音と推定されるものに複数の反切が対応することもしばしばである。『正字通』の場合、一つの音節に複数の反切が存在する状況は相対的に少ないと言えるが、それでも一つの音節（と推定されるもの）に四つ以上の

反切が対応することもある。また、これだけの大型字書であってみれば、稀に『字彙』の反切をそのまま援用した結果、自らの反切作成の原則と一致しない例が出てくることもやむをえないところである。たとえば上述のとおり平声の陰陽を反切下字で示す通則があり、たとえば陰平調を表すと推定される「晡」の反切が「奔孤切」であるのは、下字「孤」も陰平調と推定されるため通則に合致する。ところが同音と思われる「逋」の反切は「奔模切」であり、下字「模」(莫胡切) は陽平調と推定される。これは『字彙』の反切「奔謨切」と類似する。こうなると反切系聯法はお手上げである。陰平調の「孤」と陽平調の「模」が系聯されてしまうからである。本稿ではこのような場合、すなわち『正字通』の通則と一致せず『字彙』と字面が一致する反切があった場合、主観的な扱いになる恐れがあるとはいえ、考察からはずすことにしたいと思う。

次に同じ韻類と推定されながら系聯できない場合が問題となる。たとえば仮摂二等開口の上声の反切をすべて列挙すれば「補瓦、莫雅、丁雅、側賈、丑雅、初瓦、沙雅、沙瓦、舉雅、苦雅、許雅、閑雅、擬把、以把」となる。下字を系聯しようとしても、どうしても①把 (補瓦) －瓦 (五寡) と②賈 (又音假、假：舉雅) －雅 (牙上聲) の二系列に分かれてしまう。このような場合、「沙瓦切沙上聲」と「沙雅切沙上聲」という二つの音注により①と②を繋げるしかないであろう。

他に反切の構造上の問題として、『正字通』には上字が拗音（介音 [-i-]）、下字が直音、帰字が拗音という反切が見られる。中古音の反切にも稀に見られるタイプである。たとえば、

　　以紅切→容　　　*i + huəŋ→iuəŋ
　　力恨切→吝　　　*liəʔ + hən→lin または liən

次に、これも中古音の反切にも稀に見られるタイプながら（平山久雄 1962）、上字が合口、下字が開口、帰字が合口という反切が『正字通』にも見られる。たとえば、

　　戸牙切→華　　　*hu + ŋa →hua　　（牙：牛霞切）
　　乎才切→懷　　　*hu + tsʰai→huai　（才：猜來切）

これらの場合も反切系聯法はお手上げとなるので、たとえば「恢、力正

第3章　白鹿書院本『正字通』声韻調の分析

切音客」(「正」は『正字通』では拗音 *tʃiən)、「華、戸牙切話平聲」(「話」は『正字通』では合口 *hua)、「壞、火怪切懷去聲」(「壞」は『正字通』では合口 *huai) のような音注を傍証とするしかない。

3．声調相配の問題

　反切系聯法により幾つかの反切下字が繋がったとしても、陰平声・陽平声・上声・去声・入声など、それぞれの声調同士が相配するかどうかは別問題である。本稿では、完全な方法とは言えないが、声調を使った直音注に頼りたいと思う。たとえば仮摂二等開口の陰平調「鰕」(虚加切) を基準にすれば、上声の「許雅切鰕上聲」、去声の「呼嫁切鰕去聲」を相配させることができる。ただしこの方法には弱点がある。張自烈は反切下字において陰平調と陽平調をはっきりと分けておきながら、声調を使った直音注においては陰平調と陽平調の区別を曖昧にしているのである。たとえば陰平調「拋」の音注は「(鋪高切) 砲平聲」、陽平調「庖」の音注も「(蒲豪切) 砲平聲」であり、また陰平調「操」の音注は「(倉刀切) 草平聲」、陽平調「曹」の音注も「(才豪切) 草平聲」である。このような限界があることを踏まえたうえで、あとは中古音との対応や現代宜春方音を参考にしたいと思う。

　このほか入声字の直音注の中に陰声字を使ったもの、或いは陰声字の直音注の中に入声字を使ったものが稀にあり、韻類の具体的音価を決定する際、一定の役割を果たすことが期待される（括弧の中は『字彙』の音注)[155]：

諾	尼各切那入聲（囊入聲）	諾 *noʔ	那 no
僻	披席切批入聲（聘入聲）	僻 *pʰiəʔ	批 pʰi
傉	尼篤切孥入聲（農入聲）	傉 *nuəʔ	孥 nu
橘	厥律切居入聲（鈞入聲）	橘 *kiuəʔ	居 kiu
合	侯閤切呵入聲（含入聲）	合 *hoʔ	呵 ho
爹	丁奢切姐平聲（音低）	爹 *ta (*tia？)	姐 taʔ
打	丁雅切達上聲（音－）	打 *ta	達 tʰaʔ

第2部　音韻篇

茶　鋤麻切插平聲（蜡平聲）　　茶 *tʃʰa　　插 tʃʰaʔ
阿　烏戈切惡平聲（音窩）　　　阿 *o　　　惡 oʔ
骨　古忽切古入聲（昆入聲）　　骨 *kuəʔ　　古 ku

4．白鹿書院本『正字通』の声母

　古屋（1993）では主に反切系聯法により24の声類を分析した。その後、林慶勳（2001）は以上の結果を基本的に肯定し、現代宜春方音[156]を参照して24声類の音を次のように再構した：

　補 [p] 蒲 [pʰ] 莫 [m] 符 [f] 無 [v]
　都 [t] 他 [tʰ] 力 [l]
　古 [k] 苦 [kʰ] 魚 [ŋ] 呼 [h] 烏 [Ø]
　子 [ts] 七 [tsʰ] 蘇 [s]
　之 [tɕ] 昌 [tɕʰ] 式 [ɕ] 尼 [n̠] 如 [ʑ]
　側 [tʃ] 初 [tʃʰ] 所 [ʃ]

尼類を [n] とした方が良いと思われる点を除いて、筆者も基本的にこの再構に賛成である。このうち「之昌式」三類・「子七蘇」三類と「側初所」三類の間、および「無」類・「烏」類・「魚」類の間には僅かながら混同例が見られる。「之昌式」三類と「側初所」三類は韻母との相配関係のうえで基本的に相補分布を為すため、ここではそれらを合併し、全体に以下のような声類を再構したい（例字の後の小字は中古音の来源）：

　*[p] 補博波邦幫　　[pʰ] 蒲普婆病滂並　　[m] 莫彌毛民明　　[f] 符房封非敷奉　　[v] 無巫微
　[t] 都多斗丁端　　[tʰ] 他徒頭定透定　　[l] 力盧蘭來　　[n] 尼乃南女泥娘
　[k] 古居家關舉今見　　[kʰ] 苦渠揩昆技曲溪群　　[ŋ] 魚吾眼言疑
　[h] 呼許鞋寒灰喜曉匣　　[Ø] 烏伊矮影以云
　[ts] 子祖精精　　[tsʰ] 七才自清從　　[s] 蘇思心洗心邪
　[tʃ] 側莊之章豬招知章莊　　[tʃʰ] 初楚昌直春超徹澄昌初禪船崇　　[ʃ] 所疏式時書熟書生禪船崇
　[ʒ] 如而日

136

現代宜春方言の声母と『正字通』を比べると以下のような違いがある（両者に関連があると仮定した場合）：

『正字通』の「無」類 *v と「魚」類 *ŋ は現代宜春方言の [Ø] に対応（開口字は現在 [ŋ-]）。『正字通』にも既に同様の例が見える。たとえば「晩（微母）：烏綰切」、「硬（疑母）：恩鄧切」、など（「烏恩」は影母）。中古見系声母のうち *ki- kʰi- hi- は現代宜春方言では口蓋音化して [tʃ] [tʃʰ] [ʃ]、[tɕ] [tɕʰ] [ɕ] などの音になっている。現代宜春方言では、「力」類 *l と「尼」類 *n は共に [l] に、「呼」類 *h（曉匣母）合口字は [f] に、「如」類 *ʒ（日母）はゼロ声母（口語音は [n̩]）に、それぞれ対応する。「側」類 *tʃ、「初」類 *tʃʰ、「所」類 *ʃ のうち中古莊組字は [ts] [tsʰ] [s]（直音韻母の前）に対応。『正字通』にも同様の混同例が見える。たとえば「組＝阻：壯楚切」、「賊＝莊：側霜切」（組賊：精母、阻莊壯側：莊母）。

5．反切上字系聯表

以下、上述の再構の根拠となる反切系聯表を挙げる。括弧の中の左の二字は『正字通』の反切、右の二字は『字彙』の反切。現代宜春音は陳1991の同音字表に見える各字の音節全体の形を並べた。『宜春市地方志』巻39「方言」（南海出版公司、1990）により少数の字を補充。宜春の近隣の例として、劉1999aにより萍郷・上高・萬載の音（声母のみ）も挙げた。萍郷と上高については更に魏1990および『上高縣志』巻28「方言」（南海出版公司、1990）の同音字表により補充した（＊印のあと）。

*p- 補博
丙（比井／補永）―比彼（補米／補委）―兵（補京／補明）―必（補密／壁吉）―奔（補昆／補昆）―逋（奔模／奔謨）―補（博古／博古）―布（博故／博故）―博博（伯各／伯各）―邦（博康／博旁）―伯（布格／博麥）―北（布格／必勒）―悲卑（布非／布眉）―邊（悲堅／卑眠）―謗（布項／補曠）
中古音：幫母

第2部　音韻篇

説明：この類の声母を持つ平声字は、その反切下字に原則として全清字を使い、陰平調を表す。「都多」「古居」「子祖」「之章・側莊」の諸類も同様。

宜春：丙 pɪn²¹ 比 pi²¹ 彼 pi²¹ 兵 pɪn³⁴ 必 piʔ⁵ 奔 pɪn³⁴ 補 pu²¹ 布 pu³³ 邦 poŋ³⁴ 博 poʔ⁵ 伯 pɛʔ⁵ 北 pɛʔ⁵ 悲 pi³⁴ 卑 pʰi³⁴ 邊 piɛn³⁴ 謗 poŋ³³

萍鄉：p- 兵補北悲邊＊比彼布邦奔丙伯博必

上高：p- 兵補北悲邊＊比布邦奔丙伯博必

萬載：p- 兵補北悲邊

*pʰ-　蒲普

A 皮（頻彌／蒲糜）―毗（頻糜／蒲糜）―備避婢（毗意／皮意）―頻（蒲明／皮賓）―平（蒲明／蒲明）―朋（蒲萌／蒲庚）―薄（蒲各／弼角）―步（薄故／薄故）―簿部（薄故／裴古又薄故）―蒲（普吾／薄胡）―頗（普火／普火）―鋪舖（普沽／滂謨）―普（頗五／頗五）―婆（＝婆：蒲禾／蒲禾）

B 竝（匹命／皮命）―披（匹伊／篇夷）―匹（竝密／僻吉）―弼（竝密／薄密）

声調相配：頻（A 蒲明切）―牝（B 匹錦切頻上聲）―聘（B 匹正切頻去聲）

中古音：滂母、並母

説明：平仄に拘わらず中古の次清と全濁が合流しているため、平声では反切下字により陰陽を分ける。上去入では次清字と全濁字がしばしば同じ反切で表される。すなわち上去入では陰陽の区別がないと推定される。「他徒」「苦渠」「七才」「昌直・初楚」の諸類も同様。

清濁混同例（網掛けは中古濁音、以下同）：

　鋪告切：砲抱暴鉋｜普浪切：胖蚌｜竝密切：匹弼｜毗意切：譬屁敝斃弊幣避被備｜蒲各切：朴薄雹｜蒲角切：撲雹

　普滿切：伴｜匹命切：病竝｜鋪埋切：排牌｜普浪切：旁｜蒲活切：潑｜婆過切：破

宜春：皮 pʰi³³ 備 pʰi²¹³ 避 pʰi²¹³ 婢 pʰi³³ 頻 pʰɪn³³ 平 pʰɪn³³/pʰiaŋ³³（二音を記す

138

場合、破読を除き、文白の順、以下同）朋 pʰəŋ³³ 薄 pʰoʔ⁵

步 pʰu²¹³ 部 pʰu²¹³ 簿 pʰu²¹ 蒲 pʰu³³ 頗 pʰo²¹ 鋪 pʰu³⁴ʹ³³ 普 pʰu²¹ 披 pʰi⁵

弼 pʰiʔ⁵

萍郷：pʰ- 皮備平薄步簿披匹＊避鋪蒲普部頗頻竝朋

上高：pʰ- 皮備平薄步簿披匹＊鋪普部頻竝

萬載：pʰ- 皮備平薄步簿披匹

*m-　莫彌

莫（彌各／末各）―民（彌平／彌鄰）―彌（莫皮／綿兮）―眉媒（莫裴／謨杯）―謨（莫湖／莫胡）― 忙（謨郎／謨郎）―蒙（莫紅／莫紅）―母（莫補／謀補）―毎（莫賄／莫賄）―靡弭米（母禮／莫禮）

中古音：明母

説明：この類の声母を持つ平声字は、その反切下字に原則として全濁字・次濁字を使い、陽平調を表す。「無巫」「力盧」「尼乃」「魚吾」「如而」の五類も同様。

宜春：莫 moʔ⁵ 民 mɪn³³ 彌 mi³³ 眉 mi³³ 媒 mi³³ 忙 moŋ³³ 蒙 məŋ³³ 母 mu²¹ 毎 mi²¹ 靡 mi³³ 米 mi²¹

萍郷：m- 莫民忙蒙毎＊彌眉媒母米

上高：m- 莫民忙蒙毎＊彌眉媒母米

萬載：m- 莫民忙蒙毎

*f-　符房

妃（芳威／芳微）―方芳（敷荒／敷房）―房防（敷亡／符方）―敷孚（撫孤／芳無）―撫甫俯（扶古／斐古）―扶符（逢無／逢夫）―逢馮（符容／符中）―縛（符約／符約）

中古音：非母、敷母、奉母

説明：この類の声母を持つ平声字は反切下字により陰陽を区別。上去入では中古の声母の清濁が区別されない。「烏伊」「呼許」「式時」「所疏」「蘇思」の五類も同様。

清濁混同例：

139

第 2 部　音韻篇

方萬切：泛販飯犯范範｜芳勇切：捧奉｜扶古切：府脯俯斧輔腐｜符遇切：付傅富赴副婦父附｜房問切：奮糞憤｜馮貢切：諷鳳｜房六切：福腹覆複伏服｜敷勿切：弗拂佛｜房押切：發伐罰乏｜房軋切：法髮閥｜敷文切：焚汾｜敷亡切：防房｜符山切：番翻

宜春：妃 fi³⁴ 方 foŋ³⁴ 房 foŋ³³ 防 foŋ³³ 敷 fu³⁴ 撫 fu²¹ 甫 pʰu²¹ 俯 fu²¹ 扶 fu³³ 符 fu³³ 逢 fəŋ³³ 馮 fəŋ³³ 縛 foʔ⁵

萍鄉：f- 方房扶馮逢 ＊ 敷符撫防縛　　pʰ- 甫

上高：f- 方房扶馮逢 ＊ 敷符防縛　　pʰ- 甫

萬載：f- 方房扶馮逢　　pʰ- 甫

*v- 無巫

亡（無防／無方）—文（無焚／無分）—無巫（武扶／微夫）—武（罔甫／罔古）—罔（巫紡／文紡）

中古音：微母

説明：稀に以母・云母の字が、この類の字を反切上字に取ることがある。
　　　たとえば「維唯（無肥／無非）、往（巫紡／羽柱）」など。

宜春：亡 uoŋ³³ 文 uin³³ 無 u³³ 巫 u³⁴ 武 u²¹

萍鄉：Ø- ＊巫無武文

上高：v- ＊巫無武文　　m- ＊亡

萬載：Ø- ＊文

*t- 都多

的（丁歷／丁歷）—丁（當經／當經）—當（都昌／都郎）—登（都增／都騰）—都（東孤／東徒）—東（德公／德紅）—德得（多則／多則）—董（多孔／多動）—端（多官／多官）—典（多殄／多殄）—等（多肯／多肯）—多（得科／得何）

中古音：端母

宜春：的 tiʔ⁵ 丁 tin³⁴/tian³⁴ 當 toŋ³⁴ᐟ³³ 登 tɛn³⁴ 都 tu³⁴ 東 təŋ³⁴ 德 tɛʔ⁵ 得 tɛʔ⁵ 董 təŋ²¹ 端 ton³⁴ 典 tiɛn²¹ 等 tɛn²¹ 多 to³⁴

萍鄉：t- 東得端等多 ＊ 丁當登都德董典

140

上高：t- 東得端等多＊的丁當登都德董典

萬載：t- 東得端等多

*tʰ- 他徒

A 大（度耐／度奈）―度（土故／獨故）―土吐（他魯／他魯）―杜（他魯／徒古）―蕩（杜浪／徒浪・徒黨）―天（他牽／他前）―梯（天低／天黎）―他（湯戈／湯何）―湯（他光／他郎）―台（湯該／湯來）―唐堂（台郎／徒郎）―亭（唐寅／唐丁）―田（亭年／亭年）

B 徒（通吾／同都）―通（徒工／他紅）―同（徒紅／徒紅）―達（徒滑／堂滑）

声調相配：徒（B 通吾切）―土杜（A 他魯切徒上聲）―兔（A 土故切徒去聲）

中古音：透母、定母

清濁混同例：

他魯切：土吐杜｜土故切：兔度渡鍍｜他括切：脫奪｜他歷切：踢剔敵狄笛｜他協切：貼帖鐵蝶諜｜他禮切：體弟｜他計切：替第遞地｜他列切：跌｜梯尼切：題蹄｜通吾切：徒途塗屠圖｜台郎切：堂棠唐塘｜徒工切：通｜徒總切：桶｜徒弄切：痛｜徒濫切：坦｜徒荅切：塔踏塌榻獺

宜春：大 tʰai²¹³ 度 tʰu²¹³ 土 tʰu²¹ 吐 tʰu²¹ 杜 tʰu²¹³ 蕩 tʰoŋ²¹³ 天 tʰiɛn³⁴ 梯 tʰi³⁴ 湯 tʰoŋ³⁴ 唐 tʰoŋ³³ 堂 tʰoŋ³³ 亭 tʰin³³ 田 tʰiɛn³³ 徒 tʰu³³ 通 tʰəŋ³⁴ 同 tʰəŋ³³ 達 tʰaiʔ⁵

萍鄉：tʰ- 大度土蕩天梯湯堂田通＊吐杜他唐亭徒同達

上高：tʰ- 度土蕩天梯堂田通＊吐杜他唐亭徒同達　h- 大梯湯

萬載：tʰ- 大度土蕩天梯湯堂田通

*l- 力盧

A 落洛（歷各／歷各）―歷力（郎敵／郎狄）―郎（盧堂／魯堂）―魯（郎古／郎古）―龍（盧容／盧容）―盧（力吾／龍都）

B 連（零年／零年）―零凌（離呈／離呈）―鄰（離呈／離珍）―離（鄰其

141

第2部　音韻篇

／鄰溪）―閭（凌如／凌如）

C列（良薛／良薛）―兩（良獎／良獎）―里（良徙／良以）―良（呂陽／龍張）―呂（兩舉／兩舉）

声調相配：鄰零（B離呈切）―領（A力錦切令上聲）―令（A力恨切零去聲）―栗（C列七切鄰入聲）

中古音：来母

宜春：落 lo?⁵ 洛 lo?⁵ 歷 li?⁵ 力 li?⁵ 郎 loŋ³³ 魯 lu²¹ 龍 ləŋ³³ 盧 lu³³ 連 liɛn³³
　　　零 lin³³ 凌 lin³³ 鄰 lin³³ 離 li³³ 列 liɛ?⁵ 兩 lioŋ²¹ 里 li²¹ 良 lioŋ³³ 呂 ly²¹

萍鄉：l- 落力郎龍連兩呂＊洛歷魯盧零凌鄰離里列良

上高：l- 落力郎龍連兩呂＊洛歷魯盧零凌鄰離里列良　Ø- 兩

萬載：l- 落力郎龍連兩呂

*n-　尼乃

那（曩何／奴何）―曩（乃昂／奴當）―農（乃同／奴冬）―孥（農圖／農都）―乃（尼改／曩海）―尼泥（年題／年題）―年（尼田／魚軒）―女（尼呂／偶許）

中古音：泥母、娘母

説明：『字彙』では疑母字を使うことがある。『正字通』での改訂後、そのような現象はほぼ姿を消す。

宜春：那 la²¹³ 曩 loŋ³³ 農 ləŋ³³ 乃 lai²¹ 尼 n̠i³³ 泥 n̠i³³ 年 n̠iɛn³³ 女 n̠y²¹

萍鄉：l- 農　　n̠- 泥年女＊尼

上高：l- 泥農　　n̠- 年女＊尼

萬載：l- 農　　n̠- 泥年　　ŋ- 女

*k-　古居

A 涓（圭淵／圭淵）―圭規（古吹／居為）―各（古博／葛鶴）―歌（古阿／居何）―基（古奚／堅溪）―干（古安／居寒）―古（公虎／公土）―公工攻（孤烘／古紅）―孤姑沽（攻呼／攻乎）

B 吉（紀逸／激質）―紀（居里／居里）―激（紀逆／吉逆）―經（居欣／居卿）―佳（居沙／居牙）―厥（居月／居月）―舉（居許／居許）―居

第3章　白鹿書院本『正字通』声韻調の分析

（九迃／斤於）─九（舉友／居有）
声調相配：該（A 歌開切）─改（A 古海切該上聲）─蓋（B 居艾切該去聲）
中古音：見母
宜春：圭 kui³⁴ 規 kui³⁴ 各 koʔ⁵ 歌 ko³⁴ 基 tʃɿ³⁴ 干 kon³⁴ 古 ku²¹ 公 kuəŋ³⁴ 工 kuəŋ³⁴ 攻 kuəŋ³⁴ 孤 ku³⁴ 姑 ku³⁴ 吉 tʃɿʔ⁵ 紀 tʃɿ²¹ 經 tʃɪn³⁴ 佳 ka³⁴ 舉 tɕy²¹ 居 tɕy³⁴ 九 tʃɿu²¹
萍鄉：k- 規各公佳＊歌古孤姑干工攻　tɕ- 基經＊吉紀九　tʂ- ＊居舉
上高：k- 規各公佳＊歌古孤姑干工攻居　tɕ- 基經＊紀九　（tɕʰ- ＊舉）
萬載：k- 規各公佳　tɕ- 基經

*kʰ- 苦渠

A 欺（欠衣／牽奚）─欠（器厭／乞念）─器棄（奇計／去冀）─忌（奇寄／奇寄）─具（忌御／忌遇）─ 奇其祁（渠宜／渠宜）─求（渠尤／渠尤）─曲（渠六／丘六）─渠衢（其余／求於）
B 克（乞格／乞格）─乞（去逸／欺吉）─臼（去久／巨久）─巨（＝鉅：臼許／臼許）─去（丘御／丘遇）─區驅（丘淤／丘於）─勸（區願／區願）─丘（驅休／驅尤）
C 枯（空烏／空胡）─空（苦公／苦紅）─口（苦偶／苦偶）─苦（孔五／孔五）─孔（康董／康董）─可（口我／口我）─康（口剛／丘剛）
声調相配：謙（C 苦堅切欠平聲）─歉（C 苦檢切謙上聲）─欠（A 器厭切謙去聲）
　　　　　開（B 丘哀切凱平聲）─愷（C 可海切開上聲）─慨（B 丘蓋切開去聲）
中古音：溪母、群母
清濁混同例：
　　區里切：豈起技｜苦檢切：歉儉｜區願切：券勸倦｜丘映切：罄競｜去久切：糗臼｜去逆切：喫劇｜渠六切：曲麴局｜忌入切：泣
　　丘容切：𥥛｜苦委切：跪（『廣韻』に「去委切」の読みも）｜丘位切：櫃
　　丘許切：距｜丘應切：𠊓｜渠京切：卿輕傾欽｜丘俊切：郡｜渠角切：殼

143

第 2 部　音韻篇

却確｜渠勿切：屈

宜春：欺 tʃʰɿ³⁴ 欠 tʃʰɛn³³ 器 tʃʰɿ²¹³ 棄 tʃʰɿ²¹³ 忌 tʃʰɿ²¹³ 具 tɕʰy²¹³ 奇 tʃʰɿ³³ 其 tʃʰɿ³³
祁 tʃʰɿ³³ 求 tʃʰɿu³³ 曲 tʃʰuʔ⁵ 渠 tɕʰy³³ 克 kʰɛʔ⁵ 乞 tʃʰɿʔ⁵ 臼 tʃʰɿu²¹³ 巨 tɕʰy²¹³
去 tɕʰy³³ 區 tɕʰy³⁴ 驅 tɕʰy³⁴ 勸 tʃʰɵn³³ 丘 tʃʰɿu³⁴ 枯 kʰu³⁴ 空 kʰuəŋ³⁴ᐟ³³
口 kʰəu²¹ 苦 kʰu²¹ 孔 kʰuəŋ²¹ 可 kʰo²¹ 康 kʰoŋ³⁴

萍郷：kʰ- 空口苦＊克枯孔可康　　tɕʰ- 欺欠器求乞去丘＊棄忌奇其驅　　tʂʰ- 曲
區勸＊具巨渠（h- 渠）

上高：kʰ- 區勸空苦＊驅具巨枯渠孔可康　　tɕʰ- 欺器乞口　　ɕ- 欠求曲去丘＊奇
其欺器（tɕ- 渠）

萬載：kʰ- 區空口苦　　tɕʰ- 乞　　ɕ- 欺欠器求曲去丘（k- 渠勸）

*ŋ-　魚吾

A 吳吾（五湖／訛胡）—倪（五黎／研奚）—五（吾古／阮古）—俄（吾
何／牛何）

B 逆（宜戟／宜戟）—宜（魚奇／魚羈）—疑（魚奇／延知）—語（魚矩／
偶許）—魚虞（牛劬／牛居）— 擬（牛起／語綺）—牙（牛霞／牛加）
—牛（宜酬／于求）

声調相配：硯（A 倪殿切音彥）—諺（B 宜殿切音硯）

中古音：疑母

説明：稀に中古の娘母・影母の字が、この類の字を反切上字に取ることが
ある。たとえば「釀（魚向／魚向）、沃（五斛／烏谷）」など。

宜春：吳 u³³ 吾 u³³ 倪 ȵi³³ 五 ŋ²¹ 俄 ŋo³³ 逆 ȵiʔ⁵/ȵiaʔ⁵ 宜 ȵi³³ 疑 ȵi³³ 語 ȵy²¹
魚 ȵy³³ 虞 ȵy³³ 擬 ȵi²¹ 牙 ŋa³³ 牛 ȵiu³³

萍郷：ŋ- 五牙俄　　n̠- 逆疑魚牛＊倪宜擬　　ȵ- ＊虞語魚　　Ø- 吳語魚
上高：ŋ- 吳五牙牛＊俄　　n̠- 逆疑語魚＊宜擬
萬載：n- 吳五　　n̠- 逆疑牛　　Ø- 吳　　ŋ- 語魚牙

*h-　呼許

A 火（虎果／虎果）—虎（呼古／火五）—霍（呼郭／忽郭）—亥（呼改／
胡改）—毀（呼委／呼委）—荒（呼光／呼光）—黑（呼白／呼白）—呼

144

第3章　白鹿書院本『正字通』声韻調の分析

（荒孤／荒胡）—戶（呼誤／胡故）—何河（戶羅／寒哥）—侯（何樓／胡鉤）—寒（河南／河干）

B 閑（胡顏／何艱）—胡乎瑚湖（洪吾／洪孤）—洪（湖同／胡公）

C 雄（許龍／胡容）—許詡（虛呂／虛呂）—奚（虛期／弦雞）—希（虛欷／虛宜）—曉（虛鳥／馨杳）—休（虛攸／虛尤）—亨（虛庚／虛庚）—下（虛駕／胡駕）—滑（下刮／戶八）—虛（休居／休居）

声調相配：蒿（A 呼刀切好平聲）—好（C 許考切蒿上聲）—耗（A 呼到切蒿去聲）
　　　　　　洪（B 湖同切）—嗊（A 呼孔切洪上聲）—閧（A 呼貢切洪去聲）

中古音：曉母、匣母

清濁混同例：
虛器切：戲系｜呼委切：毀悔賄匯｜呼貴切：諱會慧｜許簡切：顯限｜呼玩切：喚煥換｜許戰切：獻現縣｜許教切：孝校效｜呼課切：貨賀禍｜呼霸切：化話｜許亮切：向項｜許定切：崋幸｜呼骨切：忽核｜呼決切：血穴｜呼郭切：霍穫｜呼白切：黑赫嚇嚛｜呼業切：脅協｜侯幹切：漢旱汗｜呼貢切：鬨｜許龍切：雄熊｜呼誤切：戶互護｜呼桂切：惠｜呼蓋切：害｜呼來切：孩｜呼才切：槐｜呼材切：淮｜許介切：械｜火怪切：壞｜呼本切：混｜呼元切：懸｜許鑑切：陷｜呼沿切：玄｜亨人切：痕｜許梗切：很杏｜虛勞切：澔｜呼陶切：豪毫｜呼老切：晧｜虛駕切：下｜呼郎切：杭航｜呼王切：黃簧皇蝗｜呼扣切：厚候｜呼各切：鶴｜霍國切：獲劃或｜呼甲切：狹匣

宜春：火 fo²¹ 虎 fu²¹ 霍 foʔ⁵ 亥 hoi²¹³ 毀 fi²¹ 荒 foŋ³⁴ 黑 hɛʔ⁵ 呼 fu³⁴ 戶 fu²¹³ 何 ho³³ 河 ho³³ 侯 həu³³ 寒 hon³³ 閑 han³³ 胡 fu³³ 乎 fu³³ 湖 fu³³ 洪 fəŋ³³ 雄 ʃəŋ³³ 許 ɕy²¹ 奚 ʃɿ³⁴ 希 ʃɿ³⁴ 曉 ʃəu²¹ 休 ʃɪu³⁴ 亨 hɛn³⁴ 下 ha²¹³ 滑 uaiʔ⁵ 虛 ɕy³⁴

萍鄉：h- 河黑寒閑下＊亥何侯　f- 火胡戶毀荒＊虎霍乎湖洪　ɕ- 休＊雄希曉　ʂ- 許虛　Ø- ＊滑

上高：h- 河黑寒閑下＊x- 亥何侯　f- 火胡戶毀荒＊虎湖洪　ɕ- 許休虛＊希曉　s- ＊雄　v- ＊滑

145

第2部 音韻篇

萬載：h- 河黑寒閑下　f- 火胡戶毀荒許虛　ҫ- 休

*Ø-　烏伊

A 委（烏鬼／烏賄）―愛（烏蓋／於蓋）―安（烏干／於寒）―恩（烏根／烏痕）―阿（烏戈／於何）― 汪（烏光／烏光）―屋（烏斛／烏谷）―烏（汪夫／汪胡）

B 永（羽敏／于憬）―尹（羽敏／以忍）―羽禹（弋渚／弋渚）―弋易（伊昔／夷益）―夷（伊奇／延知）―乙（伊悉／益悉）―因（伊親／伊真）―音（伊卿／於禽）―伊（於欺／於宜）―移（伊齊／延知）―羊（移長／移章）―余餘（羊劬／雲俱）―寅（余勤／夷真）

C 於紆（衣虛／衣虛）―于（衣虛／雲俱）―衣（于欺／於宜）―營縈（于榮／于平）

D 隱（以忍／於謹）―引（以忍／以忍）―以（隱起／羊里）

声調相配：淵（A 烏宣切）―婉（A 烏捲切淵上聲）―怨（B 伊勸切淵去聲）

　　　　　鴉（C 於加切亞平聲）―瘂（D 以把切鴉上聲）―亞（C 衣架切鴉去聲）

中古音：影母、以母、云母

説明：稀に中古の疑母字が、この類の字を反切上字に取ることがある。たとえば「僞（烏貴／魚胃）、願（伊勸／虞怨）、研（依肰／夷然）、硬（恩鄧／魚孟）、領（烏革／鄂格）」など。

中古微母字の例もある。たとえば「晚（烏綰／武綰）」など。

清濁混同例（ここでは影母を「清」、次濁以母・云母を「濁」とみなす）：
隱起切：椅倚以已｜烏鬼切：委偉葦｜烏貴切：畏慰位緯胃謂蝟衛｜衣虛切：於于｜伊勸切：怨院｜伊悉切：一乙逸｜伊昔切：抑億憶益亦易液譯翼｜尹竦切：擁勇涌｜余祭切：意異｜已忍切：隱飲影引穎｜以證切：印應孕｜云救切：幼又右佑｜余六切：郁育浴欲｜弋灼切：約藥躍鑰｜伊齊切：移姨遺｜伊奇切：夷｜衣肰切：延｜衣全切：沿鉛｜伊皎切：窅｜烏放切：吐｜紆厥切：悅閱越粵｜于期切：依｜于欺切：醫衣｜于加切：丫｜以把切：瘂

146

第3章　白鹿書院本『正字通』声韻調の分析

宜春：委 ui²¹ 愛 ŋoi³³ 安 ŋon³⁴ 恩 ŋɛn³⁴ 汪 uoŋ³⁴ 屋 uʔ⁵ 烏 u³⁴ 永 yn²¹ 尹 yn²¹ 羽 y²¹ 禹 y²¹ 易 i²¹³/iʔ⁵ 夷 i³³ 乙 iɛʔ⁵ 因 in³⁴ 音 in³⁴ 伊 i³⁴ 移 i³³ 羊 ioŋ³³ 余 y³³ 寅 in³³ 於 y³⁴ 于 y³⁴ 衣 i³⁴ 營 yn³³ 隱 in²¹ 引 in²¹ 以 i²¹

萍郷：ŋ- 愛安恩＊阿　Ø- 屋烏永易余衣營＊委汪羽禹于伊夷移乙因音寅隱引羊

上高：ŋ- 愛安恩　Ø- 易余衣營＊阿移音寅隱引羊乙　v- 屋烏永＊委于羽禹汪

萬載：ŋ- 愛安恩　Ø- 屋烏余易衣營　v- 永

*ts-　子祖類

A 作（則各／即各）―則（資格／子德）―資沓茲（津私／津私）―津（資辛／資辛）―精（資辛／子盈）

B 牋（＝箋、將兼／將先）―將（子方／資良）―即（子力／節力）―子（祖此／祖此）―遵（祖昆／租昆）―宗（祖冬／祖冬）―祖（壯楚／總五）

C 祭（積計／子計）―積（祭昔／資昔）

D 臧（才郎切又葬平聲／玆郎）

声調相配：宗（B 祖冬切縱平聲）―總（A 作孔切宗上聲）―縱（B 子弄切宗去聲）

　　　　　齋（B 牋西切）―濟（A 精里切齋上聲）―祭（C 積計切）

中古音：精母

説明：稀に中古の莊母字が、この類の字を反切上字に取ることがある。たとえば「蘸（作勘／莊陷）」など。この類の「祖」が反切上字に「壯」（「側莊」類）を取るのも同様の現象。機械的に反切系聯法を適用すると、この類は「側莊」類と合流してしまうが、今はしばらく中古音の来源に拠って分けておく。Dの「臧」は又音が使われたもの。

宜春：作 tsoʔ⁵ 則 tsɛʔ⁵ 資 tsɿ³⁴ 沓 tsɿ³⁴ 茲 tsɿ³⁴ 津 tsin³⁴ 精 tsin³⁴/tsiaŋ³⁴ 將 tsioŋ³⁴ 即 tsiʔ⁵ 子 tsɿ²¹ 遵 tsun³⁴ 宗 tsəŋ³⁴ 祖 tsɿ²¹ 祭 tsi³³ 積 tsiʔ⁵

萍郷：ts- 作精宗＊資茲子祖祭津遵將積即則

上高：ts- 作精宗＊資祖子遵將則　tɕ- 精＊祭津積

147

第２部　音韻篇

萬載：ts- 作宗　 tɕ- 精

*tsʰ- 七才

A 晴（慈盈／慈盈）―秦（慈盈／慈鄰）―慈（才時／才資）―前（才延／才先）―齊（前題／前題）― 叢（才紅／徂紅）―徂（叢無／叢租）―才財（猜來／牆來）―猜（倉哀／倉才）―千（倉先／倉先）―族（千木／昨木）―倉（七岡／千剛）―蒼（七莊／千剛）―砌（七計／七計）―清（七星／七情）―取（七主／此主）―且（又七也／七也）―七（千悉／戚悉）

B 此（雌子／雌氏）―雌（此私／此兹）
C 在（昨代／盡海）―昨（在各／疾各）
D 疾（－－／昨悉） |cf. 蒺（千悉切音疾／昨悉切音疾)|

声調相配：雌（B 此私切次平聲）―此（B 雌子切雌上聲）―次（A 七四切）／廁（A 七四切雌去聲）

前（A 才延切）―踐（A 七典切前上聲）―賤（C 在殿切前去聲）

中古音：清母、從母

説明：稀に中古の邪母字が、この類の字を反切上字に取ることがある。たとえば「囚（慈由／慈秋）、續（千木／昨木）」など。「初澄崇」三母に関連する例もある。たとえば「廁（七四／初寺）、賺（倉暗／牀陷）、鉏（叢無／叢租）」など。

清濁混同例：

七四切：刺次自字｜蒼老切：艸皁｜七到切：糙造｜七典切：淺踐｜倉暗切：燦暫｜千木切：促族｜七接切：竊捷｜秦入切：緝集｜七點切：漸｜七亮切：匠｜七性切：淨｜此格切：賊｜千昔切：籍｜猜來切：才材財裁｜七門切：存｜七羊切：牆｜徂悶切：寸｜才各切：錯

宜春：晴 tsʰin²³ 秦 tsʰin³³ 慈 tsʰɿ³³ 前 tsʰiɛn³³ 齊 tsʰi³³ 叢 tsʰəŋ³³ 才 tsʰoi³³ 財 tsʰoi³³ 猜 tsʰai¹³ 千 tsʰiɛn³⁴ 族 tsʰɿʔ⁵ 倉 tsʰoŋ³⁴ 蒼 tsʰoŋ³⁴ 砌 tsʰi³³ 清 tsʰin³⁴/tsʰiaŋ³⁴ 取 tsʰi²¹ 且 tsʰia²¹ 七 tsʰiʔ⁵ 疾 tsʰiʔ⁵ 此 tsʰɿ²¹ 雌 tsʰɿ³⁴ 在 tsʰoi²¹³ 昨 tsʰoʔ⁵

第3章　白鹿書院本『正字通』声韻調の分析

萍郷：tsʰ- 晴清齊財在倉七千＊且慈雌此取砌疾才猜昨族前秦蒼叢（h- 在）
上高：tsʰ- 晴清財在倉＊慈此叢才猜蒼族昨　 tɕʰ- 且清齊七千＊秦前取
萬載：tsʰ- 財在倉　 tɕʰ- 晴清齊七千

*s- 蘇思
A 西（先棲／先齊）―先（蘇焉／蘇前）―桑（蘇莊／蘇郎）―雪（蘇絕／蘇絕）―蘇（孫呼／孫租）―孫（蘇昆／蘇昆）
B 隨（旬為／旬威）―旬（須倫／詳倫）―須（相居／新於）―相（息匡／息良）―似（息漬／詳忞）―徐（似魚／詳於）―詳（徐羊／徐羊）―四（息漬／息忞）―想（息兩／息兩）―松（息中／息中）―息（思積／思積）―辛（思今／斯鄰）―思斯司私（相咨／相咨）―詞（斯時／詳茲）
声調相配：些（A 西遮切寫平聲）―寫（A 先野切些上聲）―卸（B 詞夜切寫去聲）
中古音：心母、邪母
清濁混同例：
息漬切：賜四寺祀似｜雪遇切：絮序敘緒｜息救切：秀繡袖｜息兩切：想樣（＝橡）｜蘇谷切：速粟宿肅俗｜思積切：昔惜析錫息熄夕席｜詞夜切：卸謝
斯時切：祠詞辭｜須倫切：旬循巡｜四沿切：旋｜思集切：習襲｜詞也切：瀉
宜春：西 si³⁴ 先 siɛn³⁴ 桑 soŋ³⁴ 雪 siɛʔ⁵ 蘇 sŋ³⁴ 孫 sun³⁴ 隨 si³³ 旬 sun³³ 須 si³⁴ 相 sioŋ³⁴/³³ 似 sŋ²¹³ 徐 si³³ 詳 sioŋ³³ 四 sŋ³³ 想 sioŋ²¹ 松 siən³³ 息 siʔ⁵ 辛 sin³⁴ 思 sŋ⁴⁴ 斯 sŋ³⁴ 司 sŋ³⁴ 私 sŋ³⁴ 詞 tsʰŋ³³
萍郷：s- 私四隨西須徐桑松雪＊司思斯詞似先蘇孫辛旬相想息　tsʰ- ＊詳詞
上高：s- 桑四私＊思司斯似蘇孫相詳想　 ɕ- 西雪隨須徐＊先辛旬息　 tsʰ- 松
萬載：s- 桑四私　 ɕ- 西雪隨須徐松

*tʃ- 之章
職（之石／之石）―哲（之列／之列）―質（之日／職日）―竹（之六／之

149

第2部　音韻篇

六）―中（之雍／陟隆）―之（章詩／章移）―知（章詩／珍離）―支（章伊／章移）―主（知雨／腫與）―章（止商／止良）―止（諸矢／諸矢）―諸（專于／專於）―朱（專於／專於）―專（朱穿／諸延）

中古音：章母、知母三等

宜春：職 tʃɪʔ⁵ 哲 tʃɛʔ⁵ 質 tʃɪʔ⁵ 竹 tʃuʔ⁵ 中 tʃən³⁴ 之 tʃɪ³⁴ 知 tʃɪ³⁴ 支 tʃɪ³⁴ 主 tɕy²¹ 章 tʃoŋ³⁴ 止 tʃɪ²¹ 諸 tɕy³⁴ 朱 tɕy³⁴ 專 tʃən³⁴

萍郷：tṣ- 質竹知支主章朱＊之止諸專哲職

上高：t- 質竹中知支主章朱＊職之止專　ts- 知

萬載：ts- 質知支　t- 竹中主章朱

側莊

菑（莊詩／旨而）―莊（側霜／側霜）―壯（側況／章況）―側（菑格／側格）

中古音：莊母、知母二等

説明：「之章」と「側莊」を一つにまとめたのは韻母との相配に関してほぼ相補分布をなすこと、および「罩、職教切[剛去]」＝「笊、側到切[爪去]」のような状況に基づくもの。「職」は「之章」類。稀に中古の精母字が、この類の字を反切上字に取ることがある。たとえば「䱉（側霜／茲郎）、甑（側并／子孕）」など。

宜春：莊 tsoŋ³⁴ 壯 tsoŋ³³ 側 tsɛʔ⁵

萍郷：ts- 壯＊莊側

上高：ts- 壯＊莊側

萬載：ts- 壯

*tʃʰ-　昌直

持池（陳時／陳知）―陳（稱人／池鄰）―呈（稱人／直貞）―沈（稱人／持林）―稱（赤升／丑成）―赤尺（昌石／昌石）―直（昌石／逐力）―柱（尺主／直呂）―丈（尺亮／呈兩）―齒（尺矢／昌止）―除（直如／長魚）―充（昌中／昌中）―仲（昌用／直眾）―重（又昌容／持中）―穿川（昌專／昌緣）―昌（長江／齒良）―長（仲良／仲良）―

150

抽（丑鳩／丑鳩）―丑（齒九／齒九）―笞蛋鴟（丑知／抽知）―超（笞招／笞招）―逞（丑郢／丑郢）
中古音：昌母、徹母三等、澄母三等、一部の禪母・船母
清濁混同例：
　尺主切：杵柱｜齒兩切：廠杖｜尺亮切：暢唱丈｜丑正切：趁秤陣鄭｜
　齒九切：丑醜紂｜尺救切：臭宙｜昌六切：畜觸逐軸｜昌石切：赤尺直植｜持世切：翅滯稚
　川遠切：篆｜逞質切：姪｜稱人切：陳塵臣神成城誠呈程懲承乘沈｜長江切：昌倡
宜春：持 tʃʰɿ³³ 池 tʃʰɿ³³ 陳 tʃʰɪn³³ 呈 tʃʰɪn³³ 沈 tʃʰɪn³³ 稱 tʃʰɪn³⁴ 赤 tʃʰa²⁵ 尺 tʃʰa²⁵ 直 tʃʰɿ²⁵ 柱 tɕʰy²¹³ 丈 tʃʰoŋ²¹³ 除 tɕʰy³³ 充 tʃʰən³⁴ 仲 tʃʰəŋ²¹³ 重 tʃʰəŋ³³/²¹³ 穿 tʃʰɵn³⁴ 川 tʃʰɵn³⁴ 昌 tʃʰoŋ³⁴ 長 tʃʰoŋ³³ 抽 tʃʰɪu³⁴ 丑 tʃʰɪu²¹ 超 tʃʰəu³⁴ 齒 tʃʰɿ²¹ 逞 tʃʰɪn²¹
萍鄉：tʂʰ- 陳沈尺直柱丈除重穿昌長抽超齒＊持池丑川稱呈充仲赤
上高：tʰ- 陳沈尺直柱丈除重穿昌長抽超齒＊持池丑川稱呈充赤
萬載：tsʰ- 陳沈直抽齒　tʰ- 尺柱丈除重穿昌長超

初楚
A 豺（鉏來／牀皆）―釵（初皆／初皆）―助（初故／狀祚）―初（楚租／楚祖）―雛（楚渠／叢租）―楚（創祖／創祖）―創（＝刱、楚降／楚浪）
B 測（鋤克／初力）―鋤（＝鉏、叢無／叢租）
中古音：初母、徹母二等、崇母、澄母二等
説明：AB 二類を繋げることは難しい。「鋤」が「七才」類の「叢」を反切上字に取るためであるが、これは明らかに『字彙』の反切「叢租切」の影響である。ここでは「鋤」の異体字「耡」の反切「楚渠切」（『字彙』は「叢租切」）によって AB 二類を繋げることにする。いずれにせよ「子祖」「七才」の二類と「側莊」「初楚」二類の間に密接な関係があることは否定できない。中古の清母・從母字が、この類の字を反切上字に取ることもある。たとえば「忖（楚本／趣本）、擦（初戛／初戛）、藏

（鉏郎／徂郎）、慙（豺寒／牀咸）」など。ここで「昌直」と「初楚」を一つにまとめたのは韻母との相配に関してほぼ相補分布をなすこと、および「紁、初訝切又去」＝「詫汊、丑亞切」のような状況に基づくもの。「丑」は「昌直」類。

清濁混同例：

　　初格切：策冊拆宅澤擇 ｜ 雛算切：篹撰
　　初故切：助 ｜ 初洽切：煤牐 ｜ 楚渠切：雛耡 ｜ 釵來切：柴豺 ｜ 鋤克切：測
宜春：豺 tsʰai³³ 釵 tsʰai³⁴ 助 tsʰ²¹³ 初 tsʰ³⁴ 雛 tsʰ³⁴ 創 tsʰoŋ²¹ 測 tsʰɛ²⁵ 鋤 tsʰŋ³³
萍郷：tsʰ- 助鋤＊豺初創測
上高：tsʰ- 助鋤＊豺初創測
萬載：tsʰ- 助鋤

*ʃ-　式時

A 誰（是為／視追）―是（時至／時吏）―世（時至／始制）―尚（時亮／時亮）―時（施持／仁之）―失（施日／式質）―施尸師詩（申之／申之）―食（申職／裳炙）―石（申隻／裳職）―申（審真／升人）―深（審真／式針）―審（式忍／式枕）―式（施職／施職）―賞（始兩／始兩）―始（師止／詩止）―市（詩止／上紙）―紹（市召／市沼）―輸書（尚朱／商居）―傷商（尸張／尸羊）

B 常裳（神羊／陳羊）―神（稱人／丞真）

中古音：書母、禪母、一部の船母・生母・崇母

説明：この類での最大の問題はB系列、特に「神」の字（稱人切音成）である。反切上字の「稱」が「昌直」類なので、B系列はA系列と繋がらず、むしろ「昌直」類と繋がってしまう。「神」を上字に使う反切を以下に挙げてみたい：

　　獸（神呪切收去聲／舒救切收去聲）＝受（神呪切壽去聲／是酉切壽上聲）
　　常（神羊切音甞／陳羊切上平聲）
　　蜀贕（神六切音孰／神六切音孰）

これらをすべて「昌直」類と見なしてしまえば、問題がなくなるように

第3章　白鹿書院本『正字通』声韻調の分析

も思えるが、「獸」の直音注「收去聲」はそれらが「式時」類に属することを物語る。「神」と関連する字を以下に挙げる：

	字彙	正字通
神	丞真切音辰	稱人切音成
辰	丞真切音神	深人切音神
晨	丞真切音神	深人切音神
繩	時征切音成	深人切音神
成	時征切音承	稱人切音承
承	時征切音成	稱人切音成
呈	直貞切音澄	稱人切音成
陳	池鄰切音臣	稱人切音臣
臣	池鄰切音陳	稱人切音成

『正字通』は『字彙』の「繩」の音注「時征切音成」を「深人切音神」と変えている。こうなると「神」の反切「稱人切」と矛盾してしまう。今のところ『正字通』の「神」に「稱人切」*tʃʰiən と「深人切」*ʃiən の二音があったと見ておくほかなさそうである（平山久雄氏の教示による）。

清濁混同例：

　　詩止切：使市｜師止切：始史柿｜輸芮切：稅睡瑞｜式戰切：扇善｜式夜切：舍赦射社｜施日切：失室實｜式列切：設攝舌｜世執切：濕十拾｜時至切：駛世試士事視誓｜尚朱切：舒書輸殊｜時正切：聖勝腎剩盛甚｜神呪切：獸狩壽受授｜輸運切：舜順

　　施持切：匙時｜深人切：辰晨繩｜書允切：盾｜詩肤切：蟬｜申職切：食蝕｜申隻切：石｜失獵切：涉

宜春：誰 ɕy³³ 是 ʃɿ²¹³ 世 ʃɿ³³ 尚 ʃoŋ²¹³ 時 ʃɿ³³ 失 ʃɿ⁵ 施 ʃɿ³⁴ 尸 ʃɿ³⁴ 師 sɿ³⁴ 詩 ʃɿ³⁴ 食 ʃɿ⁵ 石 ʃaʔ⁵ 申 ʃin³⁴ 深 ʃin³⁴ 審 ʃin²¹ 式 ʃɿ⁵ 賞 ʃoŋ²¹ 始 ʃɿ²¹ 市 ʃɿ²¹³ 紹 ʃəu²¹³ 輸 ɕy³⁴ 書 ɕy³⁴ 傷 ʃoŋ³⁴ 商 ʃoŋ³⁴ 常 ʃoŋ³³/tʃʰoŋ³³ 裳 tʃʰoŋ³³ 神 ʃin³³

萍郷：ş- 是時世輸書紹神深傷常失食石＊詩施尸始市申審商賞尚式
　　　s- ＊師　　tʂʰ- ＊裳尚

上高：s- 是時世輸書神深傷失食石＊尸施詩始市師申審商裳常賞尚式

153

第2部　音韻篇

　　　ɕ- 紹（手首守）　tsʰ- 常
萬載：s- 是時世輸書紹神深傷常失食石

所疏
A 森（所臻／疏簪）—沙（所加／師加）—所（疎祖／孫五）—數（疏故／色御）—霜（疏莊／師莊）—疏（− −／山俎）⫝̸＝䰀（所呼／所菹）⫝̸＝疎（− −／山俎）
B 色（山責／山責）—山（師姦／師姦）—師（申之／申之）
中古音：生母
声調相配：山（B 師姦切）—汕（A 所患切山去聲）—殺（A 霜轄切山入聲）
説明：B類の「師」が「式時」類の「申」を反切上字に取ることも（『字彙』の反切の影響という可能性もあるが）この類と「式時」類を一つにまとめる一つの論拠となろう。
宜春：森 sɛn³⁴ 沙 sa³⁴ 所 so²¹/sɿ²¹ 數 sɿ³³ 霜 soŋ³⁴ 疏 sɿ³⁴ 色 sɛʔ⁵ 山 san³⁴ 師 sɿ³⁴
萍郷：s- 山霜色＊沙師疏數所森
上高：s- 山霜色＊沙師疏數所森
萬載：s- 山霜色

*ʐ-　如而
汝乳（而歲／而歲）—戎（而容／而中）—而（如時／如支）—爾（如止／如此）—忍（爾軫／爾軫）— 如（人余／人余）—儒（人余／人朱）—人（如神／而鄰）—仍（如神／時征）
中古音：日母
説明：『字彙』では禅母の字で日母の字に注音したり、日母の字で禅母の字に注音したりすることがある。張自烈の改訂を経て、このような現象はほぼなくなる。
宜春：汝 ɵ²¹ 乳 ɵ²¹ 戎 iəŋ³³ 而 ɵ³³ 爾 ɵ²¹ 忍 in²¹/n̠in²¹ 如 ɵ³³ 儒 ɵ³³ 人 in³³/n̠in³³ 仍 in²¹³
萍郷：ø- 而乳＊如儒爾人戎　n̠- 忍＊人
上高：ø- 而＊爾人仍　l- 乳忍＊如戎　n̠- ＊人

萬載：∅- 忍　l- 乳

6．白鹿書院本『正字通』の韻母
6.1　山咸二摂の音注

　韻母の再構に当たり最も厄介なのが山咸二摂である。反切の示す状況と現代贛語の間に多くの齟齬が見られるためである[157]。

　まず、客家・贛・呉・粤などの方言に共通する現象ながら、現代宜春方言では山咸摂一等開口舌歯音と牙喉音の間に区別がある。たとえば：

　　山摂一等開口舌歯音：壇　［tʰan³³］　　牙喉音：寒　［hon³³］
　　咸摂一等開口舌歯音：談潭［tʰan³³］　　牙喉音：含　［hon³³］

　ところが『正字通』の反切からは多くの場合これらに対応する区別を伺うことはできない。読書音としては区別がないと思われる。たとえば：

　　山咸摂一等開口舌歯音：壇潭　→　徒寒切（寒：山摂開口牙喉音）
　　山咸摂一等開口牙喉音：寒含　→　河南切（南：咸摂開口舌歯音）

　次に、現代贛語ではふつう山摂合口一等と二等の間に区別がある。たとえば現代宜春方言の牙喉音・唇音の場合：

　　合口一等字：官［kuon³⁴］　　般［pon³⁴］
　　合口二等字：關［kuan³⁴］　　班［pan³⁴］

　これらに対し『正字通』はしばしば同じ反切をつけている：

　　官關：沽歡切
　　般班：補彎切

読書音としては区別がないと見るべきであろう。

次に、山咸摂二等牙喉音字。二等牙喉音に対応する現代宜春方音はふつう -i 介音を含まない。たとえば街 [kai^{34}]、郊 [kau^{34}]、奸 [kan^{34}]、減 [kan^{21}] など。『正字通』はこれらの字に対し、時に -i 介音を含むかに見える反切を、時に -i 介音を含まないかに見える反切をつけている。たとえば、

街：居鰓切（「鰓」は「桑猜切」、一等咍韻）　*kai?　kiai?
郊：居宵切（三等「嬌驕」などと同音）　　　*kiau?
　　　　　　　　　　　　　（「宵」は現代宜春 [siəu^{34}]）
奸：經天切（四等「堅兼」などと同音）　　　*kian?
　　　　　　　　　　　　　（「天」は現代宜春 [tʰiɛn^{34}]）
減：九蹇切（三等「檢蹇」などと同音）　　　*kian?

読書音としては -i 介音を持つ音節として再構したほうが良い場合が多そうである。結局、効摂や山咸摂開口において多くの二等牙喉音字と三四等牙喉音字が同音となる。

山摂合口三四等は時に開口三四等と混同の傾向を見せるが、完全な混同とまでは言えないと思われる：
「掾」柱戀切音琢 =「琢」柱見切音篆（「戀」龍眷切、合口？；「見」居宴切、開口？）

前章で言及したとおり、白鹿内閣本から白鹿東大本への改訂の中で最も多くの比率を占めるのが山咸二摂に関連するものである。以下、類別しつつ詳しく見てみたい。

6.1.1　二等開口牙喉音（反切帰字の音韻的地位、以下同）

		白鹿東大本	白鹿内閣本	増補字彙	字彙
丑下32b7	奸	居顏切音艱	經天切音艱	經天切音艱	居寒切音干 又居閑切音艱
丑下79b1	嫺	胡顏切音閑	瑚連切音閑	瑚連切音閑	何艱切音閑

156

第3章　白鹿書院本『正字通』声韻調の分析

卯上56b6	憪	胡顏切音閒	瑚連切音閒	瑚連切音閒	下簡切閑上聲
					又何難切音閑
卯中47b3	掔	丘閑切音慳	苦堅切音慳	苦堅切音慳	丘閑切音慳
辰上18a3	晏	伊澗切音鷃	伊殿切音燕	伊甸切音鷃	伊甸切音燕
辰上24a8	湅	古偶切音簡	九輦切音簡	古偶切音簡	古限切音簡[158]
辰中31b6	柬	古偶切音簡	九輦切音簡	基偃切音簡	古限切音簡
巳上77a7	澗	居晏切音諫	居宴切音諫	居宴切音諫	居宴切音諫
巳上91b2	豢	居陷切音鑑	居宴切音鑑	居宴切音鑑	古陷切音鑑
巳中27b5	鴈	魚澗切音雁	宜殿切音雁	宜殿切音雁	五晏切音雁
					又魚幹切音岸
午中61a8	眼	魚偶切顏上聲	魚淺切顏上聲	魚淺切顏上聲	五簡切顏上聲
未上36a7	簡	古偶切奸上聲	九輦切奸上聲	九輦切奸上聲	古陷切奸上聲
未下22a5	胎	戶雁切音陷	戶玷切音陷	戶玷切音陷	戶鑑切音陷
未下62b3	鹹	戶雁切音陷	戶玷切音陷	戶玷切音陷	下斬切音陷
未下65a4	艦	戶雁切咸去聲	戶玷切咸去聲	戶玷切咸去聲	胡覽切咸上聲
未下66a4	艱	居山切音奸	經天切音奸	經天切音奸	居顏切音姦
申上49a3	菅	居山切音姦	經天切音姦	經天切音姦	居顏切音姦[159]
酉上62b7	諫	居晏切音澗	居宴切音澗	居宴切音澗	居晏切音澗
戌上66a8	閑	胡顏切轄平聲	瑚連切轄平聲	瑚連切轄平聲	何艱切轄平聲
亥上21a2	騆	胡顏切音閑[160]	瑚連切音閑	瑚連切音閑	戶間切音閑
亥中43a3	鳫	魚澗切顏去聲	宜甸切顏去聲	宜甸切顏去聲	魚澗切顏去聲
亥中72a3	鷃	伊諫切音晏	伊甸切音晏	伊甸切音晏	伊諫切音晏
亥中79b3	鷳	胡顏切音閑	瑚連切音閑	瑚連切音閑	何艱切音閑
亥下59b1	鬫	居晏切音澗	居宴切音澗	居宴切音澗	（無此字）

　白鹿内閣本の反切下字がすべて開口三四等字（山摂：天連殿堅輦宴淺甸、咸摂：玷）であるのに対し、白鹿東大本ではそれらを開口二等牙音字（山摂：顏閑偶晏澗雁諫、咸摂：陷）または舌歯音字（山摂：山）に改訂している。つまり白鹿内閣本の場合、たとえば二等字の「奸」が四等字「堅

157

第2部　音韻篇

兼」などと同音（經天切）となっているのである。

6.1.2　三四等開口牙喉音

		白鹿東大本	白鹿內閣本	增補字彙	字彙
卯上46b1	慊	苦掩切音歉	苦減切音歉	苦減切音歉	苦簟切音歉
					又入聲乞協切
辰上18b8	晛	許典切音顯	許簡切音顯	許典切音顯	胡典切賢上聲
午中64b6	晛	許偃切賢上聲	許簡切賢上聲	許簡切賢上聲	胡典切賢上聲
未中46b4	繾	苦檢切牽上聲	苦減切牽上聲	苦減切牽上聲	驅演切牽上聲
未下28a6	膁	苦檢切音遣	苦減切音遣	苦減切音遣	苦點切音歉
未下50a3	𦟉	苦檢切牽上聲	苦減切牽上聲	苦減切牽上聲	去衍切牽上聲
申上8b6	芡	苦險切箝上聲	苦減切箝上聲	苦減切箝上聲	巨險切箝上聲
酉上84b1	譴	驅演切牽上聲	苦減切牽上聲	苦減切牽上聲	苦戰切牽去聲
酉下60a3	遣	驅衍切牽上聲	苦減切牽上聲	苦減切牽上聲	驅演切牽上聲
戌中86b5	顯	許典切音顯	許簡切音顯	許簡切音顯	呼典切音顯[161]
戌下19a8	顯	許典切軒上聲	許簡切軒上聲	許簡切軒上聲	呼典切軒上聲
亥下26b8	黏	尼甜切音鮎	疑咸切音嚴	魚占切音嚴	魚占切音嚴

白鹿內閣本の反切下字が二等開口牙音字（山攝：簡、咸攝：減減）であるのに対し、白鹿東大本ではそれらを開口三四等字（山攝：典偃演衍、咸攝：掩檢險甜）に改訂している。

6.1.1と6.1.2の例から、白鹿內閣本における二等開口牙喉音と三四等開口牙喉音の合流、そして白鹿東大本における再区別の傾向を見て取ることができる。

6.1.3　一等開口牙喉音

		白鹿東大本	白鹿內閣本	增補字彙	字彙
午下55a6	䅵	古罕切干上聲	古覽切干上聲	古覽切于 sic 上聲	古罕切干上聲

158

第3章 白鹿書院本『正字通』声韻調の分析

| 申中17a2 | 蚶 | 呼甘切音憨 | 呼山切音酣 | 呼山切音酣 | 呼含切音酣 |
| 酉中48a3 | 唅 | 呼甘切音憨 | 呼山切音憨 | 呼山切音憨 | 火含切音憨 |

　白鹿内閣本の反切下字がすべて一二等開口舌歯音字（山摂：覽_山_）であるのに対し、白鹿東大ではそれらを一等開口牙喉音字（山摂：罕、咸摂：甘）に改訂している。

6.1.4　一等開口舌歯音

		白鹿東大本	白鹿内閣本	増補字彙	字彙
卯中87a8	攔	離閑切音蘭	離寒切音蘭	離寒切音蘭	離閑切音蘭
卯中90b1	攤	他丹切音灘[162]	徒干切音灘	徒干切音灘	他丹切音灘
卯下28b6	爛	離閑切音闌	離寒切音闌	離閑切音闌	離閑切音闌
巳中35b7	爛	盧患切闌去聲	盧汗切闌去聲	盧汗切闌去聲	郎患切闌去聲
午上31a1	瓚	作諫切音贊	作堪切音贊	作堪切音贊	在簡切音棧
					又去聲才贊切
酉上57b3	談	徒南切音潭	徒寒切音潭	徒寒切音潭	徒藍切音痰
酉上89a3	讕	離閑切音闌	離寒切音闌	離寒切音闌	離閑切音闌[163]
酉上90a8	讚	作諫切音贊	作勘切音贊	作勘切音贊	則諫切音贊
酉中44a2	贊	作諫切趲去聲	作勘切趲去聲	作勘切趲去聲	則諫切趲去聲
酉中66b3	跚	相關切音姍	蘇甘切音姍	蘓甘切音姍	相關切音姍
酉下83a2	郯	徒南切音談	徒寒切音談	徒寒切音談	徒藍切音談
戌上78b5	闌	離閑[164]切音蘭	離寒切音蘭	離寒切音蘭	離閑切懶平聲
亥中47b7	鴠	丁爛切音旦	丁汗切音旦	丁汗切音旦	得爛切音旦

　白鹿内閣本の反切下字が一等開口牙喉音字（山摂：寒干汗、咸摂：堪勘甘）であるのに対し、白鹿東大本ではそれらを二等開合口牙喉音字（山摂：閑諫患合關合）または一等開口舌歯音字（山摂：丹爛、咸摂：南）に改訂している。

6.1.5　一等合口牙喉音（反切下字が牙喉音字であるもの）

159

第 2 部　音韻篇

		白鹿東大本	白鹿内閣本	増補字彙	字彙
巳上50a8	渙	湖貫切音喚	湖慣切音喚	湖慣切音喚	呼玩切音喚
巳上102b3	灌	古阮切音貫	古患切音貫	古患切音貫	古玩切音貫
		清畏堂作古玩切			
巳中36a5	爟	古玩切音貫	古患切音貫	古患切音貫	古玩切音貫[165]
巳下15b4	犨	古玩切音貫	古患切音貫	古思 sic 切音貫	求 sic 患切音貫
午下35b3	祼	古玩切音灌	古患切音貫	古患切音貫	古玩切音貫
酉中30a5	貫	古玩切音灌	古患切音灌	古患切音灌	古玩切音灌
					又古患切音慣

　　白鹿内閣本の反切下字が二等合口牙音字（山摂：慣患）であるのに対し、白鹿東大本ではそれらを一等合口牙音字（山摂：貫玩）に改訂している。

6.1.6　一等合口牙喉音（反切下字が唇音字のもの）

		白鹿東大本	白鹿内閣本	増補字彙	字彙
寅上16b8	完	戸瞞切音桓	戸煩切音桓	戸煩切音桓	胡官切音桓[166]
辰中46b8	桓	戸瞞切音完	戸煩切音完	胡曼切音完	胡官切音完
巳上33b6	洹	胡瞞切音完	戸煩切音完	戸煩切音完	胡官切音完
午上31a4	瓛	戸瞞切音完	戸煩切音完	戸煩切音完	胡官切音完[167]
午中37a5	狦	戸瞞切音完	戸煩切音桓	戸煩切音桓	胡官切音桓
申上3a3	芫	戸瞞切音完[168]	戸煩切音完	戸煩切音完	胡官切音完

　　白鹿内閣本の反切下字が三等軽唇音字（山摂：煩）であるのに対し、白鹿東大本はそれらを一等合口牙音字（山摂：瞞）に改訂している。

6.1.7　一等合口舌歯音

		白鹿東大本	白鹿内閣本	増補字彙	字彙
申上114b2	薍	盧玩切音亂	盧萬切音亂	盧萬切音亂	五患切頑去聲

　　白鹿内閣本の反切下字が三等軽唇音字（山摂：萬）であるのに対し、白

鹿東大本ではそれを一等合口牙音字（山摂：玩）に改訂している。

6.1.8 二等開口舌歯音

		白鹿東大本	白鹿内閣本	増補字彙	字彙
卯下33b5	斬	側減切站上聲	側感切眨上聲	側感切眨上聲	側減切劄上聲
午上6b3	珊	師姦切音山	師干切音山	尸姦切音山	師姦切音山
午下17a4	磛	豺咸切暫平聲	豺含切暫平聲	豺含切暫平聲	鉨咸切暫平聲

　白鹿内閣本の反切下字が一等開口牙音字（山摂：干、咸摂：感含）であるのに対し、白鹿東大本ではそれらを二等開口牙音字（山摂：姦、咸摂：減咸）に改訂している。

6.1.9 二等合口牙喉音

		白鹿東大本	白鹿内閣本	増補字彙	字彙
寅下45a7	彎	烏關切音灣	烏官切音灣	烏官切音灣	烏還切音灣
卯上26b4	悹	胡慣切音宦	湖貫切音宦	湖貫切音宦	胡慣切音宦
辰中97a1	槵	胡慣切音患	湖貫切音患	胡貫切音患	胡貫切音患
午中18b3	瘝	姑還切音關	孤歡切音關	孤歡切音門 sic	姑還切音關
酉下24b1	轘	胡慣切音患	湖慣切音患	湖慣切音患	胡慣切音患
亥中24a7	鰥	姑彎切音關	沽 sic 歡切音關	沽 sic 歡切音關	姑還切音關

　白鹿内閣本の反切下字が一等合口牙音字（山摂：官貫歡）であるのに対し、白鹿東大本ではそれらを二等合口牙音字（山摂：關慣還彎）に改訂している。

6.1.10 二等重唇音

		白鹿東大本	白鹿内閣本	増補字彙	字彙
午中64b6	晚	莫綰切蠻上聲	莫倪切蠻上聲	莫倪切蠻上聲	母版切蠻上聲
午中79a8	轡	莫綰切蠻上聲	莫倪切蠻上聲	莫倪切蠻上聲	母版切蠻上聲

第 2 部　音韻篇

　　白鹿内閣本の反切下字が一等開口牙音字（山摂：侃）であるのに対し、白鹿東大本ではそれを二等合口牙音字（山摂：綰）に改訂している。

6.1.11　三等軽唇音

		白鹿東大本	白鹿内閣本	増補字彙	字彙
子下38a8	凡	符咸切音帆	符寒切音帆	符寒切音帆	符銜切音帆
丑中40b6	墦	符咸切音煩	符寒切音煩	符寒切音帆	符艱切音煩
寅中43a5	帆	符咸切音凡	符寒切音凡	符寒切音凡	符艱切音凡
卯中39b8	挽	武綰切音晩	武管切音晩	武管切音晩	武綰切音晩[169]
辰上18b6	晩	烏[170]綰切音挽	烏管切音挽	烏綰切音挽	武綰切煩上聲
辰中65b4	栐	符咸切音煩	符咸切音煩	符咸切音煩	符艱切音煩
巳中22b7	煩	符頑切音繁	符寒切音繁	符寒切音繁	符艱切音繁
巳中30a3	燔	符頑切音煩	符寒切音煩	符寒切音煩	符艱切音煩[171]
午中2b7	疲	方諫切音販	方紺切音販	方紺切音販	方諫切音販
申下38b6	襎	符頑切音煩	符寒切音樊	符寒切音樊	符難切音樊
酉下96a7	蘩	符頑切音樊	符寒切音樊	符寒切音樊	符艱切音樊[172]
戌中94b4	蟠	符頑切音煩	符寒切音煩	符寒切音煩	符安切音煩
亥上23b6	驊	符頑切音樊	符寒切音樊	符寒切音樊	符難切音樊
亥下49b2	鱕	符頑切音樊	符寒切音樊	符寒切音樊	附袁切音樊

　　白鹿内閣本の反切下字が一等開合口牙喉音字（山摂：寒管[合]、咸摂：紺）であるのに対し、白鹿東大本はそれらを二等開合口牙喉音字（山摂：諫綰[合]頑[合]、咸摂：咸）に改訂している。

　　6.1.3～6.1.11の例から、白鹿内閣本における一等開合口牙喉音と二等開合口牙喉音（および一等開口舌歯音）の合流、そして白鹿東大本における再区別の傾向を見て取ることができる。

162

6.1.12 三四等開合の混同例（？）

		白鹿東大本	白鹿内閣本	増補字彙	字彙
巳中27a7	熱	如列切肰入聲	如月切肰入聲	如月切肰入聲	而列切然入聲
午上12b3	琂	語然切音言	語元切音言	以元切音言	語軒切音言
午上20a3	瑑	柱怨切音篆	柱見切音篆	杜 sic 戀切音篆	柱衍切音篆
午中42a2	听	魚賢切音言	語元切音言	語元切音言	魚軒切音言
戌中84b7	鞙	烏宣切音冤	烏天切音冤	烏天切音冤	於袁切音冤

（山摂三四等開口：列然肰賢天見軒、山摂三等合口：月元怨戀宣袁）

　山摂三四等合口が開口と同韻になる特徴は、贛語の中では余干など一部の方言に見られるものの、現代宜春方言にこのような特徴は見られない。第三例は『字彙』の反切（柱衍切音篆、衍：開口）の影響かも知れない。一部の呉語に同様の特徴が見られる（古屋1998a）。

6.1.13 まとめ

　6.1.1～6.1.12の例から、白鹿内閣本における山咸二摂の大体の状況を見て取ることができる。たとえば6.1.1と6.1.2の例から、二等開口牙喉音と三四等開口牙喉音の合流（下表のＣＥ兩類の合流）が推測される。その他の合流例は次の通り：ＡＢＤ（6.1.3と6.1.4による）、ＧＪ（6.1.5と6.1.9）、ＧＰ（6.1.6）、ＨＰ（6.1.7）、ＤＡ（6.1.8）、ＬＡ（6.1.10）、ＰＡ（6.1.11）、ＥＭとＦＮ（6.1.12）など。これを表にすれば以下の通りである（再構された韻母は暫定的なもの、"甲乙丙丁戊己"などは同類の関係を示す）：

内閣本	開口一等	開口二等	開口三四等	合口一等	合口二等	合口三四等
牙喉音	A 甲 an	C 丙 ian	E 丙 ian	G 丁 uan	J 丁 uan	M 丙 ian?
舌歯音	B 甲 an	D 甲 an	F 丙 ian	H 丁 uan	K(丁 uan)	N 丙 ian?
唇音				I (an)	L 甲 an	O (丙 ian?)
軽唇音						P 丁 uan

　開口三四等と合口三四等の合流は例が少ないので、部分的なものかも知

第2部　音韻篇

れない。

　一方、白鹿東大本の反切改訂（廖文英）の結果は『字彙』の反切と同じになるか類似するのが普通である。たとえば白鹿内閣本の「眼、魚淺切顏上聲」は白鹿東大本では「魚佴切顏上聲」（『字彙』：五佴切顏上聲）と改訂される。これらの例から、C（佴）とE（淺）が同韻でないことが推測される。その他の非同韻の例の根拠は白鹿内閣本の合流例の裏返しである。表にすれば以下の通り：

	開口一等	開口二等	開口三四等	合口一等	合口二等	合口三四等
牙喉音	A 乙 on	C 甲 an	E 丙 ian	G 丁 uon	J 戊 uan	M 己 iuan
舌歯音	B 甲 an	D 甲 an	F（丙 ian）	H 丁 uon	K 戊 uan	N 己 iuan
唇　音				I（乙 on）	L 甲 an	O（丙 ian）
軽唇音						P 戊 an

　このような声母・韻母の分布は伝統的な枠組みと類似する。これは恐らく廖文英が張自烈の音注を改訂する時、意識的に伝統的な方向へと戻したためか、或いは廖文英自身の読書音が伝統的音韻体系に比較的近かったためであろう。ここで言う「伝統」とは『廣韻』に代表される中古音の体系ではなく『字彙』乃至は『洪武正韻』の体系のことである。

　以下は『洪武正韻』山咸二摂と各類声母・韻母組み合わせの状況である：

洪武	開口一等	開口二等	開口三四等	合口一等	合口二等	合口三四等
牙喉音	A 寒覃[173]	C 刪覃	E 先鹽	G 寒	J 刪	M 先
舌歯音	B 刪覃	D 刪覃	F 先鹽	H 寒	K 刪	N 先
唇　音				I 寒	L 刪	O 先鹽
軽唇音						P 刪覃

　このような体系は、山咸二摂の韻尾が合流しさえすれば、白鹿東大本の状況とかなり近いものと言えよう。これに対し、白鹿内閣本の分布状況は、

第3章　白鹿書院本『正字通』声韻調の分析

清初官話[174]にかなり近づいたものと言える。つまり、張自烈の読書音は明らかに贛方音的特徴（特に声母）を具えているとはいえ、大いに官話に近づいた面があることも否定できないのである。参考のため現代宜春方言の状況を以下に示してみたい：

宜春	開口一等	開口二等	開口三四等	合口一等	合口二等	合口三四等
牙喉音	A on	C an	E ɛn iɛn	G on	J uan	M ən iən
舌歯音	B an	D an	F ɛn iɛn	H on	K	N ən
唇音				I on	L an	O iɛn
軽唇音						P an

現代宜春方言の状況はむしろ白鹿東大本や『字彙』乃至は『洪武正韻』の体系に似ていると言えよう。

6.2　その他

このほか現代宜春方言の蟹摂字は、しばしば [-oi] と [-ai] の区別を見せる。[-oi] の主な来源は蟹摂一等の咍韻開口舌歯音牙喉音と泰韻開口牙喉音である。[-ai] の主な来源は蟹摂二等開口と一等泰韻開口舌歯音である。このような区別は反切系聯法からは伺うことができない。山咸摂の場合と同様、読書音としては区別がないと見るべきであろう。

次に仮摂二等開口牙喉音の場合、現代宜春方言では多く直音的であるが、反切からは直音か拗音かはっきりしない（たとえば「霞：何麻切」「蝦：虚加切」）。

効摂一等・二等牙喉音および宕摂一等・江摂二等の場合は現代宜春方言で多く同音である。

効摂一等　高 [kau³⁴]　　考 [kʰau²¹]
効摂二等　郊 [kau³⁴]　　巧 [kʰau²¹]
宕摂一等　岡 [koŋ³⁴]
江摂二等　江 [koŋ³⁴]

第2部　音韻篇

『正字通』では直拗の区別があるようである。

　　高：孤操切　　　　　　　　　　　　*kau
　　郊：居宵切（三四等「驕澆」と同音）　*kiau
　　岡：居康切　　　　　　　　　　　　*koŋ
　　江：居章切（三等「僵」と同音）　　　*kioŋ

江摂二等字の中には稀に直音に見えるものがある。たとえば「桁、呼郎切學平聲」（一等「杭」と同音、『字彙』は「下江切學平聲」）など。「項、許亮切香去聲」（項：江摂二等、亮香：宕摂三等）の注に「俗讀杭上聲」と言うところから見て、江摂二等字を直音で読むのは俗音すなわち口語音だと思われる[175]。

6.3

以下に『正字通』反切の韻母の再構を挙げる。韻類は反切系聯法により帰納されたもの、音価は主に現代宜春方言および中古音との対応を根拠にして、ある程度、音韻論的解釈を施したもの。

　　*[a] 把 [ia] 野借 [ua] 瓜誇 [o] 多左禾果
　　[ɿ] 字 [i] 詩寄衣二耳 [u] 姑夫租助 [iu] 豬
　　[ai] 改孩街鞋（鞂）[uai] 乖 [uəi] 規杯危
　　[au] 保早 [iau] 標焦 [əu] 走狗 [iəu] 周九酒
　　[an] 參 [aʔ] 察 [ian] 天千 [iaʔ] 節甲
　　[uan] 班般官關慣貫端 [uaʔ] 發襪（韤）刮
　　（[oʔ]）割 [uoʔ] 活 [iuan] 專勸元 [iuaʔ] 缺血雪月越
　　[ən] 燈跟 [əʔ] 黑 [iən] 津音金 [iəʔ] 日集直
　　[uən] 分門昏滾坤敦村 [uəʔ] 北突骨國 [iuən] 春準 [iuəʔ] 出
　　[oŋ] 幫壯 [oʔ] 剝託 [ioŋ] 將祥 [ioʔ] 掠削 [uoŋ] 光廣 [uoʔ] 郭
　　[uəŋ] 紅工孔宋濃 [uəʔ] 族促伏綠 [iuəŋ] 窮 [iuəʔ] 祝玉

166

第3章 白鹿書院本『正字通』声韻調の分析

以上のうち［iuəʔ］「出」と［iuəʔ］「祝玉」、［uəʔ］「北突骨國」と［uəʔ］「族促伏綠」は同韻となってしまうがそれで問題ないと考える（たとえば「突：吐骨切通入聲」）。今は一応中古音との対応に基づき分けておく[176]。

また、一部の入声韻の再構には問題があるかもしれない。なぜなら *-aʔ（察）、*-uaʔ（刮發襪）、*-uəʔ（突骨）などは、現代宜春方言では［aiʔ］、［uaiʔ］、［uiʔ］のような形で現れるからである。しかし、Forke1903に描かれた百年前の袁州方言（すなわち宜春方言）ではこれらの韻尾に -i が見えない。

	Forke	現代（陳1991）
瞎	ha	haiʔ
合	ho	hoiʔ
刷	so	soiʔ

Forke の音（合 ho）は『正字通』の「合、呵入聲」（「呵」は ho と再構される）という音注と一致する。山咸摂入声の「瞎」「刷」を *-aʔ や *-oʔ と再構すると現代宜春方言の梗摂入声の口語音［-aʔ］（Forke の資料には見えない）や宕摂入声［-oʔ］と衝突してしまうが、今は暫らく Forke と同様の音で再構しておくことにする。

現代宜春方言の韻母と『正字通』とを比べると、上述の中古二等韻牙喉音字や山摂合口一等と二等の区別などの問題のほか、主に以下のような違いがあるが、両者の間に継承関係があると仮定した場合、ほぼすべて声母との関連で説明がつくものである：

『正字通』の *i iəu iən iəʔ は現代宜春方言の［i iu in iʔ］にほぼ対応（劉平2001による、以下は陳昌儀1991による）。*uəi は［ui］（［k kʰ Ø］の後）、［i]（唇音声母および［ts tsʰ s］の後）、［y］（その他の声母の後）に対応。*uən は［ən］（［f］の後）、［uin］（［k kʰ Ø］の後）、［ɪn］（［p pʰ m］の後）、［un］（その他の声母の後）に対応。*iau は［əu］（［tʃ tʃʰ ʃ］の後）と［iəu］（その他の声母の後）に、*iuan は［ən］（［tʃ tʃʰ ʃ］の後）と［iən］（その他の声母の後）に対応。*u は遇摂一等精組（租など）と三等莊組（楚など）の場合［ɿ］に対応（止摂開口三等精組・莊組と同音）。*uəʔ は通摂一三等精組（簇族蹙促など）の場合［ɿʔ］に対応。*uŋ は［uŋ］（［k kʰ Ø］の後）と

167

[əŋ]（その他の声母の後）に対応。ただし、*o が [o]（个可など）と [uo]（過顆など）に対応するのは説明がつかない。

7．反切下字系聯表

　括弧の中の二字は『正字通』の反切。現代宜春音は陳1991の同音字表に見える各字の音節全体の形を並べた。『宜春市地方志』巻39「方言」（南海出版公司、1990）により少数の字を補充。宜春の近隣の方言音の例として、劉1999により萍郷・上高・萬載の音（韻母のみ）も挙げた。萍郷と上高については更に魏1990および『上高縣志』巻28「方言」（南海出版公司、1990）の同音字表により補充した（＊印のあと）。

*-a
陰平：加（居沙）－沙（所加）－巴（邦加）
陽平：麻（莫牙）－牙（牛霞）－霞遐（何麻）－茶（鋤麻）
上聲：①把（補瓦）－瓦（五寡）
　　　②賈（又音假，假：舉雅）－雅（牙上聲）
　　　①＝②（沙瓦切沙上聲＝沙雅切沙上聲）
去聲：架駕嫁（居亞）－亞（衣架）－訝（吾架）
中古音：仮摂二等開口
声調相配：「鰕」虛加切罅平聲－「閜」許雅切鰕上聲－「罅」呼嫁切鰕去聲
宜春：加 ka^{34} 沙 sa^{34} 巴 pa^{34}／麻 ma^{33} 牙 ŋa^{33} 霞 ha^{33} 遐 ha^{33} 茶 ts^{h}a^{33}／把 pa^{21} 瓦 ŋa^{21} 賈 ka^{21} 雅 ŋa^{213}／架 ka^{33} 駕 ka^{33} 嫁 ka^{33} 亞 ŋa^{213}
萍郷：-a 麻茶牙瓦嫁亞＊巴把加架駕沙
上高：-a 麻茶牙瓦嫁亞＊巴把加賈架駕霞沙
萬載：-a 麻茶牙瓦嫁亞

*-ia
陰平：①奢（詩遮）－遮（之奢）－些（西遮）

第3章　白鹿書院本『正字通』声韻調の分析

　　　②邪（意嗟）－嗟（咨邪字彙同）
　　　　　①＝②（𨍋：咨些切音嗟＝嗟：咨邪切）
陽平：蛇（石斜）－斜（徐嗟）
上聲：也野（以者）－者（哲野）
去聲：夜（寅射）－射（式夜）
声調相配：「嗟」咨邪切借平聲－「姐」茲野切借上聲－「借」子夜切嗟去
　　　　聲
中古音：仮摂三等開口
説明：「邪」は陽平なのか陰平なのかはっきりしない。今は仮に陰平と見
　ておく。「斜」の反切「徐嗟切」は下字の「嗟」が例外となる。
宜春：奢 ʃa³⁴ 遮 tʃa³⁴ 耶 ia²¹ ／蛇 ʃa³³ 斜 sia³³ ／也 ia²¹ 野 ia²¹ 者 tʃa²¹ ／
　　　夜 ia²¹³ 射 ʃa²¹³
萍郷：-ia 斜也野夜＊邪耶　-a 蛇射；奢者
上高：-ia 也野夜　-a 遮蛇射＊奢者　-iɛ 斜 -iæ ＊邪　-ɛ 斜
萬載：-ia 斜也野夜　-a 遮蛇射

*-ua

陰平：瓜（古花）－花（呼瓜）
陽平：牙（牛霞）{戸牙}（{　}で囲んだ二字は当該の字を使った反切。
　　　以下同）
上聲：瓦（五寡）－寡（古瓦）
去聲：化話（呼霸）－霸（又巴去聲）
声調相配：「瓜」古花切寡平聲－「寡」古瓦切瓜上聲－「卦」古話切瓜去
　　　　聲
　　　　「華」戸牙切話平聲－「話」呼霸切華去聲
中古音：仮摂二等合口、蟹摂二等合口卦韻（卦掛話）
説明：「戸牙切」の「牙」は開口字だが、上字の合口字「戸」が合口表示
　に役立っていると考えられる。「瓦」は*-aの唇音字にも使われている。
宜春：瓜 kua³⁴ 花 fa³⁴ ／牙 ŋa³³ ／瓦 ŋa²¹ 寡 kua²¹ ／化 fa²¹³ 話 fa²¹³ 霸 pa³³
萍郷：-a 花牙瓦霸化話＊寡　-ua 瓜話

169

第2部　音韻篇

上高：-a 花瓜牙瓦霸化話＊寡
萬載：-a 花牙瓦霸化話　-ua 瓜話

*-o
陰平：戈（古阿）－阿（烏戈）－呵（虎阿）－科柯（苦呵）－多（得科）
陽平：禾何和（戶羅）－羅（郎何）－俄我（吾何）－婆（蒲禾）
上聲：火（虎果）－果（古我）－我（五可）－可（口我）
去聲：過个箇（古賀）－賀（呼課）－課（苦臥）－破（潰過）－臥（吾賀）－佐（祖過）
声調相配：「波」補戈切播平聲－「跛」補火切波上聲－「播」謗破切波去聲
　　　　　「艖」倉多切坐平聲－「矬」才何切坐平聲－「脞」千可切坐上聲／「瑳」千可切蹉上聲－「坐」徂箇切矬去聲
中古音：果攝一等開合口
説明：白鹿内閣本「㛿、苦呵切」の「呵」は「呵」の誤刻。
宜春：科 k^{h}o^{34} 柯 k^{h}o^{34} 多 to^{34} ／禾 uo^{33} 何 ho^{33} 和 fo^{33} 羅 lo^{33} 俄 ŋo^{33} 婆 p^{h}o^{33} ／火 fo^{21} 果 kuo^{21} 我 ŋo^{34} 可 k^{h}o^{21} ／過 kuo^{33} 个 ko^{33} 賀 ho^{213} 課 k^{h}o^{21} 破 p^{h}o^{33} 臥 uo^{213} 佐 tso^{21}
萍郷：-o 多和婆火个箇賀＊呵科何羅俄我可破臥　-uo 禾果過課＊戈
上高：-o 多禾和婆火果个箇賀過課＊戈阿科何羅俄我可破
萬載：-o 多婆和火个箇賀課　-uo 禾果過

*-ᴉ
陰平：私（相咨）－咨（津私）
陽平：時（施持）{才時，斯時}
上聲：此（雌子）－子（祖此）
去聲：四寺（息漬）－漬（資四）
声調相配：「雌」此私切次平聲－「此」雌子切雌上聲－「廁」七四切雌去聲
中古音：止攝三等開口（精組、莊組）

170

第3章　白鹿書院本『正字通』声韻調の分析

説明：「時」は次の*-i で扱うべき字であるが、「斯時切」は異調同音式反
　　切のため「斯」が当該韻母も表すと判断した。「才時切」は例外。
宜春：私 sɿ³⁴ 咨 tsɿ³⁴ ／時 ʃɿ³³ ／此 tsʰɿ²¹ 子 tsɿ²¹ ／四 sɿ³³ 寺 sɿ²¹³
萍鄉：-ɿ 私四＊子寺此　-ɿ 時
上高：-u 私四＊子此寺　-ə 時
萬載：-u 私四　-ɿ 時

*-i
陰平：①伊（於欺）－衣（于欺）－欺谿（欠衣）－奚（虛欺）－支（章伊）
　　　②期－依（于期）－兮羲（虛期）
　　　　①＝②（衣：于欺切，依：于期切音衣）
　　　③詩（申之）－知之（章詩）
　　　　①＝③（知：章詩切，蜘：章伊切音知）
　　　④妻（此西）－西（先棲）－低（都妻）－棲（＝栖，先棲）
　　　　例外：迷（莫皮）┆邊迷┆　持（陳時）┆莊持┆
陽平：①迷彌縻麋（莫皮）－皮（頻彌）
　　　②泥尼（年題）－題（梯尼）－齊（前題）
　　　③其奇（渠宜）－宜（魚奇）－黎（鄰其）
　　　　②＝③（移：伊齊切，夷：伊奇切音移）
　　　④時（施持）－池持（陳時）
上聲：①米（母禮）－禮里（良徙）－徙（想里）－起（區里）－喜（許
　　　里）－氐（典禮）
　　　②矢（詩止）－止（諸矢）
去聲：①謎（彌計）－計既寄（古器）－器（奇計）－祭（積計）－意異
　　　（余祭）－地（他計）－帝（丁計）－技（又奇寄）
　　　②侍世是（時至）－至（之侍）
声調相配：「妻」此西切砌平聲－「齊」前提切－「泚」此禮切妻上聲－
　　　「砌」七計切妻去聲／「穧」七計切齊去聲
中古音：止攝三等開口（精莊組を除く）、合口一部、蟹攝三四等開口
説明：陰平④、陽平④、上②、去②の系列（知組と章組）は他とつながら

171

第2部　音韻篇

ないが、陰平③に準じるものと見ておく。

宜春：伊 i³⁴ 衣 i³⁴ 欺 tʃʰɿ³⁴ 谿（溪） tʃʰɿ³⁴/ʃɿ³⁴ 奚 ʃɿ³⁴ 支 tʃɿ³⁴ 期 tʃʰɿ³³ 依 i³⁴ 兮 ʃɿ²¹³ 詩 ʃɿ³⁴ 知 tʃɿ³⁴ 之 tʃɿ³⁴ 妻 tsʰɿ³⁴ 西 si³⁴ 低 ti³⁴ ／迷 mi³³ 彌 mi³³ 糜 mi³³ 皮 pʰi³³ 泥 n̠i³³ 尼 n̠i³³ 題 tʰi³³ 齊 tsʰi³³ 其 tʃʰɿ³³ 奇 tʃʰɿ³³ 宜 n̠i³³ 黎 li³³ 時 ʃɿ³³ 池 tʃʰɿ³³ 持 tʃʰɿ³³ ／米 mi²¹ 禮 li²¹ 里 li²¹ 徙 si²¹ 起 tʃʰɿ²¹ 矢 ʃɿ²¹ 止 tʃɿ²¹ ／謎 mi²¹³ 計 tʃɿ³³ 既 tʃɿ³³ 寄 tʃɿ³³ 器 tʃʰɿ²¹³ 祭 tsi³³ 意 i³³ 異 i²¹³ 地 tʰi²¹³ 帝 ti³³ 技 tʃʰɿ³³ 世 ʃɿ³³ 是 ʃɿ²¹³ 至 tʃɿ³³

萍郷：-i 低西谿（溪）欺衣泥齊皮起里寄地器＊伊期依妻迷彌尼題其奇宜黎米禮技謎計祭意異帝　-ɿ 知時世是＊詩之池持止至

上高：-i 低西谿（溪）欺衣齊皮起里寄地器＊期依妻彌尼題其奇宜黎米禮計祭意帝技至泥　-ə 知時世是＊詩之池持矢止　-ɿ 知　-ai 泥

萬載：-i 低西谿（溪）欺衣泥齊皮起里寄地器　-ɿ 知時世是

*-u

陰平：孤沽（攻呼）－呼（荒孤）－蘇（孫呼）－租（宗蘇）－烏（汪夫）－夫（撫孤）

　　　例外：模（莫胡）｜奔模｜

　　　　　　狐乎（洪吾）｜奔狐　攻乎｜

陽平：①吾（五湖）－胡湖（洪吾）－圖（通吾）

　　　②無（武扶）－扶（逢無）

　　　　①＝②（扶：逢無切，苻：逢吾切音扶）

　　　③渠（其余）｜楚渠｜

　　　　例外：都（東孤）｜同都｜

上聲：①古（公虎）－虎（呼古）－補（博古）－甫（扶古）－五（吾古）－魯（郎古）

　　　②楚（創祖）－祖（壯楚）

去聲：①故（公悟）－誤悟（吾路）－路（魯故）－暮慕墓（莫故）－素（蘇故）

　　　②遇（魚據）

　　　　①＝②（坿：符素切音付，付：符遇切）

第3章 白鹿書院本『正字通』声韻調の分析

声調相配：「呼」荒孤切 −「湖」洪吾切 −「虎」呼古切呼上聲 −「戽」呼
　　　　　誤切呼去聲／「戶」呼誤切湖去聲
中古音：遇摂一等，遇摂三等非組・莊組，流摂唇音一部
説明：例外的に見える「渠」と「遇」は「楚渠切」「符遇切」、すなわち直
　　　拗が曖昧になる莊組と非組の反切に使われたもの。以下、同様の例には
　　　特に説明を加えない。
宜春：孤 ku^{34} 呼 fu^{34} 蘇 sʅ^{34} 租 tsʅ^{34} 烏 u^{34} 夫 fu^{34} 模 mu^{33} 狐 fu^{33} 乎 fu^{33}／
　　　吾 u^{33} 胡 fu^{33} 湖 fu^{33} 圖 tʰu^{33} 無 u^{33} 扶 fu^{33} 都 tu^{34} 渠 tɕʰy^{34}／古 ku^{21}
　　　虎 fu^{21} 補 pu^{21} 甫 pʰu^{21} 五 ŋ^{21} 魯 lu^{21} 楚 tsʰʅ^{21} 祖 tsʅ^{21}／故 ku^{33} 誤 u^{213}
　　　悟 u^{213} 路 lu^{213} 暮 mu^{213} 慕 mu^{213} 墓 mu^{33} 素 sʅ^{33} 遇 ny^{213}
萍郷：-u 租烏夫胡模扶補甫路墓＊孤蘇狐乎湖圖無都虎魯楚祖故誤悟暮慕
　　　素　　ŋ 五　-ɿ＊遇
上高：-u 租烏夫胡模扶補甫路墓＊孤呼狐吾湖圖無都虎魯楚祖故誤悟慕
　　　　　ŋ 五　-i＊遇渠
萬載：-u 租烏夫胡模扶補甫路墓素　　ŋ 五

*-iu

陰平：須胥（相居）−居（九迂）−於淤于迂（衣虛）−朱（專於）−虛
　　　（休居）
陽平：除（直如）−如（人余）−余（羊劬）−魚（牛劬）−劬（其余）
上聲：①呂（兩舉）−舉（居許）−許（虛呂）−矩（居許）
　　　②主（知雨）−與雨羽（弋渚）−渚（之雨）−煮（音主）
　　　　①＝②（宁：直呂切音柱，柱：尺主切）
去声：遇御馭（魚據）−據（居御）−樹（商遇）−恕（傷豫）−豫（余
　　　據）＝預
声調相配：「區」丘淤切 −「渠」其余切 −「齲」臼許切區上聲／「詎」臼
　　　　　許切渠上聲 −「去」丘御切區去聲
中古音：遇摂三等
宜春：須 si^{34} 居 tɕy^{34} 於 y^{34} 淤 y^{34} 于 y^{34} 迂 y^{34} 朱 tɕy^{34} 虛 ɕy^{34}／除 tɕʰy^{33} 如 ɵ^{33}
　　　余 y^{33} 魚 ny^{33}／呂 ly^{21} 舉 tɕy^{21} 許 ɕy^{21} 矩 tɕy^{21} 主 tɕy^{21} 與 y^{213} 雨 y^{21}

第2部　音韻篇

　　　　　羽 y²¹ 煮 tçy²¹ ／遇 ny²¹³ 御 ny²¹³ 據 tçy³³ 樹 tçʰy²¹³ 恕 çy³³ 豫 y²¹³ 預 y²¹³
萍郷：-ʮ 朱虛除魚余許主煮雨預樹＊居于遇如舉矩羽御據恕　-i 須呂
　　　-ɛ 魚　-œ 呂
上高：-u 朱除主煮樹＊如　-i 須虛魚余許呂雨預＊居遇舉據淤于與羽豫
萬載：-u 朱除主煮樹　-uǔi 魚　-i 須虛呂許預　-ui 余雨

*-ai

陰平：該（歌開）－開（丘哀）－哀（烏開）－猜（倉哀）－腮（桑猜）－
　　　皆（居腮）－釵（初皆）
陽平：①來（郎才）－才（猜來）
　　　②排（鋪埋）－埋（＝薶，莫排）
上聲：海（呼買）－改（古海）－宰（子海）－擺（補買）－買（莫擺）
去聲：①賣邁（莫怪）－拜（博邁）－介（居拜）－懈（許介）－隘（烏
　　　懈）－怪（古壞）
　　　②奈耐（尼帶）－帶（都耐）－代（度奈）
　　　③蓋（居艾）－艾（吾蓋）－賴（落蓋）
声調相配：「釵」初皆切－「柴」釵來切－「跐」鉏買切釵上聲－「蠆」楚
　　　邁切釵去聲／「砦」助邁切柴去聲
中古音：蟹摂一二等開口
説明：陽平①②、去声①②③はつながらない。また、牙喉系の音節に -ai
　　　と -iai（あるいは -oi と -ai）の二つの韻母があるのか否かはっきりしな
　　　い。「哀：烏開切愛平聲」「挨：烏開切矮平聲」「矮：愛擺切隘上聲」
　　　「愛：烏蓋切哀去聲」「隘：烏懈切挨去聲」などに基づけば、-ai と -iai
　　　の区別はないように見える。なお「皚：吾開切音挨」は例外的ながら陰
　　　平と見ておく。
宜春：該 koi³⁴ 開 kʰoi³⁴ 哀 ŋoi³⁴ 猜 tsʰai³⁴ 腮 soi³⁴ 皆 kai³⁴ 釵 tsʰai³⁴ ／來 loi³³
　　　才 tsʰoi³³ 排 pʰai³³ 埋 mai³³ 開 kʰoi³⁴ ／海 hoi²¹ 改 koi²¹ 宰 tsoi²¹ 擺 pai²¹
　　　買 mai²¹ ／賣 mai²¹³ 邁 mai²¹³ 怪 kuai³³ 拜 pai³³ 介 kai³³ 懈 hai²¹ 隘 ŋaiʔ⁵
　　　奈 lai²¹³ 耐 lai²¹³ 帶 tai³³ 代 tʰoi²¹³ 蓋 koi³³ 艾 ŋai³³ 賴 lai²¹³
萍郷：-ai 拜排埋買帶＊猜皆擺賣邁介奈耐艾賴　-œ 來該開哀海＊才改宰代

174

第3章　白鹿書院本『正字通』声韻調の分析

　　　蓋　-uai 怪
上高：-ai 拜排埋買帶來怪＊猜皆擺賣邁介奈耐賴　-oi 該開哀海＊腮才改宰代蓋
萬載：-ai 拜排埋買帶　-oi 來該開哀海　-uai 怪

*-uai

陰平：乖（公歪）－歪　　cf.蠏：烏乖切，音歪
陽平：才材（猜來）｛呼才，呼材，乎才（懷）｝　　cf.壞：懷去聲
上聲：買（莫擺）
去聲：①壞（火怪）－怪（古壞）
　　　②外（五拜）－拜（博邁）
　　　　①＝②（怪：古壞切，儈：古外切）？
声調相配：「乖」公歪切怪平聲－「拐」古買切乖上聲－「怪」古壞切乖去
　　　　　聲
中古音：蟹摂二等合口、蟹摂一等合口（「外」）
宜春：乖 kuai^{34} 歪 uai^{34} ／才 ts^{h}oi^{33} 材 ts^{h}oi^{33} ／買 mai^{21} ／壞 fai^{213} 怪 kuai^{33}
　　　外 uai^{213} 拜 pai^{33}
萍郷：-uai 乖怪壞＊歪　-ai 拜買　-œ 外＊才材　-uœ 外
上高：-ai 乖怪壞拜買＊歪　-oi ＊才材
萬載：-ai 拜買壞　-uai 乖怪

*-uəi

陰平：坏（鋪杯）－杯（布坏）－灰暉（呼杯）－雖（蘇灰）－追（朱暉）
　　　－吹（昌追）－歸（古吹）－魁（枯灰）－威（烏魁）－非（芳威）
陽平：①枚（莫裴）－裴培（蒲枚）
　　　②爲（羽回）－回（戶爲）－薇（無回）
　　　③維（無肥）－肥（符維）
　　　　②＝③（惟：無回切，薇：無肥切音惟）
　　　　　例外：追（朱暉）｛直追，如追｝
上聲：①美浼（莫賄）－賄悔（呼委）－委偉（烏鬼）－軌鬼（古委）－觜

175

第2部　音韻篇

　　　　　　（＝蘂，津委）
　　　　　①'蘂榮（如粢）－粢（＝累，音磊；磊，魯賄）
　　　　　②匪（敷尾）－尾（無匪切音委）
去聲：①妹昧（莫佩）－佩（普妹）
　　　　②未（無沸）－費（芳未）－味（無費）－沸（音費）
　　　　③內（乃對）－退（吐內）－對（都貴）－貴（古會）－會（呼貴）
　　　　　－魏（吾貴）－位（烏貴）－類（力對）
　　　　④桂（古惠）－惠（呼桂）
　　　　　③＝④（嫁：呼桂切音晦，晦：呼貴切）
　　　　⑤遂（徐醉）－醉（將遂）
　　　　⑥銳芮（儒稅）－稅瑞（輸芮）
　　　　　③＝⑥（䆫：直類切吹去聲，䨂：昌瑞切吹去聲）
　　　　　⑤＝⑥（遂：徐醉切，歲：須銳切）？
声調相配：「葰」通灰切退平聲－「槌」徒回切退平聲－「腿」吐委切退上
　　　　　聲－「退」吐內切退去聲
中古音：止摂三等合口，蟹摂三四等合口，蟹摂一等合口
説明：陽平①、去声①②はそれぞれ他の系列とつながらない。

宜春：杯 pi^{34} 灰 fi^{34} 雖 si^{34} 追 tɕy^{34} 吹 tɕʰy^{34} 歸 kui^{34} 魁 kʰui^{34} 威 ui^{34} 非 fi^{34}／
　　　枚 mi^{33} 裴 pʰi^{33} 培 pʰi^{33} 爲 ui^{33} 回 fi^{33} 維 ui^{33} 肥 fi^{33} 追 tɕy^{34}／美 mi^{21}
　　　賄 fi^{21} 悔 fi^{21} 委 ui^{21} 偉 ui^{21} 軌 tɕy^{21} 累 ly^{21} 匪 fi^{21} 尾 ui^{21}／妹 mi^{33}
　　　昧 mi^{213} 佩 pʰi^{213} 未 ui^{213} 費 fi^{33} 味 ui^{213} 內 ly^{213} 退 tʰy^{33} 對 ty^{33} 貴 kui^{33}
　　　會 fi^{213} 魏 ui^{213} 位 ui^{213} 類 ly^{213} 桂 kui^{33} 惠 fi^{33} 遂 si^{213} 醉 tsi^{33} 銳 tʰy^{213}
　　　稅 ɕy^{33} 瑞 ɕy^{213}

萍鄉：-ui 歸貴鬼軌位維魏尾味桂軌＊威爲委偉未　-i 灰杯費醉肥美回退銳
　　　惠會＊雖對類非匪培悔佩內　-ʮ 吹稅＊追瑞　-œ＊內

上高：-i 杯歸貴鬼費位醉軌位魏尾味肥美回桂銳惠會軌稅＊威非匪魁雖爲追
　　　委偉遂枚培佩未悔類　-oi 吹退　-ai 妹灰會＊對內累

萬載：-i 醉肥費美　-uči 歸貴鬼吹軌魏桂退銳軌稅　-či 杯回惠會　-ui 維味
　　　-oi 妹灰

第3章　白鹿書院本『正字通』声韻調の分析

*-au

陰平：①高（孤操）－操（倉刀）－刀（都高）－抄（楚刀）

　　　②交（居消）|側交, 所交|

　　　　①＝②（弰：疏操切音梢, 梢：所交切）

陽平：豪毫（呼陶）－陶（徒勞）－勞（盧豪）－毛（莫毫）

上聲：①考（苦老）－飽（博考）－槁稿稾（＝槀, 古老）杲（古老）－老（魯考）

　　　②絞（古巧）|側絞 才絞|

去聲：①告（古到）－到（都號）－號（呺去聲）－報（布告）

　　　②教（古弔）|尼教 職教 楚教 直教|

　　　　①＝②（笊：側到切爪去聲, 罩：職教切嘲去聲, 爪：嘲上聲）

　　　③笑（蘇弔）例外

　　　　①＝③（竈：則到切, 趮：作笑切音竈）

声調相配：「刀」都高切倒平聲－「倒」都杲切刀上聲－「到」都號切刀去聲

　　　　　「操」倉刀切草平聲－「曹」才豪切草平聲－「艸（＝草）」蒼老切操上聲－「造」七到切操去聲

中古音：效攝一等, 效攝二等（牙喉音以外）

宜春：高 kau³⁴ 操 tsʰau³⁴ 刀 tau³⁴ 抄 tsʰau³⁴ 交 kau³⁴／豪 hau³³ 毫 hau³³ 陶 tʰau³³ 勞 lau³³ 毛 mau³⁴／考 kʰau²¹ 飽 pau²¹ 老 lau²¹ 稿 kau²¹ 絞 kau²¹／告 kau³³ 到 tau³³ 號 hau²¹³ 報 pau³³ 教 kau³³ 笑 siəu³³

萍鄉：-au 操毛老飽交絞教＊高刀抄豪毫陶勞考槁稿告到號報　-iau ＊笑
上高：-au 操毛老飽交絞教＊高刀抄豪毫陶勞考槁稿告到號報　-iɛu ＊笑
萬載：-au 操毛老飽交絞教

*-iau

陰平：腰妖幺（伊交）－交（居消）－消（先彫）－招昭（職交）－夭（伊宵）－驕（居宵）－宵（先凋）－凋（丁妖）－彫

陽平：①苗（眉韶）－韶（紹堯）－堯（魚韶）－喬橋（祁堯）－姚遙（餘韶）－聊（連喬）

177

第2部　音韻篇

　　　　②勞（盧豪）{虛勞}
上聲：①絞皎矯（古巧）－巧（區絞）－了（盧皎）－小（先了）－鳥（乃
　　　　了）
　　　②沼（止少）－少（始沼）
　　　　①＝②（膘：婢小切飄上聲，縹：匹沼切飄上聲）
去聲：①妙妙廟（民效）－效（許教）－教（古弔）－料（力弔）－弔（多
　　　　料）－肖（先弔）－笑（蘇弔）－照（之笑）－炤（音照）
　　　②召（直紹）－紹（市召）
　　　　①＝②（勡：匹妙切飄去聲，嘌：皮召切瓢去聲）？
声調相配：「聊」連喬切－「了」盧皎切聊上聲－「料」力弔切聊去聲
　　　　　「燒」尸昭切少平聲－「韶」紹堯切紹平聲－「少」始沼切燒上
　　　　　聲／「沼」市沼切韶上聲－「紹」市召切韶去聲
中古音：效攝三四等、效攝二等（牙喉音）
宜春：腰 iəu³⁴ 妖 iəu³⁴ 么 iəu³⁴ 交 kau³⁴ 消 siəu³⁴ 招 tʃəu³⁴ 昭 tʃəu³⁴ 宵 siəu³⁴
　　　驕 tʃəu³⁴ 彫（雕）tiəu³⁴／苗 miəu³³ 韶 ʃəu³³ 堯 ȵiəu³³ 喬 tʃʰəu³³ 橋 tʃʰəu³³
　　　姚 iəu³³ 遙 iəu³³ 聊 liəu³³ 勞 lau³³／絞 kau²¹ 矯 tʃəu²¹ 巧 kʰau²¹ 了 liəu²¹
　　　小 siəu²¹ 鳥 tiəu²¹ȵiəu²¹ 沼 tʃəu²¹ 少 ʃəu²¹／妙 miəu²¹³ 效 hau²¹³ 教 kau³³
　　　料 liəu²¹³ 弔 tiəu³³ 笑 siəu³³ 照 tʃəu³³ 召 tʃʰəu²¹³ 紹 ʃəu²¹³
萍郷：-iau 小橋鳥＊腰妖么消宵驕彫(雕)苗堯喬姚聊了妙料弔肖笑　-au 照
　　　交絞教紹＊招昭韶勞巧少效召
上高：-iɛu 小橋鳥紹＊腰妖消宵肖驕彫(雕)苗喬姚聊了妙料弔笑　-æu 照
　　　＊招昭召　-iæu 韶少　-au 交絞教＊勞巧
萬載：-ieu 小橋鳥　-eu 照紹　-au 交絞教

＊-əu

陰平：①鉤（古謳）－謳（烏鉤）－蔻（疏鉤）
　　　②鳩（居休）{側鳩}
陽平：①侯（何樓）－樓（盧侯）－謀（莫侯）　矣＝侯
　　　②尤（易求）{鋤尤}
　　　③猷（＝猶，易求）{尼猷}

178

第3章　白鹿書院本『正字通』声韻調の分析

上聲：①偶（五斗）－斗（當口）－口（苦偶）
　　　②九（舉友）{俯九}
去聲：①後候（呼扣）－奏（則候）－豆（大候）－穀（干候）－透（他候）－扣（＝叩，苦候切）
　　　②救（居又）　{側救，鉏救，初救}
　　　③又右（云救）{所又，所右}
声調相配：「齁」呼鉤切吼平聲－「侯」何樓切後平聲－「吼」許偶切／「后」瑚口切侯上聲－「詬」呼扣切齁去聲／「厚」呼扣切侯去聲
中古音：流摂一等、流摂三等（莊組非組一部）
宜春：鉤 kəu³⁴ 鳩 tʃɪu³⁴／侯 həu³³ 樓 ləu³³ 謀 məu³³ 尤 iu³³／偶 ŋuɛl²¹ 斗 təu²¹ 口 kʰəu²¹ 九 tʃɪu²¹／後 həu²¹³ 候 həu²¹³ 奏 tsəu³³ 豆 tʰəu²¹³ 穀 kəu³³ 透 tʰəu²¹³ 扣 kʰəu³³ 救 tʃɪu³³ 又 iu²¹³ 右 iu²¹³
萍郷：-œ 樓豆透口偶後候＊鉤侯謀斗奏扣　-iu 右＊尤九救又右
上高：-æu 樓豆透後候＊謀斗　-iæu 口偶＊鉤奏扣　-iu 右＊尤九救又右
萬載：-eu 樓豆透後候　-ieu 口偶　-iu 右

*-iəu

陰平：①幽攸（烏休）－休（虛攸）－秋（取幽）－鳩（居休）
　　　②收　{職收}
陽平：由尤（易求）－求（渠尤）－流留（力求）－酬（＝醻，持留）
上聲：九（舉友）－友有酉（云九）－久（舉有）
去聲：又幼（云救）－救（居又）－呪（職救）
声調相配：「丘」驅休切－「求」渠尤切－「臼」去九切求上聲／「糗」去九切丘上聲－「舊」巨又切求去聲
中古音：流摂三等
宜春話：幽 iu³⁴ 收 ʃɪu³⁴ 休 ʃɪu³⁴ 秋 tsʰiu³⁴ 鳩 tʃɪu³⁴／由 iu³³ 尤 iu³³ 留 liu³³ 酬 tʃʰɪu³³／九 tʃɪu²¹ 酉 iu²¹ 久 tʃɪu²¹／又 iu²¹³ 幼 iu²¹³ 救 tʃɪu³³ 呪 tʃɪu³³

萍郷：-iu 鳩流秋求休有友幼＊幽由尤留九久酉又救　-u 收＊酬呪

179

第2部　音韻篇

上高：-iu 收鳩流秋求休有友幼＊尤由留酬九久酉又救呦（＊牛 ŋiæu）
萬載：-iu 收鳩流秋求休有友幼

*-an　-aʔ
陰平：①山（師姦）－憨（呼山）－姦（＝奸，經天）
　　　②干甘（古安）－安（烏干）－丹（都干）－三（蘇甘）－參（倉三）
　　　　①＝②（呼山切音酣，呼甘切音酣）
　　　③關（沽歡）|師關| 例外
　　　　①＝③（山：師姦切，櫗：師關切音山）
　　　　　例外：酣（何南）|克酣|（酣は陰平・陽平両読字か）
陽平：寒含（河南）－南（那含）
　　　　　例外：山（師姦）|鉏山|
上聲：①覽嬾（魯感）－感敢（古覽）－膽（都感）－懶（＝嬾）
　　　②侃（空罕）－罕（寒侃）
　　　　①＝②（覽：魯感切，琳：盧侃切音覽）
　　　③煖（音暖，暖：乃管）|寒煖|
　　　　①＝③（菡：呼感切含上聲，領：寒煖切含上聲）
　　　④反（甫晚）－產（楚反）－版（補綰）＝板
　　　⑤簡減（九輦）|丈減 初減|
去聲：①紺幹（古汗）－汗旱（侯幹）－濫（盧汗）－勘（苦紺）－暗（烏幹）－贊（作勘）－瞰（苦濫）－暫（倉暗）
　　　②諫（居宴）|助諫|
　　　　①＝②（鬮：鉏勘切音湛，餞：丈諫切音綻）？
　　　③鑑（居陷）|所鑑 丈鑑|
　　　　①＝③（彭：師暫切衫去聲，楔：所鑑切衫去聲）
　　　④患（湖貫）|所患|
　　　　③＝④（楔：所鑑切衫去聲，訕：所患切山去聲）？
入聲：①葛（古曷）－遏（烏葛）－曷（戶葛）
　　　②蠟（落苔）－答（都蠟）－查（徒苔）－苔（＝答）

第3章　白鹿書院本『正字通』声韻調の分析

　　③滑（下刮）－達（徒滑）
　　　②＝③（獺：徒苔切，闥：徒滑切音獺）
　　④八（布衲）－轄（＝舝，許八）－煞（＝殺，霜轄）
　　　②＝④（魶：乃答切音納，納：乃八切）
　　⑤拔（蒲括）　|當拔|
　　　②＝⑤（答：都蠟切耽入聲，妲：當拔切單入聲）
　　⑥各（古博）　|都各|
　　　②＝⑥（鍚：都蠟切擔入聲，皵：都各切擔入聲）
　　⑦戛（古刹）　|初戛|
　　⑧甲（古洽）－洽（呼甲）　|直甲|　|桑洽　竹洽　初洽　測洽　霜
　　洽　疏洽|
　　　④＝⑧（札：側八切盞入聲，剳：竹洽切斬入聲）？
声調相配：「山」師姦切－「㦂」疏懶切山上聲－「汕」所患切山去聲－
　　　　「殺」霜轄切山入聲
　　　　「欃」豺寒切插平聲－「㕰」初減切插上聲－「懺」楚濫切插去
　　　　聲－「插」測洽切
中古音：山咸摂一二等開口
説明：入声の①「葛（古曷）－遏（烏葛）－曷（戸葛）」の系列は *-aʔ で
　　はなく，*-oʔ と再構すべきかも知れない。ただし相配する舒声韻の再構
　　*-an とは矛盾する。なお，「都各切擔入聲」の「各」は『字彙』の反切
　　「都合切擔入聲」の「合」につられて誤ったものか。
宜春：山 san³⁴ 憨 hon³⁴ 奸 kan³⁴ 干 kon³⁴ 甘 kon³⁴ 安 ŋon³⁴ 丹 tan³⁴ 三 san³⁴
　　　參 tsʰan³⁴ 關 kuan³⁴ 咸 han³³／寒 hon³³ 含 hon³³ 南 lan³³ 山 san³⁴ 覽 lan²¹
　　　感 koŋ²¹ 敢 kon²¹ 喊 han²¹ 膽 tan²¹ 懶 lan²¹ 罕 hon²¹ 煖 lon²¹ 晚 uan²¹
　　　反 fan²¹ 產 tsʰan²¹ 版 pan²¹ 板 pan²¹ 簡 kan²¹ 減 kan²¹／幹 kon³³ 汗 hon²¹³
　　　旱 hon²¹³ 濫 lan²¹³ 暗 ŋon³³ 贊 tsan³³ 萬 uan²¹³ 鑑 kan³³ 患 fan²¹³／葛 koiʔ⁵
　　　蠟 laiʔ⁵ 答 taiʔ⁵ 眨 tʰaiʔ⁵ 滑 uaiʔ⁵ 達 tʰaiʔ⁵ 八 paiʔ⁵ 轄 haiʔ⁵ 煞 saiʔ⁵
　　　拔 pʰaiʔ⁵ 各 koʔ⁵ 甲 kaiʔ⁵ 洽 haiʔ⁵
萍郷：-ã 山奸南參咸膽喊減懶產板反鑑＊丹三覽版簡贊　-uã 關萬＊晚　-õ
　　　甘干安含寒感敢暗汗旱＊勘　-a 答蠟甲八拔＊眨達煞　-ua 滑　-o 各

181

第2部　音韻篇

＊ɔ葛

上高：-an 山奸參膽咸喊減懶產板反鑑關萬＊版濫贊患諫　-ɔn 甘干安南含寒感敢暗汗旱＊幹勘　-at 答蠟甲八拔＊達轄滑　-ɔt＊葛　-ɔʔ各

萬載：-an 山奸南參咸膽喊減懶產板反鑑　-uan 關萬　-on 甘干安含寒感敢暗汗旱　-au ʔ 答蠟甲　-ai ʔ 八拔　-oʔ 各

＊-ian　-iaʔ

陰平：①堅兼（經天）－天（他牽）－牽謙慳（苦堅）－占詹（職謙）－尖（將兼）

②焉（音仙）－仙先（蘇焉）－偏篇（匹焉）

　　例外：銜咸 |古咸 古銜 丘銜|

　　①＝②（箋：將兼切，㚰：作先切音箋）

陽平：①眠（彌延）－延（依肒）－肒（如延）－前（才延）

②年（尼田）－田甜（亭年）－連廉（零年）－鹽（移廉）－賢閑（瑚連）

③嵒喦（＝嚴，五咸）－咸（瑚喦）

①＝②（前：才延切，媊：才鹽切音前）

　　例外：占（職謙）|牛占 尼占 魚占 如占|

　　　　　兼（經天）|乃兼|

　　　　　元（魚全）|言：語元|

上聲：①典（多殄）－殄（他典）－淺（七典）－演兗衍琰弇（以淺）－免（彌演）－冉（而弇）－輦（力冉）－檢蹇繭減簡（九輦）－展（知演）－選（蘇典）

②點（他點）－點（多點）

①＝②（餂：他典切，點：他點切音餂）

③喊（虎膽）|九喊|

去聲：①面（莫變）－變（必面）

②見建（居宴）－殿甸（蕩見）－宴晏（伊殿）－玷（都見）

③驗艷（＝豔，以瞻）－瞻扇善（式戰）－戰（之扇）－釅（魚欠）－念（寧驗）－欠（器厭）－厭（又淹去聲）

第3章　白鹿書院本『正字通』声韻調の分析

　　　②＝③（焰：伊甸切音豔，豔：以贍切）
　　　④陷（許鑑）－鑑（居陷）
　　　②＝④（餡：戸玷切音陷，陷：許鑑切）
入聲：①列（良薛）－薛屑（先結）－結（古屑）－蔑滅（彌列）－業（魚
　　　列）－歇（許列）－舌（式列）－協（呼業）＝愶
　　　②葉（余涉）－涉（失獵）－獵（力涉）－接（即涉）
　　　　①＝②（鯜：七結切音妾，妾：七葉切）
　　　③甲夾（古洽）－洽（呼甲）
　　　④札（側八）－八（布䄂）｛乙札，許八，牙八｝
　　　⑤刹（初戛）｛古刹｝
　　　③＝⑤（戛：古刹切音甲，甲：古洽切）
　　　⑥乏（房押）｛希乏｝
　　　　③＝⑥（洽：呼甲切，峽：希乏切音洽）
　　　　例外：月（魚厥）｛熱：如月｝
声調相配：「千」倉先切－「前」才延切－「踐」七典切前上聲／「淺」七
　　　　　典切千上聲－「賤」在殿切前去聲－「截」七接切前入聲
中古音：山咸攝三四等開口（一部合口も）、山咸攝二等開口牙喉音
説明：山咸攝入声三四等開口牙喉音字（たとえば「怯｛謙入聲｝」）と山咸
　　　攝入声二等開口牙喉音字（たとえば「恰」）が同韻かどうか、系聯から
　　　はうかがうことができない。ただ非入声の場合、山咸攝三四等開口牙喉
　　　音字（たとえば「謙」）と山咸攝二等開口牙喉音字（たとえば「掔」）が
　　　同音であることから、入声の場合も同韻であろうと推測できる。
宜春：堅 tʃɛn³⁴ 兼 tʃɛn³⁴ 天 tʰiɛn³⁴ 牽 tʃʰɛn³⁴ 謙 tʃʰɛn³⁴ 占 tʃɛn³⁴ 尖 tsiɛn³⁴
　　　焉 iɛn³⁴ 仙 siɛn³⁴ 先 siɛn³⁴ 偏 pʰiɛn³⁴ 銜 han³³ 咸 han³³／眠 miɛn³³
　　　延 iɛn³³ 前 tsʰiɛn³³ 年 ȵiɛn³³ 田 tʰiɛn³³ 甜 tʰiɛn³³ 連 liɛn³³ 廉 liɛn³³
　　　鹽 iɛn³³ 賢 ʃɛn³³ 閑 han³³ 咸 han³³ 銜 han³³／典 tiɛn²¹ 淺 tsʰiɛn²¹
　　　免 miɛn²¹ 演 iɛn²¹ 檢 tʃɛn²¹ 繭 tʃɛn²¹ 減 kan²¹ 簡 kan²¹ 展 tʃɛn²¹ 點 tiɛn²¹
　　　覽 lan²¹／面 miɛn²¹³ 變 piɛn³³ 見 tʃɛn³³ 建 tʃɛn³³ 殿 tʰiɛn³³ 宴 iɛn²¹³
　　　晏 ŋan³³ 劍 tʃɛn³³ 念 ȵiɛn²¹³ 欠 tʃʰɛn³³ 厭 iɛn²¹³ 豔 iɛn²¹³ 扇 ʃɛn³³
　　　善 ʃɛn²¹³ 戰 tʃɛn³³ 陷 han²¹³ 鑑 kan³³／列 liɛʔ⁵ 薛 siɛʔ⁵ 屑 siɛʔ⁵ 結 tʃɛʔ⁵

183

第2部　音韻篇

　　　　滅 miɛʔ⁵ 協 ʃɛʔ⁵ 業 n̪iɛʔ⁵ 歇 ʃɛʔ⁵ 舌 ʃɛʔ⁵ 協 ʃɛʔ⁵ 葉 iɛʔ⁵ 涉 ʃɛʔ⁵ 獵 liɛʔ⁵
　　　　接 tsiɛʔ⁵ 月 n̪ieʔ⁵ 甲 kaiʔ⁵ 夾 kaiʔ⁵ 洽 haiʔ⁵ 札 tsaiʔ⁵ 八 paiʔ⁵ 乏 faiʔ⁵

萍鄉：-iẽ 天牽偏仙尖兼謙甜鹽朓連田年點淺欠念面建＊堅焉先眠延前廉賢
　　　　典免檢繭變見殿宴劍饜饞　-ɛ̃ 占展戰扇善　-ã 減閑＊銜簡覽晏陷鑑
　　　　-iɛ 接葉業滅薛蔑結協＊列屑協歇獵　-ɛ 舌＊涉　-a 甲八＊夾　-ɥɛ 月

上高：-ien 天牽偏仙尖兼謙甜鹽連田年點淺欠念面扇善建＊堅先眠延前廉賢
　　　　典免檢演變見厭饜宴劍醶　-ɛn 占朓展戰　-an 咸減閑＊嵒（＝巖）
　　　　銜簡覽晏陷鑑　-iet 接葉業滅薛蔑結協月＊獵　-iɛʔ＊列屑歇　-ɛt 舌
　　　　-at 甲八＊夾札

萬載：-ien 天牽偏仙尖兼謙甜鹽連田年點淺欠念面建　-en 占朓展戰扇善
　　　　-an 咸減閑　-ieuʔ 接協　-auʔ 甲　-ieʔ 葉業滅薛蔑結　-eʔ 舌　-aiʔ 八
　　　　-ueʔ 月

*-uan　-uaʔ
陰平：①彎（烏官）－關官（沽歡）－班（補彎）－歡（呼官）
　　　　②山（師姦）｛符山｝
陽平：桓還（戶煩）－盤（蒲桓）－團（徒桓）－欒（落桓）－煩（符寒）
　　　　－寒（河南）
上聲：①綰晚（烏管）－管（古緩）－緩（呼管）
　　　　②滿（莫侃）－侃（空罕）｛普滿｝
　　　　①＝②（㸪：莫管切音滿，滿：莫侃切）
　　　　③覽（魯感）｛房覽｝
去聲：①幔慢（莫半）－半（博漫）－漫（又翰韻音幔）
　　　　②玩（五換）－換（呼玩）
　　　　③患（湖貫）－慣貫（古患）－筭（蘇貫）
　　　　②＝③（喚：呼玩切，渙：湖慣切音喚）
　　　　④萬（無販）－販（方萬）－亂（盧萬）
　　　　⑤暗（烏幹）｛普暗｝
　　　　⑥莧（許戰）｛蒲莧，備莧｝
　　　　⑦紺（古汗）｛方紺｝

第3章　白鹿書院本『正字通』声韻調の分析

④＝⑦（販：方萬切，眅：方紺切音販）

①＝②＝⑤＝⑥（辦：蒲莧切，溿：普暗切音辦，𥼶：普慢切音伴，

叛：普玩切盤去聲）？

入聲：①括（古活）－活（戶括）－脫（他括）

②滑（下刮）－刮（古滑）

①＝②（拔：蒲括切，𩨗：蒲刮切音拔）

③八（布豽）－豽納（乃八）｛布豽　布納｝

②＝③（汃：普八切攀入聲，砇：蒲刮切攀入聲）

④撥（北末）－末（彌葛）－葛（古曷）－遏（烏葛）

⑤發（房押）－押（乙甲）－甲（古洽）｛房押　無發　方甲｝

⑥轄（＝舝，許八）｛莫轄｝

④＝⑥（抹：彌葛切，䯓：莫轄切音抹）

⑦軋（乙札）｛房軋｝

⑤＝⑦（發乏：房押切，髮：房軋切音發，乏：方甲切音乏）

声調相配：「攀」鋪官切盼平聲－「盤」蒲桓切畔平聲－「伴」普滿切盤上
聲－「盼」普玩切攀去聲／「叛」普玩切盤去聲－「茇」蒲括切
盤入聲／「砇」蒲刮切攀入聲

中古音：山攝一二等合口・唇音、山咸攝三等非組

説明：入声の「括（古活）－活（戶括）－脫（他括）」の系列は *-uaʔ で
はなく、*-uoʔ と再構すべきかも知れない。ただし系聯とは矛盾。

宜春：彎 uan³⁴ 關 kuan³⁴ 官 kuon³⁴ 班 pan³⁴ 歡 fon³⁴ 山 san³⁴／還 fan³³ 盤 pʰon³³
團 tʰon³³ 煩 fan³³ 寒 hon³³／管 kuon²¹ 緩 fon²¹³ 滿 mon²¹ 覽 lan²¹／
幔 man²¹³ 慢 man²¹³ 半 pon³³ 漫 man²¹³ 玩 uan³³/ŋon²¹³ 換 fon²¹³ 患 fan²¹³
慣 kuan³³ 貫 kuon³³ 算 son³³ 萬 uan²¹³ 販 fan³³ 亂 lon²¹³ 暗 ŋon³³ 莧 han²¹³
／括 kuaiʔ⁵ 活 foiʔ⁵ 脫 tʰoiʔ⁵ 滑 uaiʔ⁵ 刮 kuaiʔ⁵ 八 paiʔ⁵ 撥 poiʔ⁵ 末 moiʔ⁵
葛 koiʔ⁵ 發 faiʔ⁵ 押 ŋaiʔ⁵ 轄 haiʔ⁵ 甲 kaiʔ⁵

萍郷：-ã 山班慢＊煩漫覽販莧　-uã 彎關還慣萬＊玩　-ɔ̃ 歡盤寒團滿半暗亂
＊緩算　-uɔ̃ 官管＊貫　-a 甲八撥發＊押　-ua 括刮＊滑　-o 末活脫
＊ɔ 葛　-ɛ＊活

上高：-an 山彎關還慣萬＊煩覽玩莧患　-ɔn 寒團暗亂＊算　-ɛn 官歡盤滿管

185

第 2 部　音韻篇

　　　　　　半慢換慣＊æn 貫漫　　-at 甲八撥括發＊滑押　-ɛt 末活　-ɔt 脫＊葛
萬載：-an 山班還滿慢　-uan 彎關慣萬　-on 歡盤寒團半暗亂換　-uon 官管
　　　-auʔ 甲　-aiʔ 八撥發　-uaiʔ 括　-oiʔ 末活脫

＊-iuan　-iuaʔ
陰平：①淵（烏宣）－宣（息淵）
　　　②穿川（昌專）－專（朱穿）
　　　③（例外）天（他牽）
　　　　①＝③（冤：烏宣切，鞫：烏天切音冤）
陽平：員緣（于權）－權（區員）－全（才緣）－沿（衣全）－元（魚全）
　　　－圓（＝員，于權）
　　　　　例外：宣（息淵）｛而宣｝
上聲：①遠（于捲）－犬畎（勸遠）－捲（＝卷，又捐上聲）
　　　②汱（呼沿切又鉉上聲；鉉，火犬切）
　　　　　例外：兗（以淺）｛乳兗｝
去聲：①眷絹（涓願）－願怨（伊勸）－勸（區願）－戀（龍眷）
　　　②（例外）見（居宴）｛柱見｝
　　　　①＝②（瑑：柱戀切音琢，琢：柱見切）
入聲：①輟（質說）－說（誰劣）－劣（力輟）
　　　②雪（蘇絕）－絕（晴雪）
　　　③月（魚厥）－厥決（居月）
中古音：山攝三四等合口
声調相配：「淵」烏宣切－「苑」烏捲切淵上聲－「怨」伊勸切淵去聲－
　　　　　「焆」紆厥切淵入聲
　　　　　　「穿」昌專切－「巛」重貝切歂平聲－「歠」直說切穿入聲
宜春：淵 iɘn³⁴ 宣 siɛn³⁴ 穿 tʃʰɘn³⁴ 川 tʃʰɘn³⁴ 專 tʃɘn³⁴ 天 tʰiɛn³⁴／員 iɘn³³
　　　緣 iɘn³³ 權 tʃʰɘn³³ 全 tsʰiɛn³³ 沿 iɛn³³ 元 ɲiɘn³³ 圓 iɘn³³ 宣 siɛn³⁴／
　　　遠 iɘn²¹ 犬 tʃʰɘn²¹ 捲 tʃɘn²¹／眷 tʃɘn³³ 絹 tʃɘn³³ 願 ɲiɘn²¹³ 怨 iɘn²¹³
　　　勸 tʃʰɘn³³ 戀 liɛn²¹³ 見 tʃɛn³³／說 ʃɘʔ⁵ 劣 lɛʔ⁵ 雪 siɛʔ⁵ 絕 tsʰiɛʔ⁵ 月 ɲiɘʔ⁵
　　　決 tʃɘʔ⁵

第3章　白鹿書院本『正字通』声韻調の分析

萍郷：-iɛ̃ 天全＊宣戀見　-uɛ̃ 穿元捲勸＊專川願　-uɛ̃ 遠＊淵怨　-iɛ 絕雪
　　　-ɛ 劣說　-ɜɛ 月決

上高：-ien 天全元遠＊宣戀見怨願　-ɛn 捲勸　-ɔn 穿＊專川　-iet 劣絕雪月
　　　-ɛt 決　-tɕ 說

萬載：-ien 天全　-en 穿　-uen 元捲勸　-uien 遠　-ieʔ 絕雪　-eʔ 劣說　-ueʔ
　　　月決

*-ən　-əʔ

陰平：①耕庚根（古亨）－亨（虛庚）
　　　②增（咨登）－登（都增）
　　　　①＝②（根：古亨切，掭：居登切艮平聲，艮：根去聲）
　　　③生森（所臻）－臻爭（側生）
　　　　②＝③（增：咨登切＝憎：怎生切音增）
陽平：①恆（何能）－能（尼滕）－騰滕（徒恆）
　　　②林（離呈）　|鉏林|
　　　③明（眉平）　|除明|
　　　④人（如神）　|亨人|
上聲：①梗（古很）－肯（口很）－等（多肯）－很（許梗）＝狠
　　　②錦（居引）　|楚錦|
　　　③景（居隱）　|色景|
　　　④請（清醒）　|口請|
去聲：①鄧（唐聖）－聖（時正）　|等聖　唐聖|
　　　②艮（古恨）－恨（下艮）
　　　　①＝②（亙：居鄧切音艮，艮：古恨切）
　　　③并（卑命）　|側并|
　　　④禁敬（居慶）|側禁　所敬|
　　　⑤覾（丘映）　|初覾|
　　　⑥讖（初覾）　|初讖|
　　　　④＝⑥（滕：所禁切音滲，滲：所讖切森去聲）
入聲：①格（古伯）－伯百（布格）－則（資格）－得德（多則）－克（乞

第2部　音韻篇

格）－賾（薔格）－白（蒲格）－陌（莫白）

②革（各額）－額（＝額，烏革）

　①＝②（册：初格切，萊：初革切音册）

③立（里習）　|森立|

　①＝③（蝨：山賾切森入聲，澀：森立切森入聲）

④沒（莫勃）　|呼沒|

　①＝④（紇：呼白切痕入聲，麧：呼沒切音紇）

声調相配：「亨」虛庚切黑平聲－「痕」亨人切恨平聲－「很」許梗切痕上
　　　　　聲－「恨」下艮切痕去聲－「赫」呼白切亨入聲／「紇」呼白切
　　　　　痕入聲／「黒」呼白切

中古音：臻曾摂一等開口、三等荘組、梗摂二等開口、深摂三等荘組

説明：陽平の「亨人切」や去声の「等聖切」はいわゆる異調同音上字式反
　　　切。上声④「口請切」は例外。

宜春：耕 kɛn³⁴/kaŋ³⁴ 庚 kɛn³⁴ 根 kɛn³⁴ 亨 hɛn³⁴ 增 tsɛn³⁴ 登 tɛn³⁴ 生 sɛn³⁴/saŋ³⁴
　　　森 sɛn³⁴ 臻 tsɛn³⁴ 爭 tsɛn³⁴/tsaŋ³⁴／恆 hɛn³³ 能 lɛn³³ 騰 tʰɛn³³ 林 lin³³
　　　明 mɪn³³/miaŋ³³ 人 in³³/ɲin³³／梗 kɛn²¹ 很 hɛn²¹ 肯 kʰɛn²¹ 等 tɛn²¹
　　　錦 tʃɪn²¹ 景 tʃɪn²¹ 請 tsʰin²¹/tsʰiaŋ²¹／鄧 tʰɛn²¹³ 聖 ʃɪn²¹³ 恨 hɛn²¹³ 并 pɪn³³
　　　禁 tʃɪn²¹ 敬 tʃɪn²¹／格 kɛʔ⁵/kaʔ⁵ 伯 pɛʔ⁵/paʔ⁵ 百 pɛʔ⁵/paʔ⁵ 則 tsɛʔ⁵
　　　得 tɛʔ⁵ 德 tɛʔ⁵ 克 kʰɛʔ⁵ 責 tsɛʔ⁵ 白 pʰɛʔ⁵/pʰaʔ⁵ 陌 mɛʔ⁵/maʔ⁵ 革 kɛʔ⁵
　　　額 ŋɛʔ⁵ 立 liʔ⁵ 沒 miʔ⁵/moiʔ⁵

萍郷：-ã 生爭　-uã 梗　-ɛ̃ 爭根能等肯鄧恨＊耕庚增登森恆騰很狠　-iã 明請
　　　-iŋ 明林＊人錦景禁敬并　-əŋ＊聖　-ɛ 百得額＊伯則德克責革　-a 白
　　　格額　-o 陌　-ia 額　-i＊立

上高：-ɛn 生爭能等肯鄧恨＊-æn 增登森恆騰很狠　-iɛn 根＊-iæn 庚耕　-an
　　　生爭梗請＊耕　-in 明林＊人錦景并禁敬　-ən＊人聖　-ɛʔ 得陌額＊
　　　-æʔ 則德責　-aʔ 白百格＊伯　-ut＊沒　-it＊立

萬載：-aŋ 生爭　-uaŋ 梗　-en 爭能等肯鄧恨　-ien 根　-in 明林　-iaŋ 明請
　　　-eʔ 陌得　-aʔ 百白格　-ɛʔ 額

188

第３章　白鹿書院本『正字通』声韻調の分析

*-iən　-iə?

陰平：①京經斤今（居欣）－欣（許斤）－辛星心（思今）－清親（七星）
　　　－卿輕欽（渠京）
　　　②深（審眞）－眞征（之深）－升（審征）
　　　③生森（所臻）｜赤生　赤森｜
　　　　②＝③（稱：赤升切音偵，偵：赤生切）
陽平：①明（眉平）－民（彌平）－平頻（蒲明）
　　　②寅盈（余勤）－勤（其銀）－琴（其吟）－吟迎銀（魚勤）－情
　　　（慈盈）－形（許情）
　　　　①＝②（鉶：何明切音形，形：許情切）
　　　③神呈乘諶（稱人）－人（如神）－陵（離呈）
　　　　②＝③（吟：魚勤切，凝：魚陵切）？
上聲：①井（子郢）－郢穎潁影引隱飲（以忍）－忍（爾軫）－軫（章引）
　　　－錦謹（居引）－景（居隱）－醒（息井）
　　　②頂鼎（都挺）－挺（他頂）
　　　　①＝②（高：去穎切卿上聲，警：棄挺切卿上聲）
　　　③允永（羽敏）｜米允　力永｜
　　　　②＝③（茗：彌頂切明上聲，皿：米允切明上聲）
　　　④沈（又寢韻音審）｜子沈｜
　　　　①＝④（檈：子郢切津上聲，怎：子沈切津上聲）
　　　⑤枕（又寢韻斟上聲）｜仍枕｜
　　　　①＝⑤（荏：爾軫切音飪，飪：仍枕切）
去聲：①命（眉病）－病（匹命）
　　　②敬徑禁（居慶）－慶（丘印）－觀（丘映）－刃（如觀）－印映應
　　　（以證）－證正震（中定）－定（他徑）－慎（時震）－甚（時正）
　　　－僅（丘應）＝懂
　　　　①＝②（柄：卑命切兵去聲，偋：丙敬切賓去聲，兵賓：補京切）
　　　③信性（思晉）－晉（子信）
　　　　②＝③（捕：七正切清去聲，清：七性切清去聲）
　　　④吝（力恨）－恨（下艮）

第 2 部　音韻篇

②＝④（悋：力正切音吝，吝：力恨切）

入聲：①密（莫必）－必畢（補密）

②昔席（思積）－積（祭昔）－逼（丙昔）

①＝②（驚：披昔切音匹，匹：竝密切）

③石（申隻）－隻職（之石）

④歷力（郎敵）－敵狄（他歷）

⑤逆（宜戟）－戟（紀逆）

⑤＝⑥（戟：紀逆切，吉：紀逸切音戟）

⑥栗（列七）－七（千悉）－悉（思七）－逸乙（伊悉）－乞（去逸）－疾（反切なし、cf.蒺：千悉切音疾）{思疾，音悉}

②＝⑥（息：思積切，悉：思七切音息）

②＝⑥（亦：伊昔切，挩：伊悉音亦）

⑦質（之日）－日（人質）－失（施日）

⑧立（里習）－習（思集）－集（秦入）－入（戎執）－十（世執）－執（之十）－戢（莊習）－及（忌立）

②＝⑧（迹：祭昔切，磧：祭習切音迹）

④＝⑧（立：里習切音力，力：郎敵切）

⑦＝⑧（失：施日切，隰：世執切音失）

声調相配：「因」伊親切－「寅」余勤切引平聲－「隱」以忍切因上聲／「紖」以忍切寅上聲－「印」以證切因去聲－「一」伊悉切因入聲

中古音：臻曾深攝三等開口、梗攝三四等開口

宜春：京 tʃɪn³⁴ 經 tʃɪn³⁴ 斤 tʃɪn³⁴ 今 tʃɪn³⁴ 欣 tʃʰɪn³⁴ 辛 sin³⁴ 星 sin³⁴/siaŋ³⁴ 心 sin³⁴ 清 tsʰin³⁴/tsʰiaŋ³⁴ 親 tsʰin³⁴ 卿 tʃʰɪn³⁴ 輕 tʃʰɪn³⁴ 欽 tʃʰɪn³⁴ 深 ʃɪn³⁴ 眞 tʃɪn³⁴ 征 tʃɪn³⁴ 升 ʃɪn³⁴ 生 sɛn³⁴/saŋ³⁴ 森 sɛn³⁴／明 mɪn³³/miaŋ³³ 民 mɪn³³ 平 pʰɪn³³/pʰiaŋ³³ 頻 pʰɪn³³ 寅 in³³ 盈 in³³ 勤 tʃʰɪn³³ 吟 n̠in³³ 迎 in³³/iaŋ³³ 銀 n̠in³³ 情 tsʰin³³ 形 ʃin³³ 呈 tʃʰin³³ 人 in³³/n̠in³³ 神 ʃɪn³³ 陵 lin³³／井 tsin²¹/tsiaŋ²¹ 穎 in²¹ 影 in²¹/iaŋ²¹ 引 in²¹ 隱 in²¹ 飲 in²¹ 忍 in²¹/n̠in²¹ 錦 tʃɪn²¹ 謹 tʃɪn²¹ 景 tʃɪn²¹ 醒 sin²¹/siaŋ²¹ 頂 tin²¹ 鼎 tin²¹ 允 yn²¹ 永 yn²¹ 沈 ʃɪn²¹ 枕 tʃɪn²¹／命 mɪn²¹³/miaŋ²¹³ 病 pʰɪn²¹³/pʰiaŋ²¹³ 敬 tʃɪn³³ 禁 tʃɪn³³

第3章　白鹿書院本『正字通』声韻調の分析

慶 tɕʰin²¹³ 刃 in²¹³ 印 in³³ 映 in²¹/iaŋ²¹ 證 tʃm³³ 正 tʃm³³ 震 tʃm²¹³
定 tʰin²¹³/tʰiaŋ²¹³ 慎 ʃm²¹ 甚 ʃm²¹³ 僅 tʃm²¹ 應 in³³ 信 sin³³ 性 sin³³/siaŋ³³
晉 tsin³³ 吝 lin²¹³ 恨 hɛn²¹³／密 miʔ⁵ 必 piʔ⁵ 畢 piʔ⁵ 昔 siʔ⁵ 席 siʔ⁵/siaʔ⁵
積 tsiʔ⁵ 逼 piʔ⁵ 石 ʃaʔ⁵ 隻 tʃɿʔ⁵ 職 tʃɿʔ⁵ 歷 liʔ⁵ 力 liʔ⁵ 敵 tʰiʔ⁵ 狄 tʰiʔ⁵
逆 ȵiʔ⁵/ȵiaʔ⁵ 戟 tʃɿʔ⁵ 栗 liaʔ⁵ 七 tsʰiʔ⁵ 悉 siʔ⁵ 乙 iɛʔ⁵ 乞 tɕʰiʔ⁵ 質 tʃɿʔ⁵
日 ȵiʔ⁵ 失 ʃɿʔ⁵ 立 liʔ⁵ 習 siʔ⁵ 集 tsʰiʔ⁵ 入 iʔ⁵ 十 ʃɿʔ⁵ 執 tʃɿʔ⁵ 及 tɕʰiʔ⁵
疾 tsʰiʔ⁵

萍鄉：-in 心親斤星經民勤清平明迎情形忍影命定應＊京欣辛卿欽頻盈寅銀
人陵頂鼎引隱飲錦謹景僅印映敬徑禁刃信性晉吝　-ɿŋ 永允　-iā 清輕
星情平明影井醒命定病＊鼎　-əŋ 深眞升神正證＊征呈枕沈震慎
-ɛ̃ 恨＊森　-iɛ̃＊頂　-i 集習入密栗七席日力逼＊必畢昔積悉逸乙立
疾　-a 石＊隻　-ia 栗席　-ɿ 十質　-隻職執　-ɛ 失　-iɛ 乞逆＊歷敵及
上高：-in 心親斤清經民勤平明迎情形永允命定應＊京今欣辛卿頻寅盈銀人
陵穎引隱飲錦謹景鼎頂禁印信性晉吝慶　-an 清輕星生平情井醒命定
病＊性　-ian 影　-ən 深眞升神忍正證＊征呈沈枕震慎甚　-ɛn 生恨＊
-æn 森　-it 集習密栗七乞逆席力逼＊必畢積歷敵悉乙立　-ət 十入質
失＊職執　-ɛt 日　-iɛt 日席　-aʔ 石＊隻
萬載：-in 心親斤清經民勤情平明形永命正定應　-aŋ 生　-iaŋ 清輕星平情明
迎影井醒命病　-ɿn 深眞升神證　-uin 允　-en 忍恨　-iuʔ 集習
-ɿʔ 十失　-uʔ 入　-iʔ 密栗七日乞席力　-iaʔ 逆席　-aʔ 石

＊-uən　-uəʔ
陰平：①昆（公昏）－昏甸（呼昆）－尊（祖昆）－肱（＝厷，公昏）－昏
（＝昏）
②耕庚（古亨）｜補耕　普庚　普耕｜
③殷（伊卿）｜敷殷｜
④因（伊親）｜敷因｜
陽平：①門（莫文）－文（無焚）－焚（敷文）
②魂（戶倫）－倫（龍云）－云（＝雲，于汾）
③萌盲（媒朋）－朋（蒲萌）

191

第２部　音韻篇

　　　　①＝③（棚：蒲門切音朋，朋：蒲萌切）
　　　　②＝③（竑：戶倫切音宏，宏：戶萌切）
　　　　②（豚：徒魂切音屯，𩬊：徒云切音屯）
　　　　例外：昆（古昏）　|乃昆|
上聲：①衮（古本）－本（布衮）
　　　　②吻刎（武粉）－粉（房刎）
　　　　③猛（母梗）－梗（古很）　|蒲猛|　|母梗|
去聲：①悶（莫困）－困（苦悶）
　　　　②問（文運）－運（禹問）　|文運|
　　　　③鄧（唐聖）　|逋鄧|
入聲：①沒（莫勃）－勃（朋沒）＝孛
　　　　cf. 佛：又朋福切（字彙：又薄沒切）
　　　　②骨（古忽）－忽（呼骨）
　　　　③勿（文拂）－拂（敷勿）
　　　　④律（力述）　|即律|
　　　　⑤或（霍國）－國虢（古或）
　　　　⑥格（古伯）－伯（布格）－白（蒲格）－麥（莫白）|布格 博麥 蒲格 普伯 莫白|
声調相配：「魂」戶倫切混平聲－「混」呼本切魂上聲－「顐」呼困切混去
　　　　　聲－「鶻」呼骨切魂入聲
　　　　　「溫」烏昆切穩平聲－「穩」烏本切溫上聲－「搵」烏問切溫去
　　　　　聲－「膃」烏沒切溫入聲
中古音：臻梗曾攝一二等合口、唇音、臻攝三等軽唇音
説明：臻攝入声一等合口字（たとえば「骨」）と梗曾攝入声一二等合口字
　　（たとえば「國」）が同韻かどうか、系聯からは伺いにくい。ただ非入声
　　の場合、臻攝一二等合口字（たとえば「昆」）と梗曾攝一二等合口字
　　（たとえば「觥」）が同音であることから、それらも同韻であろうと推測
　　できる。陽平の「倫」「云」、入声の「律」は例外的。
宜春：昆 k^{h}uin^{34} 昏 fən^{34} 尊 tsun^{34} 耕 kɛn^{34}/kaŋ^{34} 庚 kɛn^{34} 殷 in^{34} 因 in^{34}／
　　　　門 mɪn^{33} 文 uin^{33} 焚 fən^{33} 魂 fən^{33} 倫 lun^{33} 萌 mɛn^{33} 昆 k^{h}uin^{34} 云 yn^{33}／

本 pɪn²¹ 吻 uin²¹ 刎 uin²¹ 粉 fən²¹ 猛 mɛn²¹ 梗 kɛn²¹ ／悶 mɪn²¹³
困 kʰuin²¹³ 問 uin²¹³ 運 yn²¹³ 鄧 tʰɛn²¹³ ／沒 miʔ⁵/moiʔ⁵ 勃 pʰiʔ⁵ 骨 kuiʔ⁵
忽 fiʔ⁵ 勿 uiʔ⁵ 律 lyʔ⁵ 或 foiʔ⁵ 國 kuɛʔ⁵ 格 kɛʔ⁵/kaʔ⁵ 伯 pɛʔ⁵/paʔ⁵
白 pʰɛʔ⁵/pʰaʔ⁵ 麥 mɛʔ⁵/maʔ⁵

萍郷：-uã 梗　-ɛ̃ 門本粉猛鄧＊耕庚焚悶　-uɛ̃ 問＊文　-əŋ 尊昏＊魂朋倫
　　　-uəŋ 困＊昆　-iŋ＊殷因　-ɤŋ 云運　-ɛ 麥　-a 白麥格　-u 骨　-o 忽
　　　-uo 國　-iɛ 律　-ɜ＊伯

上高：-ɛn 鄧　-an 梗＊耕　-iæn(-iɛn)＊庚耕　-in 云運＊殷　-aʔ 白麥格
　　　-ən 昏尊門本粉猛困問＊文魂吻刎　-ət 骨忽　-uŋ＊昆　-ɛt 國　-it 律

萬載：-uaŋ 梗　-en 昏猛鄧　-un 尊門本粉困問　-uin 云運　-ueʔ 國　-aʔ 白麥
　　　格　-ueiʔ 骨　-eiʔ 忽　-iʔ 律

*-iuən　-iuəʔ
陰平：①均君（規熏）－熏（許君）
　　　②孫（蘇昆）|昌孫|
　　　　　例外：倫（龍云）|區倫|
　　　　　　　　焚（于縈）|涓焚|
陽平：①云（＝雲，于汾）－倫（龍云）－汾焚（敷文）|于汾，于焚|
　　　②營縈（于縈）－瓊（渠縈）－縈（＝惸，渠營）
上聲：允尹隕永（羽敏）－窘（巨允）－敏（米允）
去聲：①郡（丘俊）－俊（祖問）－慍（烏問）|「俊」は tsuən か？|
　　　②閏（如順）－順（輸運）－運（禹問）－問（文運）
　　　　　①＝②（緷：禹慍切音運，運：禹問切）
　　　③定（他徑）|永定，縈定|
入聲：①述（食律）－律（力述）
　　　②勿（文拂）|渠勿|
　　　③逼（丙昔）－域（營逼）
　　　④昊（古闃）－闃（苦激）|「激」は開口字|
　　　　　③＝④（侐：呼域切兄入聲，洫：呼昊切兄入聲）
声調相配：「困」區倫切屈平聲－「蜠」渠云切屈平聲／「羣」渠云切－

第2部　音韻篇

　　　　「窘」巨允切羣上聲－「郡」丘俊切羣去聲－「屈」渠勿切困入
　　　　聲
中古音：臻曽摂三等合口、梗摂三四等合口
説明：臻摂三等合口と梗曽摂三等合口の間の交流を見せる例はあまり多く
　　　ない（たとえば前者の「允尹隕」と後者の「永」が共に「羽敏切」）。去
　　　声③「定」は異調同音上字式反切に使われたもの。
宜春：均 tɕyn³⁴ 君 tɕyn³⁴ 熏 ɕyn³⁴ 孫 sun³⁴ 倫 lun³³／云 yn³³ 倫 lun³³ 焚 fən³³
　　　營 yn³³ 榮 yn³³ 瓊 tɕʰyn³³／允 yn²¹ 尹 yn²¹ 永 yn²¹ 窘 tɕʰyn²¹ 敏 mɪn²¹／
　　　郡 tɕʰyn²¹³ 俊 tsun²¹³ 閏 yn²¹³ 順 ɕyn²¹³ 運 yn²¹³ 問 uin²¹³ 定 tʰin²¹³/tʰiaŋ²¹³／
　　　述 ɕyʔ⁵ 律 lyʔ⁵ 勿 uiʔ⁵ 逼 piʔ⁵
萍郷：-yŋ 云瓊榮營永允運順＊均君熏郡閏　 -iã 榮　 -iŋ 敏定　 -əŋ ＊孫倫
　　　-uẽ 問　 -iɛ 律　 -i 逼
上高：-in 云瓊營永允敏運定＊均君郡　 -əŋ 榮　 -uŋ ＊孫倫閏　 -nɘ 順問　 -it
　　　律逼
萬載：-uin 云允運　 -in 營永敏定　 -ɪn 順　 -un 問瓊　 -iuŋ 榮　 -iʔ 律逼

＊-oŋ　-oʔ

陰平：①康（口剛）－岡剛（居康）
　　　②桑（蘇莊）－莊（側霜）－霜（疏莊）
　　　　①＝②（倉：七岡切，蒼：七莊切音倉）
　　　③荒（呼光）｜敷荒｜
　　　④光（姑荒）｜他光｜
　　　⑤昌（長江）｜都昌｜
　　例外：郎（盧堂）｜普郎　烏郎｜
陽平：①郎（盧堂）－堂（台郎）－昂（吾郎）
　　　②亡（無防）－防（敷亡）
上聲：①罔（網，巫紡）－紡（妃罔）
　　　②朗（盧黨）－黨（多朗）
　　　③廣（古晃）｜布廣　莫廣｜
　　　④兩（良獎）｜妃兩　初兩｜

①＝④（舫：敷岡切音訪，訪：妃兩切）

　　　例外：項（許亮）｜烏項｜（項：俗讀杭上聲）

去聲：①宕（徒浪）－浪（又狼去聲）

　　　②項（許亮）｜布項｜

　　　③況＝况（虛放）｜則況｜｜側況｜

　　　④放（又孚亮）｜巫放｜

　　　⑤絳（居漾）｜直絳｜

　　　⑥降（又音絳）｜楚降｜

入聲：①各（古博）－博（伯各）－鶴（呼各）

　　　②合盍（侯閣）－閣（古鶴）＝閤

　　　③約（弋灼）｜符約｜

　　　④角（吉岳）｜蒲角｜才角｜蘇角｜竹角｜測角｜豻角｜直角｜色角｜烏角｜

　　　①＝④（索：蘇各切，捼：蘇角切音索）

　　　例外：木（普木）｜普木｜

声調相配：「邦」博康切－「榜」布廣切邦上聲－「謗」布項切邦去聲－「博」伯各切邦入聲

　　　「湯」他光切儻平聲－「唐」台郎切－「儻」他朗切湯上聲－「宕」徒浪切唐去聲／「錫」徒浪切湯入聲－「鐸」達各切唐入聲

中古音：宕江摂一二等開口、宕摂三等開口荘組、咸摂一等入声牙喉音（一部）

説明：入声の「木」は例外。『字彙』の「朴、匹各切音朴」が白鹿内閣本で「普木切音朴」に換えられたもの（午下2a4）。直音注を無視すれば、宕摂入声的な音（*pʰoʔ）ではない別の音、つまり通摂入声的な音（*pʰuəʔ）に換えたとも考えられる。白鹿東大本では「蒲各切音朴」に戻されている。

宜春：康 kʰoŋ³⁴ 岡 koŋ³⁴ 剛 koŋ³⁴ 桑 soŋ³⁴ 莊 tsoŋ³⁴ 霜 soŋ³⁴ 荒 foŋ³⁴ 光 kuoŋ³⁴ 昌 tʃʰoŋ³⁴ 郎 loŋ³³／郎 loŋ³³ 堂 tʰoŋ³³ 昂 ŋoŋ³³ 亡 uoŋ³³ 防 foŋ³³／紡 foŋ²¹ 朗 loŋ²¹ 黨 toŋ²¹ 廣 kuoŋ²¹ 兩 lioŋ²¹ 項 hoŋ²¹³／宕 tʰoŋ²¹³ 浪 loŋ²¹³

第2部　音韻篇

項 hoŋ²¹³ 況 ʃoŋ³³ 放 foŋ³³ 降 koŋ³³／各 koʔ⁵ 合 hoiʔ⁵ 閣 koʔ⁵ 博 poʔ⁵
鶴 hoʔ⁵ 約 ioʔ⁵ 角 koʔ⁵ 木 muʔ⁵

萍郷：-ɔ̃ 桑昌霜荒郎堂黨紡放＊康岡剛莊昂防朗項浪降　-uɔ̃ 光廣＊ 況 -iɔ̃
　　　兩　-o 合各角木＊ -ɔ 閣博鶴　-io 約角　-u 木
上高：-ɔn 桑昌霜荒光郎堂黨廣紡放＊康岡剛莊昂防朗浪項況　-iɔn 兩　-tɕ
tɕ　　合　-ɔʔ 各＊鶴博 ʃɔ　角 ʃɕi 約 ʃuʔ 木
萬載：-ɔŋ 桑昌霜荒郎堂黨紡放　-uɔn 光廣　-iɔn 兩 ŋɕi　-au ʃue 合　-oʔ 各角
　　　-ioʔ 約　-uʔ 木

*-ioŋ 　-ioʔ
陰平：①襄（息匡）－匡（苦光）｜息匡｜
　　　②商（尸張）－張章（止商）－江（居章）－央（羊江）
　　　③方（敷荒）｜子方｜
陽平：①良（呂陽）－陽揚羊（移長）－長（仲良）
　　　②茫（謨郎）｜虛茫｜
　　　③皇（呼王）｜羽皇｜
　　　　①＝③（羊：移長切，佯：羽皇切音羊）
上聲：①獎（即兩）－兩（良獎）－養（于兩）－仰（魚兩）－講港（居
　　　養）
　　　②項（許亮切俗讀杭上聲學上聲）｜古項切音講｜
去聲：①仗（直亮）－漾（餘亮）－尚（時亮）－絳（居漾）－向（許亮）
　　　－亮（＝諒，力杖）－樣（＝㨾，餘亮）
　　　②杖（齒兩，又長去聲）
入聲：①灼（職略）－略（力灼）－約藥（弋灼）－縛（符約）－畧（＝略）
　　　②岳虐（逆腳）－腳角覺（吉岳）
　　　　①＝②（躩：丘縛切音卻，却：渠角切）
声調相配：「央秧」羊江切－「陽」移長切－「養」于兩切陽上聲／「鞅」
　　　　　于兩切央上聲－「訣」餘亮切央去聲－「約」弋灼切秧入聲
中古音：江攝二等牙喉音、宕攝三等開口
説明：「項」（古項切音講）が上声として使われるのは『字彙』の音注の援

196

第3章　白鹿書院本『正字通』声韻調の分析

用によるもの。陰平①の「息匡切」や③の「子方切」の下字は例外。後者は張自烈の友人の顧杲の字が「子方」であることと関連するかも知れない。去声②の「杖」は上声「齒兩切」だが、ここでは「又長去聲」の音が使われていると見ておく。

宜春：襄 sioŋ³⁴ 匡 tsʰoŋ³⁴ 商 ʃoŋ³⁴ 張 tʃoŋ³⁴ 章 tʃoŋ³⁴ 江 koŋ³⁴ 央 ioŋ³⁴ 方 foŋ³⁴／
　　　良 lioŋ³³ 陽 ioŋ³³ 揚 ioŋ³³ 羊 ioŋ³³ 長 tʃʰoŋ³³ 茫 moŋ³³ 皇 foŋ³³／獎 tsioŋ²¹
　　　兩 lioŋ²¹ 養 ioŋ²¹ 仰 ȵioŋ²¹ 講 koŋ²¹ 港 koŋ²¹／杖 tʃʰoŋ²¹³ 仗 tʃoŋ³³
　　　尚 ʃoŋ²¹³ 向 ʃoŋ³³ 亮 lioŋ²¹³ 樣 ioŋ²¹³／略 lioʔ⁵ 約 ioʔ⁵ 藥 ioʔ⁵ 縛 foʔ⁵
　　　岳 ŋoʔ⁵ 虐 ȵioʔ⁵ 腳 tʃoʔ⁵ 角 koʔ⁵ 覺 koʔ⁵

萍郷：-ɔ̃ 張章方江長港＊商皇講杖仗尚 -ɛ̃ 兩養向＊襄央良陽揚羊獎亮樣
　　　-o 角＊-ɔ 縛岳覺 -io 約角藥虐＊-ɔ̃ 略腳

上高：-ɔŋ 張章方江長港向＊茫商皇良講獎仗尚亮 -ŋ̍ci 兩養＊央陽揚羊樣
　　　-oʔ 角＊-ɔʔ 縛岳略覺 -ioʔ 約藥虐

萬載：-ɔŋ 張章方江長港 -iɔŋ 兩養向 -oʔ 角 -ioʔ 約藥虐

*-uoŋ　-uoʔ

陰平：荒（呼光）－光（姑荒）
陽平：黃（呼王）－王（往防）－防房（敷亡）｜往防　往房｜
上聲：晃（詡往）－往（烏紡）－紡（妃罔）｜烏紡｜
去聲：況（虛放）－放（又孚亮）－謗（布項）｜居況　虛放　烏放　苦謗｜
入聲：郭（古博）－博（伯各）
声調相配：「荒」呼光切謊平聲－「黃」呼王切－「怳」詡往切荒上聲／
　　　　　「晃」詡往切黃上聲／－「況」虛放切荒去聲－「蠖」呼郭切荒
　　　　　入聲／「穫」呼郭切黃入聲
中古音：宕摂一三等合口
宜春：荒 foŋ³⁴ 光 kuoŋ³⁴／黃 foŋ³³/uoŋ³³ 王 uoŋ³³ 防 foŋ³³ 房 foŋ³³／晃 foŋ²¹ 往
　　　uoŋ²¹ 紡 foŋ²¹／況 ʃoŋ³³ 放 foŋ³³ 謗 poŋ³³／郭 koʔ⁵ 博 poʔ⁵ 各 koʔ⁵
萍郷：-ɔ̃ 荒黃房紡放＊防況　-uɔ̃ 光王黃往　-o 各＊-ɔ 博　-uo 郭
上高：-ɔŋ 光荒王黃房往紡放＊防晃況　-ɔʔ 郭各＊博

197

第２部　音韻篇

萬載：-ɔŋ 荒黃房紡放　-uoŋ 光王往　-oʔ 各　-uoʔ 郭

*-uəŋ　-uəʔ

陰平：①公工（孤烘）－烘（呼公）－冬（德公）
　　　②雍（雎，于公）－風（敷雍）｜敷雍，烏風｜
　　　③松（息中）｜倉松，蒼松｜
　　　④中（之雍）｜息中｜
陽平：①紅（湖同）－同（徒紅）
　　　②容（以紅）｜盧容｜
上聲：①孔（康董）－董（多孔）－總（作孔）
　　　②勇（尹竦）｜方勇，芳勇，乃勇，即勇，息勇｜
　　　①＝②（玊：乃孔切農上聲，癰：乃勇切農上聲）
去聲：弄（盧貢）－貢（古送）－送（蘇弄）
入聲：木（莫卜）－卜（博木）－谷（古祿）－篤（都祿）－斛（呼谷）－
　　　屋（烏斛）－六祿（力竹）－足（子六）－竹祝（之六）
　　　（縮：所六切，搯：疏谷切音縮）
声調相配：「宗」祖冬切縱平聲／「蹤」祖冬切－「總」作孔切宗上聲－
　　　　　「糉」子弄切宗去聲／「縱」子弄切蹤入聲－「足」子六切蹤入
　　　　　聲
　　　　　「聰」蒼松切－「叢」才紅切族平聲／「從」才紅切－「謥」徂
　　　　　送切聰去聲／「傱」徂送切從去聲－「族」千木切從入聲
中古音：通摂一等、三等（一部）
説明：平声④の「中」、上声②の「勇」、入声の「竹祝」は例外。
宜春：公 kuəŋ³⁴ 工 kuəŋ³⁴ 烘 fəŋ³⁴ 冬 təŋ³⁴ 雍 iəŋ³⁴ 風 fəŋ³⁴ 松 siəŋ³⁴/səŋ³⁴
　　　中 tʃəŋ³⁴／紅 fəŋ³³ 同 tʰəŋ³³ 容 iəŋ³³／孔 kʰuəŋ²¹ 董 təŋ²¹ 總 tsəŋ²¹
　　　勇 iəŋ²¹／弄 ləŋ²¹³ 貢 kuəŋ³³ 送 səŋ³³／木 muʔ⁵ 卜 puʔ⁵ 谷 kuʔ⁵
　　　篤 tuʔ⁵ 斛 fuʔ⁵ 屋 uʔ⁵ 六 luʔ⁵ 祿 luʔ⁵ 竹 tʃuʔ⁵ 祝 tʃuʔ⁵
萍鄉：-əŋ 冬風中松紅送＊同董總弄　-uəŋ 公＊工孔貢　-iŋ 容＊雍勇　-u 木
　　　谷祿屋六竹足＊祝　-o 木
上高：-əŋ 公冬風中松紅送＊ -uŋ 工同孔董總弄貢　-ən ＊烘　-iəŋ 容＊ -iuŋ

第3章 白鹿書院本『正字通』声韻調の分析

勇 -uʔ 木谷祿屋竹 -iuʔ 六足
萬載：-uŋ 公冬風中松紅送 -iuŋ 容 -uʔ 木谷祿屋竹 -iuʔ 六

*-iuəŋ -iuəʔ
陰平：①雍（＝雝，于公）－中（之雍）
　　　②公（孤烘）｜于公｜
陽平：①容庸（以紅）－龍（盧容）
　　　②紅（湖同）｜持紅，魚紅，以紅｜
上聲：①勇（尹竦）－竦（息勇）
　　　②隴（力董）｜知隴，而隴｜
去聲：仲（昌用）－用（余頌）－頌（又音訟）
入聲：竹（之六）－六（力竹）
声調相配：「充冲」昌中切－「寵」丑勇切冲上聲－「仲」昌用切充去聲－
　　　　　「觸」昌六切充入聲
中古音：通摂三等章組・牙喉音一部、梗摂三四等合口一部
説明：直拗に関する例外が多いが、いずれも「上字が拗音」の反切である。
宜春：雍 ieŋ³⁴ 中 tʃeŋ³⁴ 公 kueŋ³⁴／容 ieŋ³³ 庸 ieŋ³³ 龍 leŋ³³ 紅 feŋ³³／勇 ieŋ²¹
　　　隴 leŋ²¹／仲 tʃʰeŋ²¹³ 用 ieŋ²¹³ 頌 sieŋ²¹³／竹 tʃuʔ⁵ 六 luʔ⁵
萍郷：-əŋ 紅中龍＊頌　-uəŋ 公　-iŋ 容用＊雍勇　-u 竹六
上高：-əŋ 公紅中龍＊ -uŋ 頌隴　-iəŋ 容用＊ -iuŋ 庸勇　-uʔ 竹　-iuʔ 六
萬載：-uŋ 公紅中　-iuŋ 容龍用　-uʔ 竹　-iuʔ 六

8．白鹿書院本『正字通』の声調

　陳昌儀1991によれば現代宜春方言の声調は以下のとおりである：

　　陰平34　上声21　去声213　入声5（-ʔ）
　　陽平33

　『正字通』と異なるのは、現代宜春方言の陽平が中古去声の全清・次清

199

声母字を含むことである[177]。『正字通』では中古去声字は、官話と同じく、全清・次清か全濁かに拘わらず一つの声調（去声）にまとまっている。第2部第1章で論じたとおり、中古平声字は反切下字により声調の陰陽が示される。中古上声全濁字は基本的に去声に入り、次清字と合併しているが、一部の全濁字は次清字と合併しつつも上声に留まっている[178]。中古入声字は全清・次清か全濁かに拘わらず一つにまとまっている。臻深梗曽四摂合併、山咸二摂合併という事実および「諾、那入聲」のような直音注、更に現代贛語に基づけば、入声は声門閉鎖音を伴っていたと推定するのが最も自然である。現代宜春方言の陽平が中古去声の全清・次清声母字を含む點は『正字通』と大きく異なるが、現代宜春方言の内部差異の問題もあろう。

　以上より、張自烈の読書音として、次のような五つの声調が帰納される：

陰平：「蒿薅」呼刀切、「枵髐」虛交切、「方芳」敷荒切
　　　（中古：平声全清・次清）
陽平：「豪毫」呼陶切、「洨爻」虛勞切、「防房」敷亡切
　　　（中古：平声全濁・次濁）
上声：「吐杜」他魯切、「起技」區里切
　　　（中古：上声全清・次清・次濁・全濁[一部]）
去声：「化話」呼霸切、「替地」他計切、「憩伎」奇寄切、「糙造」七到切、「臭宙」尺救切
　　　（中古：去声全清・次清・全濁・次濁、上声全濁[大部分]）
入声：「脱奪」他括切、「發罰」房押切、「設舌」式列切
　　　（中古：入声全清・次清・次濁・全濁）

注―
150　陳澤平・秋谷裕幸両氏のおかげで劉平2001『江西宜春方言音系』も見ることができた。
151　東京大学蔵白鹿書院本以降は音注の面における版本間での違いはほぼなくなる。
152　『正字通』では明らかに平声が陰陽に分化している（全濁清母と次清従母も合流）。

第 3 章　白鹿書院本『正字通』声韻調の分析

153 全濁澄母と次清昌母が平仄（長は平声、杖は上声）に拘わらず合流。
154 ＊印をつけたこれらの音声記号は『正字通』読書音の再構音（暫定的なもの）。
155 次の例では『字彙』の音注（以下、括弧の中）と同じなので採用しない：「窡：知滑切摑入聲」（摑入聲）、「瞁：無發切瓦入聲」（瓦入聲）、「髂：枯架切恰去聲」（恰去聲）、「跒：苦雅切恰上聲」（恰上聲）。次は又音の例：「斡：又烏活切窩入聲」（腕入聲）。なお「打：丁雅切達上聲」では『正字通』の声母と一致しない（「打」*ta；「達」*tʰaʔ）。
156 陳昌儀1991によれば現代宜春方言の声母は次のとおり：

　　[p] 波邦　[pʰ] 婆病　[m] 毛民　[f] 封灰
　　[t] 斗丁　[tʰ] 頭定　[l] 南蘭
　　[k] 家關　[kʰ] 揩昆　[ŋ] 矮眼　[h] 鞋寒　[Ø] 烏無
　　[ts] 鄒精　[tsʰ] 愁自　[s] 心洗
　　[tɕ] 豬舉　[tɕʰ] 春巨　[ɕ] 許書　[n̠] 女言
　　[tʃ] 招今　[tʃʰ] 超曲　[ʃ] 喜熟

157 陳1991によれば現代宜春方言の韻母は以下のとおり（ここでの下線は口語音のみに現れる韻）.

　　[a] 把花　[ia] 野借　[ua] 瓜誇　[o] 多左　[uo] 禾果　[ŋ̍] 租助字　[i] 衣杯　[ɿ] 詩寄　[u] 姑夫　[y] 豬水
　　[ɛ] 去鋸　[iɛ] 爹擠　[uɛ] □　[ɵ] 二耳
　　[ai] 街鞋　[uai] 乖塊　[ui] 規危　[oi] 改孩
　　[au] 保早　[iəu] 標焦　[əu] 走狗　[iu] 揪酒　[ɪu] 周九
　　[an] 班三　[uan] 關慣　[ən] 分昏　[in] 津音　[ɪn] 門金　[un] 敦村　[yn] 春準　[uin] 滾坤
　　[ɵn] 專勸　[iɵn] 元軟
　　[on] 般端　[uon] 官貫　[ɛn] 燈跟　[iɛn] 天千　[uɛn] □
　　[oŋ] 幫壯　[ioŋ] 將祥　[uoŋ] 光廣　[a̠ŋ] 坑輕　[iaŋ] 聽晴　[uaŋ] 橫梗　[ə̠ŋ] 紅窮　[iə̠ŋ] 宋濃　[uəŋ] 工孔
　　[ŋ̍ʔ] 族促　[iʔ] 日集　[ɿʔ] 執直　[uʔ] 伏祝　[yʔ] 出突　[aʔ] 白客　[iaʔ] 壁錫　[oʔ] 剝託　[ioʔ] 掠削　[uoʔ] 握渥
　　[ɛʔ] 北黑　[iɛʔ] 節雪　[uɛʔ] 國　[ɵʔ] 缺血　[iɵʔ] 月越　[aiʔ] 發甲　[uaiʔ] 刮襪　[oiʔ] 缽割　[uoiʔ] 活　[iuʔ] 綠玉　[uiʔ] 卒骨　[m̩] □　[ŋ̍] 五

なお咸摂一等「合」の「侯閣切呵入聲」（合 *hoʔ、呵 *ho）の注によれば、咸摂入声では一等 *-oʔ と二等 *-aʔ の区別があるように見えるが、『正字通』での「合」はむしろ宕摂入声の音になっている推定される。ただし現代宜春方言では「合」は [hoiʔ] である（山咸摂的）。後述 Forke の記述参照。

201

158 四書の反切がこの条と全同となるもの：辰中110a3。

159 四書の反切がこの条と全同となるもの：申上104a1。

160 弘文書院本では"閉"と誤刻。

161 四書の反切がこの条と全同となるもの：巳上106a3。

162 三畏堂本は"音攤"と誤刻。

163 四書の反切がこの条と全同となるもの：丑上87a5、巳上100b5（影印本『字彙』は離閑を離闇に作る）、未上42b63。

164 弘文書院本は"閉"と誤刻。

165 四書の反切がこの条と全同となるもの：午中79a5、亥中35a7、亥中86a6。

166 四書の反切がこの条と全同となるもの：未上49a5、亥下17a8。

167 四書の反切がこの条と全同となるもの：未中3b7、未中18b5、酉中15b6、酉中20a6。

168 弘文書院本は"戸煩切"に作る。

169 四書の反切がこの条と全同となるもの：丑下57b2。

170 "烏"は影母字。

171 四書の反切がこの条と全同となるもの：未上10b3、未上41a2、未中38b3、未中69b6、未下33b6、申上101a5、申上117a8、申上130b1、申上141b7、申中56b4、申中67a1、酉上10a3、酉中81b2。

172 四書の反切がこの条と全同となるもの：戌下19b5。

173 覃韻の反切には、一等牙喉音及び中古覃韻舌歯音が、他の類と区別される傾向がある（河野1979）。

174 宜教師の記録した明末清初の南方官話では合口一等（ＧＨＩ）と合口二等（ＪＫＬ）を区別するが、既に混同の兆しも見える。

175 たとえば『正字通』「幸」において「俗讀去聲如恨」と言うが、現代宜春では「恨」と同音の「幸」[hən213]の音は正に口語音である。

176 たとえば「朋沒切」が又音反切で「朋福切」として現れることがある。ほかにも同音字表の「杜谷切」「烏谷切」の項を参照されたい。

177 中古去声の全清次清声母字の中には現代宜春の去声213に入るものも存在する。「鎮振震／惡藹要幼厭怨／配翠憩炮泡套透嘆判篡串聘慶困暢曠銃／勢粹付傅赴賦婿舎卸好潄少獸漢喚獻遜聖興況」など。魏1990によれば、宜春の隣の萍郷には『正字通』と同じ声調体系を持つ地点がある。ただし中古去声全清次清全濁次清次濁声母すべてが一つの去声に含まれるという点のみに着目するならば明末清初の官話でも同様である。

178 この問題については本書第2部第5章「『正字通』における中古全濁上声の扱いについて」で論じる。

第4章 『正字通』同音字表

　本同音字表は『正字通』の全反切（又音反切を除く）を、前章までの議論により再構された韻母・声母・声調に沿って並べたもの。基づいた版本は内閣文庫蔵の白鹿書院本である（のちの多くの版本と異なるところあり）。

凡例
1. たとえば「邦加　巴疤」は「邦加切」という反切が付けられた字に「巴」や「疤」などがあることを示す。
2. 直音注は網羅的でなく、声調の相配関係を示しうるものや特徴的な音を表しているものなどに限り、右下の小字により掲出した。たとえば「必架　靶音霸」は「靶」に「必架切音霸」という音注が、「補瓦　把巴上」は「把」に「補瓦切巴上聲」という音注が、それぞれ付いていることを示す。
3. 他にも音に関する有用な原注を小字で加えることがある。たとえば「戸牙切」の「划」に加えられた「方音讀若話」など。
4. 必要に応じて又音反切を並べる場合は括弧でくくり、「又」という小字を加える。
5. 同音字は中古音の区別が一定程度わかるよう配列。同音字の間の「;」は中古の韻が異なること、「,」は中古で同韻だが非同音であることを表す。字の前に加えられた小字の「上」「d」などは、それぞれ「中古では上声」「中古では*d-と再構される定母に属す」などの意味を表す。他は類推されたい。
6. *の印のあとの情報は原注ではなく『廣韻』など他の辞書からのもの。
7. 声韻調のいずれかの面で原則に合わない反切用字は網掛けとする。

*-a

	陰平	陽平	上聲	去聲
p	邦加　巴疤		補瓦　把巴上	必架　欛靶音覇 必駕　罷音杷* *廣韻薄蟹切
pʰ	普加　苗帕平吧 普巴　扮音苗* *字彙普巴切	蒲麻　杷罷平琶怕平爬		普駕　怕 普架　帊音怕帕
m		莫牙　麻馬平蔴 謨牙　鼉音麻	莫雅　馬麻上	莫駕　榪音駡 莫架　駡音駡
t			丁雅　打達上	
n		乃遐　拏		
ts				祖架　炸音詐* *字彙側駕切
tʃ	莊加　柤詐平楂詐平皻 咱 側加　諸音楂		側賈　苲	莊架　詐柤去 側架　醡音詐 側駕　寋音詐
tʃʰ	初加　扠* *廣韻丑佳切 差杈音叉 超加　艖詫平	鋤麻　茶插平 鉏麻　秅音茶	丑雅　妊咩上咋 初瓦　嚓叉上	初訝　紁叉去 丑亞　吒咩去, 詫, 汊 鉏駕　乍茶去; 痄 鉏架　蜡音乍
ʃ		所加　沙紗裟鯊		沙雅　傻沙上 沙瓦　儍沙上	所嫁　嗄沙去 所架　廈音廈
k	ia(?)陽平聲、上聲、去聲同 居沙　加嘉家; 佳		舉雅　假煆音賈	居亞　價嫁稼架駕
kʰ	ia(?) (又丘伽　佉怯平)	求茶　伽茄	苦雅　跒愕上	枯架　髂愕去
h	ia(?) 虛加　鰕鏄平煆	何麻　瑕遐霞	許雅　閜鰕上* 閉雅　啁鏄上* *廣韻許下切 (又亥雅　下)	呼嫁　罅鰕去 虛架　夏音煆 呼架　廈下去 虛駕　下遐去煆音夏
ŋ	ia(?)		牛霞　牙雅平芽衙	擬把　厊 (雅又馬韻牙上聲)	吾架　訝; 序 吾駕　砑音迓玡
∅	ia(?) 于加　丫音鴉錏啞音鴉 於加　鴉亞平砑音呀		以把　瘂鴉上	衣架　亞鴉去婭, 迓* *廣韻吾駕切 衣駕　晉音亞

204

*-ia(-ie？)

	陰平	陽平	上聲	去聲
t	丁奢 爹姐平			
ts	咨些 蹉音嗟 咨邪 嗟借平罝		茲野 姐借上	子夜 借嗟去唶
tsʰ			(又七也 且)	
s	西遮 些寫平	徐嗟 斜音邪	先野 寫些上蔫 詞也 瀉音寫	詞夜 卸寫去 謝寫去,藉音謝 司夜 蛇音卸 思夜 魯音舊
tʃ	之奢 遮者平		哲野 者遮上赭	之夜 柘蔗鷓
tʃʰ	昌遮 硨音車 (車又撦平)		昌者 撦車上撦	充夜 絁車去
ʃ	詩遮 奢賒	石斜 蛇音佘	始野 捨赦上	式夜 舍赦 射蛇去麝;社
ʒ			爾者 惹喏	人夜 偌惹去
h	ya(?) ye(?) 毁遮 華音靴* *廣韻戈韻			
ø	意嗟 邪撒音耶 以遮 耶夜平琊	以蛇 爺音耶	以者 也冶野	寅射 夜耶去

*-ua

	陰平	陽平	上聲	去聲
tʃ	職瓜 撾,髽			
k	古花 瓜寡平蝸		古瓦 寡瓜上	古話 卦瓜去挂掛
kʰ	枯瓜 誇跨平夸		苦瓦 銙誇上	苦化 跨誇去
h	呼瓜 花化平 鏵音華	戶牙 華話平驊 划方音讀若話 諕	呼瓦 踝華上稞	呼霸 化花去 崋 話華(畫又音話)
ŋ			五寡 瓦蛙上	五話 宛䵷去
ø	烏瓜 哇音蛙娃洼窐, 䵷厓平* *廣韻五瓜切		(又烏寡 搲)	烏化 齀蛙去

*-o

	陰平	陽平	上聲	去聲
p	補戈 波播不菠		補火 跛波上蚾	補過 簸音播俗讀波上聲 謗破 播波去
pʰ	普戈 坡破不玻	蒲禾 婆嶓鄱	普火 頗坡上叵	覍過 破頗去
m		眉俄 魔音摩 眉婆 磨音摩 眉我 摩騾	忙果 麼摩上	
t	得科 多朶不		丁可 朶多上垛* *廣韻徒果切 丁果 椯音朶	當臥 刴多去
tʰ	湯戈 拖 他方言呼人他讀若塔平聲	唐何 佗沱跎陀駝鼉	他果 妥唾上 䐾惰上* *廣韻丁果切 他可 堶駝上* *廣韻徒和切	吐臥 唾拖去 杜臥 上墮惰駝去
n		囊何 儺那哪 乃禾 胒音誤	乃可 娜那上橠 (那又)	乃過 愞懦 乃个 穤音懦 乃箇 臝音懦* *廣韻魯過切 (又乃臥 那)
l		郎何 羅籮蘿鑼，臝	郎可 欏 郎果 覼䃺音裸	郎佐 邏羅去
ts			臧可 左佐上	祖過 佐左去
tsʰ	倉多 蹉剉不搓 艖 坐平 醝 坒平 瘥* *廣韻昨何切	才何 矬坐平	千可 瑳磋蹉上* *廣韻七何切 脞坐上	千臥 剉蹉去，挫夎* *廣韻則臥切 徂箇 坐矬去
s	桑柯 娑 唆梭莎蓑		蘇果 鎖鎖	
k	古阿 歌箇不 戈果不鍋		古我 舸歌上哿 果戈上裹	古賀 箇歌去个 過戈去
kʰ	苦呵 柯可不，珂軻，科窠 苦阿 渮音柯* *廣韻胡歌切		口我 可軻上珂 苦果 顆科上	苦臥 坷珂去 課珂去
h	虎阿 呵訶	戶羅 何賀不河荷 禾和	虎果 火貨上 夥	呼課 貨火去 上禍和去；賀訶去

ŋ			吾何	蛾我乎俄我鵝， 訛 哦我乎	五可	我俄上 砐訛上	吾賀	餓 臥
			吾和					
Ø	烏戈	阿惡乎 窩萵			烏可 烏果	閜阿上 婑倭上鬓窩上	安賀	矮窩去

*-ɿ

		陰平		陽平		上聲		去聲
ts	津私	貲髭 咨姿資 茲滋			祖此	紫 姊 子仔	資四	漬*眥* *廣韻疾智切 恣資去
tsʰ	此私	雌次乎,嵯	才時	疵 瓷 磁慈	雌子	此雌上	七四 初寺	刺;次;廁雌去 自;字 兒音耜 杙音廁* *正韻初寺切
s	相咨	斯;私 司思蘇音絲	斯時	祠辭詞	想子 詳子	死私上 姒詞上涘詞上 竢音似	息漬 息寺	賜;四;笥 似詞去巳詞去 祀耜 寺詞去飤 肆音四

*-i

		陰平		陽平		上聲		去聲
p	邊迷	箆鎞			補米	彼悲上,俾髀; 匕比秕妣, 鄙，否	兵謎	臂;祕比去毖泌, 庇，變，蔽 必既　閉音變;斃
pʰ	匹依 匹伊 匹衣	批紕 披音批 狉音批	頻彌 頻麋 頻糜 頻迷 蒲糜 平糜 平迷	皮疲,脾,p羆 琵 枇音皮;鼙 毗音皮鈚 貔音皮膍 椑音皮 魮音皮 鞞音皮* *集韻頻彌切	普米	b痞披上仳 陛皮上* *廣韻邊兮切,匹迷切 不伾	毗意	譬;屁 上婢 避,被;備, 鼻今讀入聲 陛 敝弊幣獘;薜
m			莫皮	彌,糜;糜 迷	母禮 毋禮	靡,弭 米迷上 敉音米	彌計	謎迷去

t	都妻	低底平堤鞮			典禮	氐底抵舐邸	丁計	帝低去諦蔕嚔,䗖音䓅* *集韻大計切
tʰ	天低	梯體平 體尼	梯尼 梯泥	題蹄 提秭緹音題	他禮 他里	體梯上 弟題上 悌音體	他計 它計	替梯去鬀 地;締第遞 篩音替
n			年題	尼呢 泥	乃里	你泥上;氼* *集韻乃倚切 禰	乃計	膩泥去
l			鄰其	離籬罹;棃犂; 狸犛 黎	良徙	履;里俚理鯉 裏李 禮蠡	力地 力帝 (又力霽	詈;利痢;吏 麗隸戾唳荔; 例厲 淚音例;捩 攭)
ts	賤西	齎齏隮齌			精里 子禮	濟齎上;薺齊上 霽濟上(擠又)	積計	祭際;霽,劑
tsʰ	此西	妻砌平淒萋	前題	齊臍蠐	此禮	泚妻上玼 紫齊上	七計	砌妻去 穧齊去嚌
s	先棲	西犀嘶撕 栖俗讀若妻			想里 斯氏	徙蓰璽 洗 禗音徙* *廣韻息茲切	思計	細西去壻胥去
tʃ	章詩 章伊 莊詩 莊持	知智平;之 蜘音知,支肢枝; 脂;芝,榰音支 淄菑緇輜 鶅音鎡			諸矢	紙只咫;指; 止址芷趾	之侍	智 至,致,縶 志痣誌,置 制製
tʃʰ	丑知 楚支	眵;絺,鴟; 癡笞,蚩嗤 齹音差	陳時	池馳篪;坻遲; 持治	尺矢	侈;恥,齒 豸 灘池上;峙	持世 丈是 持侍	翅廲去;眙笞去, 熾, 稚;值 滯 痔池去 饎音熾
ʃ	申之	施;尸屍蓍; 詩,師獅音司	施持	匙;時塒蒔	詩止 師止	弛音始豕;矢 使 市時上 始音矢,史音使 舐時上;柿時上	時至	試弒,駛 世貰 是氏;視,諡嗜; 恃始去;侍 士仕;事音嗜 誓
ʒ			如時	兒;而	如止	爾邇 耳兒上;餌	而至	二兒去;咡

k	古奚	羈羇;飢音雞肌;基箕;幾機譏饑;稽			居里	己雞上紀;蟣	古器	寄;冀驥,季;記;既繼薊計髻
	古羲	乩音雞* *集韻堅奚切						
	古兮	璣音雞						
kʰ	欠衣	欺谿	渠宜	奇騎,岐;祁耆;其棋旗麒祈,蘄	區里	綺;芑起;豈技奇上;阠其上* *廣韻鉏里切	奇寄 奇計 奇異 奇意	企;憩伎音器;暨;忌器,棄,氣;契妓音器墍音忌垍音忌
			欠宜	譏音其				
h	虛欺	犧;熙;希稀;奚謑			許里	喜希上;㕧奚上* *廣韻胡禮切	虛器	戲,鱥禊系
	虛期	羲;禧;俙音希兮,攜畦音奚						
ŋ			魚奇 五黎	儀宜音倪;疑倪猊蜺霓鯢	牛起	礒蟻;擬檥音以	魚既 倪器 倪技 五計	義音異議;詣;藝囈垠;刈音藝 敼音詣
Ø	于欺 于期 於欺	醫噫;衣禕;依音衣檥;伊音衣	伊齊 伊奇	移;侇姨彝,遺;飴貽頤;沂音移夷音移	隱起 隱喜 引起	倚椅以怡上已矣䭃音以䛳旖施憸音以	余祭 余技	縊饐衣去懿;意衣去,翳肆;異移去;裔曳殪;殔音異

*-u

		陰平		陽平		上聲		去聲
p	奔孤 奔模 奔狐	晡音逋逋* *字彙奔謨切 鯆鈽音逋			博古	補布上圃	博故	布補去佈
pʰ	普沽	鋪普平痡	普吾	蒲音匍	頗五	浦普譜 蔀蒲上	普故 薄故	誧鋪去 上簿蒲去;捕步 上部蒲去
m			莫胡 莫湖	模音謨摹謨	莫補	母模上姥姆	莫故	墓慕暮
f	撫孤	夫膚,敷麩孚俘郛	逢無 逢吾 敷無	扶符 符音扶枎鳧 芙音符	扶古	府腑斧甫脯俯,撫,輔腐	符遇 符素	付傅賦,赴訃;富,副父扶去;附負婦坿音付

209

t	東孤	都妒平闍			董五	堵賭	都故	妒都去
tʰ			通吾 同都	徒塗荼途屠圖 潃音屠	他魯	土徒上吐 杜徒上莊	土故	兔徒去菟 肚;度渡鍍
n			農圖	奴孥	努古 尼古	努音弩 弩奴上笯	努故	怒努去
l			力吾	盧瀘爐蘆艫鱸	郎古	魯櫓鹵虜	魯故	賂路潞蕗露鷺
ts	宗蘇	租祖平			壯楚	祖租上珇組 阻租上;詛		
tsʰ	倉租	粗怚* *廣韻將預切	叢無	徂音雛殂 鉏音雛* *字彙叢租切			倉故 措粗去酢 臧故	祚粗去胙阼 慶音助 (勦又臧故切音助)
s	孫呼	蘇酥					蘇故	素嗉訴
tʃ							莊故	詐阻去
tʃʰ	楚租	初楚平;鋤	楚渠	鋤音鉏;雛音鋤	創祖	楚粗上礎	初故	助音祚
ʃ	所呼	梳疏蔬			疎祖	所疎上	疏故	數音素
k	攻呼 攻乎	姑沽蛄鴣辜 孤觚箍 觚音姑			公虎	古估股鼓蠱	公悟	固故錮顧
kʰ	空烏	枯苦平挎骷			孔五	苦枯上	苦故	庫袴
h	荒孤	呼幠	洪吾 洪無	胡湖瑚糊葫蝴 弧狐乎壺 衚音胡	呼古 侯古	虎呼上滸 鄠湖上 琥音虎 怙湖上	呼誤 呼悟 侯故 呼故	戶湖去祜湖去 冱呼去 互護 岵音互 扈湖去 鯱音互* *廣韻戶吳切
ŋ			五胡 五湖 五扶	菩音吾 吳吾梧浯鼯 蜈音吳	吾古	五吾上伍午忤	吾路	誤悟寤
∅	汪夫 汪呼	烏鳴 穻音烏			烏古	隖烏上鄔烏上	烏路	晤音誤
v			武扶 (又微夠	無蕪巫誣 亡)	囚甫	武憮舞侮	亡慕 亡暮 無暮 無墓	務音霧 鶩音務 嫠音務 鞪音務

210

*-iu

	陰平		陽平		上聲		去聲	
n			女除	帠	尼呂	女		
l			凌如	廬臚驢閭	兩舉	呂侶旅;褸 縷方音讀樓上聲	力遇	慮閭去濾;屨
ts	子胥	苴蛆狙疽* *廣韻七余切 娵			子呂	咀* *廣韻慈呂切	將預	嫭直去
tsʰ	七須	趨取平			七主	取趨上 聚趨上	七遇	覷;趣音聚娶 堅音聚
s	相居	胥;須需	似魚	徐序平	私呂	稰醑 嶼胥上	雪遇	絮需去 序徐去緒須去紋
tʃ	專於	藷 朱音諸珠,蛛 株 專于 諸,豬;誅邾			知雨 之與 之雨	主 拄,麈音主 渚音主;炷	之樹 之恕	著 注蛀鑄 註音注
tʃʰ	抽居	樗;樞姝	直如	除 儲廚	尺主 直呂	杵音處 柱除上 苧,墅 貯除上* *廣韻知母 宁音柱	直樹	褚* *廣韻丑呂切 箸筯 住,駐* *廣韻中句切 (處又御韻音住)
ʃ	尚朱	書舒紓;輸, 殳殊茱			賞呂	暑書上黍鼠	商遇 傷豫	庶;戍 豎;署曙薯; 樹 恕音庶
ʒ			人余	如茹;儒嚅	而煮	汝如上;乳	而遇	孺音茹;籹* *廣韻女余切
k	九迂	居裾車 俱拘駒			居許	舉居上筥莒 矩巨	居御 居馭 居遇	據踞鋸;句 遽音據 鮈音句
kʰ	丘於 丘于 丘淤 丘迂	伕音區*祛 呿*胠,軀 *廣韻丘伽切 區驅 敺音區	其余	渠蕖籧 劬瞿氍衢	臼許 丘羽 丘許	齲區上 詎蕖去炬苣鉅 昫驅上 距蕖上	丘御 忌御 忌遇	去區去 拒粔音巨 具颶懼 昫音具
h	休居	虛嘘;吁			虛呂	許;詡	許御	酗虛去呴煦
ŋ			牛劬	魚漁 娛虞愚隅	魚矩	語圄齬圉 寋	魚據	御馭;禦 寓遇 杌音鯲

| Ø | 衣虛 於淤;紆迂
于竽 | 羊劬 余餘與
俞愉渝榆逾
臾腴,
孟音于 | 弋渚 傴於上
予與
庾窳愈,宇羽
雨禹
烏許 噢姁音傴 | 余據 飫於去;嫗
豫預譽
芋,裕諭 |

*-ai

	陰平	陽平	上聲	去聲
p			補買 擺拜上	博邁 拜擺去扒
pʰ		鋪埋 牌;排		普隘 派;湃 薄邁 敗排去;粺粺 匹賣 柊音派
m		莫排 薶霾音埋	莫擺 買埋上賣	莫怪 賣;邁
t				都耐 帶;戴
tʰ	湯該 台胎邰駘	堂來 苔臺擡 唐來 跆音臺嬯	蕩海 殆臺上給	他蓋 泰音太;態 度耐 貸* *廣韻他代切 大;怠待 逮袋黛音代 度柰 代音迨
n		囊來 挼乃平* *廣韻皆韻	尼改 乃奈上	尼帶 柰;耐鼐
l		郎才 來賴平峽萊	龍改 鼐來上	落蓋 賴來去瀨籟 睞賽 洛蓋 癩音賴
ts	子哀 災哉栽		子海 宰哉上載崽* *廣韻山皆切,山佳切	作代 再哉去縡
tsʰ	倉哀 猜棌平	猜來 才材財裁纔	倉宰 采猜上案綵	倉邁 蔡綜音菜 倉賣 菜音蔡 昨代 在才去
s	桑猜 腮鰓			先代 賽顋去
tʃ	莊皆 齋債平			莊代 債齋去;瘵
tʃʰ	初皆 叉釵音差釵	釵來 柴;豺儕	鉏買 跐釵上* *廣韻將此切 豺宰 廌柴上	楚邁 蠆釵去;囆 楚賣 鹺音瘥* 助邁 砦柴去 *廣韻楚夬切
ʃ	山釵 篩曬平* *廣韻脂韻 籭俗讀師詩二音		所買 灑篩上洒	所賴 帥褰去 所賣 曬簁去,方音讀砂 去聲

k	歌開 iai(?) 居䚡	垓胲該晐 街;皆喈階		古海 iai(?) 佳買	改該上 解皆上	居艾 iai(?) 居拜	蓋該去 介岕界芥屆戒
kʰ	丘哀	開凱平 揩楷平		可海	愷開上 塏鎧 楷錯	丘蓋	慨開去嘅; 嫛楷去
h	火該	醫海平* *廣韻佳韻	呼來 虛來 雄來	孩亥平;哈 愫音諧 鞋;諧骸 頦音孩佮音哈* *廣韻呼來切	呼買 呼改	海 蟹澥嶰;駭 醢音海 亥孩上	呼蓋 乎蓋 (又何蓋 亥) iai(?) 許介	獬駭去 害孩去 迒音亥 絯音害 邂;械薤瀣 懈* *廣韻古隘切
ŋ	吾開	獃艾平皚敱音挨	iai(?) 宜才	崖涯	吾買	駭涯上	吾蓋 iai(?) 魚懈	艾;礙 睚涯去
Ø	烏開	哀愛平唉埃 挨矮平* *廣韻於駭切 譨音獃* *廣韻魚開切			愛擺 烏買 烏改	矮隘上 毒 譪哀上 譪哀上;靉	烏蓋 iai(?) 烏懈	愛哀去薆 隘挨去;呝

*-uai

	陰平	陽平	上聲	去聲
k	公歪 乖怪平		古買 柺;拐 拐乖上* *廣韻求蟹切	古壞 怪乖去;夬 古外 儈劊澮獪鱠膾
kʰ	苦乖 咼快平			可怪 䴛音塊*;快噲 *集韻苦怪切,與嚄同
h		呼才 呼材 乎才	槐音懷 淮音槐濰 懷	火怪 絓 壞懷去
ŋ				五拜 外䶩去 鼽
Ø	烏乖 崴 𡾱音歪* *廣韻火媧切 詚外平			烏怪 鯶歪去

*-uəi

	陰平	陽平	上聲	去聲
p	布非 卑,碑羆,悲 布坏 杯背平			邦妹 貝;背輩 庳卑去 偝* *廣韻薄亥切
pʰ	鋪杯 坏佩平肧胚 秠音丕	蒲枚 培陪裴	普美 琲裴上* *廣韻蒲罪切 部浼 蓓倍上	普妹 沛霈;配 旆;佩孛焙邶 普昧 詩音倍 *廣韻補妹切
m		莫裴 眉湄黴 枚梅媒煤霉 謨裴 楣音枚 莫培 鋂音枚	莫賄 美媺 浼每苺* *廣韻莫佩切	莫佩 媚彭,寐 袂;妹昧痗
f	芳威 非扉緋飛, 妃霏	符維 肥淝腓,婓* *廣韻芳非切	敷尾 匪篚棐, 悱斐菲	芳未 苐,b/ph費 b翡; 廢,肺,吠; 芳味 硔音費* *廣韻方肺切 方未 蕟音沸 *廣韻并弭切 父沸 b 帇音費
t	都灰 堆對平磓		都賄 埻堆上	都貴 對懟 都退 碓音對
tʰ	通灰 蓷退平 （又通回 推）	徒回 頽退平*頽雖 *廣韻他回切	吐委 腿退上	吐內 蛻;退推去 杜貴 兌;隊
n		孥回 酸內平	乃悔 餒音餒	乃對 內餒去
l		盧回 羸;螺蠡 雷礨	魯賄 壘雷上蘽雷上誄 磊蕾	力對 累;類音淚 耒 磊去 酹 賴 雷 去* *廣韻落猥切 （又力遂 淚）
ts	遵威 觜醉平* *廣韻卽委切,卽移切 津雖 厜醉平 糳罍平* *集韻昨回切		津委 紫醉上 子委 澤音嘴	將遂 醉 最
tsʰ	倉雖 崔催 摧* *廣韻昨回切		取偉 璀催上 漼崔上 取委 催催上 楚委 揣催上	七醉 翠催去;焠 萃悴;朏 毳音邃 （皋今方音讀璀去 聲）

s	蘇灰	綏菱雖濉	旬爲	隨遼平	息委	瀰音髓隋雖上* *廣韻作髓	須銳 徐醉	崇誶邃;歲;碎 遂隨去隊隧 彗俗讀若位
tʃ	朱暉	腄;追;隹錐			主藥 主榮	箠追上捶 甀追上* *廣韻之絫切	之瑞	惴 綴,贅
tʃʰ	昌追 昌歸	吹炊 推音吹	直回 直追	錘,垂腄;椎 籆音錘* *集韻都回切			直類 昌瑞 (又充芮	竁吹去 縋甀;墜垂去 毳吹去 撮)
ʃ	式吹 疏灰	孈水平* 榱音衰 *廣韻呼恚切	是爲	誰水平脽 㿓水平* *廣韻悅吹切	式軌	水稅上 華垂上* *廣韻時髓切	輸芮	稅水去 睡瑞
ʒ			如追	蕤桵;蕊* *廣韻姊宜切 （又紙韻合口從母）	如桀	蕊芮上柴柄上 甤	儒稅	芮蚋 銳睿
k	古吹	規;龜;歸 圭閨			古委	詭;軌蒍;癸; 鬼	古會 古惠 古位	貴音桂 桂炔;鱖 㿉音䐉
kʰ	枯灰	虧,闚;䔇音奎 恢魁	渠回	葵,逵夔 揆* *廣韻求癸切 奎*;荃*詠* *廣韻溪母	苦委 口委	跪葵上;頍恢上 頯窺上 磈恢上	丘位 丘魏	喟魁去;出魁去 匱櫃簣饋 簀音匱,愧
h	呼杯	麾;揮暉輝徽 灰 繣惠平*皋音攜* *廣韻戶圭切	戶爲	回賄平徊茴 痏* *集韻胡隈切	呼委	毀灰上; 悔灰上晦, 匯灰上	呼貴 呼桂	諱;晦誨 會;潰繢 恚 惠慧;緣音晦
ŋ			吳回 吾回	危音巍 峗音危 桅	吾鬼	頠危上	吾貴	魏音僞犟
ø	烏魁	葳;威 娃;喂	羽回	爲;帷;韋幃圍 違闈	烏鬼	委;猥 蔿;偉葦韙	烏貴	畏尉慰蔚;薈; 穢 位;胃渭蝟謂 緯彙;衛; 僞危去
v			無肥 無回	唯惟維;微 欈音惟*;薇音惟 *廣韻悅吹切	無匪	尾音委娓	無費 無沸	味音未 未肥去

*-au

	陰平	陽平	上聲	去聲
p	博高 褒保平 包豹平苞 博高 枹音苞		博考 寶褒上保堡裸 骉 飽包上	布告 報;豹
pʰ	鋪高 抛砲平泡今讀暴 胞	蒲豪 袍 庖砲平菢刨	蒲考 鮑庖上	鋪告 礮抛去 抱庖去;暴瀑 鉋方音讀若袍 鋪告 砲音砲
m		莫豪 髦音毛;茅貌平 莫毫 毛帽平氂;蝥	莫飽 卯茅上茆	莫報 冒音貌帽毛去
t	都高 刀倒平忉魛		都杲 倒刀上檮 都槁 擣音島 都稿 壔音島	都號 到刀去 都告 菿音到
tʰ	他刀 叨掐謟韜弢 條饕	徒勞 掏淘陶咷桃逃 濤	土稿 討叨上 稻桃上	他到 套滔去* *廣韻他浩切 杜號 稻桃去道陶去; 悼導盜蹈
n		乃陶 猱 鐃鬧平呶;撓* *廣韻奴巧切	乃老 惱瑙*腦 *廣韻作礟	尼教 臑腦去 鬧鐃去
l		盧豪 牢勞醪 盧毫 撈	魯考 老勞上姥笭* *廣韻魯刀切	郎到 嫪勞去嫪
ts	作高 糟遭		則絞 璪繰蚤 子杲 早遭上澡藻 子藁 棗音早	則到 竃遭去躁 作笑 趮音竃
tsʰ	倉刀 操草平	才豪 曹草平槽漕	蒼老 艸操上 皁曹上 倉老 騲音草 才絞 淖音皁	七到 造操去慥操去糙 才到 槽曹去
s	蘇操 臊搔騷 蘇抄 鰾音騷		蘇老 掃騷上嫂	蘇到 燥騷去 先到 譟騷去槔音燥耗
tʃ	側交 嘲爪平		側絞 爪嘲上抓 抓蚤* *廣韻子皓切	側到 笊爪去 職教 罩嘲去
tʃʰ	楚刀 訬鈔音抄	豺豪 巢鄛讎音巢* *廣韻楚交切	楚老 燆鈔上謅鈔上 麨音炒* *廣韻尺沼切	楚教 熦音鈔 初到 耖鈔去 直教 櫂巢去
ʃ	所交 捎梢鮹艄 疏操 弰音梢		疏老 稍音稍* *集韻山巧切	所號 稍騷去

k	孤操 姑操	高篙膏羔皋 饎音高			古老 干老	暠高上杲縞 萰(=藁) 鼛音槁* *廣韻胡老切	古到	告誥郜
k^h	苦高	尻考平			苦老	丂考拷栲	口到	犒考去靠
h	呼刀	蒿好平薅	呼陶	豪毫蠔	許考 呼考 呼老	好蒿上;灝 浩豪上鎬豪上部 澔豪上顥 晧豪上	呼到	耗蒿去
ŋ			吾毛	敖熬翱	五考	皣音咬	吾到	奡
Ø	烏高 烏刀	凹*枒* *集韻於交切 鏖襖不爊			烏考	懊奥上襖媼 抝抝上	烏到 (又於到	奧襖去墺澳 懊)

*-iau

		陰平		陽平		上聲		去聲
p	彼妖 彼腰 彼夭 彼么	標表平飆標, 鑣;淲* *廣韻皮彪切 僄音標 磠音標 穮音標			比矯	表標上婊	悲廟	俵標去
p^h	披招	票漂飄音縹	皮苗	瓢殍平 薸* *廣韻甫遙切	婢小 匹沼 皮小	膘飄上顠標上 摽受瓢上臕 縹標上鰾 鰾瓢上	匹妙 皮妙 皮召	勡飄去 嫖音票 嘌瓢去* *集韻彌笑切
m			眉韶 錨	苗妙平描貓 俗讀若茅	弭沼 彌沼	秒眇淼 杪音眇藐 紗	民效	廟;妙妙
t	丁妖 丁么	刁凋鵰音貂 琱貂			丁了	屌刁上扚貂上	多料	弔釣
t^h	他彫	恌挑朓	田聊	條苕迢蜩調	徒了	朓挑上 d窕調上嬥調上 眺條上	徒弔 掉 跳* 獨料	糶挑去眺 蓨調去調去 *廣韻徒聊切 篠音掉 (又他弔 窕)
n					乃了	嫋;鳥蔦	尼弔	尿鳥去

l			連喬	廖又音料 聊寮僚遼;燎	盧皎 力小 先小	了聊上瞭繚蓼舿音了 祌音了	力弔	料聊去;療
			連橋	憀音聊撩敹				
ts	茲消	焦蕉鷦椒			子小	勦焦上剿 湫	子肙	醮焦去潐
tsʰ	七凋	鏒悄平嶆	慈堯	樵誰顦 燋癄 瞧	七小	愀鏒上	七妙 七妙	哨鏒去僬 誚樵去* *廣韻才笑切
s	先彫 先凋	簫 消硝銷音宵絹霄 蕭;宵			先了	筱 小蕭上	蘇弔 先弔	嘯;笑俏* *廣韻七肙切 肙音笑鞘
tʃ	職交	朝,昭招釗; 嘲* *廣韻陟交切			止少	沼昭上	之笑	照詔
tʃʰ	笞招	超,弨	池遙	潮召平𥱼	齒沼	麵超上	直紹	趙潮上肇狣音兆; 召潮去
ʃ		尸昭	燒少平	紹堯	韶紹平玿	始沼 市沼	少燒上 祒韶上	市召	上紹韶去 劭邵
ʒ			如韶	蕘蟯饒	爾沼	擾䥯上繞		
k	居宵 居消	澆;嬌驕 膠蛟郊 交音膠鮫			古巧	繳皎;矯 絞交上狡攪	古弔	教酵窖 轎嬌去* *廣韻渠廟切
kʰ	丘腰 丘妖 丘交 丘么	趫;蹺墝平 敲巧平 宵B橇音蹻 看境音敲 攑;骹音敲	祁堯 祁姚	喬橋,翹茄 僑音橋	區絞	巧敲上	苦弔	竅敲去
h	虛交 虛驕	囂枵 虓孝平㺒休 驍梟* *廣韻古堯切 僥;鴞音囂	虛勞	爻肴淆	虛鳥 呼鳥	曉驫上 皢音曉	許教	孝嘐去 效爻去校
ŋ			魚韶	堯音遙			吾弔	獟堯去
∅	伊交 伊宵	么 要腰邀,妖 夭音腰	餘韶 余韶	姚搖遙謠窯 晱音遙	伊皎	杳邀上㑃腰上窅窈 窅遙上	弋照 弋炤	燿遙去 鷂 䎆音耀

218

*-əu

	陰平	陽平	上聲	去聲
p^h		蒲侯 䣉剖平抔掊裒	普偶 剖;b瓿 簿口 b踣裒上	
m		莫侯 謀矛牟眸	莫口 畮謀上拇音牡 莫偶 牡	莫候 貿戊茂 莫後 傦音茂
f		縛謀 浮烰蜉,磄缶平 *廣韻甫鳩切	俯九 缶音否	防後 上偩皀 房後 上阜浮去
t	當鉤 兜斗平		當口 斗抖蚪	丁候 鬥斗去鬪
t^h	他鉤 偷透平鍮	徒侯 投骰頭	他口 䛆偷上姓斜	他候 透偷去 大候 豆斗去逗竇痘 大透 d餖音豆
n		尼獸 糯耨平		乃㲉 槈糯去 嗕*齈音糯 *廣韻而蜀切 乃候 耨糯平
l		盧侯 樓漏平螻髏	郎斗 嶁樓上*嘍籔 *廣韻落侯切	郎豆 陋漏瘻鏤
ts	則鉤 鯫音鄒* *廣韻祖鉤切		子口 走奏上	則候 奏諏去
ts^h				千候 湊楱腠 謑音騶* *集韻鉏救切
s			蘇偶 叟擻藪棷	蘇奏 漱搜去啾音瘦 喉音瘦
$t\int$	側鉤 鄒騶緅陬; 掫諏 側鳩 緅音鄒			側救 甃皺縐
$t\int^h$	楚䕘 篘搊	鋤尤 愁驟平		鉏救 蒢皺去 dz驟音縐 初救 簉皺去
$\int$	疏鉤 蒐搜餿艘* *廣韻蘇遭切		疏偶 溲音叜 䐉搜上	所又 瘦搜去 所右 鎪音瘦
k	古謳 鉤苟平溝篝 （又居侯 拘）		古偶 苟鉤上狗笱	千候 媾搆構購遘縠 夠* *集韻夠居候切 詬* *廣韻呼漏切

kʰ	區鉤 驅鉤	彊口平 芤口平摳音彊		苦偶	口寇上釦	苦候	叩寇
h	呼鉤	齁吼平	何樓 侯後平喉猴餱	許偶 瑚口	听候上吼 后候上郈	呼扣	昨齁去蔻 厚侯去後;候鱟
ŋ			吾侯 齵偶平	五斗	偶耦藕		
∅	烏鉤	嘔歐漚甌謳 鷗		烏斗	殹嫗上		

*-iəu

	陰平	陽平	上聲	去聲
p	必幽 彪彡驫			
m		莫尤 繆謬平		麋幼 謬繆去
t	的攸 丟			
n			女九 忸扭紐鈕	女救 糅紐去
l		力求 流留劉硫榴瑠	力九 柳酉上綹	力救 溜酉去霤增
ts	即幽 啾酒平湫		子有 酒啾上	即救 僦酒去
tsʰ	取幽 秋萩鞦鰍	慈由 酋音囚崷燋遒, 囚四尤切		慈救 就酋去鷲 岫音袖
s	思秋 修羞	徐由 茵音囚蝤鰌	息有 糔滫上	息救 秀繡鏽;袖
tʃ	職收 周舟州洲		止酉 肘周上 帚	之又 晝音呪 職救 呪周去
tʃʰ	丑鳩 抽惆瘳	持留 綢紬綢籌, 雔醻售 儔音酬幬 䲡	齒九 丑 醜 紂儔上	尺救 臭抽去 上紂䐁䐁 宙胄籀
ʃ	(收收本字,又宥韻首去聲)		始九 手守首	神呪 獸收去狩 受壽去壽 授綬
ʒ		如由 柔煣平揉蹂輮	忍九 煣蹂上粈 糅柔上* *廣韻女救切	
k	居休 鳩九平翪;摎		舉友 九灸韭;糾 舉有 久音九	居又 廄救疚究
kʰ	驅休 區休	丘音蚯 恘,蚯邱虘	渠尤 仇求球裘;虯 渠由 尤犰音求	去久 kʰ 糗丘上 臼求上 去九 咎音臼 齽求上 舅音臼	巨又 上舅音白咎 舊求去

220

h	虛攸	休朽平咻貅			許久 朽休上		許救	嗅休去齁珛蟒* *集韻火幼切
ŋ			宜酬 牛紐平					
Ø	烏休	憂優;幽 攸悠	易求	由蚰蚰猶游蝣, 尤郵	云九	懮憂上 友有尤上 誘乑(=酉)	云救	幼 又右佑祐宥囿, 鼬

*-an

		陰平		陽平		上聲		去聲	a? (o?)	入聲
t	都干	丹單殫簞 耽;擔膽平, 眈* *廣韻他酣切			都感	亶丹上 黕耽上 膽擔上紞	丁汗	旦丹去疸鴠 憚丹去* *廣韻徒案切	當拔 都蠟	妲單入怛笪 答耽入搭 裼音荅
	都山 都甘	勱音單 拑音眈			都敢	聸音膽 (又多簡 担)	丁旱	担音旦 *廣韻多早切	都各	笪 盍敢擔入
tʰ	他干	灘炭平 貪	徒寒	壇檀 潭墰	徒娴 徒覽	坦灘上 毯	吐濫	炭歎 憚貪去	徒荅	獺灘入靴音撻 踏談入
	他甘 徒干	探音貪 諳音貪癱攤		澹音談 痰談 郯		噴貪上 菼音坦		埮 d憺談去	徒溘	塌榻塔 d逕沓磕音達
	徒含			鍁塔平* *廣韻他含切,吐濫切 曇罎覃薄		d但壇上袒蟺 膻音誕 誕音亶 禫亶上宫淡上	徒濫	醰音炭 憚壇去彈 駩音但	徒達 徒答	闒音彌 d達壇入 撻音彌 搭揚
				驔音潭* *廣韻徒玷切		菼 啖談上 撣音亶* *廣韻多早切 醓		淡談去		鮙音踏 d諮
n			那寒 那含	難赧平 男南	尼產 乃感	赧難上戁 湳南上闒* *廣韻盧敢切			乃八 乃答 乃荅	捺難入 納南入妠衲 魶音納 豽音納
l			離寒 盧寒	蘭攔欄瀾 蘭襴襴 山爛 藍襤平籃 婪嵐 葻音藍	魯感 魯敢 盧侃	嬾闌上 覽藍上 壈嵐上攬嵐上 欖音覽 琳音覽	盧汗 盧瞰	爛闌去爾 濫藍去纜 壚音藍	落荅 郎達 落達 落答	刺瘌 臘蠟 辢音刺 喇音辢 拉音蠟
ts	祖山 則參	礸音簪 鐕音簪			則板 子感	趱簪上 寁音昝朁簪上	作勘	贊簪去讚 讃饡 藮簪去 瓚* *廣韻藏早切	宗瀴 作荅 作答	拶簪入* *廣韻姊末切 帀音姕簪入 鉔音匝

ts'	倉三	飡粲平 參驂	才寒 財寒	殘 齻;攙* *廣韻士咸切 慙音殘	七感	慘參上 dz 塹蠶上	倉暗	粲餐去燦 賺音暫 暫殘去 (又七紺 攙)	七煞 昨答 昨荅	磣音擦 碴驂入 雜蠶入 钀音雜
s	蘇甘 蘇干	跚音姍 三散平 參糝平			蘇懶 蘇媼 桑感	散傘 繖薩上 糝三上	蘇贊 蘇紺	散傘去 俕馺* *廣韻桑感切	桑轄 桑洽	薩音撒掇 靸糝入跋颯 狎音霎* *廣韻所甲切 卅音颯趿
tʃ					側板 側感	琖臠上酸 斬眨上	莊勘	站斬去	側八 竹洽	札盞入蚻 苴* *廣韻鄒滑切 劄斬入,眨
tʃh			鉏山 豺寒 豺含	潺綻平孱 讒慘平櫼插平 饞;驏 衕劖攙鑱 暫至* *廣韻暫染切	楚反 初減 鉏版 鉏感 丈減 (又楚簡 攙)	棧孱上;產, 鏟屬弗剗 嘽 *廣韻昌善切 醆蠡上 喦插上* *廣韻丑減切 棧孱上驏棧上 湛巉上 偡音近湛	楚濫 助諫 丈諫 鋤勘	懺插去 攙鑱去* *集韻初莧切 綻潺去 轏音棧 *廣韻士限切 詀音綻* *廣韻士諫切 鸒音譖	初戛 測洽 初洽 直甲	察;擦 刹;喢 渫潺入* *廣韻查鎋切 插鍤扱 磼音插* 煠綻入馠音插 屠參入* *廣韻側洽切 霅音閘
ʃ	師干 師姦 師關 師參	珊音山 姍;刪潸; 山 咸樧音山 衫音杉彡芟			疏懶	攦山上	所憨 所鑑 師暫	訕山去汕疝 狦 梭衫去 卣衫去	霜轄 疏轄 霜洽 疏洽	殺山入 霎衫上唼 樧音殺 歃箑篓音霎 押翣音霎
k	古安	干竿肝 甘感平柑 杆* *廣韻古案切			古覽	稈干上趕 感甘上 敢	古汗	幹干去榦 紺干去灨	kɔʔ 古曷 古查	葛轄割 鈒音閣
kh	克憨 克酣 (刊俗讀看平聲) (勘又覃韻口含切)	軒音刊 龕音堪嵁 堪;坩			空空 苦感	侃刊上衎 坎堪上砍	苦紺 苦濫	看音勘 勘堪上勘 瞰音闞	kʰɔʔ 克曷	渴刊入

h	呼甘 談欱音酣 呼山 憨漢平蚶音酣	河南 韓寒 　　　含函 何南 晗 　　　酣音含	寒侃 罕漢上厂 虎膽 喊 　　　蔊* 　　　*廣韻荒檻切 　　　闞* 　　　*廣韻苦濫切 　　　檻檻上 寒煖 頷含上頷酣上 呼感 菡含上浛音撼 呼覽 檻檻上	侯幹 漢 (疾幹)𨂁酣去 　　　上旱寒去 　　　汗骭捍音翰 　　　翰澣 侯紺 㰤喊去* 　　　*廣韻呼濫切 　　　憾酣去* 　　　*廣韻呼紺切 　　　悍 　　　憾含去 　　　荅	ho? 呼遏 豁歡入 黑葛 泧音豁 呼葛 喝漢入曷音盍 　　　褐蝎鶡
ŋ		俄寒 豻岸平		吾幹 岸㟁𢋈	ŋo? 五葛 䫞音遏 　　　㖲嗑入
∅	烏干 安案平鞍 　　　諳䳺 烏甘 庵暗平菴音諳		烏感 唵埯 　　　闇庵上	烏幹 按案 　　　暗	o? 烏葛 遏安入閼

*-ian

	陰平	陽平	上聲	去聲	ia? 入聲
p	悲堅 編蝙邊; 　　　鞭 博堅 稨音編 悲兼 砭貶平		補典 扁 　　　貶 　　　福邊上* 　　　*集韻俾緬切	必面 徧 　　　變 　　　窆貶去 　　　(又悲驗) 砭)	必列 鼈虌鷩, 　　　別蒯 　　　鷩
pʰ	匹焉 仙篇平片平偏翩	蒲眠 楩便平駢 　　　緶辨平梗	婢免 銑辮便上 　　　辡,鴘 　　　萹篇上	匹見 片篇去;騙 　　　瓣* 　　　*廣韻蒲莧切 弼面 上辨 　　　便,弁卞抃	匹蔑 屑瞥篇入丿 匹滅 屑撆篇入 避列 屑b瞥音別
m		彌延 眠 棉綿	彌演 丏 　　　免冕, 　　　愐緬 彌兗 勉眠上, 　　　勔音免	莫變 麪 　　　面	彌列 蔑篾幭 　　　滅眠入
t	多偏 顛典平滇 　　　聑點平 多篇 瘨音顛		多殄 典顛上 　　　者音點 多忝 點店上	都見 坚* 　　　*廣韻堂練切 　　　店點去 　　　玷* 　　　*廣韻多忝切 　　　扂* 　　　*廣韻徒玷切 都欠 坫音店墊	丁協 蛭顛入* 　　　*廣韻陟栗切

223

tʰ	他牽	天音添 沾	亭年	田鈿塡闐 話恬	他典 徒典 他點	腆天上瘨 殄田上蜓 餂 捵音殄 忝音話	他殿 蕩見 徒念	瑱天去 殕添去 d 磹甜去 上簟 佃甸電淀 殿澱奠靛 僤甜去	他協 他列 他協	鐵天入驖饕; 貼怗 d 鐵甜迭 牒甜入喋蝶 諜蹀音疊褶 耋田入垤絰 跌迭 疊音牒僗音垤
n			尼田 尼吉 尼甜 乃兼 牛占	年研平 拈音黏 鮎音黏 䩞音拈 粘驗平* *集韻尼占切	乃殄 乃典 乃忝	銑撚 讞年上* *廣韻魚蹇切 齞音研 䫀音研 *廣韻研峴切 閔念上 *廣韻女減切 㚾念上	寧釅 (又尼殿 讞)	念拈去	乃結 尼葉 乃協 (又尼輒 攝)	涅 嚙念入齧 埝音涅捻; 顬捻入囁* *廣韻而涉切 諗音捻
l			零年	憐蓮 連聯 廉簾鎌 添濂	力冉	輦連上璉 蔹廉上斂	力見	練連去鍊煉	良薛 良薛 力涉	列冽裂 烈音列 獵廉入鬣
ts	作先 將兼	戔音箋* *廣韻昨干切 箋濺;煎, 鐫音尖朘音鐫 尖殲			祖兗 祖選 子淺	翦箋上,俗作剪 戩 讝 雋鐫上* *廣韻徂兗切 踐音翦 *集韻在演切	作甸 作殿 即豔	薦音箭 縴荐 箭音薦 㑳 僭尖去 蘸音僭	子列 即涉	節箋入浞口 接睫
tsʰ	倉先	千芊 遷韆, 恔說文此緣切 與悛音混 籖僉	才延 才鹽	前 錢 潛漸平 媊音前* *廣韻卽淺切	七典 徂兗 七點	淺千上 踐前上 吮前上 臇音吮* *廣韻子淺上 漸潛上	倉殿 七念 七豔 在殿 在甸	倩千去茜箐* *廣韻子盈切 槧僉去 塹去要僉去 賤前去餞琖 衕音纔 *廣韻慈演切	七接 七葉 七結	屑切竊 屑截前入㰹 葉捷㨎入 葉妾僉入 葉鯜音妾
s	蘇焉	先 仙秈苮鮮 纖暹銛	徐鹽	燂* *廣韻昨鹽切	蘇典 	銑先上跣筅 薛先上癬獮 燹尠, 選先上	先見	霰 綫先去	先結 蘇協 蘇協	屑先入楔偰; 薛醉褻泄 渫 怗燮音屑躞 蓺* *廣韻如劣切 怗燮音屑躞 怗㒞音燮

tʃ	職謙	旃氈,邅鱣占詹瞻,霑*,覘**廣韻丑廉切*沾*廣韻汝鹽切		知演	展旃上, 暺顫上黵 衍音展* *廣韻丑善切 颭音展	之扇 之善	戰旃去顫 驙音戰	之列 質涉 (摺又)	哲,浙折 耴占入輒 懾展入讋詹入 栶音輒* *廣韻陟葉切
tʃʰ	蚩占	襜諂平	呈延	梴闡平**廣韻丑延切*廛音蟬纏 蟬音禪澶 菼諂平* *廣韻徒甘切	齒淺	闡徹上幝灛,蕆**廣韻丑善切*丑埮 諂音闡	昌豔	韂諂去	陳列	中徹,掣,澈轍
ʃ		尸詹 羴扇平挻𧿪 𢂽閃平苫笘	詩肰	蟬 萐閃平**集韻詩廉切	失冉	陝閃睒	式戰	扇䬼去偏 上善 膳善去繕鄯 禪擅 贍 尸戰 上䟪音善	式列 失獵 式獵	設 攝 舌善入 涉攝 䑟音攝
3			如延 如占	然髥平肰染平 燃 髯冉平呻蚺	而弇	橪肰上 染冄			如月	熱肰入
k	經天	堅肩; 姦奸*菅; *廣韻古寒切 艱 兼檢平縑 間音姦 監音縑 緘*鶼玲 *字彙古咸切 鹹音兼	居堅 古衒 古咸		九輦	繭堅上 蹇 簡奸上梘襉 檢兼上撿瞼 臉* *廣韻力減切 減兼上 *字彙古斬切 𡇼音減閩音讀若宰	居宴 居晏 居陷 居豔	建;見 諫澗; 繋音鑑* *集韻居懺切 諫鐗音諫 鑑監去 劍兼去	古屑 古刹 古協 古洽	羯 潔結;子 黠音結偈 點戛音圿稽 恝 劫兼入刦 唊莢鋏頰 夾袷 甲胛
kʰ	苦堅	牽 愆搴* *廣韻九輦切 牼掔 謙欠平 嵌掐平 丘銜	奇前	乾虔; 鉗箝黔	苦蹇 苦減	繭音遣 𡾾* 遣牽上繾上 掔音遣譴上 慊臉 g 㡿箝去sic 歉謙去嗛欠上 g 俴音遣 件乾上 苦檢 巨展	罨厭 渠見 渠建	俔牽去 梵欠謙去 上鍵音健 健謙去	乞屑 乞協 乞協 苦甲 巨列	挈音竭挈 匧篋砝 業鈒音佉 g 扱嵌入 怯謙入 恰掐帢 g 搨慳入揭 竭碣 薛傑杰

225

h	虛焉	軒顯平掀 祆 嗎仚 嚴枕險平	瑚連 呼延 湖連 瑚礐 瑚㽋	賢絃弦 閑粘平嫻鵰; 嫌 伃音弦 *廣韻胡涓切 㤢音賢 咸鹹;銜 嗛音銜* *廣韻苦簟切	呼典 許繭 許簡 許減 許檢	攊音顯 幰音顯 峴賢上 顯軒上鞙 睍賢上晛音顯 產限音佃 㺼咸上 㑋閑上撊 險掀上獫	曉見 許戰 戶玷 許鑑	憲音獻 獻灅 現,縣 莧 上鑑咸去 餡音陷 陷咸去	許列 呼甲 呼業 許八 呼夾 希乏	歇軒入蠍 薛妟 纈賢入襭 呷喊入 洽陝 匣狎 協挾俠 業脅 桀閑入揩閑入 劼 㗆音匣;翈 㾀峽音洽
ŋ			語元 魚賢 疑閑 魚咸 五咸 疑咸 魚占	言音延珥音言 顏眼平 嚵音顏 嚴音炎 銜嚴音曲 鹽黏音嚴 鹽鎌音嚴 噞音黏 *廣韻魚檢切	語蹇 疑檢 魚淺 魚檢	阮嶫言上 獨璺言上 眼顏上 埯陳 儼㪇上	倪殿 宜殿 宜甸 魚欠	硯音彥 譞唁 彥諺俗讀若岸 鷹音雁 雁顏去 莚音硯 驗嚴去 釅酸* *廣韻初鑑切	魚列 牙八	臬嵲陧齧; 孽言入 業鄴 不犖入* 蠚顏入* *廣韻五割切
Ø	音仙 衣尖	嬛宴平* *廣韻烏閑切 咽音煙 臙 焉嫣鄢 奄淹醃閹	依肽 移廉	延筵 研音妍 蚼音延 *廣韻與專切 閻鹽檐 炎	以淺 以冉	蝘煙上偃 衍演 㢞音衍沇 掩淹上弇渰; 黶 琰扅 獨㢿 琰広 奄淹上 剡音撚	伊殿 以贍 伊甸	堰 宴燕 晏 豔鹽灧 鷃音晏 㳂延去 醃淹去 焰音豔	于歇 於歇 余涉 余舌 乙札 乙甲	謁煙入;噎 暍音謁 葉厭 葉鹽入,燁 業埯淹入 壓音葉 札軋揠 猰扎晏入 押鴨壓

*-uan

	陰平	陽平	上聲	去聲	uo? 入聲
p	補彎 般半平瘢* *廣韻薄官切 班斑扳頒		補綰 版班上鈑	博幔 絆 博漫 半般去 博慢 靽音半 (又遍患 扮)	北末 叭音鉢撥般入 跋曝音剌 ua?(?) 布衲 八班入 布納 捌音八扒

226

pʰ	鋪官	拌攀盼平 披班 販音扳(扳又)	蒲桓	盤畔平幣槃磐菝鼙磻潘又寒韻判平聲	普滿(又普版	伴盤上 販*)*廣韻普板切	普玩蒲莧備莧普暗普慢	判潘去胖盼攀去叛盤去畔辦音辦*采音辨?**廣韻蒲莧切溣音辦**廣韻蒲鑑切秤音伴*集韻部滿切	蒲活蒲括蒲葛普八蒲刮	潑潘入ᵇ妥秘音鈙ᵇ茇盤入拔鈙魃ᵇ馞音鈙ua?(?)汃攀入飢矴攀入軷音拔**廣韻蒲撥切
m			莫盤謨盤	瞞滿平謾饅鏝漫璊慢平坢滿平樠蔓鰻髴音瞞	莫侃莫管	滿曼上滯嘗璺上毫音滿·	莫半	幔滿去縵曼**廣韻母官切慢璺去嫚	彌葛莫撥每葛ua?(?)莫轄	末瞞入抹沫秣茉怺音抹餗音末髍音抹**廣韻莫八切袹璺入**廣韻莫白切
f		符山ᵖʰ番幡繙翻拚**廣韻皮變切	符寒	煩繁墦燔瑶蕃藩礬;凡帆	甫晚房鑾	反翻上返阪軓犯上·	方萬方紺	販翻去ᵖʰ泛飯塤去上犯范笵ᵖ畈音販	ua?(?)房押房軋	發伐罰;乏髮音發法翻入閥方甲疺音乏
t		多官	端短平端			多管	短端上斷·	多貫	鍛端去碫段又團去聲(斷又)	都脫	掇鼕裰
tʰ		他官	湍脫平端	徒桓	團彖平摶	土緩	腄湍上	土玩吐玩	彖湍去蟴**廣韻徒玩切隊音彖**廣韻持兗切	他括	脫湍入奪團入
n						乃管	渜音煖餪	尼亂	糯暖去		
l				落桓洛桓	欒鑾鸞㝈鷟灤巒*廣韻生患切鑾音鑾	魯管	卵欒上	盧萬	亂欒去薍**廣韻五患切	盧活	捋欒入
ts		祖官	鑽纂平(俗讀若纘)			作管	纘鑽上篡*	(鑽又翰韻鑽去聲)		子括	撮纂入繓鑽入
tsʰ			齊桓	攅篡平*巑*廣韻在玩切				七亂	爨竄攛		

227

		陰平		陽平		上聲		去聲		iuaʔ		入聲
s		蘇官	酸算平狻痠					蘇貫	算酸去蒜		先活	渲算入
tʃ										uaʔ(?)	知滑	鐯䘯䚂入
tʃʰ								雛算	篡* *廣韻初患切 貒撰 饌僎去* *廣韻士戀切			
ʃ		疏官 數關	櫦刷平* *廣韻數還切 屢音栓 (栓俗讀若酸)							uaʔ(?) 數滑	鐯刷栓入 唰	
k		沽歡 孤歡 姑歡	官倌觀芫; 關;鰥 冠;瘝音關 攔音關			*鰥, 白鹿內閣本誤作沾歡切.	古緩	管官上琯盥 幹 館* *廣韻去聲	古患	貫灌鸛裸; 慣關去蟈音貫	古活 古滑	䜆官入括䳌 䴾北音平聲如瓜 鐯刮關入剮
kʰ		苦官	寬歡平髖				苦管	款寬上絭			口括	闊寬入
h		呼官	歡貛讙	戶欒 戶煩 戶團	垸音完 完瓛桓洹 萱紈丸方音 讀若皖讀若員 還環鬟 岠音桓		呼管	緩桓上;皖 骭完上* *廣韻五板切 換歡上* *廣韻吐緩切	呼玩 湖慣 湖貫 瑚貫	x喚歡去換 換;豢桓去 x渙音喚 宦音患豢 患音宦 絗幻音宦	呼逭 黑蒡 戶括 下刮	豁歡* 泧音豁 *廣韻呼括切 活桓入 uaʔ(?) 點滑還入猾
ŋ				吾還 吾桓 吾煩	桓航玩平 刪頑鱞平 桓䃾音蚖 桓鴉玩平				五換	玩䂄去翫 臤腕去* *集韻烏貫切		
ø		烏歡 烏關 烏官	剜惋剜 灣音彎 彎音灣				烏管	㿀綰上 晼音挽* *廣韻無遠切	烏換	惋綰去	烏活 烏八	捾音斡濊 (斡又寫入聲) uaʔ(?) 點宎彎入喟
v							武管	娩音晚挽輓	無販	萬彎去	uaʔ(?) 無發 襪	點䁈瓦入

*-iuan

	陰平	陽平	上聲	去聲	iuaʔ	入聲
l		閫員 彎音彎		龍眷 戀孌;孌	力輟	劣埒
tsʰ		且緣 痊絟荃筌 詮悛* *廣韻此緣切 才緣 泉全		爵戀 烇詮去	七絕 晴雪	蕝詮入 dz絕全入

228

s	息淵	宣瑄	四沿	旋璿		隨願	饌邅去 ᶻ篹邅去 ᶻ鏇旋去鏇	蘇絕 似絕	雪宣入 㡦旋入
tʃ	朱穿 朱川	專顓 鱄音專			朱遠	轉專上; 囀		質說 側劣	惙畷輟, 拙專入稅 蕝音苗* *廣韻子悅切
tʃʰ	昌專	川穿	重員 重圓	椽傳, 遄歂平, 船 篅音椽	尺遠 川遠	喘舛 篆椽上	穿絹 柱戀 柱見	車; 釧玔 掾音瑗* *廣韻以絹切 上瑑音篆	直說	歠穿入
ʃ								誰劣	說娎入
ʒ			而宣	蠕顠平塖	乳兗	堧音軟 蝡顠 音軟			
k	圭淵	涓鵑鐍 娟* *廣韻於緣切			古泫	阮棬音捲 弄卷上* *廣韻居倦切 (卷又捐上)	涓願	絹; 卷睠	居月	厥橛蕨子; 抉決趹譎
kʰ	區宣 駏宣	圈犬平 仙棬音圈	區員	拳蜷鬈權 顴惓	勸遠	犬圈上, 獃 阮絭 鋔倦上* *集韻窘遠切 奋權上	區願	顴券勸 綫倦權去	丘月 衢月	月闕圈入 薛缺 月橛音掘瘚 」音蹙* *廣韻其月切
h	呼淵	元暄諠壎 晅煊 仙翾	呼沿 呼元 呼圓	玄音懸泫 懸音鉉 蠉音佐	火犬 火毇	咺誼烜上 鉉音泫 閺音泫* *集韻胡泫切	虛眷 虛絹	楥 絢誼上 炫昡 旬音楦* *廣韻黃練切	呼決	血萱入 穴鉉入 駽* *集韻霍虢切
ŋ			魚全	元沅芫黿 原源	虞遠 魚捲	阮原上 阮音阮			魚厥	月説扮軏
Ø	烏宣	冤鴛 淵 鳶* *廣韻與專切 烏天	衣全 於權 于權	沿音緣鉛 櫞音緣 袁園轅爰 援湲猿垣; 員圓 緣捐	于捲 烏捲 於捲	蜿淵上 遠上 苑淵上宛音婉 婉淵上琬 盌宛上* *廣韻烏管切 畹淵上	伊勸	怨淵去 綫阮音瑗 願元去 眩音院	紆厥	薛焆淵入 粵員入越音月; 悅閲 曰音越

*-ən

	陰平	陽平	上聲	去聲	ʔ 入聲
t	都增	登等平燈鐙	多肯	等登上	等聖 墱登去嶝䁬	多則	德得淂

tʰ	他登	吞_{棄平}* 嗿* *集韻他昆切	徒恆	滕藤籐縢 膡騰			唐聖	鄧_{騰去}蹬	他德	忒慝 特_{滕入} d 棁_{音特}
									他得	
n			尼滕 泥滕	獰;儜;能 庚_{鬟音能}						
l			盧騰 盧滕	稜_{冷平} 稜_{冷平}薐_{音稜}	魯梗	冷_{稜上}	魯鄧 (稜又)	殘_{稜去}騶_{稜去}	盧白	仂肋勒阞 泐
ts	咨登	曾增矰 繒* *廣韻疾陵切 稜_{音驊} 憎_{音增}			子梗	叮_{爭上}* *集韻張梗切 酢_{音怎}			資格	則_{增入} 葪* *廣韻阻力切
	怎生									
tsʰ	七登	魯_{音諍}	才恆	層 嶒			慈鄧 七鄧	蹭_{層去} 贈_{層去} 膾_{音贈}	此格	賊_{層入}蠈鯽
s	思登	僧_{音森}槮罾							山則	塞_{音嗇}
tʃ		側生	臻榛溱蓁; 爭箏 簪 璔_{音簪}				側并	諍_{爭去} 甑_{增去}* *廣韻子孕切 譖_{簪去}	蕾格	磔,窄 謫摘,責嘖 幘
		側森					側禁 (又側近			側矢戾
							諍_{音諍})			
tʃʰ		初庚	鎗,瞠 棖_{諍音撐}鋥 睜* *廣韻疾郢切	除明 鉏林	橙 碀_{音根} 岑涔	楚鯝	墋_{參上}磣_{參上}	初艮 初覲	櫬裖櫬齔 識_{參去}	初格	坼拆 策冊 奊
		初耕	睛_{音撐}							宅擇澤
		抽庚	掙_{音撐}(=字 彙)						鋤克 初革	測側 笧_{音冊}
		初臻	參_{音參}							賾
ʃ		所臻	莘牲 生牲甥猩 森_{音參}瀿		色景	眚_{生上}渻_{音省} 鄯 痒_{森上}* *廣韻踈錦切 (又所景 省_{生上})	所敬 所禁 所識	眚_{生去} 滲_{音渗}* *廣韻詩證切 滲_{森去}	山責 森立	蝨_{森入}瑟 色嗇 澀_{森入}
		所爭	笙_{音生}							
k		古亨	根跟 庚賡更粳 耕羹;耕 緪			古很	梗_{庚上}哽緪 便鯁茣 耿 埂_{音梗} 哽_{音梗}	古恨 居鄧 古鄧	艮_{根去} 亙_{音艮} 啞_{音亙}	各額 古陌 古伯	革_{音格}暢隔 愅_{音革} 格_{音隔}骼骼 膈,瀸_{音革}
		居登	揯_{艮平}			古等 古狠 (又古猛 梗)		古百	陌茖音格
kʰ		丘庚	阬 鏗_{音坑}硜硻 摼			口很 口狠 口讀	墾_{音懇} 懇 肎_{坑上} 齦_{音懇}	苦恨	硍_{懇去}* *廣韻胡簡切	乞格	客_{坑入} 刻克剋

230

		陰平	陽平	上聲	去聲		入聲
h	虛庚	亨黑平脖	亨人何能	痕恨平艰 行桁珩衡蘅; 莖 恆	許梗 很痕上 杏衡上	下艮 恨痕去 (幸俗讀去聲如恨)	呼白 赫亨入嚇 黑 紇痕入 覈; 劾 呼沒 齕音紇
Ø	烏根	恩頵平蒽		安很 安狠	穩恩上 懵厄上* *集韻於杏切 睈額上	恩鄧 硬額去	烏革 厄阨搤 頟音額 詻音頟* *廣韻五陌切

*-iən

		陰平	陽平	上聲	去聲	iə?	入聲
p	補京	賓裏平濱鑌, 彬豳 兵 冰		比井	丙兵上炳秉; 餅; 鞞 稟	儐賓去 殯擯音儐髩 柄兵去 并摒	補密 丙苩	必畢篳縪 鞸蓽, 筆 碧, 璧, 壁 逼, 堛偪
pʰ	披經	涄聘平粤嬶 傡匹平 砒 軯* *集韻披耕切	蒲明 繽平頻嬪 蘋, 貧 平坯苹評; 瓶萍 憑凭 拚* *廣韻北萌切 蒲民 礦音繽 *廣韻紕民切	匹錦	品聘上 牝頻上髕	匹正 匹命	竝密 並密 披席 披苩	匹品入鴄 弼頻 邲 碥音匹 僻批入癖; 霹, b壁; 愎 劈音僻 b博平入 b闢平入 鷩音匹 *廣韻扶歷切
m	彌平 眉平		彌平 眉平	民閩平 珉旻閩緡 姣音民 明鳴; 名 冥銘 岷音民	米允 彌頂	愍民上 憫敏 渳, 泯澠 皿明上 溟茗明上酩 佲名上	眉病 銘	命明去	莫必 莫畢 莫逼	A蜜, 密謐 A盗音密 覓明入幎塓 泪
t	當經	丁叮釘		都挺	鼎頂	丁徑	訂丁去釘錠	丁歷	的丁入玓玓 嘀滴
tʰ	他經	汀聽平桯廳 打* *廣韻中莖切	唐寅	亭停梃渟 庭霆	他頂	珽汀上頲 d艇延上鋌庭 上町庭上挺 艇延上 梃音挺* *集韻待鼎切	他定 他徑	聽汀去忊音聽 定庭去	他歷 他力	剔音惕錫 狄荻笛迪 敵翟糴滌 惕揚

231

n			尼形	寧佞平 寕* *廣韻女耕切	乃挺	濘寧上聹檸	乃定	佞音甯甯	乃栗 尼質 女力 尼立	暱尼入 匿* *廣韻女力切 怩音匿* *廣韻女夷切 溺音匿;嬺 渚寧入
l		離呈	鱗燐鄰麟 鱗 靈伶玲翎 聆苓蛤鈴 零齡 凌綾陵菱; 林淋琳霖 臨	力錦	檁鄰上 領令上嶺 廩林上凜懍 菻檁 力永 僯鄰上	力正	悷音各* *廣韻恪良刃切 另* *五音集韻郎定切 各閔蘭 令林去 埨	列七 郎敵 郎狄 里習 里昔	栗鄰入溧瑮 篥 歷瀝曆鬲 酈;力 艑音歷 立音力笠 粒音立
ts	資辛 子辛 咨辛	津晉平瑧璡; 晶精睛蜻 菁旌 齻音精 磝音櫝* *集韻咨林切		子郢	檳津上 井精上 儘音儘 子飲 寖浸上 子沈 怎津上	子信	進晉搢縉; 浸	祭昔 祭習 子力 進習 (又側入)	積脊睛迹 績;鯽複 偝 磧音迹* *廣韻七迹切 瀳音曵戢 即唧聖稷; 鶺 鯯音戡戢音緝 輯音戡
tsʰ	七星 七心	親 清請平;青 侵駿駸 鋟音侵* *廣韻子廉切	慈盈	秦盡平 情晴	清醒 慈郢 疾郢	請青上 寢侵上 dz 埩情上 蕈集上 盡秦上 靖情上靚情上	七性 七正 七禁 疾應	瀙親去 清清去 祲侵去 蓋盡去賮情去; 淨情去瀞穽 婧音倩掅清去 碃; 沁侵去 靜精去	千悉 秦入 千昔	七漆 戚 蒺音疾 糦音疾 緝侵入昱葺 濈浸入 集楫 籍音寂耤音寂 堉 溭 唶音集 城* *廣韻七則切

s	思今 思清	辛新薪 星性平腥猩 清駍 心 垶音駍* *廣韻埩息營切	徐盈	尋潯璕蟳 鄩鐔	息井 邑謹	省星上 醒 伈心上	思晉 詳刃	信汛訊迅 囟 姓性 璶簮去	思七 思疾 思積 思集 思戢	膝悉音息 膞音悉 蟋 昔惜 錫析皙蜥; 息熄媳 席夕汐 習音習 習襲 鵲音習
tʃ	之深 之升	珍,真 貞禎,征 徵癥,蒸 斟音針,砧 怔音征			章引	眕疹紾診 軫稹縝 整 炵鎮上 (枕又寢韻斟上聲)	中定 中慎 竹甚	娠振震音鎮 挋 正政征去 證 揕斟去 鎮音震 抌枕去	之日 之石 之十	窒室, 質真入侄桎 蛭 隻炙拓 陟, 織職 縶; 汁執音質
tʃʰ	赤生 赤升 赤森	讋 偵楨蟶 郴琛 瞋䐜平 檉 稱音偵 綝音琛	稱人	塵陳, 神, 臣 成城誠, 呈程裎 澂懲 乘, 承 沈朕平, 諶	丑罪 丑忍	騁逞 澻呈上 踸呈上 徎程上* *廣韻丈井切 瞫嗔上	丑正	趁陳去 狹嗔去 秤稱去 閪稱去 陣稱去 鄭去 朕; 鴆沈去	昌石 尺栗 丑入 逞質 逞質 鴟失 沈十	尺赤斥 彳方音直炙切 飭 擲呈入 躑 直呈入 植殖 抶,叱 治深入 姪陳入 秩音姪 泆音姪* *集韻直質切 蟄沈入
ʃ	審真 審征	身申伸呻 紳 聲 深沈平 升音聲	深人	辰宸晨音禋 繩澠脀音宬 娠癨音近神	式忍	哂申上矧 審嬸 矤辰上 甚音沈	時正 時震	呻申去 聖;勝 腎聲去 晟盛;剩 甚 慎申去	施日 申隻 申職 施職 世執	失室 實 石食碩 祏音石 食蝕 適釋螫 式拭軾識 飾 鉽音食* *廣韻賞職切 溼音失 十什拾 隰音失

3		如神	人仁	爾軫	忍人上	如禁	仞音刃靭忍去	人質	日人入衵
			仍艿	仍枕	荏音衽		牣紉朋軔	戎執	入壬入廿
			任駸音壬		稔腍		認		
		如諶	壬任平		衽壬上	如覷	妊袵恁,賃		
		如乘	扔音仍				刃忍去		
k	居欣	巾;斤筋		居引	緊	居慶	敬竟鏡	紀逸	吉音戟猜拮,
	京驚荊				謹巾上董槿		勁;徑		趌;訖
	涇經				警音景		禁今去	紀逆	戟;擊激
	兢矜				頸;到		噤*		机音極*
	金今衿				錦今上		*廣韻巨禁切		*集韻訖竭戟切
				居隱	景京上				亟殛棘蕀
				居影	儆音景境音頸			激逆	極
					謦;脛				俗音極*
									*集韻訖竭戟切
								基立	給級急
kʰ	渠京	卿;輕,傾	其吟	芹	去引	螼乞上	丘映	趣勤去;磬	去逸	詰;乞吃
	欽衾			縈鯨黥	渠引	赾勤上		g觀;競鯨去		芎
				捡琴禽橄	去潁	頃傾上;綮	丘印	牼琴去	去逆	絎音隙
		其銀	勤音芹廑	去潁	高卿上*	丘應	慶音磬		喫音乞
		奇迎	勍擎音鯨		*集韻犬穎切		磬音罄 空音磬		劇音極屐音極
				棄挺	迥謦卿上	具客	g僅	忌立	泣欠入浥音泣
				渠飲	噙琴上坅欠上		g近音覲		g鮨音及
				渠郢	汫擎上		g瑾饉音僅		及琴入
				器挺	痙擎上*		靳		炵*
					*廣韻巨郢切		(又具慶 擎音敬?)		*廣韻魚及切
									柳音及
h	許斤	欣昕炘	許情	刑型形	下頂	悻形上涬	許定	釁欣去;焮	黑乙	故欣入
		馨	何明	鉶音形陘鏗				幸興去,俗讀去		肸欣入盻音吸
		興						聲如倖		迄
		歆						脛形去		驈熏入*
									*廣韻呼決切
								許及	吸翕潝
									歙音吸
									搸音弇
								奚逆	虩;闃;舄*
									*廣韻許極切
								許力	覤音檄薂
ŋ	魚勤	銀音寅鄞垠	語謹	听銀上	魚僅	憖銀去	魚乞	屹銀入仡
	魚吟	齦				魚憖	斵銀去	宜戟	逆凝去
		迎				魚覲	狺銀去		艦
		激音齒				(又魚慶 迎)		魚及	岌吟入
		吟							
	魚陵	凝逆平							
	魚琴	所靳音銀							

Ø	伊親 因㗗 伊卿 姻音因茵 殷 鶯櫻鸚耕音英 英瑛 嬰瓔纓 膺鷹 音喑 伊輕 嬰罃音英 愔音陰 伊欽 陰音因	余勤 寅引平 盈嬴贏 餘勤 淫婬 余琴 楹音寅 鷈音淫	以忍 隱因上 礥磴; 飲音上 影英上; 瘦 紖寅音上引蚓; 郢, 潁穎 (又以泯 銀)	以證 印因去 映英去 應鷹 窨蔭 胤 孕媵 以正 愸因去 靭寅去	伊悉 一因入壹 乙 悒音邑 佚逸溢鎰; 掖音亦 伊昔 益 億憶, 抑 砬音亦 飽音邑 佾 亦奕易場 蜴液腋繹 譯驛 弋翌翼 伊戢 邑唈浥, 挹揖音益 熠

*-uən

	陰平		陽平	上聲		去聲		uə? 入聲
p	補昆 奔本平 補耕 絣繃 伻*抔* *廣韻普耕切 崩			布衮 本奔上畚笨 苯		布悶 体奔去 迸鄧 俑崩去		布格 百伯柏迫 北崩入 博麥 擘音伯櫱
pʰ	普庚 匉怦音亨 湱 普耕 烹魄平 姘駢	蒲門 蒲萌	盆坌平 棚音朋* *集韻蒲庚切 溢音盆葐 彭澎棚 朋鵬	普本 翻噴上 部衮 埲盆上 蒲猛 蛢彭上		普悶 噴歕去 莖盆去* *集韻蒲悶切		普伯 拍珀魄音白 霸 苩音白* *集韻薄陌切 朋沒 勃盆入勃音字 哱噴入浡 蒲沒 桲字 蒲格 白耕入帛舶 匐彭入菔犕
m		莫文 謨文 媒朋	門悶平璊 捫音門 盲虻 甍萌氓	莫本 愐門上* *廣韻母官切 母梗 猛萌上蜢艋 黽黽 毋梗 鄳音猛		莫困 悶門去懣		莫勃 沒門入歾 莫字 沒音沒 莫白 陌驀 脈麥 墨默
f	敷因 敷殷	分餴 pʰ 衿氛雰 鴉 pʰ 紛音分芬 雰	敷文	汾粉墳漬 焚帉豶	房刎 p粉紛上 b鼢焚上飍 房吻 b忿焚上 b膭	房問 p債糞奮 上b憤 (又方問 拚忿)		敷勿 弗紱 拂祓髴 佛咈怫 (又方勿 苐)
v		無焚	文紋蚊聞	武粉	刎吻䏌	文運 問音汶綮璺		文拂 勿物

t	都昆	敦墩鐓* *廣韻徒對切				都困	頓敦去扽	當沒	咄敦入柮
t^h	他昆	畽音吞焞	徒魂 徒云 (又他渾	豚音屯忳芚 燉臀炖 飩音屯 敦)	徒本 d 杜本 (又他袞	魨吞上 坉豚去沌 潡圂 吨吞上)	他困	褪吞去 邂豚鈍	吐骨	突通入揬葖 腯凸
n			乃昆	𪏭訥平*㦶嫩 平 *廣韻奴昆切			尼困	㜈音嫩	乃骨	肭嫩入豽 呐音訥
l					盧本	㒍論上倫論上 稐輪上				
ts	祖昆	尊卒平 䔰樽鐏			祖本	僔尊上噂撙	祖問	俊焌晙駿; 捘尊去	即聿	卒尊入稡捽
ts^h	倉尊	村寸平邨	七門	存拵蹲	倉本 楚本 徂本	刌邨上 忖邨上 鱒存上	徂悶	寸村去 鱒存去	倉沒 蒼沒	猝郯入 扻音崒
s	蘇昆	孫損平猻蓀 飧			蘇本	損孫上 樺* *集韻聳尹切	蘇困	潠遜	蘇骨	窣孫入
k	公昏 公昆 公𧷤	昆袞平崑鯤 䡮;厷* *肱本字 鵾音褌 䡮音肱			古本	袞褌上滾丨 悃緄	古困	睔 棍褌去* *廣韻胡本切	古忽 古或	骨吉入㾊搰 ;廣韻戶骨切 鶻搰 搰蜖鹹; 國䡮入
k^h	枯昆	坤悃平髡			苦本	梱坤上悃捆 壼	苦悶	困坤去	苦骨	窟坤入堀齻
h	呼昆 呼肱	昏婚 轟訇掍淘; 䰟 碈音轟	戶倫 戶萌 戶宣	䰟混平渾 竑音宏 橫黌 宏紘泓 弘 揘音橫	呼本 瑚猛	混魂上焜鯇 澋宏上	呼困	慁瀤綄 顐魂去* *廣韻五困切 澋橫去	呼骨 霍國 霍號	忽笏㫚 鵠魂入 欻㸌 核* *集韻胡骨切 嚄㦆 獲橫畫橫入 劃;或 崨泓入
ŋ									五忽	兀杌 頷溫入
Ø	烏昆	溫穩平蘊瘟			烏本	穩溫上	烏問	搵溫去 (問薀氳上慍 醖 吻韞)	烏沒	膃溫入

236

*-iuən

	陰平	陽平	上聲	去聲	iuə? 入聲
l		龍云 倫綸輪 崙論			力述 等倫入律嵂; 硉論入
tsʰ	七均 夋嗺踆逡				
s		須倫 珣荀* *廣韻相倫切 旬循巡馴	松允 筍廵鎨	須閏 峻浚濬 容荀去 殉	辛律 恤戌
tʃ	支君 屯窀 惇諄肫		之允 埻音準 之尹 準屯上	朱閏 稕肫去 綧去	竹律 窋䐜入 怵
tʃʰ	昌蓀 椿 春蠢平		尺允 蠢䞋 尺尹 腠純上		尺律 黜怵 出
ʃ		式云 純淳醇鶉 蒓, 脣	書允 䫐 盾純上	輸運 舜瞚, 順純去 輸閏 鬊音舜	食律 術術述 山律 率蟀
3				如順 潤音閏 儒順 閏音潤	
k	規熏 均鈞 君軍皸涒 涓癸 局音坰駉音局 絅		涓隕 䇹音䆥 居永 憬窘上困; 炅		厥律 橘居入 居律 獝居入肑音橘 矞 古聞 狊弱入淏鶪
kʰ	區倫 困今方音讀若 窘 箘屈平䘥	渠云 䑏 蜎屈平 渠榮 瓊䠷音瓊 羂 渠營 惸音瓊	去永 頎音頃 苦永 礦 巨允 窘䑏上 巨隕 菌	丘俊 昀音郡 上菌 郡羣去	渠勿 屈囷入 倔音掘崛屈 苦激 関傾入
h	許君 熏勳曛薫 醺葷	戶營 䈇潫平	滑允 詗阋上 滑永 泂音炯 迴音熲	呼郡 訓熏去 䬆阋去 矎詗去	呼域 衁阋入 呼臭 洫阋入 呼聞 䀏音殉 (忽又勿韻嘘 入)
Ø	烏倫 氳氲平煴緼	于汾 雲紜耘芸; 筠;与音云 昀音云 于焚 榮瑩;營 熒螢 縈* *廣韻於營切 清𡈼音營 于瓊	羽敏 允尹 愪殞隕 永 委窘 惲氳上	烏閏 蘊蘊上醞慍 韞 永定 䥳䒱去 泳音詠 縈定 徑澄榮去 禹問 暈運鄆韻 禹慍 緯音運	以律 汨* *廣韻于筆切 聿潏遹鷸; 鬱蘊入灪鬱鬱 疫音役棫緎 閾

*-oŋ

	陰平	陽平	上聲	去聲	o? 入聲
p	博康 邦梆 幫		布廣 榜邦上	布項 謗邦去	伯各 剝駁 博邦入 搏鎛 膊
pʰ	普岡 胮音滂 普郎 磅音滂	普郎 旁薄平 傍膀 彷 滂* *廣韻北朗切 蒲郎 龐音旁		普浪 胖烊 蚌 傍音棒 步項 棓(棒)邦去	蒲角 扑撲 毫音泊 蒲各 朴旁入支音扑 璞 粕 薄旁入泊箔 雹 匹各 覃音朴 普木 砩音朴
m		謨郎 忙芒邙茫 尨厖哤 莫郎 駹音厖	莫廣 莽茫上 漭蟒		彌各 邈音莫 寞幕摸漠 膜;貘 鴯音末 (莫又藥韻音漠)
f	敷荒 方放平肪亡, 芳	敷亡 防房魴 妨今俗讀若方	妃罔 . 敷罔 妃兩	放倣昉 紡 訪方上 舫音訪 髣方上 (又孚亮 放方去)	符約 縛房入
v		無防 亡忘	巫紡 網妄f罔 往音罔	巫放 妄望(忘又)	
t	都昌 當黨平璫蟷 襠鐺		多朗 黨當上攩	登浪 擋當去凳 檔* *廣韻多朗切	都各 洉當入
tʰ	他光 湯儻平闛	台郎 堂棠唐塘 溏餳	他朗 儻湯上曭燙 惝	徒浪 錫湯去 宕唐去若盪 上盪唐去燙; 碭湯去	徒各 託鐸踏音託 達各 鐸唐入澤 (又他各 拓)
n		乃昂 囊諾平	乃黨 曩囊上	乃浪 壤囊去齉	尼各 搦疒失搦 諾邦入
l		盧堂 浪狼琅莨 蜋郎廊	盧黨 朗郎上 力黨 硠音朗烺	郎宕 埌音浪蒗 (浪又漾韻狼去 聲)	歷各 犖 洛烙珞絡 落酪駱 力各 硌音落
ts	則桑 牂音臧 (臧又莽平)		作朗 駔臧上	則況 葬臧去	則各 作臧入 皭音作* *集韻子末切

tsʰ	七岡 倉音蒼滄 七莊 蒼音倉鶬	才郎 臟音牀	昨朗 奘藏上	(又才浪 臟)	才各 才角 在各	婼音錯* *廣韻測角切 錯倉入遣 鷟音浞 昨藏入柞鑿
s	蘇莊 桑顙平		蘇朗 顙桑上磉	蘇浪 喪桑去	蘇各 蘇角	索入 搮音索
tʃ	側霜 樁 莊壯平裝妝 臟音臟 則霜 栅音賊* *集韻側羊切			側況 壯莊去 側況 髒音葬	竹角	卓桌啄涿 琢斲, 捉斮
tʃʰ	楚莊 牕 瘡刃* *集韻初良切	鉏郎 幢 牀狀平 臟昨平		楚降 刱音創 助浪 狀牀去 (又楚亮 愴) 直絳 撞牀去 直降 戇音撞	測角 測各 豺角 直角	龊,齪, 筁* *廣韻士角切 齼瘡入 錠音浞 濁鐲擢濯
ʃ	疏莊 雙 霜孀礵鸘		疏朗 爽霜上塽 跾朗 樉音爽		色角	朔音索蒴矟
k	居康 岡剛犅綱 鋼 兀方音杭上聲 扛釭		古朗 掆剛上		古博 古鶴 古盍 古合	各胳 閣音各 (閣與閡通) 鴿音閣蛤 鱛音閣* *廣韻安盍切
kʰ	口剛 康亢平穅 口岡 鱇音康		口朗 伉康上	口浪 抗康去亢坑 閌(亢又)	克合 克盍	搕壒入 磕音渴 合壒入岦* *廣韻渴合切 盍榼瞌 恪康入
h		呼郎 杭航 桁學平 (又呼剛 行)	下黨 沆杭上 呼朗 頏杭上航		黑各 呼各 侯閣 侯閣	嚇壑郝 貉音涸 蠚音郝 鶴音郝涸 合呵入盒 盇嗑闔 峆音合
ŋ		吾郎 昂		吾浪 卬昂去	逆各 五合	咢愕薴鄂 顎齶堊鰐 臛嚆入

239

| Ø | 烏郎 | 映盎平狭惡平
姎 | 烏郎 | 靰音喦昂音卬 | 烏項
烏黨
烏朗 | 鎓盎上
坱䫜上醠
峡盎上 | 烏浪 | 盎喦去 | 烏各
烏角 | 惡音粤堊
濁音遏
署庵入鞰諳入*
*廣韻烏合切
喔幄握渥
齷 |

*-ioŋ

	陰平	陽平	上聲	去聲	io? 入聲
n		女良 孃卬平		魚向 釀娘去穰 柳印去* *廣韻五浪切	
l		呂陽 良椋涼糧 梁樑 呂揚 飇音良	良奬 兩良上摘補	力杖 諒量輛 倆* *集韻里養切 力仗 悢音諒	力灼 略掠
ts	子方 將漿		即兩 蒋將上槳音奬	子亮 醬將去	即約 雀音爵
tsʰ	七襄 槍鏘蹌鏘	七羊 嬙檣牆薔 戕* *廣韻七羊切	楚兩 搶鏘上 磢 初兩 峽音搶	七亮 匠牆去	且藥 爝鏘入皭碏 鵲 皭 疾約 嚼牆入
s	息匡	相廂湘箱 緗襄	徐羊 祥翔詳	息兩 想襄上鯗 樣(=橡)象上	似亮 象襄去像音相	息約 削襄入
tʃ	止商	張 章彰樟漳 璋鱆		止兩 掌張上仉	知亮 帳脹漲 障章去瘴	職略 勺灼酌 妁灼 職客 穄音灼
tʃʰ		長江 昌唱平倡猖 菖閶 搶音昌	仲良 長萇場腸 芴悵平* *廣韻褚羊切	齒兩 敞昌上廠音敞 氅 杖長上	尺亮 悵昶暢， 唱 上丈音唱 直亮 仗長去	昌約 婼違 婥綽
ʃ		尸張 傷觴商 尸章 殤音商 (又尸羊 禓)	神羊 常徜裳償 嘗鱨	始兩 賞商上	時亮 晌 上商去尙	書藥 鑠商入爍音樂 (又裳略 勺)
ȝ		如羊 穰壤平勸攘 穰	汝兩 壤音攘	如亮 讓穰去	如灼 若箬弱 而灼 腸音弱
k	居章	江肛 韁降平 姜僵殭		居養 講港 繈姜上 古項 耩音講 居仰 襁姜上	居漾 洚絳 居様 悾音絳	吉岳 覺角較斠 榷 腳 玃音腳 厥縛 矍钁鑊

240

kʰ	曲江	腔 羌蜣	渠良	強彊	其兩	勥強上 溠彊上 孕 殑強去 *字彙其亮切	丘尙	唴光去 嚷腔去	渠角 丘縛 苦角 極虐	殼㱿確 却光入 g欿強入 g趣匡入 k攫音钁 躩音却 催音確* *廣韻古岳切 噱彊入䐴
h	虛央	香鄉	虛茫	降巷平 夆音降	虛講 戶港	饗香上 蠁響 享 缿項上	許亮	向香去 餉 項香去(俗讀杭 上聲學上聲) 況音向 萫學去* *廣韻作巷	火覺	謞 睈音鶦* *廣韻許縛切 學㲦鷽音鶦
ŋ					魚兩	仰			逆脚	岳嶽樂 虐仰入瘧
Ø	羊江	央殃秧鴦	移長	羊徉洋揚 鍚楊煬瘍 陽驤 伴音羊	于兩 於兩	鞅央上 養陽上 瘍 怏抉 佒央上* *廣韻烏朗切 懩	餘亮 余亮	詇央去 恙漾 駚音鞅* *廣韻於兩切	弋灼	約秧入 爚鑰藥躍

*-uoŋ

		陰平	陽平	上聲	去聲	uoʔ 入聲
k		姑荒 孤荒	光廣平 桄洸胱		古晃	廣光上	居況	誆光去 懬音誆	古博	郭光入 崞椁
kʰ		苦光	骯曠平 匡匤框眶 筐	渠黃 口黃	狂況平 軖音狂	苦往	g㹴	苦謗	壙曠纊 g誆狂去	苦郭	廓擴
h		呼光	荒謊平 肓	呼王	黃簧皇凰 徨湟煌遑 隍蝗俗讀若橫	詤往 •	怳荒上 晃黃上 幌	虛放	況荒去 貺	呼郭	霍 䕸黃入 鑊 蠖荒入 雘
Ø		烏光	汪枉平 尢	往防 往房 •	王旺平 虻音王	烏紡	枉汪上* 迋王上* *廣韻于放切	烏放	旺王去	烏郭	彠荒入

*-uəŋ

	陰平	陽平	上聲	去聲	uəʔ 入聲
p			邊孔	琫崩上 嗺音琫 琣蓬上		博木 不 卜音不 蹼

pʰ		蒲紅	芃篷逢葏				普木	醭,濮;蹼僕葏入 㿺音僕 蒲木
m		莫紅	蒙濛朦瞢	母總	蠓蒙上	蒙弄	夢蒙去 孟	莫卜	木沐鶩,目首睦牧穆
f	敷雍	風楓瘋豐封葑峯蜂鋒	符容	馮梵逢縫	方勇 芳勇	覂音捧 䒠風上 捧豐上 奉風上	馮貢	諷風去 賵 鳳音奉 俸	房六	福幅蝠輻複腹蝮覆伏茯復馥服
t	德公 德工	東多棟音東			多孔	董東上 懂	都弄	凍東去棟 洞東去* *廣韻徒弄切	都祿	督篤
tʰ	徒工 他工	通統平桐恫烔音通	徒紅	同峒桐筒銅童僮潼瞳佟彤	徒總	統音桶桶挏𣍃同上* *集韻杜孔切 （又徒孔 硐動上）	徒弄 杜弄	痛通去 慟挏 上動音洞 迵駧霜音洞	吐谷 杜谷	禿音篤 涜音篤* *集韻他骨切 獨髑瀆牘犢讀䙂毒 d 鵚音獨
n			乃同	農儂噥膿;濃穠	乃孔 乃勇	繷農上 癑農上* 繷濃上* *集韻乃湩切	乃貢	齈農去	尼篤	傉搙入
l			盧容	籠弄平瀧瓏礱聾朧隆窿龍弄平	力董 （攏又）	曨龍上隴	盧貢	弄龍去唪	力竹 力祝	鹿麓漉簏轆珠碌祿;六陸勠戮;綠錄 攏音六
ts	祖冬	椶葼鬘䰄;宗縱平;騣			作孔 即勇	總宗上傯熜 䚇縱上	子弄	糉宗去 綜;縱蹤去	子六	蹴足蹴入䞼
tsʰ	倉松 蒼松	怱音聰蔥聰	才紅	叢族平琮從			祖送	謥聰去 dz 傱族從去 z 訟誦音頌	千木	簇蔟促族從入 續音俗 鏃* *廣韻作木切
s	息中	菘* *廣韻息弓切 夛鬆· 松音菘 蜙			息勇	竦嵩上聳 𢥞* *廣韻𨋽作孔切	蘇弄	送凇宋	蘇谷 似足	速欶,謖,宿夙肅潚;粟;俗 z 賣音俗
tʃ									莊六	壓宗入䎗

		陰平	陽平	上聲	去聲		入聲
tʃʰ			豺紅 崇牀平 漴音叢				
ʃ						所六 疏谷	縮蹜 揢音縮
k	孤烘	公工功攻, 宮弓躬 供恭		工孔 拱弓上鞏弓上 廾公上 梗礦	古送 貢公去	古祿	谷穀觳 梏
kʰ	苦公	空孔平箜		康董 孔空上	苦貢 控空去 鞚	枯屋	哭;酷嚳
h	呼公	烘哄平	胡同 鴻音洪 湖同 洪紅虹訌	呼孔 嗊 項洪上	呼貢 閧烘去 鬨洪去蕻	呼谷	縠烘入, 斛洪入槲穀 濲 鵠
ŋ						五斛	沃音屋
∅	烏風	翁甕平蓊		烏孔 蓊翁上瞈滃 梗泂	烏貢 瓮翁去甕齆	烏斛 烏谷	屋 剭;𡒎 殟音屋

*-iuəŋ

		陰平	陽平	上聲	去聲	iuə?	入聲
n						女六	朒衂
tʃ	之雍	中忠衷 終終 鍾鐘		知 冢, 種腫踵 瘇* *廣韻時冗切	之仲 眾終去 (中種又) 重	之六	竹竺筑築, 粥祝,鬻* *廣韻余六切 欘,燭屬曯
tʃʰ	昌中	仲冲 充 沖种* *廣韻直弓切 憧	持紅 蚛 縋音蟲 (又昌容 重)	丑勇	龍冲上	昌用 仲充去茽 揰音銃 *集韻昌用切	昌六 畜蓫 亍, 觸充入 妯舳軸逐
ʃ	書中	舂憃	常容 慵鱅			式竹 神六	叔菽 俶; 束 淑 孰塾 蜀;贖
ʒ			而容 戎冗平 狨絨 茙 茸 而庸 鄘音戎* *集韻常容切	而 冗戎上 𢯼戎上 捄音冗	如用 縟茸去	而六	肉 辱溽縟蓐 褥

k						居六	匊菊掬麹 踘鞠 揭 䵧音菊* *廣韻古闃切
kʰ		丘容	穹音弓芎 窮 邛笻		欹用	䒤穹去* *集韻去仲切	渠六	麹;曲 局跼入 𡲬音近局* *字彙渠勿切
h	許雍	凶匈兇胷 洶 兄	許龍	雄熊		許用	赳凶去	許六	畜蓄 旭頊勖* *廣韻作勗
ŋ			魚紅	顒玉平喁				魚六	玉獄
Ø	于公 於公	雝音雍灉饔 噰壅饔 廱音雍	以紅	融 容溶瑢蓉 鎔庸墉慵 鏞頌	尹竦	擁 俑勇埇涌蛹 踊恿	余頌	襛雍去 用容去	余六	郁雍入, 育堉楮稢 昱煜 欲慾浴鵒

第5章 『正字通』における中古全濁上声字の扱い

1．はじめに

　松浦友久1996「認識の枠組みとしての『平上去入』体系」は、中古的古典学の形成にとって「平上去入」の四声体系の認識が如何に重要であったかを、陸徳明『經典釋文』と陸法言『切韻』を中心にして、見事に描き出した専論である。そこでは、古典学の範囲において、中古的声調の枠組みが近世の知識人に至るまで一貫して支配的であったことが明らかにされている。確かに北宋の『廣韻』『集韻』はもとよりのこと、元の『古今韻會舉要』、明の『洪武正韻』から字書『字彙』や清の『康熙字典』『音韻闡微』に至るまで四声別義[179]を始めとする「中古漢語的古典学」の伝統が脈々と受け継がれてきた。

　一方、時代の推移と共に、現実の発音の変化、あるいは方言的な読書音の影響のもと、古典学の中ですら中古的声調の捉え方をしない知識人が出現してくる事もまた自然な流れであろう。現実の発音の変化のうち、各声調（或いは一二の声調）における陰陽分化は中古的声調の枠組みを揺るがすには至らなかったと推察される。松浦1996の指摘どおり中古的声調の枠組みの維持にとって最大の脅威となったのは入声の他声調への合流であろう。また、つとに唐の韓愈の文[180]からも伺われるところの、全濁上声の去声への合流も、平仄の区分には影響を及ぼさないとはいえ、更に早く広い地域で起こったと推定されるものである。全濁上声字と全濁去声字の間に四声別義の関係がある場合、古典学の上でも当然大きな混乱を齎したはずである（水谷誠1980）。

　本章では近世知識人の中古全濁上声字に対する扱いの一例として、『正字通』を取り上げる。『正字通』の特徴の最も顕著な現れが仄声における全濁字の扱いだからでもある。以下『正字通』の反切等は内閣文庫蔵白鹿書院本中の最初期の音注に拠り、『字彙』は上海辞書出版社の影印本（1991）に拠る。

２．中古全濁上声

　ここでは中古全濁上声字についての張自烈の立場を、『正字通』の基づいた『字彙』と較べながら見てみたい。全濁上声字が『正字通』においてすべて去声になっているかというと、事はそれほど単純ではなく、全体に以下の四種の類型が見られる。それぞれ挙例は数組にとどめ、詳しくは章末に資料として列挙した。

①上声のみを収録

　このタイプは去声の音注を収録せず上声の読みのみを収録するものである。『正字通』の音注の大きな特徴すなわち全濁声母・次清声母の合流（平仄を問わず）の現象が見られることも多い。たとえば、

　　臼　『正字通』：去久切求上聲　　未下48a
　　　　『字　彙』：巨九切求上聲　（臼求巨：全濁群母、去：次清溪母）
　　篆　『正字通』：川遠切椽上聲、韻書收入銑韻、泥　未上28a
　　　　『字　彙』：柱衍切纏上聲　（篆椽柱纏：全濁澄母、川：次清昌母）
　　很　『正字通』：許梗切痕上聲　寅下53a
　　　　『字　彙』：下墾切痕上聲　（很痕下：全濁匣母、許：全清曉母）

このタイプの中には「混腐輔晃很挺艇」（資料参照）など、官話や現代北京方言でも上声のままであるものが含まれている。また多くの方言において上声として現れる「跪」や「蟹」もある。張自烈の方言的読書音でも、これらは上声に読まれたのであろう[181]。「輔」（酉下12b）ではむしろ『字彙』が去声の音（扶故切）を収録したことを非難している。

　ただし上述「篆」については「韻書收入銑韻、泥」（銑韻は上声）とも言っているところから見れば、張自烈としては上声の音注に不満を抱くことがあったのかも知れない。

②上声と去声を両収（上声重視）

　このタイプは、上声の反切を最初に置いているが、去声相当の音注も加えているものである。『洪武正韻』や『字彙』でも同様の処置をしている

第5章 『正字通』における中古全濁上声字の扱い

ことが多い。近世になると現実音での全濁上声の去声への合併が無視できなくなり、各韻書や字書でも去声の音を併記する方針が採られたためである。なお、ここでも『正字通』は全濁声母字を次清声母字に換えていることが多い。たとえば、

  柱 『正字通』：尺主切除上聲、又御韻音筯、掌也支也 辰中32b
    『字　彙』：直呂切除上聲、又治據切音筯
      （柱除直：全濁澄母、尺：次清昌母）
  弟 『正字通』：他禮切題上聲、按兄弟之弟當去聲 寅下38a
    『字　彙』：待禮切題上聲、又去聲大計切
      （弟題待：全濁定母、他：次清透母）
  杜 『正字通』：他魯切徒上聲、又暮韻音渡、人姓、又塞也、絶也 辰中11a
    『字　彙』：徒古切徒上聲 （杜渡徒：全濁定母、他：次清透母）

以下の例のように、上声の反切を最初に置きながら、本当は去声で読むべきだとの注を加えているものもある。たとえば、

  踐 『正字通』：七典切前上聲、今讀去聲、義同 酉中72a
    『字　彙』：慈演切前上聲、子踐切音剪
      （踐前慈：全濁從母、七：次清清母）
  漸 『正字通』：七點切潛上聲、今讀潛去聲、義同…又諸韻書「漸卦」「漸次」皆載上聲琰韻、本存平上二聲、闕去聲、並非 巳上74a
    『字　彙』：秦冉切潛上聲 （漸潛秦：全濁從母、七：次清清母）

ここから見て②のタイプは、伝統的な韻書の影響のもと一応は上声の読みを先に出しているものの、実際は去声で読んでいたものと思われる。

③上声と去声を両収（去声重視）

 このタイプは、去声の反切を最初に置き、上声相当の音注をあとに加えているものである。相当する『洪武正韻』や『字彙』の音注は前述②のタイプであることが多い。たとえば、

  並 『正字通』：匹命切平去聲、又梗韻平上聲 午下81a

247

　　　　　『字　彙』：部迥切平上聲、又去聲皮命切、義同
　　　　　　　　　　　（竝平部：全濁並母、匹：次清滂母）
　　抱　『正字通』：鋪告切庖去聲、又有韻[182]庖上聲　卯中25a
　　　　　『字　彙』：部巧切庖上聲、又去聲蒲報切、義同
　　　　　　　　　　　（抱庖部蒲：全濁並母、鋪：次清滂母）
　　丈　『正字通』：尺亮切音唱、又上聲呈兩切　子上4a
　　　　　『字　彙』：呈兩切長上聲
　　　　　　　　　　　（丈呈長：全濁澄母、尺：次清昌母）

④去声のみを収録

　このタイプは上声の読みを収録しないものである。ここでも相当する『洪武正韻』や『字彙』の音注は②のタイプであることが多い。張自烈は自信をもって去声の読みのみを記していると言えよう。たとえば、
　　蚌　『正字通』：普浪切音棒　申中11b
　　　　　『字　彙』：步項切音棒、又去聲蒲浪切、義同
　　　　　　　　　　　（蚌棒步蒲：全濁並母、普：次清滂母）
　　肚　『正字通』：土故切音渡、又方音讀曰睹、義同　未下3a
　　　　　『字　彙』：徒古切音杜、又去聲獨故切、義同
　　　　　　　　　　　（肚渡徒杜獨：全濁定母、土：次清透母）
　　健　『正字通』：渠建切謙去聲、舊註巨展切音件、健非件音也　子中53b
　　　　　『字　彙』：巨展切音件、又去聲渠建切
　　　　　　　　　　　（健渠巨件：全濁群母、謙：次清溪母）

3．声調をめぐる議論

　以上のような音注と同時に、張自烈はしばしば、中古的古典学を引き継ぐ「毛氏」すなわち毛晃・毛居正『増修互註禮部韻略』や『正韻』すなわち『洪武正韻』等の諸韻書及び「舊註」すなわち『字彙』を批判しながら、議論を展開している。我々はその中に明末清初の一知識人の声調や破読に

対する考えを伺うことができる。ここでは全濁上声字と全濁去声字の間に四声別義の関係を有する例を中心に見てみたい。

まず「飯」(戌下32b)の、上声は動詞「飯を人に食べさせる」の意、去声は名詞「飯」の意、という説に対して、張自烈は「飲人以酒曰酒之、猶食人以飯曰飯之、不必二音相別也」すなわち「酒を人に飲ませる」意味の「酒之」の場合、「酒」の声調を換える必要はないのと同様、「飯之」の「飯」と名詞の「飯」の声調も換える必要はないと言う。これに続いて次のように言う：

　　史淮陰傳、漢王衣我以其衣、食我以其食、皆讀如本音。傳註飲食音去聲、衣我之衣音意、食我之食音嗣、與下衣食字異音、竝泥。

『史記』「淮陰侯傳」での「服を着せる」の意の「衣」や「食べさせる」の意の「食」を去声に読む必要がないということである。『正字通』の「衣」(申下9a)の条でも「服を着せる」の意味で去声に読む必要のないことを明記している。

次に「上」(子上5a)と「下」(子上6a)の、動詞「のぼる」と名詞「した」は上声、名詞「うえ」と動詞「おりる」は去声、という説に対しては、次のように言う：

　　不知本在物上之上與升上登進之上、竝去聲。音雖同而義自別。非必如諧韻皆讀如賞也。
　　『易』自上下下[183]之下、或讀上聲、亦讀去聲、上去音別義通也。必分爲二音、亦非。

すなわち、「上」の場合「のぼる」でも「うえ」でも音は同じだが、意味は自ずと異なると言い、「下」の場合「おりる」を上声で読もうと去声で読もうと意味は変わらないとする[184]。

「近」(酉下37b)の、上声は形容詞的な「近い」の意、去声は「付近」や「近づく」の意、という説に対しても、毛氏すなわち『増修互註禮部韻略』や『洪武正韻』および『字彙』をかなり激烈に批判している：

　　毛氏：「凡遠近之近上聲、附近之近去聲。」曲説害義。諸家皆從之。正韻八軫"近"註：「不遠也。」八震"近"註：「近之也。」皆爲毛説所蔽。
　　不知諧韻讀上聲。遠近與附近皆可讀去聲也。舊註：「上聲不遠也、去

249

聲親附也。」並非。

「丈仗」(子上4a・子中6b)の、「丈」は上声、「仗」は上去声(ただし「馮仗」の時は上声のみ)という説についても『増修互註禮部韻略』『洪武正韻』『古今韻會舉要』『字彙』を批判する：

> 正韻杖丈仗載十七養韻、去聲十七漾收杖仗闕丈。韻會丈載上聲、仗載去聲、引毛氏曰：「凡兵仗器杖、二聲通用、惟憑仗之仗無上聲[185]。」舊註丈存上聲、闕去聲、並非。

> 毛氏曰：「凡兵仗器仗之仗、二聲通用、惟馮仗之仗無去聲。」按此説迂泥。廣韻"馮仗"讀去聲[186]、不誤。

つまり、「兵仗」や「器仗」の語では上声・去声のどちらでも良いが、「馮(憑)仗」の語では上声のみという毛晃の説は回りくどいと言い、むしろ「憑仗」の場合も去声の読みを認めた『廣韻』を評価している。

以上のほかにも、伝統的には上声・去声の違いが云々されるのに対し、張自烈が去声の読みだけで良いとしたものには、以下のような常用字がある(原文は資料参照)。

「厚」：上声は形容詞「厚い」の意、去声は動詞「厚さを測る」の意(子下110a)

「夏」：上声は姓あるいは中国の意、去声は「なつ」の意(丑下1b)

「善」：上声は「良い」の意、去声は「良いと思う」の意(丑上54a)

「後」：上声は「あと、うしろ」の意、去声は「後になる、遅れる」の意(寅下54a)

「被」：上声は名詞「布団」の意、去声は動詞「かぶせる」の意(申下21b)

4．「叶音」としての処理

全体の論議を総合してみると、張自烈は上声の音を認めないのではなく、それを「叶音」または「轉音」であると考えていることがわかる。たとえば『正字通』寅下11a「序」の字の注によれば、『漢書』叙傳の「昌邑短命、昏賀失據、戾園不幸、宣承天序」[187]に対して、唐の顔師古は「序」を臨時

第5章 『正字通』における中古全濁上声字の扱い

的な叶音として去声で読ませている。顔師古としては上声を「本音」と考えているわけであるが、張自烈も同じような意味で、彼にとって去声であるべき全濁「上声」字が臨時的な叶音として上声としても読めると考えているのであろう。「序」の場合、張自烈にとっては上声が叶音、去声が本音なのである。

「壽」（丑中54b）の場合も似ている。「神咒切音綬」という去声の音注をつけたあと、顔師古『糾謬正俗』（匡謬正俗）の「或問：年壽之字、北人讀作受音、南人則作授音、何者爲是？曰兩音皆通。詩云：樂只君子、瑕不眉壽。此則音受。嵇康詩云：頤神養壽、散髮巖岫。此則音授。今或皆讀如授、失之矣」という条を引用する。顔師古にとって「壽」が「受」（中古上声）で読まれるか「授」（中古去声）で読まれるかは詩文の押韻によって決まるのであり、すべて去声で読むのは間違いだということである。これに対し、近世の張自烈は、そもそも「受授」の二字が同音（去声）になっているためであろう[188]、「師古不先定受授上轉去之本音、以壽音受爲上聲叶柾、音授爲去聲叶岫、非也」すなわち「師古はまず受授の二字について去声が本音であることを決めてから議論すべきであった。詩の押韻によって上声の場合『受』の音、去声の場合『授』の音と言っているのは間違いである」と言う。

「造」（酉下47a）の場合も同様であり、「七到切操去聲」という音注をつけたあと、「去聲爲本音、上聲爲轉音」と言い、上声が「轉音」だと言っている。また「妓」（丑下36a）でも「奇計切音器」という音注をつけたあと、「韻書沿孫愐渠綺切收入紙韻、不知妓本有平上去聲也」と言う。

「道」（酉下55b）の場合は、「杜號切陶去聲」という音注をつけたあと「道字效韻者本音也、巧韻[189]者轉音也」と言い、やはり上声を「轉音」と考えている。更に、

　歐陽修曰：道德之道、周禮太司樂「興道、諷論[190]、言語」、音導在去聲、魯論「道之以政」、竝音導。由此説推之、凡天道、地道、人道、「神道設教」「議道自已」「與治同道」之類、竝去聲甚明。舊註沿韻書"理道""道路"讀桃上聲、亦非。

と言い、北宋の欧陽修が既に「道德」の「道」（中古的には上声）を去声

251

と見なしていたことに賛意を表している。

　また、「上」(子上5a)では、明の李登『音義便考』「例論」の、

　　今必云弟子之弟上聲、孝弟之弟去聲。道引之道上聲、道路之道去聲。
　　自動之動上聲、動之之動去聲。輕重之重上聲、重之之重去聲。其曰上
　　聲、仍是去聲者而以爲輕脣、吾不信也。

という文を引用する。そして「繇李說推之、則凡假借字同音異義當去聲、而上去兩存、離本音以從舊讀者、皆非也」と言い、張自烈が李登の立場に共感していることを表明する。「本音」すなわち去声の読みを離れて「舊讀」すなわち中古的な上声の読み方にこだわるのは間違いだというのである。

　「重」(酉下118b)において「按物之不輕與人稱不輕之物爲重、並讀去聲、義通。分上去二聲者叶音也」すなわち「『重い』も『重いと感じる』も共に去声で読む。前者を上声、後者を去声というように分けるのは叶音である」と言うのも同様である。

5．結び

　結局、張自烈は全濁上声に対する扱いとして、タイプ①を除くほとんどの場合、去声で読むことを原則としていたことがわかる。「是」(辰上14b)では「諸韻書"是"載紙韻、轉寘韻。舊註"是非之是"讀若"時上聲"。與今讀異、故以去聲易之」と言い、諸韻書が「是」を上声に収録し、時に去声の音も併載することを指摘したうえで、はっきりと「今の読みに合わないので去声に換える」と宣言している。

　詞曲の世界では元の『中原音韻』以来、全濁上声の去声への合併を記載することは当たり前のことであったが、古典学の世界ではそれを真正面から認めて記載することはそれほど普通のことではなかったと思われる[191]。たとえば、明の嘉靖年間の『同文備攷』[192]や清の康熙年間の『古今韻略』、雍正年間の『音韻闡微』では、全濁上声字をそのまま上声に収録し、また全濁上声字と全濁去声字の間に四声別義の関係を認めることがまだまだ多い。大型字典『正字通』が堂々と方言読書音を前面に出して、全濁上声字

を多く去声で読ませているのは張自烈が常々言うところの「窮理適用」の信条の現われだと考えられる。

　松浦2000は「繆」姓の発音を論じるに当たり、「妙」の音が現れる早期の資料の一つとして『正字通』を引用している。『正字通』が伝統的な韻書や字書が載せないような発音を掲載することと、本稿で見たような、古典学の範囲で全濁上声を大胆に去声で読むこと（特にタイプ③やタイプ④）は無関係ではないのである。

6．資料

（関連部分の抄出であり、中略記号は省略。以下、ブラケットの中は直接関連しない音注、丸括弧の中は『字彙』の関連音注）

タイプ①　上声のみを収録
梃　他頂切音挺。卯中39b（他鼎切汀上聲、又徒鼎切廷上聲）
晄　詡往切黄上聲。辰上17a（戸廣切黄上聲）
晧　呼老切豪上聲。辰上20a（胡老切豪上聲）
棧　鉏版切孱上聲［又霰韻音孨、又銑韻音翦、竝義同、又感韻子闇切賛上聲、小橋也］。辰中65b（鉏限切殘上聲）
様＝橡　息兩切象上聲。辰中105a（徐兩切音象）
浩　呼考切豪上聲。巳上36b（胡老切豪上聲）
混　呼本切魂上聲［又真韻音昆、與昆通、又與滾同、又音魂］。巳上49b（胡本切魂上聲）
盾　書允切純上聲、又徒本切豚上聲。午中53b（乳允切閏上聲、又徒本切豚上聲）
腐　扶古切音釜。未下23b（扶古切音釜）
艇　他頂切廷上聲。未下61a（徒鼎切庭上聲）
蟹　呼買切音駭。申中60a（胡買切音駭）
跪　苦委切葵上聲。酉中68b（渠委切葵上聲）
輔　扶古切音甫。正韻三輔載上聲姥韻、舊註扶故切、非。酉下12b（扶古切

第2部　音韻篇

音釜、又去聲扶故切）

鮑　蒲考切庖上聲。亥中8a（部考切庖上聲）

タイプ②　上声と去声を両収（上声重視）

件　巨展切乾上聲、黶韻音欠、義同。子中10b（巨展切乾上聲）

伴　普滿切盤上聲、又盤去聲、義同。子中16b（蒲滿切盤上聲、又去聲薄半切、義同）

但　徒覽切壇上聲、又去聲杜訕切、義同。子中18b（徒亶切壇上聲、又去聲杜晏切）

儉　苦檢切音遣、今通讀去聲、義同。子中74a（巨險切箝上聲）

匯　呼委切灰上聲、又隊韻音潰、義同。子下89a（呼委切灰上聲、又胡對切音潰）

后　珊口切侯上聲。孫愐湖口切…君后後先、去聲轉叶、則有上平二聲、非。孫切爲定音、皆讀上聲也。正韻有宥二韻收后、君后妃后后土、上去二聲兩存、又槩云后與後厚同。韻會收后入有韻、轉去聲后宥韻不載、並非。丑上12a（胡口切侯上聲、又去聲胡茂切、義同）

奉　芳勇切風上聲、又送韻音鳳。舊註"父勇切"後增"方孔切"與捧同、不知"馮之上聲"即"風之上聲"、奉俗作捧、承也侍也、即捧義、同音分切、非。丑下21a（父勇切馮上聲、又去聲馮貢切）

市　時止切時上聲、又寘韻音侍、義同。韻書以讀上聲爲交易之市、讀去聲爲就市買物之市、分二音、非。寅中41b（上紙切時上聲、又去聲時吏切）

技　區里切奇上聲、又去聲奇寄切、義同。卯中19b（巨起切奇上聲、又去聲奇寄切、義同）

斷　［多管切端上聲、截也］又去聲多貫切音段、又旱韻團上聲。斷字多管、秃宛二切、皆可叶轉多貫秃玩二切。卯下36b（都管切端上聲、又去聲都玩切、又徒管切團上聲、又團去聲杜玩切）

杏　許梗切衡上聲、舊音衡上聲、今讀去聲、義同。辰中8a（何梗切衡上聲）

杖　齒兩切長上聲、又漾韻長去聲。舊註引正譌別作仗、非。又凡受杖几杖上聲、持之則去聲。按此説泥。辰中9a（呈兩切長上聲、又去聲直亮切）

柿　師止切時上聲、今方音讀若侍或讀士、義同。辰中25a（上紙切時上聲、

第5章　『正字通』における中古全濁上声字の扱い

又去聲時吏切）

殆　蕩海切臺上聲、又隊韻音待、義同。辰下21b（蕩海切臺上聲、又去聲度耐切）

湛　鉏感切巉上聲、又勘韻儳去聲、姓也。巳上58a（牀減切巉上聲、又去聲牀陷切、義同）

皁　蒼老切曹上聲、俗讀若竈。午中32a（在早切曹上聲）

盡　慈郢切秦上聲、又震韻音靜。盡有上去二聲、讀如秦津之上聲者叶音也。訓任訓縱令讀如儘、它若左傳周禮「盡在魯與」、孟子「盡其心」、曲禮「不盡人之歡」、竝當讀去聲、凡訓竭皆終悉者、皆讀去聲也。午中44a（慈忍切秦上聲、又去聲齊進切、義同、又子忍切津上聲）

緩　呼管切桓上聲、又翰韻音渙、義同。舊註闕去聲、非。未中29b（胡管切桓上聲）

辮　婢免切便上聲。未中45b// 弭面切音辯、又諫韻音瓣、義同、俗沿韻書音編、非。酉下32a（婢免切便上聲）

距　丘許切渠上聲、又去聲與拒距通。酉中67a（臼許切渠上聲）

限　許簡切僩、又霰韻音現。戌中8b（下簡切閑上聲）

タイプ③　上声と去声を両収（去声重視）

丈　尺亮切音唱、又上聲呈兩切。子上4a（呈兩切長上聲）

上　時亮切商去聲、又上聲養韻音賞。又諸韻書以上聲是掌切者爲升上之上、去聲時亮切者爲本在物上之上、或又以本在物上之上亦上聲、俗讀爲去聲。凡禮記上堂上階皆讀上聲、正韻上聲養收上字、登也進也、去聲漾收上字、在上之上尊也、未免爲舊韻所惑、不知本在物上之上與升上登進之上、竝去聲、音雖同而義自別、非必如諸韻皆讀如賞也。舊註：登也升也、自下而上也、沿用是掌切、失考正。子上5a（時亮切常去聲、又上聲是掌切）

下　虛駕切音嚇、又上聲亥雅切、義同。又韻會下亥雅切、引增韻元在物下之下、非。自上而下之下轉禡韻亥駕切、引增韻自上而下也、廣韻行下也。正韻上聲馬韻下註云上下定體、去聲禡韻下註云降也、自上而下、皆未詳上下定體之下、本去聲。自上而下、易"自上下下"之下、或讀上聲、亦讀去聲、上去音別義通也。必分爲二音、亦非。子上6a（胡雅切遐上聲、

255

第2部　音韻篇

又去聲胡駕切）

仗　直亮切長去聲、又養韻長上聲、義同。子中6b（呈兩切長上聲、又去聲直亮切）

似　息漬切詞去聲、又兕以二音。子中17b（詳里切詞上聲、又詳恣切音寺）

動　杜弄切音洞、又董韻同上聲。毛居正日祕書省校書式諸書動字雖無音、揚雄傳清靜字本上聲、師古合韻音去聲、動靜之動亦可讀去聲。子下73a（徒總切同上聲、又去聲徒弄切）

墮　杜臥切音惰、又［灰韻音麾］哿韻音妥、義同。丑中42a（杜臥切、又待可切、義同、又吐火切義同）

待　度耐切音代、又解韻迨上聲、義同。寅下52b（蕩海切臺上聲、又去聲度耐切、義同）

士　時至切音事、又紙韻音始。丑中51a（上紙切時上聲、又去聲時吏切、義同）

惰　杜臥切駝去聲、又吐火切音妥、義同。卯上34b（杜臥切駝上聲、又吐火切音妥、義同）

憤　房問切音僨、又吻韻焚上聲、義同。卯上56a（房吻切焚上聲、又去聲房問切）

戶　呼誤切湖去聲、又上聲侯古切、義同。卯中10a（侯古切湖上聲、又去聲胡故切、義同）

敘　雪豫切須去聲、又上聲象呂切、義同。卯下27b（象呂切徐上聲）

甚　時正切音慎、又上聲式忍切、義同。午上45b（食枕切忱上聲、又去聲時鴆切、義同）

紹　市召切韶去聲、又篠韻韶上聲、義同。未中11b（市沼切韶上聲、又去聲實照切）

豎　商遇切音恕、又語韻樹上聲、義同。正韻豎載上聲四語、御韻不收豎、舊本闕去聲、不知豎本有上去二音也、竝非。酉中7b（忍與切如上聲）

象　似亮切襄去聲、又養韻音想。酉中11a（似兩切牆上聲）

負　符遇切音附、又有韻音阜。酉中27b（防父切音附、又房缶切音阜、義同）

近　具吝切音覲、又軫韻勤上聲、義同。酉下37b（巨謹切勤上聲、又去聲具

第5章 『正字通』における中古全濁上声字の扱い

　咨切）

部　薄故切蒲去聲、又姥韻簿上聲、義同。酉下81b（裴古切蒲上聲、又去聲薄故切、義同）

重　之仲切音眾［又昌容切音蟲］又董韻音寵。又毛氏曰凡物不輕而重則上聲、因其可重而重之、與再重鄭重皆去聲。按物之不輕與人稱不輕之物爲重、竝讀去聲、義通。分上去二聲者叶音也。既云因可重而重之、則凡物之不輕者即重之去聲、非物重爲上聲、人重物轉爲去聲。毛氏迂泥不通。酉下118b（直隴切蟲上聲、又去聲直眾切、又持中切音蟲）

タイプ④　去声のみを収録

倍　邦昧切音背。舊註轉裴上聲、誤。子中44b（步昧切音佩、又部美切裴上聲）

覲　丘應切音覲、［又音芹］義同。子中65a（具吝切音覲）

像　似亮切音相、今讀去聲、義同。子中66b（似亮切音象）

厚　呼扣切侯去聲。韻書厚薄之厚、皆載有韻、引檀弓其厚三寸、註度厚薄曰厚、音去聲。按此説迂泥。子下110a（胡口切侯上聲、又去聲胡茂切、義同）

受　神呪切壽去聲。諸韻書皆載有韻是酉切、義同、舊註存上聲、闕去聲、非。子下125a（是酉切壽上聲）

善　式戰切音繕。又毛氏曰凡善惡之善則上聲、彼善而善之則去聲、孟子王如善之是也。國語郭公善善、上善字竝去聲。按此説迂繆害理。正韻十一銑、善上演切、載毛氏説。舊本引入善註、竝非。郭公善善惡惡、言善其善、惡其惡、猶言善者以爲善、惡者以爲惡也。二善字皆去聲、二惡字皆入聲、後人讀上惡字如汙之去聲、與好惡之惡同音、亦非。善惡之善、與彼善而我善之之善皆去聲、在霰韻者爲本音、在銑韻者爲叶音也。丑上54a（上演切音然上聲、又去聲時戰切）

壽　神呪切音綬。丑上54b（承呪切音受、又上聲是酉切）

坐　徂箇切矬去聲。又坐有上去二聲、行坐之坐讀去聲、亦通、非坐罪之坐專讀去聲。丑中8a（徂果切音座、又去聲徂臥切坐）// 座　舊註坐去聲。寅下15a（徂臥切坐去聲）

257

第2部　音韻篇

夏　虛架切音暇。又本音竝去聲、轉音則上聲。凡春夏諸夏夏姓當如呼駕切、孫恆中國之夏胡雅切、正韻十五馬、諸夏夏商夏姓夏樂夏屋上聲、十五禡、春夏之夏獨去聲、尤非。丑下1b（亥雅切遐上聲、又去聲胡駕切）

妓　奇計切音器。丑下36a（巨起切奇上聲、又去聲奇寄切、義同）

婦　符遇切音附。俗沿孫恆房九切轉房缶切、正韻婦分載有暮二韻、皆未詳叶音、或讀如阜、本音當讀如付、尤泥。丑下62b（防父切音附、又房缶切音阜、義同）

幸　許定切興去聲。諸韻書幸載梗韻、闕去聲。正韻幸倖竝下耿切、引天子巡幸、皆讀上聲非是。俗讀去聲如恨、亦非。寅下5a（下耿切音倖）

序　雪遇切徐去聲。諸韻書序、載四語、不收入四御。寅下11a（象呂切音敘、又祥豫切徐去聲）

後　呼扣切侯去聲。孫氏胡口切、六書本義：後、很口切、不敢先人、轉去聲。六書故：上聲叶音讀去聲。舊註先後前後之後、上聲、不敢先而後之、去聲。按正韻上聲有韻後註、遲後本在後也、前後胅後之後、古通用字。據此說足正諸家分音之誤。胅正韻去聲宥韻後註：此後于人、先此而後彼之後。二說自相矛盾、從前説爲正。蓋去聲爲本音、轉上平二聲、叶音也。寅下54a（胡口切侯上聲、又去聲胡茂切）

旱　侯幹切寒去聲。韻書旱讀上聲、泥。辰上4a（侯侃切寒上聲、又去聲侯幹切、義同）

是　時至切音侍。辰上14b（上紙切時上聲、又去聲時吏切）

棓　步項切邦去聲、韻書棓上聲、今讀去聲。辰中61a（步項切旁上聲、又去聲蒲浪切、義同）

父　符遇切扶去聲、又語韻音甫。巳中39a（扶古切巫上聲、又去聲防父切、義同）

犯　方萬切音范。巳下16b（房覽切音范）

社　式夜切音射。社有上去二音、正韻正譌韻會社在者韻、蔗禡二韻皆不收社、此局于孫恆常者切而不知變也。午下26a（常者切音射）

祀　息漬切詞去聲。韻補引説文載紙韻。午下27a（詳子切詞上聲）

禍　呼課切和去聲。又禍有上去二音。諸韻書正韻竝收入苛韻、獨吳元滿載去聲。今方音、皆讀若貨、未可泥。午下37a（胡果切和上聲）

258

第5章 『正字通』における中古全濁上声字の扱い

稲　杜號切桃去聲。韻書稻收入巧韻、闕去聲、義同。午下62a（杜稿切桃上聲）

笨　［布衮切音本］又震韻盆去聲、粗率。未上8b（又步悶切盆去聲）

范＝範　方萬切音范。未上11a（房覽切音范）

簿　薄故切蒲去聲。又舊韻沿斐古切蒲上聲、泥。未上39a（裴古切蒲上聲、又去聲蒲故切、義同）

緒　雪遇切須去聲。有上去二聲。正韻緒收入四語、諸韻書皆肰。今讀去聲、義同。未中27a（象呂切音序）

聚　族遇切趨去聲、［又宥韻音僦］。舊註聚會徐上聲、聚斂去聲。分二音、誤。未中97a（慈與切徐上聲、又去聲族遇切）

腎　時正切辰去聲、說文腎孫氏時忍切、故正韻韻會皆上聲軫韻收腎、去聲震不載。今讀若愼、義同。未下23a（時軫切辰上聲）

舅　巨又切音舊。未下50a（巨九切音臼）

艦　戶玷切咸去聲。未下65a（胡覽切咸上聲）

范　方萬切音範。申上25a（房覽切音範）

蕩　杜浪切音唐去聲。韻書收蕩入養韻。凡蕩平、蕩滌、摩盪、震蕩、讀上聲徒黨切、竝非。申上108a（徒黨切唐上聲、又去聲徒浪切、又他郎切音湯、又他浪切湯去聲）

被　毗意切音陛。舊註寢衣音上聲、引書"光被"轉去聲、泥。申下21b（部靡切音陛、又毗意切音避、又蒲昧切音佩、義同）

辨　弼面切音卞。酉下30a（辦：備莧切瓣去聲 // 辨：又婢免切便上聲、義同）

造　七到切操去聲。酉下47a（在早切曹上聲、又七到切操去聲）

道　杜號切陶去聲。酉下55b（杜稿切桃上聲、又去聲杜到切）

項　許亮切香去聲。又董韻洪上聲、俗讀杭上聲學上聲。戌下1b（戶講切學上聲、俗讀上聲）

靜　疾應切情去聲。諸韻書靜皆載梗韻、動靜之靜疾郢切、轉入敬韻疾止sic切、以去聲爲叶音、上聲爲本音、竝泥。舊註引易坤至靜、情上聲、誤與諸家同。戌中70b（疾郢切情上聲、又去聲疾正切）

飯　方萬切煩去聲。毛氏曰凡餐食之飯與飯之之飯、上聲、禮記飯黍、文王

259

第2部　音韻篇

一飯再飯、莊子飯牛之類、是也。炊黍之飯、去聲、毋搏飯、祭先飯之類、是也。正韻十諫：炊穀熟曰飯、十產：飯、飤也。按此説迂曲難通。戌下32b（符諫切煩去聲、又甫版切音返）

注———————————————————————————————
179　四声別義については周祖謨1966に詳しい。
180　韓愈「諱辯」（『文章軌範』）「諱呂后名、雉爲野雞、不聞又諱治天下之治爲某字」。ここから韓愈が脂韻開口澄母上聲の「雉」と之韻澄母去聲の「治」を同音と見ていることがわかる。
181　陳昌儀1991によれば、張自烈の故郷宜春では「蟹」は[hai21]と上聲に、「跪」は[kʰui213]と去聲に読んでいる。なお「蟹」は『博雅音』に「呼買（反）」の音（平山久雄氏の教示による）、「跪」は『廣韻』に「去委切」の読みもある。
182　「有韻」は「巧韻」（『洪武正韻』の韻目）の間違いか。
183　『周易』「益」に「彖曰：益、損上益下、民説無疆；自上下下、其道大光。利有攸往、中正有慶。利渉大川、木道乃行。益動而巽、日進無疆。天施地生、其益無方。凡益之道、與時偕行」とある。「自上下下」は普通「かみよりして、しもにくだる」と訓讀。『經典釋文』では最初の「下」が去聲「遐嫁反」、二番目の「下」が「如字」である。
184　孫玉文2000によれば「下」は「した」「おりる」ともに本来は上声とのこと。
185　この「無上聲」は「無去聲」の誤りであろう。
186　『廣韻』上聲養韻直兩切「仗」には「憑仗、本又音去聲」とある。
187　『漢書』巻一百下「敘傳」の武帝の子（昌邑と戾園）と孫（賀は昌邑の子）及び曽孫（宣帝）についての句である。師古の注に「序合韻、音似豫反」とある。
188　「受」（子下125a）では「神呪切收去聲、諸韻書皆載有韻是酉切、義同、舊註存上聲、闕去聲、非」と言う。
189　「巧韻」「效韻」は中古的には「晧韻」「號韻」のこと。張自烈が使っているのは『洪武正韻』の韻目である。
190　現行本『周禮』「春官宗伯」では「大司樂…以樂語教國子：興道、諷誦、言語」と言う。
191　張自烈は「禍」（午下37a）において、明の吳元滿『六書總要』が「禍」を去聲に收錄したことを指摘している（禍有上去二音、諸韻書正韻竝收入哿韻、獨吳元滿載去聲。今方音、皆讀若貨、未可泥）。なお『洪武正韻』の韻目は「哿韻」ではなく「哿韻」である。『廣韻』では「果韻」。
192　『同文備攷』については丁鋒2001に詳しい。

第6章　『芑山詩集』と張自烈の読書音

1．はじめに

　佐藤進2004「傅増湘「蔵書雑詠『宋刊方言』十八首」訳注」は、単なる訳注に止まらず、詳細な考証により、当該書の由来や傅氏による入手の経緯、友人たちを含む知識人の書物への思い入れまで、見事に浮き彫りにした論考である。本附論では、その驥尾に附して明末清初の張自烈の詩数首の訳注を試みるとともに、応用篇として、既に再構された張自烈の読書音をつけてみたいと思う。

　本書第1部では張自烈（1598-1673）の年譜を作成し、明末崇禎年間の南京における張自烈と侯方域・冒襄・呉応箕・陳貞慧[193]・黄宗羲・沈寿民らとの交流、明末の党社「復社」の重要人物の一人としての役割、その後の動乱に際して左良玉の軍によって父と弟が殺害されるという張一家の悲劇、清初順治年間の南京における僧形の方以智との学問的交流、そして晩年の廬山白鹿洞書院での廖文英父子[194]との交流などの状況を知ることができた。乾隆年間に禁燬処分を受けたものの、張自烈の『芑山文集』は今に伝わり、疏義・書牘・序・伝記・旅記・雑記・策・雑著などに分類された多くの文を見ることができる。

　一方、文章のみならず詩も多数書いたであろうことは友人の証言から明らかであるが[195]、いま見られるのは『芑山文集』に附載された40首ほどに過ぎない。現存する文集には大きく分けて3種類があり、詩の収録についてもいくつか異同が見られる。

2．詩について

　現在通行している『芑山文集』は民国期の豫章叢書[196]所収のものである。第1部第5章で述べたとおり、北京図書館善本閲覧室には更に次の三種の清初ないし康熙年間の刊本が蔵されている。

第2部　音韻篇

一、『苔山文集』存二十六巻（巻一から巻三を欠く）。
二、『苔山文集』存三十巻（序および制義一巻を欠く）。
三、『苔山先生文集』存十九巻（巻二十から巻二十四を欠く）。

　詩について言えば、一と二の『苔山文集』では『苔山文集詩巻之一　旅詩』という扱いである（呉応箕・劉城評）。三の『苔山先生文集』では「巻二十三　旅詩」という形で収録されていることが、詩の題も含め目録からわかるが、北京図書館本はその部分を欠くため、実際の内容は確かめようがない。豫章叢書本は他の部分については内容・編次ともにこの三の版本を直接うけつぐものであるが、詩については「苔山詩集」と名付けるなど、まったく同じというわけでもない。結局、上述の清初刊『苔山文集』二種と豫章叢書所収『苔山文集』に見える詩がすべてということになる。以下がその対照表である。

	清初刊『苔山文集』「旅詩」	豫章叢書『苔山文集』「苔山詩集」旅詩
01	夢謁東坡居士	夢謁東坡居士
02	懷夏彝仲	
03	秋浦舟中	秋浦舟中
04	入山	
05	黃鵠	黃鵠
06	賦得獨鶴凌雲去	賦得獨鶴凌雲去
07	夢與鬼語自警	夢與鬼語自警
08	感事	感事
09	蕩子婦	蕩子婦
10	聞劉士雲惡詫	劉士雲訃至
11	酬嚴子岸	酬嚴子岸
12	趙無聲集雞鳴山東同學諸子	趙無聲集鷄鳴山待月簡同學
13	南村園居成志賦	南邨園居成志賦
14	蘇生貽慳菴詩酬寄	蘇生貽慳菴詩酬寄
15	客舍草鳴似蛩語唁之	客舍草鳴似蛩唁之
16	在昔篇哭楊汝開	在昔篇哭楊汝開

17	喜兒就塾	喜兒就塾
18	無題	
19	賣鬼行	賣鬼行
20	馴犬詩	馴犬詩
21	金陵得家信	金陵得家信
22	自遣	自遣
23	南庄即事	
24	旅宿聞蜩	旅宿聞蜩
25	書長安壁	書長安壁
26	宿牛首	宿牛首
27	雪夜寓姑蘇顧園	雪夜寓姑蘇顧園
28	山木上人客陳眉公山中因寄	山木上人客陳仲醇山中因寄
29	金陵柬燕中同志	金陵柬燕中同志
30	壬申歸自燕獨坐子舍有作	壬申歸自燕獨坐有作
31	憶詩	
32	護竹	護竹
33	次耳聾詩	次耳聾詩
34	侍御袁八繼咸左官南大行	侍郎袁八繼咸左官南大行
35	憩芮園草亭	憩芮園草亭
36	山居	山居
37	南譙暮春即事	南譙暮春即事
38	始至葛川	始至葛川
39	己丑春日書懷	己丑春日書懷
40	讀宋史有感	讀宋史有感
41	避亂大岡偶成	避亂大岡偶成
42	結遼畢命歌	結遼畢命歌
43		巷無人行

　なお康熙刊『芑山先生文集』の目次に見える詩の題は豫章叢書本とほぼ全同である。ただ43の「巷無人行」のみ前者に見えない。

3．訳注五首

　以下、製作時期のほぼ明らかな作品を取り上げてみたい。テクストは北京図書館蔵『芑山文集』による。右の音声記号は復元された張自烈の読書音[196]。以下同。

34　侍御袁八繼咸左官南大行

我有博浪椎	ŋo^{上}　iəu^{上}　poʔ^{入}　loŋ^{去}　tʃʰuəi^{陽}
不能中頭頯	puəʔ^{入}　nən^{陽}　tʃiuəŋ^{去}　tʰəu^{陽}　ŋaʔ^{入}
子無齊門竽	tsɿ^{上}　vu^{陽}　tsʰi^{陽}　muən^{陽}　iu^{陰}
何以貢娛悅	ho^{陽}　i^{上}　kuəŋ^{去}　ŋiu^{陽}　iuaʔ^{入}
去去各徘徊	kʰiu^{去}　kʰiu^{去}　koʔ^{入}　pʰuəi^{陽}　huəi^{陽}
行行兩愁絶	həŋ^{陽}　həŋ^{陽}　lioŋ^{上}　tʃʰəu^{陽}　tsʰiuaʔ^{入}
傷心未可言	ʃioŋ^{陰}　siən^{陰}　vuəi^{去}　kʰo^{上}　ŋian^{陽}
夜聽江流咽	ia^{去}　tʰiəŋ^{去}　kioŋ^{陰}　liəu^{陽}　iaʔ^{入}

　訓読：「侍御の袁八繼咸、南大行に左官せらる」
　　我に博浪の椎あり、頭頯に中つること能はず。子に齊門の竽 無し、何を以てか娯悅に貢せん。去き去きて各〻徘徊し、行き行きて両り愁絶す。傷心 未だ言ふ可からず、夜 聽く 江流の咽ぶを。
　注：〇侍御→御史。袁八繼咸→袁継咸（八は排行八番目の意）は張自烈の同郷すなわち江西袁州府宜春の人、字は季通、号は臨侯、萬暦二十四年（1596）の生まれ、天啓五年の進士。東林派の人士。国変後の乙酉の年（1645）九江総督として清軍に拉致され、翌年北京で刑死。明史に伝あり。袁の死後に張が編輯した遺文集『六柳堂集』は乾隆年間に禁書となる。〇左官→地方官への転任。〇南大行→南京の行人司。〇博浪椎→張良が秦の始皇帝を博浪沙で暗殺するため力士に持たせた槌。北京の官界や宦官への張自烈の不満を比喩的に表すための道具であろう。〇頯→鼻梁。豫章叢書本では「額」に作る。「額」は əʔ^{入}。〇齊門竽→瑟を持って斉王に仕えようとしても竽が好きな斉王には当然のことながら取り立

解説：五言古詩。『芑山文集』「旅記二」に「辛未正月予將北上…三月至京師。客友人袁侍御臨侯邸第…臨侯…私為予投牒儀曹、籍北雍、尋改南。臨侯方左官南大行、六月偕返金陵、館予思補署。八月朔上南雍」とあり、辛未すなわち崇禎四年（1631）、北京で御史となっていた袁の計らいで、張自烈は北京国子監（北雍）から南京国子監（南雍）へ移籍したこと、袁が南行人司の司副に転任するのに伴ない、一緒に南京へ行き、八月初に国子監に入ったことがわかる。この年の十二月に書かれた「旅言三刻自序」によれば、北京を発ったのは五月のこと、南下の途中で盗賊に襲われ負傷している。この詩は「夜聽江流咽」の句によれば長江を渡る頃に書かれたものと思われる。このとき張自烈は三十五歳である。もちろん後で回想して書いた可能性も排除できないが。

訳：私には博浪の槌があるが、相手の顔に当てることはできない。君は竽を持っていないのだから、どうして竽が好きな斉王を喜ばすことができようか。お互いさまよいつつ（南京への道を）進んで行けば憂いは極まる。この傷心は言葉では表しがたい。夜はむせび泣くような長江の流れの音を聞くのだ。

38　始至葛川

京華劍佩逼塵封	kiən[陰]	hua[陽]	kian[去]	pʰuəi[去]	piəʔ[入]	tʃʰiən[陽]	fuəŋ[陰]
躑躅山村傍晚松	tʃʰiəʔ[入]	tʃʰiuəʔ[入]	ʃan[陰]	tsʰuən[陰]	pʰoŋ[去]	uan[上]	suən[陰]
社會千人徒擊鼓	ʃia[去]	huəi[去]	tsʰian[陰]	ʑiən[陽]	tʰu[去]	kiəʔ[入]	ku[上]
祠虛數載不聞鐘	sz̩[陽]	hiu[陰]	ʃu[去]	tsai[上]	puəʔ[入]	vuən[陽]	tʃiuən[陰]
廚邊汲井炊煙早	tʃʰiu[陽]	pian[陰]	kiəʔ[入]	tsiən[上]	tʃʰuəi[陽]	ian[陰]	tsau[上]
座上飛觥醉纈紅	tsʰo[去]	ʃioŋ[陰]	fuəi[陰]	kuən[陰]	tsuəi[去]	hiəʔ[入]	huəŋ[陽]
丹竈舊傳忘姓字	tan[陰]	tsau[去]	kʰiəu[去]	tʃʰiuan[陽]	voŋ[陽]	siən[去]	tsʰz̩[去]
桃花深處暫相從	tʰau[陽]	hua[陰]	ʃiən[陰]	tʃʰiu[去]	tsʰan[去]	sioŋ[陰]	tsʰuəŋ[陽]

訓読：「始めて葛川に至る」

第2部　音韻篇

京華の剣佩　塵封に逼るも、山村に躑躅し晩松に傍る。社は会すること千人　徒に鼓を撃ち、祠は虚なること数載　鐘を聞かず。廚辺に井を汲みて炊煙早く、座上　觥を飛ばして酔緬紅し。丹竈　旧と伝ふるも姓字を忘る、桃花深き処　暫く相ひ従はん。

自注：〇葛川多井、廚邊有井可汲。〇庾信集云醉眼曰緬紅。俗傳葛仙練丹於此、因名葛川、姓氏不可考。〇謝文節枋得避亂桃花塢。

注：〇京華→みやこ。〇剣佩→帯剣と垂珮、ここでは北京の戦火、具体的には清軍を指す。〇塵封→塵に埋もれたところ（葛源を指すか）。〇躑躅→行きつ戻りつする、「跼蹐」と同源の双声語。〇社→村の集会、祭り。　〇飛觥→酒盃を交わす　〇酔緬紅→自注に言うとおり、酔った目が（あやぎぬのように）赤いこと。庾信の句は「花鬢醉眼緬」。〇丹竈→練丹の炉。

解説：七言律詩。ただし上平冬韻（封松鐘從）に上平東韻（紅）が混じる。張自烈は崇禎十七年（1644）、国変（李自成による北京陥落と崇禎帝の縊死）後の七月、広信府上饒に滞在ののち、上饒の友人徐自定（字は慧后）らの案配で葛源に住むことになる。自注にも言及があるが、同年八月に書かれた「跋謝文節集」（雑著巻二）にも「予始至葛川、聞葛川宋故文節謝疊山避亂處桃花隖遺址在焉」とあり、『文章軌範』で有名な南宋・謝枋得ゆかりの地であることに興味を持ったことがわかる。

訳：都の戦乱がこの閉ざされた地域にも及んできたが、私は山あいの村を行きつ戻りつしながら夕方の松の木に寄りかかる。村の集まりでは大勢が太鼓を叩いているが、お社はからっぽで、ここ数年鐘の音も聞かないという。台所に井戸があり炊煙があがる時間は早く、酒宴では杯を交わし、みな目を赤くしている。葛仙の練丹の伝説があるが、その人の姓は誰も知らない。（謝疊山先生ゆかりの桃花塢のある）桃花深きこの地で私も暫く暮らすことにしよう。

32　護竹

甲申卜居葛川。陵谷代遷、烽煙四塞、獨掩關著書。當戶竹竿數十箇、少暇引觴竹下、與竹笑語。植援環護、感而有詩：

第6章 『苢山詩集』と張自烈の読書音

三年閉戸絕埃塵　　san⁻陰 nian⁻陽 pi⁻去 hu⁻去 tsʰiuaʔ⁻入 ai⁻陰 tsʰiən⁻陽
種竹階前伴此身　　tʃiuən⁻去 tʃiuaʔ⁻入 kiai⁻陰 tsʰian⁻陽 pʰuan⁻上 tsʰɿ⁻上 ʃiən⁻陰
莫遣風來摧折盡　　moʔ⁻入 kʰian⁻上 fuəŋ⁻陰 lai⁻陽 tsʰuəi⁻陰 tʃiaʔ⁻入 tsʰiən⁻上
兒孫還見舊時春　　ʒi⁻陽 suən⁻陽 huan⁻陽 kian⁻去 kʰiəu⁻去 ʃi⁻陽 tʃʰiuən⁻陰

訓読：「竹を護る」
甲申、葛川に卜居す。陵谷 代遷し、烽煙 四もに塞がる。独り関を掩ひ書を著す。戸に当たりて竹竿 数十箇あり、少しく暇あれば觴を竹下に引き、竹と笑語す。植援環護し、感じて詩あり。
三年 戸を閉ざし 埃塵を絶つ。竹を階前に種ゑ此の身に伴はしむ。風をして来たりて摧折し盡くさしむることなかれ。兒孫 還た見む 旧時の春。
自注：乙酉至丁亥、寓信州葛川、杜門不出者凡三年、戊子將母還袁州。
注：○葛川→江西広信府興安県葛源。○陵谷代遷→高い岡が谷になり、谷が高い岡になる。世の転変を言う。○植援環護→垣根をめぐらして守る。
解説：七言絶句。前の詩のあと張自烈は母と弟自勲を迎え、戊子（1648）六月、母を連れて郷里宜春の龔荘に戻るまでの三年間、葛源で暮らす。三年間のんびりと暮らしたようにも見えるが、「京華劍佩逼塵封」「陵谷代遷、烽煙四塞」と言うとおり、実は広信府城が清軍の手に落ち、葛源陥落も間近という大変な時期である。葛源の団練（民間防衛）について参謀的役割を果たす一方、死を覚悟して「自撰墓誌銘」や「自祭文」を書いている。張自烈が弘光帝（福王）を匿っているとの謡言さえあった。南明の隆武政権そして永暦政権からの招聘が相継ぐ頃でもあった。なお戊子の年、南昌一帯の抗清勢力の盟主となっていた恩師の姜日広に会い、参加を勧められるが、老母の存在を理由に固辞。この詩は葛源を離れる際に書いたものと思われる。将来、子供を連れてまた訪れた際、竹が無事であるよう願ったもの。しかし彼らはその後、葛源に戻ることはなかった。
訳：三年間、門を閉ざし俗塵を絶っていた。階段の傍に竹を種ゑて伴侶とした。どうか風に折られてしまわないように。将来ここを訪れた子や孫が昔どおりの春の景色を見たいだろうから。

39　己丑春日書懷

天高野靜草平鋪	tʰian⁽陰⁾ kau⁽陰⁾ iaᴸ tsʰiən⁽去⁾ tsʰauᴸ pʰiən⁽陽⁾ pʰu⁽陽⁾
茅屋三間氣象殊	mau⁽陽⁾ uə^{ʔ入} san⁽陰⁾ kian⁽陰⁾ kʰi⁽去⁾ sioŋ⁽去⁾ ʃiu⁽陽⁾
樹影參差疑盼睞	ʃiu⁽去⁾ iənᴸ tʃʰən⁽陰⁾ tsʰʅ⁽陰⁾ ŋi⁽陽⁾ pʰuan⁽去⁾ lai⁽去⁾
溪聲斷續送伊吾	kʰi⁽陰⁾ ʃiən⁽陰⁾ tʰuan⁽去⁾ tsʰuəʔ⁽入⁾ suəŋ⁽去⁾ i⁽陰⁾ ŋu⁽陽⁾
甑塵吹火勤燒筍	tʃən⁽去⁾ tʃʰiən⁽陽⁾ tʃʰuəi⁽去⁾ hoᴸ kʰiən⁽陽⁾ ʃiau⁽陰⁾ siuənᴸ
雨過攜鋤學種蔬	iuᴸ ko⁽去⁾ hi⁽陰⁾ tʃʰu⁽陽⁾ hioʔ⁽入⁾ tʃiuəŋ⁽去⁾ ʃu⁽陰⁾
桑梓依然風物異	soŋ⁽陰⁾ tsʅᴸ i⁽陰⁾ ʒian⁽陽⁾ fuəŋ⁽陰⁾ vuəʔ⁽入⁾ i⁽去⁾
春光還到故園無	tʃʰiuən⁽陰⁾ kuoŋ⁽陰⁾ huan⁽陽⁾ tau⁽去⁾ ku⁽去⁾ iuan⁽陽⁾ vu⁽陽⁾

訓読：「己丑春日、懐ひを書す」

　　天高く野静かにして草は平鋪し、茅屋三間 気象殊なる。樹影 参差して盼睞するかと疑ひ、渓声 断続して 伊吾を送る。甑に塵あれど火を吹き筍を焼くに勤め、雨過ぐれば鋤を携へて蔬を種うるを学ぶ。桑梓 依然たれども風物異なれり。春光 還た故園に到るや無や。

注：○己丑→順治六年（1649）。○參差→不揃いなさま。○盼睞→顧る。○伊吾→読書の声。○甑→土焼きの煮炊き道具。

解説：七言律詩。ただし上平虞韻（鋪殊吾無）に上平魚韻（蔬）が混じる。五十三歳の張自烈は己丑の年（1649）の前年、葛源から母と郷里宜春の龔荘に戻っている。この年の春、母の何氏は七十八歳で死去。南昌陥落に伴い姜曰広は自尽する。郷里に帰っているはずなのに「桑梓依然風物異、春光還到故園無」というのは理解しがたいが、或いはそれらのことと関連するのかもしれない。もちろん葛源など他の場所で書かれた可能性もあろう。

訳：天は高く野は静かで草の緑が遠くまで敷かれている。わが三間の茅屋は普通とはちょっと違う。高低不揃いの木々はこちらを眺めているようだし、途切れ途切れに聞こえてくる小川の水音は読書する人の声のようだ。塵だらけの釜ではあるが、火吹き棒を使って一生懸命タケノコを蒸し、雨がやむと鍬をもって野菜の栽培を学ぶ。郷里の存在に変わりはな

第6章　『芑山詩集』と張自烈の読書音

いが風物は同じではない。春の光は故郷にも届くのであろうか。

17　喜兒就塾

堉兒角卯年	iuə?^入	ʒi^陽	kio?^入	kuan^去	nian^陽
出侍先生側	tʃʰiuə?^入	ʃi^去	sian^陰	ʃən^陰	tʃə?^入
執卷自伊吾	tʃiə?^入	kiuan^去	tsʰɿ^去	i^陰	ŋu^陽
端居忘日昃	tuan^陰	kiu^陰	voŋ^去	ʒiə?^入	tʃə?^入
我往撫其頂	ŋo^上	voŋ^上	fu^上	kʰi^陽	tiən^上
勸兒須努力	kʰiuan^去	ʒi^陽	siu^陰	nu^上	liə?^入
兒起問阿父	ʒi^陽	kʰi^上	vuən^去	o^陰	fu^去
牀頭書幾則	tʃʰoŋ^陽	tʰəu^陽	ʃiu^陰	ki^上	tsə?^入
答云書汗牛	ta?^入	iuən^陽	ʃiu^陰	han^去	ŋiəu^陽
不讀蠹魚蝕	puə?^入	tʰuə?^入	tu^去	ŋiu^陽	ʃiə?^入
讀書不適用	tʰuə?^入	ʃiu^陰	puə?^入	ʃiə?^入	iuən^去
空言聚螟蟓	kʰuəŋ^陰	ŋian^陽	tsʰuəŋ^陽	miən^陽	tʰə?^入
書能療瘡痍	ʃiu^陰	nən^陽	liau^陽	tʃʰoŋ^陽	i^陽
涉淵戒胥溺	ʃia?^入	iuan^陽	kiai^去	siu^陰	niə?^入
兒曰父命之	ʒi^陽	iua?^入	fu^去	miən^去	tʃi^陰
庶幾古是式	ʃiu^去	ki^陰	ku^上	ʃi^去	ʃiə?^入
拳拳以書紳	kʰiuan^陽	kʰiuan^陽	i^上	ʃiu^陰	ʃiən^陰
寸陰良可惜	tsʰuən^去	iən^陰	lioŋ^陽	kʰo^上	siə?^入

訓読:「兒の塾に就くを喜ぶ」

　堉兒 角卯の年、出でて先生の側に侍す。卷を執れば自づと伊吾し、端居 日の昃くを忘る。我 往きて其の頂を撫し、兒に勸む須く努力すべしと。兒 起きて阿父に問ふ、牀頭 書 幾則ぞ。答へて云はく書は汗牛、読まざれば蠹魚 蝕む、書を読みて用に適はざれば空言 螟蟓 聚る、書は能く瘡痍を療す、淵を渉るに胥ひ溺るるを戒むと。兒 曰はく父これを命ず、庶幾くは古これ式らん、拳拳 以て紳に書す、寸陰 良に惜しむ可しと。

269

注：○埍兒→三男張世埍、崇禎十五年(1642)三月、宜春の南郷で生まれる、母は鍾氏。○角丱→あげまき、幼童のこと。○伊吾→読書の声。○汗牛→本を積んだ車を牽く牛が汗を出す、蔵書の多さを喩える。崇禎年間、張自烈は南京で三十万六千余巻の書籍を集めたという。○螟螣→農作物の害虫。○胥溺→相継いで溺れる。『詩経』「大雅・桑柔」に「其何能淑、載胥及溺」という。○古是式→「惟古是式」に同じ、「古のみに則る」の意。○拳拳→真摯に捧持するさま。○書紳→備忘のため帯に書く、ここでは肝に銘じるの意。

解説：五言古詩。「角丱の年」というだけで、この詩の制作年代について確定的なことは言えないが、たとえば、『文集』「書孤史後」(叢書本巻二十一）に「乙未、埍年十四、挾策従予及門方子遊」とあり、乙未の年(1655)、南京滞在中の張自烈は十四歳の世埍に、門人「方子」(方爰発か）を師として勉強させており、その頃書かれたのではないかと思われる（もちろん更に幼い時期であった可能性もある）。世埍はのちに沈寿民の娘と結婚し、二人の子をもうける。

訳：世埍はまだ幼いが、先生の教えを受けることになった。書物を手に取れば自然と（朗読の）声が出てくるようになり、正座して日の傾くのも忘れて勉強。（世埍が横になっている時）私が歩み寄って頭を撫でながら、しっかり頑張るよう励ますと、世埍は起き上がって「おとうさん、牀のそばの本、いったいどれくらいあるの」と聞いてくる。私は「汗牛充棟もただならぬ量だけれど、読まなければ紙魚の住みかとなるだけ。読んでも実用の役に立たなければ、害虫の群がる空理空論と同様。書物は傷をなおすこともできる。くれぐれも他人と一緒に（他人に雷同して）苦境に陥らないように」。世埍は言う「お父さんの言いつけを守り、古の聖人だけをお手本とします。しっかりと肝に銘じて寸暇を惜しんで学びます」と。

4．おわりに

僅か5首とはいえ張自烈の詩はわれわれに様々な情報を提供してくれ

ている。

　崇禎四年（1631）三月、宜春県学の廩生から歳貢の形で国子監監生となって北京に行った張自烈であるが、すでに郷試に5回失敗しているうえ、北京滞在中に会った張溥・楊以任・呉偉業といった復社の名士は、この年の殿試で進士となったばかりである。今回紹介した最初の詩からは、北京の官界や宦官の横行への不満もさることながら、そのような状況下での張自烈の鬱憤のようなものを感じ取れるかも知れない。また広信府葛源滞在の頃の詩からは国変後の地方の雰囲気を、最後の詩からは勉学に勤しむわが子への限りない思いを、読み取ることができよう。

　中国語学の立場から言えば、摂を超えた押韻が注目される。たとえば、次の「26宿牛首」の詩[198]、

一路車塵赤　　iə?^{入} lu^去 tsʰia^陰 tsʰiən^陽 tsʰiə?^{入}
千峰草色青　　tsʰian^陰 fuəŋ^陰 tsʰau^上 ʃə?^{入} tsʰiən^陰
羈魂今夜穏　　ki^陰 huən^陽 kiən^陰 ia^去 uən^上
相儕到深林　　sioŋ^陰 tsʰian^去 tau^去 ʃiən^陰 liən^陽

　韻字の「青」「林」は、平水韻ではそれぞれ下平青と下平侵に属し、五言絶句あるいは五言古詩としても破格である。張自烈の読書音では臻梗曾深四摂の韻母が合流しているので、梗摂「青」と深摂「林」は同韻となる。他にも「15客舎草鳴似蛩唫之」の詩での臻摂「塵輪濱」と梗摂「鳴」の押韻例、および「08感事」の詩での曽梗摂入声「則晳」と山摂入声「飽蠛血」の押韻例を挙げることができる。このような押韻が唐宋以降の詩に全く見られないというわけでは勿論ないが、もともと四十首ほどしかない詩集に既にこれだけ見られることと、『正字通』の反切に同様の現象が見られることを併せて考えるならば、やはり張自烈が自らの読書音に対して絶対的自信をもっている事は確実と言えよう。

5．資料　『芑山文集詩巻之一　旅詩』

　復元された張自烈の字音は『正字通』の第一反切によるもの。それ以外

第2部　音韻篇

の情報によるもの（破読など）には下線をつけた。張自烈の自注がある場合は各詩のあとに（それが付けられた）行数を示して並べた。

01　夢謁東坡居士

平居寡朋儔	pʰiən^陽 kiu^陰 kua^上 pʰən^陽 tʃʰiəu^陽
東坡非我友	tuəŋ^陰 pʰo^陰 fuəi^陰 ŋo^上 iəu^上
夢中往見之	muəŋ^去 tʃiuəŋ^陰 uoŋ^上 kiən^去 tʃi^陰
出堂攜我手	tʃʰiuəʔ^入 tʰoŋ^陽 hi^陽 ŋo^上 ʃiəu^上
攜手何所云	hi^陰 ʃiəu^上 ho^陽 ʃu^上 iuən^陽
什者遺八九	ʃiəʔ^入 tʃia^上 i^陽 paʔ^入 kiəu^上
方我別東坡	foŋ^陰 ŋo^上 pʰiaʔ^入 tuəŋ^陰 pʰo^陰
卻步瞻門右	kʰioʔ^入 pʰu^去 tʃian^陰 muən^陽 iəu^去
學士蘇為誰	hioʔ^入 ʃi^去 su^陰 uəi^陽 ʃuəi^陽
到今滿人口	tau^去 kiən^陰 muan^上 ʒiən^陽 kʰəu^上
傳說東坡狂	tʃʰiuan^陽 ʃiuaʔ^入 tuəŋ^陰 pʰo^陰 kʰuoŋ^陽
僦屋亦無有	tsiəu^去 uəʔ^入 iəʔ^入 vu^陽 iəu^上
不知此棲遲	puəʔ^入 tʃi^陰 tsʰɿ^上 <u>si</u>^陰 tʃʰi^陽
果是故居否	ko^上 ʃi^去 ku^去 kiu^陰 <u>fəu</u>^上
縱令非故居	tsuəŋ^去 liən^去 fuəi^陰 ku^去 kiu^陰
我亦欣聚首	ŋo^上 iəʔ^入 hiən^陰 tsʰiu^上 ʃiəu^上
但恨東坡慳	tʰan^上 hən^去 tuəŋ^陰 pʰo^陰 kʰian^陰
相逢惜尊酒	sioŋ^陰 fuəŋ^陽 siəʔ^入 tsuən^陰 tsiəu^上

第十行：夢中見東坡草堂、門右懸蘇學士額。

02　懷夏彝仲

今夕何所思	kiən^陰 siəʔ^入 ho^陽 ʃu^上 sɿ^陰
思君君已去	sɿ^陰 kiuən^陰 kiuən^陰 i^上 kʰiu^去
不恨道路長	puəʔ^入 hən^去 tʰau^去 lu^去 tʃʰioŋ^陽
恨君別我遽	hən^去 kiuən^陰 piaʔ^入 ŋo^上 kʰiu^去
假寐忽逢君	kia^上 muəi^去 huəʔ^入 fuəŋ^陽 kiuən^陰

272

第6章 『芑山詩集』と張自烈の読書音

蒼茫與君語　tsʰoŋ陰　moŋ陽　iu上　kiuən陰　ŋiu上
未知君夢中　vuəi去　tʃi陰　kiuən陰　muəŋ去　tʃiuŋ陰
相逢竟何如　sioŋ陰　fuəŋ陽　kiən去　ho陽　ʒiu陽

03　秋浦舟中
江頭誰家翁　kioŋ陰　tʰəu陽　ʃuəi陽　kia陰　uəŋ陰
揖我問寒暄　iə?入　ŋo上　vuən去　han陽　hiuan陰
我言遠遊子　ŋo上　ŋian陽　iuan上　iəu去　tsɿ上
束裝歸故園　ʃiuə?入　tʃoŋ陰　kuəi陰　ku去　iuan陽
故園不可見　ku去　iuan陽　puə?入　kʰo上　kian去
忽見異鄉人　huə?入　kian去　i去　hioŋ陰　ʒiən陽
各自敘疇昔　ko?入　tsʰɿ去　siu去　tʃʰiəu陽　siə?入
鄉語鈃瀾翻　hioŋ陰　ŋiu上　hiən陰　lan陽　fuan陰
相逢裁識面　sioŋ陰　fuəŋ陽　tsʰai陽　ʃiə?入　mian去
謹呼弟與昆　huan陰　hu陰　tʰi上　iu上　kuən陰
人生感秋逢　ʒiən陽　ʃən陰　kan上　tsʰiəu陰　pʰuəŋ陽
即此諧篋埧　tsiə?入　tsʰɿ上　hiai陽　tʃʰi陽　hiuan陰
明朝解纜去　miən陽　tʃiau陰　kiai上　lan上　kʰiu去
流水空潺湲　liəu陽　ʃuəi上　kʰuən陰　tʃʰan陽　huan陽

第八行：鈃、呼形切音興、聲也。

04　入山
何哉此棲遲　ho陽　tsai陰　tsʰɿ上　si陰　tʃʰi陽
所向由來各　ʃu上　hioŋ去　iəu陽　lai陽　ko?入
愕欲出山遊　ŋo?入　iuə?入　tʃʰiuə?入　ʃan陰　iəu陽
夢魂勸予莫　muəŋ去　huən陽　kʰiuan去　iu上　mo?入
書卷聊自娛　ʃiu陰　kiuan去　liau陽　tsʰɿ上　ŋiu陽
濁醪時自酌　tʃʰo?入　lau陽　ʃi陽　tsʰɿ上　tʃio?入
人生歎白頭　ʒiən陽　ʃən陰　tʰan去　pʰuə?入　tʰəu陽
且極山中樂　tsʰia上　kʰiə?入　ʃan陰　tʃiuŋ陰　lo?入

第 2 部　音韻篇

05　黃鵠

幽棲託枌榆　iəu^陰 si^陰 tʰoʔ^入 fuən^陽 iu^陽
子母長相暱　tsɿ^上 mu^上 tʃʰioŋ^陽 sioŋ^陰 niəʔ^入
一朝獪雲端　iəʔ^入 tʃiau^陰 huən^陽 iuən^陽 tuan^陰
四顧情悽惻　sɿ^去 ku^去 tsʰiən^陽 tsʰi^陰 tʃʰəʔ^入
道逢鷙鳥羣　tʰau^去 fuəŋ^陽 tʃi^去 niau^上 kʰiuən^陽
笑我孤飛翼　siau^去 ŋo^上 ku^陰 fuəi^陰 iəʔ^入
我翼無遐征　ŋo^上 iəʔ^入 vu^陽 ha^陽 tʃiən^陰
可以逃矰弋　kʰo^上 i^上 tʰau^陽 tsən^陰 iəʔ^入

06　賦得獨鶴凌雲去

我愛孤棲鶴　ŋo^上 ai^去 ku^陰 si^陰 hoʔ^入
望之玉光璀　voŋ^去 tʃi^陰 ŋiuəʔ^入 kuoŋ^陰 tsʰuəi^上
長夜戛然鳴　tʃʰioŋ^陽 ia^去 kiaʔ^入 ʒian^陽 miən^陽
所傷非寒餒　ʃu^上 ʃioŋ^陰 fuəi^陰 han^陽 nuəi^上
晨興翾曾雲　ʃiən^陽 hiən^陽 pʰiau^陰 tsʰən^陽 iuən^陽
聊以舒心痗　liau^陽 i^上 ʃiu^陰 siən^陰 muəi^去
神龍豈天驕　tʃʰiən^陽 luəŋ^陽 kʰi^上 tʰian^陰 kiau^陰
無欲乃不醢　vu^陽 iuəʔ^入 nai^上 puəʔ^入 hai^上
去去安所之　kʰiu^去 kʰiu^去 an^陰 ʃu^上 tʃi^陰
弋者空竚待　iəʔ^入 tʃia^上 kʰuəŋ^陰 tʃʰiu^上 tʰai^去

07　夢與鬼語自警

何物搗我閨　ho^陽 vuəʔ^入 huən^陰 ŋo^上 liu^陽
髽髮作人語　pʰa^去 naʔ^入 tsoʔ^入 ʒiən^陽 ŋiu^上
曰予都幽陰　iuaʔ^入 iu^陽 tu^陰 iəu^陰 iən^陰
罰惡惟刀鋸　fuaʔ^入 oʔ^入 vuəi^陽 tau^陰 kiu^去
我云天道昭　ŋo^上 iuən^陽 tʰian^陰 tʰau^去 tʃiau^陰
孋覥空訕覷　tʃʰaʔ^入 luəi^陽 kʰuəŋ^陰 hiuən^上 tsʰiu^去
君子懼人非　kiuən^陰 tsɿ^上 kʰiu^去 ʒiən^陽 fuəi^陰

274

第6章 『芑山詩集』と張自烈の読書音

誓不乞鬼恕　　ʃi^去 puəʔ^入 kʰiə^入 kuəi^上 ʃiu^去
鬼啣無復言　　kuəi^上 pi^去 vu^陽 fuəʔ^入 ŋian^陽
令我中懷憶　　liən^去 ŋo^上 tʃiuəŋ^陰 huai^陽 kiu^去
男兒鑒伯高　　nan^陽 ʒi^陽 kian^去 puəʔ^入 kau^陰
慎勿盜虛譽　　ʃiən^去 vuəʔ^入 tʰau^去 hiu^陰 iu^去

08　感事

槐槍鑱天天脆脆　　tʃʰan^陽 tsʰioŋ^陰 tʃʰaʔ^入 tʰian^陰 tʰian^陰 ŋuəʔ^入 ŋiaʔ^入
電䨙雨筍崩𢄎劃　　tʰian^去 loŋ^陽 iu^上 kan^上 pən^陰 liəʔ^入 tʃʰəʔ^入
我佩含光光陸離　　ŋo^上 pʰuəi^去 han^陽 kuoŋ^陰 kuoŋ^陰 luəʔ^入 li
神騰鬼趣蛟龍巇　　tʃʰiən^陰 tʰən^陽 kuəi^上 tsiau^陰 kiau^陰 luəŋ^陽 miaʔ^入
飢時大嚼佞臣頭　　ki^陰 ʃi^陽 tʰai^去 tsioʔ^入 niən^去 tʃʰiən^陰 tʰəu^陽
渴時橫吞匈奴血　　kʰoʔ^入 ʃi^陽 huən^陽 tʰən^陽 hiuəŋ^陰 nu^陽 hiuaʔ^入
排閶裂眥斯妖星　　pʰai^陽 huən^陽 liaʔ^入 tsɿ^去 tʃʰoʔ^入 iau^陰 siən^陰
妖星墮地天盼皙　　iau^陰 siən^陰 tʰo^去 tʰi^去 tʰian^陰 pʰuan^去 siəʔ^入

　　第三行：含光、古劍名。

09　蕩子婦

昔楚今吳些復歆　　siəʔ^入 tʃʰu^上 kiən^陰 ŋu^陽 so^去 fuəʔ^入 iu^陽
妾來嫁子空踟躅　　tsʰiəʔ^入 lai^陽 kia^去 tsɿ^上 kʰuəŋ^陰 tʃʰi^陰 tʃʰiu^陽
終年結繩門無樞　　tʃiuəŋ^陰 nian^陽 kiəʔ^入 ʃiən^陰 muən^陽 vu^陽 tʃʰiu^陰
終昕辟繐身無襦　　tʃiuəŋ^陰 siau^陰 piəʔ^入 lu^陽 ʃiən^陰 vu^陽 ʒiu^陽
牛床敧枕餘瘦軀　　puan^去 tʃʰoŋ^陽 kʰi^陰 tʃiən^上 iu^陽 ʃəu^陰 kʰiu^陰
石婦不兒聲誰呱　　ʃiəʔ^入 fu^去 puəʔ^入 ʒi^陽 ʃiən^陰 ʃuəi^陽 ku^陰
一朝相見驚相呼　　iəʔ^入 tʃiau^陰 sioŋ^陰 kiən^去 sioŋ^陰 hu^陰
容光黯淡魂次且　　iuəŋ^陽 kuoŋ^陰 ian^上 tʰan^去 huən^陽 tsʰɿ^去 tsʰiu^陰
簷前春色眍清盧　　tʃian^陰 tsʰian^陽 tʃʰiuən^陰 ʃəʔ^入 niəʔ^入 tsʰiən^陰 lu^陽
今日心情似舊無　　kiən^陰 ʒiəʔ^入 siən^陰 tsʰiən^陽 sɿ^去 kʰiəu^陰 vu^陽

10　聞劉士雲惡耗

275

第2部　音韻篇

石城沽酒醉江東　ʃiə?^入 ʃiən^陽 ku^陰 tsiəu^上 tsuəi^去 kioŋ^陰 tuəŋ^陰
相看白眼氣長虹　sioŋ^陰 kʰan^去 pʰuə?^入 ŋian^上 kʰi^去 tʃʰioŋ^陽 huəŋ^陽
狂歌數疊聲摩穹　kʰuoŋ^陽 ko^陰 ʃu^去 tʰia?^入 ʃiən^陰 mo^陽 kʰiuəŋ^陰
千金袒跣梟廬中　tsʰian^陰 kiən^陰 tʰan^上 sian^上 hiau^陰 lu^陽 tʃiuəŋ^陰
客游四海隨飄蓬　kʰə?^入 iəu^陽 sɿ^去 hai^上 suəi^陽 pʰiau^陰 pʰuəŋ^陽
何年重謁杜司空　ho^陽 nian^陽 tʃʰiuəŋ^陽 ia?^入 tʰu^上 sɿ^陰 kʰuəŋ^陰
丈夫少壯不立功　tʃʰioŋ^去 fu^陰 ʃiau^去 tʃoŋ^去 puə?^入 liə?^入 kuəŋ^陰
白骨山高與君同　pʰuə?^入 kuə?^入 ʃan^陰 kau^陰 iu^上 kiuən^陰 tʰuəŋ^陽
嗟君齟名輕氄戎　tsia^陰 kiuən^陰 huəŋ^陽 miən^陽 kʰiən^陰 tʰuəŋ^陽 muəŋ^陽
蕭蕭書幌來悲風　siau^陰 siau^陰 ʃiu^陰 huoŋ^上 lai^陽 puəi^陰 fuəŋ^陰

　　第六行：士雲先是客遊、曾謁其尊公同籍某司空、司空不爲禮、困而歸。

11　酬嚴子岸

我從山陰來　ŋo^上 tsʰuəŋ^陽 ʃan^陰 iən^陰 lai^陽
不見幽人廬　puə?^入 kian^去 iəu^陰 ʒiən^陽 liu^陽
與子長相思　iu^上 tsɿ^上 tʃʰioŋ^陽 sioŋ^陰 sɿ^陰
遺我夢中書　i^陽 ŋo^上 muəŋ^去 tʃiuəŋ^陰 ʃiu^陰
書辭四五行　ʃiu^陰 sɿ^陽 sɿ^去 ŋu^上 hoŋ^陽
情好與之俱　tsʰiən^陽 hau^上 iu^上 tʃi^陰 kiu^陰
爲歡白頭人　uəi^去 tʰan^陰 pʰuə?^入 tʰəu^陽 ʒiən^陽
古道何榛蕪　ku^上 tʰau^去 ho^陽 tʃən^陰 vu^陽

12　趙無聲集雞鳴山東同學諸子

山中一尊酒　ʃan^陰 tʃiuəŋ^陰 iə?^入 tsuən^陰 tsiəu^上
慰此風塵色　uəi^去 tsʰɿ^上 fuəŋ^陰 tʃʰiən^陽 ʃə?^入
皓月眠我懷　hau^上 ŋiua?^入 miən^陽 ŋo^上 huai^陽
清光練如拭　tsʰiən^陰 kuoŋ^陰 lian^去 ʒiu^陽 ʃiə?^入
今夜不盡歡　kiən^陰 ia^去 puə?^入 tsʰiən^上 huan^陰
明朝分南北　miən^陽 tʃiau^陰 fuən^陰 nan^陽 puə?^入
舉杯呼月來　kiu^上 puəi^陰 hu^陰 ŋiua?^入 lai^陽

第6章　『苣山詩集』と張自烈の読書音

凌空生羽翼　　liən[陽] kʰuəŋ[陰] ʃən[陰] iu[上] iə?[入]
長歌亦已狂　　tɕʰioŋ[陽] ko[陰] iə?[入] i[上] kʰuoŋ[陽]
此意誰能測　　tsʰʅ[上] i[去] ʃuəi[陽] nən[陽] tɕʰə?[入]

13　南村園居成志賦

天地何處廬　　tʰian[陰] tʰi[去] ho[陽] tɕʰiu[去] liu[陽]
茆橡我暫假　　mau[上] tɕʰiuan[陽] ŋo[上] tsʰan[去] kia[上]
時春屋滿花　　ʃi[陽] tɕʰiuən[陰] uə?[入] muan[陽] hua[陰]
時秋葉盡赭　　ʃi[陽] tsʰiəu[陰] ia?[入] tsʰiən[上] tɕia[上]
婦子聚歡娛　　fu[去] tsʅ[上] tsʰiu[上] huan[陰] ŋiu[陽]
何必營廣廈　　ho[陽] piə?[入] iuən[陽] kuoŋ[上] hia[去]
但願無追呼　　tʰan[上] iuan[去] vu[陽] tʃuəi[陰] hu[陰]
終年得聊且　　tɕiuəŋ[陰] nian[陽] tə?[入] liau[陽] tsʰia[上]

14　蘇生貽慳菴詩酬寄

我憐蘇生桓　　ŋo[上] lian[陽] su[陰] ʃən[陰] huan[陽]
三年客長干　　san[陰] nian[陽] kʰə?[入] tɕʰioŋ[陽] kan[陰]
貽我以一函　　i[陽] ŋo[上] i[上] iə?[入] han[陽]
上蟠龍與鸞　　ʃioŋ[去] pʰuan[陽] luəŋ[陽] iu[上] luan[陽]
發而矑視之　　fua?[入] ʒi[陽] hio?[入] ʃi[去] tɕi[陰]
把翫生餘歡　　pa[上] ŋuan[去] ʃən[陰] iu[陽] huan[陰]
瓿儲苟無贏　　fəu[上] tɕʰiu[陽] kəu[上] vu[陽] iən[陽]
焉得被綺紈　　ian[陰] tə?[入] pʰi[去] kʰi[上] huan[陽]
惟慳能固窮　　vuəi[陽] kʰian[陰] nən[陽] ku[去] kʰiuəŋ[陽]
何爲空長歎　　ho[陽] uəi[陽] kʰuəŋ[陰] tɕʰioŋ[陽] tʰan[陰]

　　第一行：字武子、新建人。
　　第八行：武子僑居金陵、毎向人言貧、然鮮衣美僕輿貴介同。

15　客舎草鳴似蚕語唫之

問子來依我　　vuən[去] tsʅ[上] lai[陽] i[陰] ŋo[上]

第 2 部　音韻篇

長夜何淒鳴　tʃʰioŋ ^陽 ia ^去 ho ^陽 tsʰi ^陰 miəŋ ^陽
不愛南山隋　puə? ^入 ai ^去 nan ʃan tsi
不驚塞上塵　puə? ^入 kiən ^陰 sai ^去 ʃioŋ ^去 tʃʰiən ^陽
薙氏宿炎火　tʃʰi ^上 ʃi ^去 suə? ^入 ian ^陽 ho ^上
遊人斷飛輪　iəu ^陽 ʒiən ^陽 tʰuan ^上 fuəi ^陰 liuən ^陽
何如不平者　ho ^陽 ʒiu ^陽 puə? ^入 pʰiən ^陽 tʃia ^上
寂寞春江濱　tsʰiə? ^入 mo? ^入 tʃʰiuən ^陰 kioŋ ^陰 piən ^陰

16　在昔篇哭楊汝開

在昔范陽道　tsʰai ^去 siə? ^入 fuan ^去 ioŋ ^陽 tʰau ^去
與君裁片言　iu ^上 kiuən ^陰 tsʰai ^陽 pʰian ^去 ŋian ^陽
不謂素心人　puə? ^入 uəi ^去 su ^去 siən ^陰 ʒiən ^陽
古道相與敦　ku ^上 tʰau ^去 sioŋ ^陰 iu ^上 tuən ^陰
同巢豈無侶　tʰuəŋ ^陽 tʃʰau ^陽 kʰi ^陽 vu ^陽 liu ^上
比翼惟鵬鶌　pi ^上 iə? ^入 vuəi ^陽 pʰuən ^陽 kuən ^陰
燕臺沸笑語　ian ^陰 tʰai ^陽 fuəi ^去 siau ^去 ŋiu ^上
夜誦非非篇　ia ^去 tsʰuəŋ ^去 fuəi ^陽 fuəi ^陽 pʰian ^陰
坐中目餘子　tsʰo ^去 tʃiuəŋ ^陰 muə? ^入 iu ^陽 tsɿ ^上
平衡璧與琨　pʰiən ^陽 həŋ ^陽 piə? ^入 iu ^上 kuən ^陰
竭來上南雍　kʰia? ^入 lai ^陽 ʃioŋ ^去 nan ^陽 iuəŋ ^陰
駿譽日騰謹　tsuən ^去 iu ^去 ʒiə? ^入 tʰən ^陽 huan ^上
有友覆君牘　iəu ^上 iəu ^上 fuə? ^入 kiuən ^陰 tʰuə? ^入
俾我射後先　pi ^上 ŋo ^上 ʃia ^去 həu ^去 sian ^陰
覽志六七行　lan ^上 tʃi ^去 luə? ^入 tsʰiə? ^入 hoŋ ^陽
疑君在我前　ŋi ^陽 kiuən ^陽 tsʰai ^去 ŋo ^上 tsʰian ^陽
操觚與君戰　tsʰau ^陰 ku ^陰 iu ^上 kiuən ^陰 tʃian ^去
方期叶筦塤　foŋ ^陰 kʰi ^陽 hia? ^入 tʃʰi ^上 hiuan ^陰
君獨死險阨　kiuən ^陰 tʰuə? ^入 sɿ ^上 hian ^上 iai ^去
文成鞭昆崙　vuən ^陽 tʃʰiən ^陽 pian ^陰 kuən ^陰 liuən ^陽
短刺投星署　tuan ^上 tsʰɿ ^去 tʰəu ^陽 siən ^陰 ʃiu ^去

第 6 章 『芑山詩集』と張自烈の読書音

脫粟進一飱	tʰuo?^{入} suə?^{入} tsiən^去 iə?^{入} suən^陰
一餐三拊髀	iə?^{入} tsʰan^陰 san^陰 fu^上 pi^上
愴歎盈百千	tʃʰoŋ^去 tʰan^去 iən^陽 puə?^{入} tsʰian^陰
君奄辭我去	kiuən^陰 ian^上 sɿ^陽 ŋo^上 kʰiu^去
我思縆煩冤	ŋo^上 sɿ^陰 tʃʰiuəŋ^陽 fuan^陽 iuan^陽
云胡倏乖離	iuən^陽 hu^陽 ʃiuə?^{入} kuai^陰 li^陽
款款訊重泉	kʰuan^上 kʰuan^上 siən^去 tʃʰiuəŋ^陽 tsʰiuan^陽
遺文苟不傳	i^陽 vuən^陽 kəu^上 puə?^{入} tʃʰiuan^陽
孰比金石堅	ʃiuə?^{入} pi^上 kiən^陰 ʃiə?^{入} kian^陰
跖壽顏早夭	tʃiə?^{入} ʃiəu^去 ŋian^陽 tsau^上 iau^陰
所賦良奇偏	ʃu^上 fu^去 lioŋ^陽 kʰi^陽 pʰian^陰
悠悠邈難測	iəu^陰 iəu^陰 mo?^{入} nan^陽 tʃʰə?^{入}
何以慰君魂	ho^陽 i^上 uəi^去 kiuən^陰 huən^陽

第八行：汝開即維節從子、辛未春維節成進士、梓非非室蓺。

第十行：同章大力世純、李仲章光倬、劉師貞捷、揭萬年重熙、集維節邸舍。
　　　　汝開論諸子生平甚詳。

第二十二行：汝開歷事行人司、同予集袁臨侯思補署。

17　喜兒就塾　→　本書269頁

18　無題

南山有孤鴻	nan^陽 ʃan^陰 iəu^上 ku^陰 huəŋ^陽
攜雛警以眺	hi^陰 tʃʰu^陽 kiau^去 i^上 tʰiau^去
故巢昔已隤	ku^去 tʃʰau^陽 siə?^{入} i^上 tʰuəi^陽
毛氐毛毘一何僥	tʰiau^陽 siau^陰 iə?^{入} ho^陽 kiau^陰
不忍戀枋榆	puə?^{入} ʒiən^上 liuan^去 foŋ^陰 iu^陽
詎敢凌松嶠	kʰiu^上 kan^上 lian^陽 suən^陰 kʰiau^去
中雛奄離羣	tʃiuŋ^陰 tʃʰu^陽 ian^上 li^陽 kʰiuən^陽
少雛匿藜藿	ʃiau^去 tʃʰu^陽 niə?^{入} li^陽 tʰiau^去
長雛恣遨遊	tʃioŋ^上 tʃʰu^陽 tsɿ^去 ha^陽 iəu^陽

279

第 2 部　音韻篇

驚翩避頓顤　kiən^陰 hian^陰 pʰi^去 au^陰 ŋiau^去
惡木豈無陰　oʔ^入 muəʔ^入 kʰi^上 vu^陽 iən^陰
終當依鶉突　tʃiuŋ^陰 toŋ^陰 i^陰 ʃuən^陽 iau^去
孤鴻去不歸　ku^陰 huəŋ^陽 kʰiu^去 puəʔ^入 kuəi^陰
雙雛夜啁噍　ʃoŋ^陰 tʃʰu^陽 ia^去 tʃau^陰 tsiau^去
緬思啄菢情　mian^上 sɿ^陰 tʃoʔ^入 pʰau^去 tsʰiən^陽
遙遙涕盈潲　iau^陽 iau^陽 tʰi^上 iən^陽 ʃau^去

19 賣鬼行

黎丘神姦今昔聞　li^陽 kʰiəu^陰 tʃʰiən^陽 kian^陰 kiən^陰 siəʔ^入 vuən^陽
矜凶挾狡訇砍礚　kiən^陰 hiuəŋ^陰 hiaʔ^入 kiau^上 huən^陰 pʰiən^陽 iən^陰
汝癡跉蹄學人語　ʒiu^上 tʃʰi^陰 liən^陽 pʰiən^陽 hioʔ^入 ʒiən^陽 ŋiu^上
道逢宗生謹搖脣　tʰau^去 fuəŋ^陽 tsuəŋ^陰 ʃən^陰 huan^陽 iau^陽 ʃuən^陽
宗生給汝嬉相顧　tsuəŋ^陰 ʃən^陰 tʰai^上 ʒiu^上 hi^陰 sioŋ^陰 ku^去
彳亍交擔向宛路　tʃʰiəʔ^入 tʃʰiu^去 kiau^陰 tan^陰 hioŋ^去 iuan^上 lu^去
神荼不畏畏唾餘　tʃʰiən^陽 tʰu^陽 puəʔ^入 uəi^去 uəi^去 tʰo^去 iu^陽
中衢盹瞜日奄暮　tʃiuŋ^陰 kʰiu^陽 ŋiuan^上 ʒiuan^上 ʒiəʔ^入 ian^上 mu^去
隱飛飛光襓人魄　iən^上 fuəi^陰 fuəi^陰 kuoŋ^陰 tʃʰi^上 ʒiən^陽 pʰuəʔ^入
汝化髯郎赿蹋蹋　ʒiu^上 hua^去 ʒian^陽 loŋ^陽 tʃʰi^陽 (tsʰiu^陰) tsiəʔ^入 tsiəʔ^入
鞭蹄縲項到市門　pian^陰 tʰi^陽 siaʔ^入 hioŋ^去 tau^去 ʃi^上 muən^陽
估取青蚨千五百　ku^上 tsʰiu^上 tsʰiən^陰 fu^陽 tsʰian^陰 ŋu^上 puəʔ^入
宗岱強梁與鬼鬭　tsuəŋ^陰 tʰai^去 kʰioŋ^陽 lioŋ^陽 iu^上 kuəi^上 təu^去
鬼走瞰之禍云構　kuəi^上 tsəu^上 kʰan^去 tʃi^陰 ho^去 iuən^陽 kəu^去
定伯跳身晝言歸　tʰiən^去 puəʔ^入 tʰiau^去 ʃiən^陰 tʃiəu^去 ŋian^陽 kuəi^陰
夜汝潛蹤儵騰驟　ia^去 ʒiu^上 tsʰian^陽 tsuəŋ^陰 ʃiuəʔ^入 tʰən^陽 tʃʰəu^陽
咄嗟定伯何矯虔　tuəʔ^入 tsia^陰 tʰiən^去 puəʔ^入 ho^陽 kiau^上 kʰian^陽
主人亡羊空棄錢　tʃiu^上 ʒiən^陽 voŋ^陽 ioŋ^陽 kʰuəŋ^陰 kʰi^去 tsʰian^陽
饕兒路傍拍掌笑　tʰau^陽 ʒi^陽 lu^去 pʰoŋ^陽 pʰuəʔ^入 tʃioŋ^上 siau^去
攫錢貿鬼爭垂涎　kʰioʔ^入 tsʰian^陽 məu^去 kuəi^上 tʃən^陰 tʃʰuəi^陽 sian^陽
我聞鬼姑生鬼子　ŋo^上 vuən^陽 kuəi^上 ku^陰 ʃən^陰 kuəi^上 tsɿ^上

第6章 『芑山詩集』と張自烈の読書音

朝生暮吞鬼半死　tʃiau⁻ᴵⁿ ʃən⁻ᴵⁿ mu⁻去 tʰən⁻ᴵⁿ kuəi⁻上 puan⁻去 sʴ⁻上
安得赤郭盡吞汝曹癡與姦　an⁻ᴵⁿ tə?⁻入 tʃʰiə?⁻入 kuo?⁻入 tsʰiən⁻上 tʰən⁻ᴵⁿ ʒiu⁻上
　　　　　　　　　　　tsʰau⁻陽 tʃʰi⁻陽 iu⁻上 kian⁻ᴵⁿ
世間人鬼無復紛爾汝　ʃi⁻去 kian⁻ᴵⁿ ʒiən⁻陽 kuəi⁻上 vu⁻陽 fuə?⁻入 fuən⁻ᴵⁿ ʒi⁻上 ʒiu⁻上

第四行：南陽宗定伯夜行遇鬼、同詣宛市、鬼化為羊、定伯輒賣之。
第七行：黃帝時有神荼鬱壘兄弟二人、能簡閱百鬼之無道者執以飼虎。帝乃立
　　　　桃板於門、畫二人像、以禦鬼。見風俗通。○定伯問鬼何畏。鬼答云
　　　　畏唾。
第九行：隱飛一名鬼車、一身九尾、晦暝則飛鳴、能入人室收人魂氣。詳見本
　　　　草與韓詩外傳。
第十二行：時人語曰南陽宗定伯、賣鬼得錢千五百。
第十四行：岱為青州刺史、著無鬼論、尋卒。見太平廣記、事與晉阮瞻同。
第十六行：買者得羊、將還繫之。明旦見繩在。
第二十二行：南海小虞山有鬼母、一產十鬼、朝生之暮食之。今蒼梧有鬼姑神、
　　　　　　是也。名見述異記。
第二十三行：南有人長七尺、腹圍如其長、朱衣縞帶、以赤蛇繞頸。朝吞惡鬼
　　　　　　三千、暮吞三百、名曰赤郭、一名黃父。見神異經。

20　馴犬詩　并序
世傳宋太宗愛馴犬、犬常在側、帝崩、犬哀嗥不食死、侍臣李至作歌紀事。
予謂獒族頗蕃、高辛時槃弧以討犬戎特著、秦襄公時天狗下鹿堡、賊至則吠
而護之、事誕不足信、它烏龍逆料奴叛、智韓盧善逐東郭兔、勇黃耳繫書扺
吳、既得答、仍馳還洛信、自餘錄錄而已、未有感恩殉節如馴犬者、惜事瑣
史軼不載、然戀主之誠、不可令湮沒失傳也。予忝史官、職在闡幽、故重作
馴犬詩。

斗精族姓何連狋　　təu⁻上 tsiən⁻ᴵⁿ tsʰuə?⁻入 siən⁻去 ho⁻陽 lian⁻陽 fuan⁻ᴵⁿ
走趍掖庭羣踆踆　　tsəu⁻上 tʃʰi⁻ᴵⁿ (tsʰiu⁻) iə?⁻入 tʰiən⁻陽 kʰiuən⁻陽 tsʰiuən⁻陽 tsʰiuən⁻陽
奘狄獿彪競相逐　　tsʰoŋ⁻陰 iən⁻陽 ia?⁻入 hə?⁻入 kʰiən⁻去 sioŋ⁻陰 tʃʰiuə?⁻入
恣娛肆姐誰能馴　　sʴ⁻去 ŋiu⁻陽 sʴ⁻去 tsia⁻上 ʃuəi⁻陽 nən⁻陽 siuən⁻陽
君侍罘罳謹惟極　　kiuən⁻ᴵⁿ ʃi⁻去 fu⁻ᴵⁿ sʴ⁻陰 kiən⁻上 huo?⁻入 kʰiə?⁻入

第2部　音韻篇

恩微感重盡心臆　ən^陰 vuəi^陽 kan^上 tʃʰiuəŋ^去 tsʰiən^上 siən^陰 iə?^入
攀髳嶓嘷豈市名　pʰuan^陰 ʒian^陽 fuan^陰 hau^陽 kʰi^上 ʃi^上 miən^陽
之死靡他熙陵側　tʃi^陰 sɿ^上 mi^上 tʰo^陰 hi^陰 liən^陽 tʃə?^入
君家自昔封槃弧　kiuən^陰 kia^陰 tsʰɿ^去 siə?^入 fuəŋ^陰 pʰuan^陽 hu^陽
烏龍咋奴奴莫逋　u^陰 luəŋ^陽 tʃə?^入 nu^陽 nu^陽 mo?^入 pu^陰
滅讎誅亂俠且怪　miə?^入 tʃʰiəu^陽 tʃiu^陰 luan^去 hiə?^入 tsʰia^上 kuai^去
不聞報主曾捐軀　puə?^入 vuən^陽 pau^去 tʃiu^上 tsʰən^陽 iuan^陰 kʰiu^陰
阿紫歸終仍憑彪　o^陰 (o?^入) tsɿ^上 kuəi^陰 tʃiuəŋ^陰 ʒiən^陽 pʰiən^陽 muəi^去
白麟赤鳳未爲瑞　pʰuə?^入 liən^陽 tʃʰiə?^入 fuəŋ^去 vuəi^陽 uəi^陽 ʃuəi^去
維君殉節史宜書　vuəi^陽 kiuən^陰 siuən^去 tsiə?^入 ʃi^上 ŋi^陽 ʃiu^陰
詩代董狐崇君諡　ʃi^陰 tʰai^去 tuəŋ^上 hu^陽 tʃʰuəŋ^陽 kiuən^陰 ʃi^去

第四行：姐、嗟上聲。

第八行：太宗葬永熙陵。

第九行：世稱狗封氏。

第十三行：狐自稱阿紫。歸終、神獸、能知來。

第十四行：李至歌有「赤鳳白麟君莫書、勸君書此懲浮俗」之句。

21　金陵得家信

前路未可極　tsʰian^陽 lu^去 vuəi^去 kʰo^上 kʰiə?^入
悠悠春樹斜　iəu^陰 iəu^陰 tʃʰiuən^陰 ʃiu^去 sia^陽
自憐歡事少　tsʰɿ^去 liən^陽 huan^陰 ʃi^去 ʃiau^上
歸去亦天涯　kuəi^陰 kʰiu^去 iə?^入 tʰian^陰 ŋiai^陽

22　自遣

大音久陸沈　tʰai^去 iən^陰 kiəu^上 luə?^入 tʃʰiən^陽
小技矜渥赭　siau^上 kʰi^上 kiən^陰 o?^入 tʃia^陰
兒遇何嘲嘈　ʒi^陽 ŋiu^去 ho^陽 tsiə?^入 tsau^陰
年來學瘖啞　nian^陽 lai^陽 hio?^入 iən^陰 ia^上

23　南庄即事

282

第6章 『芑山詩集』と張自烈の読書音

我家南山南　　ŋo⁺ kia⁰ nan⁰ ʃan⁰ nan⁰
扶杖學粗野　　fu⁰ tɕʰioŋ⁺ hioʔ⁺ tsʰu⁰ ia⁺
日日山中行　　ʒiəʔ⁺ ʒiəʔ⁺ ʃan⁰ tɕiuəŋ⁰ hən⁰
相逢誰知者　　sioŋ⁰ fuəŋ⁰ ʃuəi⁰ tɕi⁰ tɕia⁺

24　旅宿聞蟈
醉宿鵝湖畔　　tsuəi⁻ suəʔ⁺ ŋo⁰ hu⁰ pʰuan⁻
蛙更却近牀　　ua⁰ kən⁻ kʰioʔ⁺ kʰiən⁻ tɕʰoŋ⁰
不知家路遠　　puəʔ⁺ tɕi⁰ kia⁰ lu⁻ iuan⁺
疑是舊池塘　　ŋi⁰ ʃi⁻ kʰiəu⁻ tɕʰi⁰ tʰoŋ⁰

25　書長安壁
何年不釀燕　　ho⁰ nian⁰ puəʔ⁺ kʰiu⁰ ian⁰
何地無車輪　　ho⁰ tʰi⁻ vu⁰ kiu⁰ (tɕʰia⁰) liuən⁰
逢人皆白眼　　fuəŋ⁰ ʒiən⁰ kiai⁰ pʰuəʔ⁺ ŋian⁺
回首各青雲　　huəi⁰ ʃiəu⁺ koʔ⁺ tsʰiən⁰ iuən⁰

26　宿牛首　→　本書271頁

27　雪夜寓姑蘇顧園
江亭黯淡客心寒　　kioŋ⁰ tʰiən⁰ ian⁺ tʰan⁻ kʰəʔ⁺ siən⁰ han⁰
隱几沈思坐欲闌　　iən⁺ ki⁺ tɕʰiən⁰ sɿ⁰ tsʰo⁻ iuəʔ⁺ lan⁰
剩有殘書三四卷　　ʃiən⁻ iəu⁺ tsʰan⁰ ʃiu⁰ san⁰ sɿ⁻ kiuən⁻
夜深移向雪中看　　ia⁻ ʃiən⁰ i⁰ hioŋ⁻ siuaʔ⁺ tɕiuəŋ⁰ kʰan⁰

28　山木上人客陳眉公山中因寄
頑仙小隱在雲間　　ŋuan⁰ sian⁰ siau⁺ iən⁺ tsʰai⁻ iuən⁰ kian⁰
攜錫相從去不還　　hi⁰ siəʔ⁺ sioŋ⁰ tsʰuəŋ⁰ kʰiu⁻ puəʔ⁺ huan⁰
聞道山中多貴客　　vuən⁰ tʰau⁻ ʃan⁰ tɕiuəŋ⁰ to⁰ kuəi⁻ kʰəʔ⁺
禪心定處好偷閒　　ʃian⁰ siən⁰ tʰiən⁻ tɕʰiu⁻ hau⁺ tʰəu⁰ hian⁰

283

第２部　音韻篇

29　金陵柬燕中同志

淮水潺潺沸管謳　　huai^陽 ʃuəi^上 tʃʰan^陽 tʃʰan^陽 <u>fuəi</u>^{去} kuan^上 əu^陰

相逢便說願封侯　　sioŋ^陽 fuəŋ^陽 pʰian^去 ʃiuaʔ^入 iuan^去 fuəŋ^陰 həu^陽

聖朝若問金陵事　　ʃiən^去 tʃʰiau^陽 ʒioʔ^入 vuən^去 kiən^陰 liən^陽 ʃi^去

遊宦題詩在壁頭　　iəu^陽 huan^去 tʰi^陽 ʃi^陰 tsʰai^去 piəʔ^入 tʰəu^陽

30　壬申歸自燕獨坐子舍有作

年少疎狂唱鷓鴣　　nian^陽 ʃiau^去 ʃu^陰 kʰuoŋ^陽 tʃʰioŋ^去 tʃia^去 ku^陰

長安踏遍老菰蘆　　tʃʰioŋ^陽 an^陰 tʰaʔ^入 pian^去 lau^上 ku^陰 lu^陽

交情亦有千金贈　　kiau^陰 tsʰiən^陽 iəʔ^入 iəu^上 tsʰian^陰 kiən^陰 tsʰən^去

衣櫛蕭然是故吾　　i^陰 tsiaʔ^入 siau^陰 ʒian^陽 ʃi^去 ku^去 ŋu^陽

　第一行：唐宜春鄭都官谷、以鷓鴣詩著稱、時傳鄭鷓鴣云。見郡志。

31　憶詩

斜倚征鞱靜欲禪　　sia^陽 i^上 tʃiən^陰 tʰiau^陽 tsʰiən^去 iuəʔ^入 <u>ʃian</u>^{陽}

登臨題句立悁悁　　tən^陰 liən^陽 tʰi^陽 kiu^去 liəʔ^入 iuan^陰 iuan^陰

夜來對酒閒尋覓　　ia^去 lai^陽 tuəi^去 tsiəu^上 hian^陽 siən^陽 miəʔ^入

記得中聯失後聯　　ki^去 təʔ^入 tʃiuəŋ^陰 lian^陽 ʃiəʔ^入 həu^去 lian^陽

32　護竹　→　本書266頁

33　次耳聾詩　并序

讀杜工部耳聾詩、竊怪似初學語、即事次韻、恨不質工部。

今年裁四袠　　kiən^陰 nian^陽 tsʰai^陽 sɿ^去 tʃʰiəʔ^入

昨歲成一翁　　tsʰoʔ^入 suəi^去 tʃʰiən^陽 iəʔ^入 uəŋ^陰

不恨髭將白　　puəʔ^入 hən^去 tsɿ^陰 tsioŋ^陰 pʰuəʔ^入

誰知耳自聾　　ʃuəi^陽 tʃi^陰 ʒi^上 tsʰɿ^去 luəŋ^陽

孤吟羣籟寂　　ku^陰 ŋiən^陽 kʰiuən^陽 lai^去 <u>tsʰiəʔ</u>^{入}

多笑萬情空　　to^陰 siau^去 vuan^去 tsʰiən^陽 kʰuəŋ^陰

搖落隨時序　　iau^陽 loʔ^入 suəi^陽 ʃi^陽 siu^去

第6章 『芭山詩集』と張自烈の讀書音

秋聲何處風　　tsʰiəu^{陰} ʃiən^{陰} ho^{陽} tʃʰiu^{去} fuəŋ^{陰}

34　侍御袁八繼咸左官南大行　→　本書264頁

35　憩芮園草亭

山亭曠且奧　　ʃan^{陰} tʰiən^{陽} kʰuoŋ^{去} tsʰia^{上} au^{去}
橋流東復西　　kʰiau^{陽} liəu^{陽} tuəŋ^{陰} fuəʔ^{入} si^{陰}
風斜花骨媚　　fuəŋ^{陰} sia^{陽} hua^{陰} kuəʔ^{入} muəi^{去}
篁亂鳥聲低　　huoŋ^{陽} luan^{去} niau^{上} ʃiən^{陰} ti^{陰}
不酒人偏醉　　puəʔ^{入} tsiəu^{上} ʒiən^{陽} pʰian^{陰} tsuəi^{去}
非煙意欲迷　　fuəi^{陰} ian^{陰} i^{去} iuəʔ^{入} mi^{陽}
只憐歌舞後　　tʃi^{上} lian^{陽} ko^{陰} vu^{去} həu^{去}
草色自萋萋　　tsʰau^{上} ʃəʔ^{入} tsʰɿ^{去} tsʰi^{陰} tsʰi^{陰}

36　山居

遯跡在誰廬　　tʰuən^{去} tsiəʔ^{入} tsʰai^{去} ʃuəi^{陽} liu^{陽}
摧隤意自如　　tsʰuəi^{陰} tʰuəi^{陽} i^{去} tsʰɿ^{去} ʒiu^{陽}
呼童頻種草　　hu^{陰} tʰuəŋ^{陽} pʰiən^{陽} tʃiuəŋ^{去} tsʰau^{上}
卻客緩攤書　　kʰioʔ^{入} kʰəʔ^{入} huan^{上} tʰan^{陰} ʃiu^{陰}
山送晴嵐靜　　ʃan^{陰} suəŋ^{去} tsʰiən^{陽} lan^{陽} tsʰiən^{去}
泉咽梵語徐　　tsʰiuan^{陽} iaʔ^{入} fuan^{去} ŋiu^{上} siu^{陽}
終朝幽曠足　　tʃiuəŋ^{陰} tʃiau^{陰} iəu^{陰} kʰuoŋ^{去} tsuəʔ^{入}
竹色滿庭虛　　tʃiuəʔ^{入} ʃəʔ^{入} muan^{上} tʰiən^{陽} hiu^{陰}

37　南譙暮春卽事

數年襪被客他鄉　　ʃu^{去} nian^{陽} pʰuəʔ^{入} pʰi^{去} kʰəʔ^{入} tʰo^{陰} hioŋ^{陰}
又見流光過短牆　　iəu^{去} kian^{去} liəu^{陽} kuoŋ^{陰} ko^{去} tuan^{上} tsʰioŋ^{陽}
草睡不思春老大　　tsʰau^{上} ʃuəi^{去} puəʔ^{入} sɿ^{陰} tʃʰiuən^{陰} lau^{上} tʰai^{去}
花酣應憶日初長　　hua^{陰} han^{陽} iən^{陰} iəʔ^{入} ʒiəʔ^{入} tʃʰu^{陰} tʃʰioŋ^{陽}
白雲到眼魂千里　　pʰuəʔ^{入} iuən^{陽} tau^{去} ŋian^{上} huan^{陽} tsʰian^{陰} li^{上}

第2部　音韻篇

青史隨身影牟牀　　tsʰiən⁻ ʃi⁺ suəi⁺ ʃiən⁻ iən⁺ puan⁻ tʃʰoŋ⁻
人事淒涼腸欲斷　　ʒiən⁻ ʃi⁻ tsʰi⁻ lioŋ⁻ tʃʰioŋ⁻ iuəʔ⁻ tʰuan⁻
狂歌何處濯滄浪　　kʰuoŋ⁻ ko⁻ ho⁻ tʃʰiu⁻ tʃʰoʔ⁻ tsʰoŋ⁻ loŋ⁻
　　第三行：桂林有睡草、見之則令人睡。見述異志。

38　始至葛川　→　本書265頁

39　己丑春日書懷　→　本書268頁

40　讀宋史有感
長溪寒色夜蒼蒼　　tʃʰioŋ⁻ kʰi⁻ han⁻ ʃəʔ⁻ ia⁻ tsʰoŋ⁻ tsʰoŋ⁻
少帝蒙塵駕海航　　ʃiau⁻ ti⁻ muəŋ⁻ tʃʰiən⁻ kia⁻ hai⁺ hoŋ⁻
百辟巖邊營壘在　　puəʔ⁻ piəʔ⁻ ŋian⁻ pian⁻ iuən⁻ luəi⁺ tsʰai⁻
不知何策共勤王　　puəʔ⁻ tʃi⁻ ho⁻ tʃʰəʔ⁻ kuəŋ⁻ kʰiən⁻ uoŋ⁻

41　避亂大岡偶成
昔年萬里覲天顏　　siəʔ⁻ nian⁻ vuan⁻ li⁺ kʰiən⁻ tʰian⁻ ŋian⁻
此日孤臣只閉關　　tsʰʅ⁺ ʒiəʔ⁻ ku⁻ tʃʰiən⁻ tʃi⁺ pi⁻ kuan⁻
自歎長沙空痛哭　　tsʰʅ⁻ tʰan⁻ tʃʰioŋ⁻ ʃa⁻ kʰuəŋ⁻ tʰuəŋ⁻ kʰuəʔ⁻
大岡深處即西山　　tʰai⁻ koŋ⁻ ʃiən⁻ tʃʰiu⁻ tsiəʔ⁻ si⁻ ʃan⁻

42　結遼畢命歌　并序
林邑國有結遼鳥、俗稱秦吉了、能人語、瀘南人嘗畜之。一日夷酋購以錢三十萬。主人告以貧將鬻汝。吉了曰我漢禽也、不願入夷中。遂不食死。予悲其得死所、代作畢命歌、以著之。

翩彼鸘鸚　　　　pʰian⁻ pi⁺ tsʰi⁻ iən⁻
產厥東夷　　　　tʃʰan⁺ kiuaʔ⁻ tuəŋ⁻ i⁻
亦有寇稚　　　　iəʔ⁻ iəu⁺ kʰəu⁻ tʃʰi⁺
沙漠是隨　　　　ʃa⁻ moʔ⁻ ʃi⁻ suəi⁻
我匪伊儔　　　　ŋo⁺ fuəi⁺ i⁻ tʃʰiəu⁻

第6章 『苣山詩集』と張自烈の読書音

舍漢焉之　　ʃia^{上} han^{去} ian^{陰} tʃi^{陰}
女㜽丹穴　　niu^{上} tʃʰoŋ^{陽} tan^{陰} hiua^{ʔ入}
差池與期　　tʃʰa^{陰} tʃʰi^{陽} iu^{上} kʰi^{陽}
命之不造　　miən^{去} tʃi^{陰} puə^{ʔ入} tsʰau^{去}
逢茲百罹　　fuəŋ^{陽} tsɿ^{陰} puə^{ʔ入} li^{陽}
貧豈汝鳩　　pʰiən^{陽} kʰi^{上} ʒiu^{上} tʃʰiən^{去}
死我斯飴　　sɿ^{上} ŋo^{上} sɿ^{陰} i^{陽}
不能奮飛　　puə^{ʔ入} nən^{陽} fuən^{去} fuəi^{陰}
已矣安悲　　i^{上} i^{上} an^{陰} puəi^{陰}
齋志長逝　　tsi^{陰} tʃi^{去} tʃʰioŋ^{陽} ʃi^{去}
知者其誰　　tʃi^{陰} tʃia^{上} kʰi^{陽} ʃuəi^{陽}

注―――――――――――――――――――――――――――――――――
193 姓と字で言えば、侯朝宗・冒辟疆・呉次尾・陳定生。ほとんど『桃花扇』の世界である。
194 子とは『拍掌知音』の作者廖綸璣およびその弟。
195 「31憶詩」の陳梁の評に「世鮮知苣山工詩。予見其詩盈嚢、首尾散逸、往往自焚去」とある。
196 胡思敬輯、南昌豫章叢書編刻局刊（1915～1920）。
197 現代宜春の声調は陰平34、陽平33、上21、去213、入5。
198 本書第1部第1章第7節でも引用済み。訓読：「牛首に宿る」一路 車塵 赤く、千峰 草色 青し。羈魂 今夜 穏やかなり。相ひ倩ひて深林に到る。注：〇牛首→牛首山、南京郊外の山。〇倩→ここでは「請」に通ず。

終　章

　『正字通』は数奇な運命を辿った字書である。その著者張自烈も、明末清初の動乱の時期、やはり数奇な一生を送った人物と言えよう。理学者・張自烈にとって、自分の名が殆どこの小学書によってしか後世に伝わらないのは、さぞかし無念に相違ない。しかし第２部で述べたとおり、我々はこの字書のおかげで明末清初の贛方言の一読書音の体系を知ることができる。中国語学の立場から彼の一生、特にその言語生活史を詳しく辿ることが必要となる所以である。第１部で年譜の作成に力を注いだのもそのためである。

　版本の問題も重要である。『正字通』自体に多くの版本があるのみならず、『字彙辯』という前身があり、崇禎末年にはそれがほぼ完成していたことが、方以智の序からわかる。『字彙辯』の初期の段階を伝えるものが、『正字通』よりあとに出版された『増補字彙』である。第１部第２章で論じたことを表にまとめれば以下のとおりである：

『正字通』版本の系譜
明崇禎年間
　　1642　　張自烈『字彙辯』初稿
清順治年間　『字彙辯』刊行　→　1690『増補字彙』
　順治年間　増訂修補
　康熙年間　廖文英に譲渡
　　1671　　白鹿洞書院蔵板初刻本（白鹿内閣本）
　　　　　　　↓
　　　　　　同上修訂本　→　弘文書院本（第一種）　→　芥子園本
　　　　　　（白鹿東大本）→　三畏堂本
　　　　　　　↓
　　1678　　劉炳補修本
　　　　　　　↓

1685　　　清畏堂蔵板本
　　　　　　　　↓
　　　　　　　同上原板本
（↓は同版、→は翻刻の関係を示す。このほか弘文書院本（第二種）もあるが、翻刻の状況が今ひとつ明らかでない）

　これらのうち張自烈の名が明示されるのは、白鹿書院本の版木を受け継いだ劉炳補修本と清畏堂本のみである。その他の版本すなわち弘文書院本・三畏堂本・芥子園本は「廖百子先生輯」のままである。この意味でも劉炳そして金堡・阿字の役割は大きい。仮定の議論となるが、もしもこの三人の交流がなかったならば、或いはもしも三藩の乱が起きなかったならば、『正字通』は張自烈の名を示すことなく、そのまま廖文英の著として後世に伝わったかも知れないのである。
　董琨1997も劉炳補修本（董氏は「潭陽成萬材刊本」と名づけているが誤り）の劉序に基づき、劉炳の功績を特筆している。しかし廖文英のことを「学問の殿堂をけがす輩」とまで決めつけるのは如何なものか。張自烈が生前に「昆湖公（廖文英）の正字通が完成した」と書いていること、張の死後、廖が盛大な葬儀を行なっていること、などを総合的に見た場合、張は『正字通』が廖の名で出ることも含め、すべてを諒解したうえで死去したように思われるのである。廖の刊行の功績、更に、呉三桂起兵後の不穏な空気の中、江西廬山から広東連州まで版木を運んだ功績も無視することはできない。例えば内閣文庫本は五十冊に綴じられており、版木の量も相当なものと予想されるのである。
　康熙年間に集中的に翻刻されたものの、清の学者たちの『正字通』に対する評価は低い。「四庫全書」について言えば、かろうじて「存目」として著録されたに過ぎない。康熙年間の徐文靖はその著『管城碩記』巻二十一～二十四において、『正字通』の注釈の「誤り」を多く指摘しているが、それに対し四庫の館臣は次のようなことを言っている。「『正字通』のたぐいは、もともと誰もそれを信奉していないのに、（徐文靖が）わざわざ多くの言葉を費やして、古人の書と同列に批評しているのは、なんともご苦

労なことではないか」(如正字通之類、本無人遵奉之者、何勞詞費、而輒與古書並加指摘、何其不憚煩耶。『提要』「管城碩記」)。この評語からも『正字通』に対する清代知識人の見方をうかがうことができよう。

　一方、日本では、康熙十年(1671)に初刻本が出て数年後、早くも舶載され、江戸時代を通じてよく利用された。たとえば宝暦九年（1759）の、ある一艘の唐船によって運ばれた『正字通』は、なんと六十五部、六百五十二套の多きに達する（附表２）。浄土宗の珂然という熱烈な信奉者も得た。ただし、浩瀚に過ぎるその内容ゆえか、『字彙』や『康熙字典』とは違って、和刻本は出ていない。幕末から明治にかけて『廣益正字通』『新選正字通』などの小型字書が出ているが、「正字通」を字書の代名詞のように使ったものである。なお、享和二年（1802）刊行の『大成正字通』は節用集の一種。

　第２部「音韻篇」では内閣文庫蔵白鹿書院本『正字通』の音注、特に反切に基づき、それらが反映する張自烈の字音を体系的に把握することに努め、全反切（又音反切を除く）に基づく同音字表を作成した。以下に張自烈の字音体系と中古音との対応を声韻調ごとにまとめておきたい。右側には、古屋1998cとCoblin2006により、清初南方官話を反映するドミニコ会宣教師バロの『官話文典』の状況を示した。

声母

	正字通	清初南方官話 左側はローマ字
幫	[p]	p[p]
滂	[pʰ]	p'[pʰ]
並平	[pʰ]	p'[pʰ]
並仄	[pʰ]	p[p]
明	[m]	m[m]
非・敷・奉	[f]	f[f]
微	[v]　稀に[Ø](晚)	v[v]　稀に[Ø](微未)
端	[t]	t[t]
透	[tʰ]	t'[tʰ]
定平	[tʰ]	t'[tʰ]
定仄	[tʰ]	t[t]
來	[l]	l[l]
泥・娘	[n]	n[n]
見	[k]	k[k]
溪	[kʰ]	k'[kʰ]
群平	[kʰ]	k'[kʰ]
群仄	[kʰ]	k[k]
疑	[ŋ]　稀に[Ø](迓沂齾)、[n](讞)	g[ɣ]　ゼロ[Ø]　n[n]斉歯 v[v](外)
曉・匣	[h]	h[h]
影	[Ø]　稀に[ŋ](沃)	g[ɣ]　ゼロ[Ø]斉歯 v[v](彎碗)
以	[Ø]	ゼロ[Ø]
云	[Ø]	v[v](違王往)　g[ɣ](爲位)
精	[ts]	çh[ts]

清	[tsʰ]	çh' [tsʰ]
從平	[tsʰ]　　稀に [tʃʰ]（藏）	çh' [tsʰ]
從仄	[tsʰ]	çh [ts]
心邪	[s]	s ç [s]
邪一部	[s]　　稀に [tsʰ]（毯囚岫訟）	çh' [tsʰ]（詳）
知三章	[tʃ]	ch [tʃ]
莊知二	[tʃ]	çh [ts]　　ch [tʃ]（齋債）
徹三昌	[tʃʰ]	ch' [tʃʰ]
澄三平禪船平/部分	[tʃʰ]	çh' [tʃʰ]
初徹二	[tʃʰ]	çh' [tsʰ]　　ch' [tʃʰ]
澄二崇平/部分	[tʃʰ]　　稀に [tsʰ]（鉏）	çh' [tsʰ]（崇）　　ch' [tʃʰ]
澄二仄崇仄/部分	[tʃʰ]　　稀に [tsʰ]（賺）	ch [tʃ]　　çh [ts]（助）
澄三仄禪船仄/部分	[tʃʰ]	ch [tʃ]
書	[ʃ]	x [ʃ]
禪船部分	[ʃ]（蟬辰晨純唇）	x [ʃ]（辰晨純唇）
生	[ʃ]	s ç [s]（使）　　x [ʃ]（雙殺）
崇部分	[ʃ]	ç [s]（事士）
日	[ʒ]	j [ʒ]

韻母

	正字通		清初南方官話	
		入声	ローマ字のみ	入声
通摂一等 　　三等	[uəŋ] [uəŋ] [iuəŋ] 章知組・見 　　　　組一部	[uəʔ] [uəʔ] [iuəʔ]	ung ung iung 見組一部	o̊ o̊ io
江摂二等	[oŋ] [ioŋ] 見組	[oʔ] [ioʔ]	ang oang 莊知二組 iang 見組	o io

292

止攝三等開口 　　三等合口	[i] [ɿ] 精組・莊組 [uəi]　[i](季)		i,y　　　ul 日母 u̇　精組・莊組 ui,oei,uei　i(季非)	
遇攝一等 　　三等	[u] [iu] [u] 非組・莊組		u iu,u̇ u 非組・莊組 o(所)	
蟹攝一等開口 　　一等合口 　　 　　二等開口 　　 　　二等合口 　　三四等開口 　　三四等合口	[ai] [uəi] [uai] 泰韻一部 [ai] [iai]？見組 [uai]　[ua] [i] [uəi]		ai ui,oei uai ai iai 見組 uai,oai,ua i,y ui,oei	
臻攝一等開口 　　一等合口 　　三等開口 　　三等合口 	[ən] [uən] [iən] [iuən] [uən] 非組	[əʔ] [uəʔ] [iəʔ] [iuəʔ] [uəʔ] 非組	en uen,oen,un in iun,un uen 非組	o ie　e̊ u̇,iu̇ ue,oe 非組
山攝一等開口 　　一等合口 　　二等開口 　　 　　二等合口 　　三四等開口 　　 　　三四等合口 	[an] [uan] [an] [ian] 見組 [uan] [ian] [an] 非組 [iuan] [ian]？一部	[aʔ]([oʔ]) [uaʔ]([uoʔ]) [aʔ] [iaʔ] [uaʔ] [iaʔ] [aʔ] [iuaʔ]	an uon,oan an ien 見組 uan ien,en an,uan 非組 iuen,uen	a,o uo a ia ua ie,e a iue,ue
效攝一等開口 　　二等開口 　　 　　三四等開口	[au] [au] [iau] 見組 [iau]		ao ao iao 見組 iao,eao,ao	
果攝一等開口 　　一等合口 　　三等合口	[o] [o] [io]		o o,uo	

293

假攝二等開口	[a]		a	
	[ia]？見組		ia 見組	
合口	[ua]		ua,oa	
三等開口	[ia]		ie,e	
宕攝一等開口	[oŋ]	[oʔ]	ang	o
一等合口	[uoŋ]	[uoʔ]	uang,oang	
三等開口	[ioŋ]	[ioʔ]	iang,eang,ang	io,o
	[oŋ] 莊組・非組	[oʔ]	oang 莊組	o
三等合口	[uoŋ]	[uoʔ]	uang,oang	
梗攝二等開口	[ən]（行杏）	[əʔ]	eng,ing 見組一部	e
二等合口	[uən]	[uəʔ]		oe
	[uəŋ] 幫見組一部		ung	
三四等開口	[iən]	[iəʔ]	ing	ie̊,e̊
	[ən] 莊組	[əʔ]		
三四等合口	[iuən]（永）	[iuəʔ]	iung	iu̇
	[iuəŋ]（兄）			
	[iən] 三四等一部	[iəʔ]	ing	
曾攝一等開口	[ən]	[əʔ]	eng	e
一等合口	[uən]	[uəʔ]		ue,oe,uo
三等開口	[iən]	[iəʔ]	ing	ie̊
三等合口		[iuəʔ]		
流攝一等開口	[əu]		eu	
	[u] 幫組一部		u 幫組一部	
三等開口	[iəu]		ieu,eu	
	[əu] 莊組・非組一部		eu（浮）	
	[u] 非組一部		u 非組一部	
深攝三等開口	[iən]	[iəʔ]	in	ie̊,e̊
	[ən] 莊組	[əʔ]		
咸攝一等開口	[an]	[aʔ][oʔ]	an	a
二等開口	[an]	[aʔ]	an	a
	[ian] 見組	[iaʔ]	ien 見組	ia
三四等開口	[ian]	[iaʔ]	ien,en	ie,e
	[an] 非組	[aʔ]	an 非組	a

声調

		正字通	清初南方官話
平	全清・次清	陰平*	陰平
	全濁・次濁	陽平**	陽平
上	全清・次清	上	上
	次濁	上	上
	全濁	去（一部）　上（一部）	去（一部）　上（一部）
去		去	去
入		入	入

＊陽平に読まれる次清字：盔詠悛など。

＊＊陰平に読まれる次濁字：于芋など。

第2部　音韻篇

　『正字通』の音注が反映する音韻体系に口語音を見出すことは難しい。たとえば声母の面では日母が泥母と同音に読まれる例や、微母が明母と同音に読まれる例は見られず、韻母の面でも梗摂字が広母音で読まれる例は見られない。例えば、現代宜春方言の「平」は口語音 [pʰiaŋ³³]、文語音 [pʰin³³] の二音を持つが、『正字通』の「平」は臻摂「貧」と同音（現代の [pʰin³³] と対応）のものだけである。他の16～17世紀の韻書・韻図の場合も同様である。たとえば16世紀の崑山呉方音を反映する『同文備攷』『聲韻會通』（丁鋒2001）、17世紀の安徽呉方音を反映する『音韻正訛』（古屋1998）、17世紀の江西客家方音を反映する魏際瑞『翻竊』（古屋1997）、17世紀の閩南方音を反映する廖綸璣『拍掌知音』（古屋1994b、廖綸璣は廖文英の子）など、みな口語音を収録しないようである。この事実は、これらの資料に描かれた音系が当時の知識人の読書音であることを物語る。

　白鹿内閣本『正字通』の読書音体系は、『西儒耳目資』『官話文典』などに見える明末清初の南方官話とかなり近いものと言える。だからこそ張自烈は自分の読書音こそ「正音」であり「南北之通音」であると考えていたのであろう。とはいえ、『正字通』が次清声母・全濁声母の合流（平仄を問わず、例えば、次＝自、譬＝備、勧＝倦）、臻深梗曽四摂の韻母の合流（例えば、姻＝音＝英＝鷹）など濃厚な方言音的特徴を具えていることは否定できない事実であり、方言音韻史ひいては中国語音韻史研究のための貴重な資料であることに変わりはないのである。今後の課題は、読書音の研究が方言音韻史研究にとってどのような役割を果たしうるか、読書音と各方言の口語音系はいかなる関係を持つのか、当時の読書音と各方言の現行文語音はいかなる関係を持つのか、などの問題について考察を深めることであろう。

　音注が地方的だったにせよ、全体として見た場合この字書がたいへん有用であったことも忘れてはならない。張自烈は日頃「理を窮め実用に適応させる」という考えを主張しており、『正字通』にもその考えが貫かれているため、各字の注釈は往々にして甚だしく詳細かつ親切である。また俗字や僻字に対する論議も傾聴に値することが多い。清朝考証学者のような知識人から見ると雑駁に見えるであろうが、中国の一般知識人や、特に日

本や朝鮮の知識人、更にはヨーロッパの宣教師や漢学者にとっては、参考価値が非常に高かったと思われる。たとえば「宣教師たちは自らの編纂した辞書のなかで、編纂に使用した中国の辞書として『西儒耳目資』などには言及せず、むしろ『字彙』『正字通』『（諧声）品字箋』などを挙げている」（石崎2005）という。

本書では張自烈の事蹟と音注の分析に集中したため、『正字通』訓注の特徴、辞書史の中での位置づけについて論じる余裕はなかった。また、張自烈はあくまでも理学者であり、近世儒学研究の立場からのアプローチも必要となろうが、筆者の手に余ると言わざるをえない。張自烈が最も力を注いだ著作『四書大全辯』[199]よりも、人に譲った字書の方が却って彼の名を伝えることになったという事実に着目する時、明末清初の張自烈とその著を繞る不思議な運命の力に今更ながら思いを致さざるを得ない。

注
199 『四書大全辯』については東北大学の三浦秀一教授の研究（三浦2004）が注目される。

附表1　内閣文庫藏白鹿書院本反切対照表

		清畏堂	白鹿内閣本	増補字彙	字彙
子上20a7	丸	胡瞞切音完	戶煩切音完	戶煩切音完	胡官切音完
子中9a4	令	力正切零去聲	力恨切林去聲	力恨切林去聲	力正切陵去聲
子中25a8	佭	俗字舊音降	虛茫切音降	虛茫切音降	胡江切音降
子中28b6	俤	與夷通音彝	伊齊切音彝	伊齊切音彝	延知切音夷
子中71a4	僯	力引切鄰上聲	力永切鄰上聲	力永切鄰上聲	良忍切鄰上聲
子中80a1	僸	力刃切音吝	力恨切音吝	力恨切音吝	良慎切音吝
子下1b2	允	羽敏切音隕	羽敏切音尹	羽敏切音尹	羽敏切音隕
子下36a3	澄	伊齊切音夷	伊齊切音俤	延齊切音夷	延知切音夷
子下38a8	凡	符咸切音帆	符寒切音帆	符寒切音帆	符銜切音帆
子下45b2	分	敷溫切音芬	敷因切音芬	敷因切音芬	敷文切音芬
子下46b3	刈	倪器切音藝	倪技切音藝	覩 sic 技切音藝	倪制切音藝
子下75b3	勤	其吟切音芹	其銀切音芹	其銀切音芹	渠巾切音芹
子下98b7	卜	博木切音樸	博木切音不	博木切音不	博木切音不
子下115b6	屘	伊齊切音夷	伊齊切音俤	伊齊切音俤	延知切音夷
子下117b4	広	公訇切音觥	公昏切音觥	公昏切音觥	姑弘切音觥
子下125a7	受	神呪切收去聲	神呪切壽去聲	神呪切壽去聲	是酉切壽上聲
丑上15b1	吝	力刃切音蘭	力恨切音蘭	力恨切音蘭	良慎切音蘭
丑上18a8	吳	五胡切音吾	五湖切音吾	五胡切音吾	訛胡切音吾
丑上32b6	咣	公訇切音觥	公昏切音觥	公昏切音觥	姑橫切音觥
丑上55b4	哞	哞字之譌	昨荅切音雜	昨荅切音雜	才達切音雜
丑上87b5	囒	離閑切音蘭	離寒切音蘭	離寒切音蘭	呂干切音蘭
丑中3a7	圭	古威切音閨	古吹切音閨	古吹切音閨	居爲切音規
丑中3b7	坯	伊齊切音夷	伊齊切音俤	延知切音夷	延知切音夷
丑中16a8	垸	戶瞞切音完	戶巒切音完	戶巒切音完	胡官切音完
丑中22a5	執	俗埶字音質	之十切音質	之十切音質	質入切針入聲
丑中29b2	報	俗報字音豹	布告切音豹	布告切音豹	布耗切音豹
丑中31b3	塋	于禁切音營	于瓊切音營	于瓊切音營	余傾切音營
丑中40b6	墦	符咸切音煩	符寒切音煩	符寒切音帆	符艱切音煩
丑中43a4	墳	同墳省音焚	敷文切音焚	敷文切音焚	符分切音焚

丑下22a1	查	戶瞞切音桓	戶巒切音桓 =三畏	戶巒切音桓	胡官切音桓
丑下32b7	奸	居顏切音艱	經天切音艱	經天切音艱	居寒切音干 又居閑切音艱
丑下49b3	姦	與奸通音艱	經天切音艱	經天切音艱	居顏切音艱
丑下57b2	婉	武綰切音晚	武管切音晚	武管切音晚	武綰切音晚
丑下60b6	婉	烏阮切剜上聲	烏捲切淵上聲	烏捲切淵上聲	於遠切淵上聲
丑下62a1	娶	經天切音堅	經天切音艱	經天切音艱	苦閑切音慳
丑下77a5	嬰	古威切音圭	古吹切音圭	古吹切音圭	居隨切音圭
丑下79b1	嫻	胡顏切音閑	瑚連切音閑	瑚連切音閑	何艱切音閑
丑下80a6	媯	古威切音規	古吹切音規 =芥子	古吹切音規	居爲切音規
寅上5a8	存	七門切踆	七門切音蹲	七門切音蹲	徂尊切音蹲
寅上13a2	孼	魚列切讀若梟	魚列切言入聲	魚列切言入聲	魚列切年入聲
寅上16b8	完	戶瞞切音桓	戶煩切音桓	戶煩切音桓	胡官切音桓
寅上23a2	宦	胡慣切音患	湖慣切音患	湖慣切音患	胡慣切音患
寅上23a8	宦	伊齊切音夷	伊齊切音侇	伊齊切音夷	延知切音夷
寅上66a4	岎	敷溫切音分	敷殷切音分	敷殷切音分	敷文切音分
寅中8b2	客	烏革切音額	烏革切音頟	烏革切音頟	鄂格切音額
寅中10a2	峘	戶瞞切音桓	戶團切音桓	戶團切音桓	胡官切音完
寅中43a5	帆	符咸切音凡	符寒切音凡	符寒切音凡	符銜切音帆
寅中43b4	帉	敷溫切音分	敷因切音分	敷因切音分	敷文切音分
寅中52a6	愢	瑚連切音賢	瑚連切音賢	瑚連切音賢	胡田切音賢
寅中60a4	幟	持世切音熾	持侍切音熾	持侍切音熾	昌志切音熾
寅中39a8	弦	胡連切音賢	瑚連切音賢	瑚連切音賢	胡田切音賢
寅下45a7	彎	烏關切音灣	烏官切音灣 =弘文	烏官切音灣	烏還切音灣
卯上3a6	忐	俗字舊音毯	徒覽切音毯	吐敢切音毯	吐敢切音毯
卯上8a1	忹	譌字舊音枉	烏紡切音枉	因謊切音枉	因往切音枉
卯上9b4	怎	俗字今人用爲語助辭	子沈切津上聲語助辭	子沈切曾上聲	子沈切津上聲
卯上26b4	患	胡慣切音宦	湖貫切音宦	湖貫切音宦	胡慣切音宦
卯上29a3	悃	古本切音袞	古本切音袞	古本切音袞	古本切音袞

卯上29a3	慈	胡連切音賢	湖連切音賢	湖連切音賢	胡田切音賢
卯上35a5	嗛	俗字舊音慊	苦減切音慊	苦減切音慊	苦減切音槏
卯上38a6	惻	呼肱切音轟	呼昆切音轟	呼宏切音轟	呼宏切音轟
卯上44b5	傒	俗字舊音係	虛嚻切音係	胡嚻切音係	胡計切音係
卯上46b1	傔	苦掩切音歉	苦減切音歉	苦減切音歉	苦簟切音歉
卯上46b7	憉	俗字舊音響	虛講切音響	虛講切音響	虛講切音響
卯上47b2	憖	譌字舊音印	以證切音印	以證切音印	伊刃切音印
卯上52a6	恎	俗悙字	邊迷切音箆	邊迷切音箆	邊迷切音箆
卯上52a6	慺	舊本慺音鹿	力竹切音鹿	力答 sic 切音鹿	盧谷切音鹿
卯上56b6	憪	胡顏切音閒	瑚連切音閒	瑚連切音閒	下簡切閑上聲 又何難切音閑
卯上57b1	慜	與厭通音淹	衣尖切音淹	衣尖切音淹	一鹽切音淹
卯中8b3	戯	俗戲字音呼	荒孤切音呼	荒孤切音呼	荒胡切音呼
卯中12a3	所	疎祖切疏上聲	疎祖切疏上聲	爽阻切疏上聲	孫五切蘇上聲 又疏舉切數上聲
卯中13a3	扃	涓熒切音坰	涓熒切音坰	涓熒切音坰	涓熒切音駉
卯中14b1	扊	數淵切音栓	數關切音栓	數關切音栓	數還切音栓
卯中39b7	扐	與扙通音頻	古協切音頻	古協切音頻	古劦切音頻
卯中39b8	挽	武綰切音晚	武管切音晚	武管切音晚	武綰切音晚
卯中47b3	掔	丘閑切音慳	苦堅切音慳	苦堅切音慳	丘閑切音慳
卯中47b7	拎	力正切音令	力悢切音令	力悢切音令	里甑切音令
卯中51b5	揄	羊劬切音余	羊劬切音于	羊劬切音于	雲俱切音于
卯中52a2	捌	俗字舊音側	薔格切音側	薔格切音側	札色切音側
卯中52a6	揈	呼肱切音轟	呼昆切音轟	呼昆切音轟	呼宏切音轟
卯中63b7	捧	譌字舊音本	布袞切音本	布袞切音本	部本切音近坌
卯中67b4	摡	古威切音規	古吹切音規	古吹切音規	居爲切音規
卯中73b3	攊	俗字舊音各	力悢切音各	力悢切音各	力刃切音各
卯中77a6	撮	子括切竄入聲	子括切贊入聲	倉括切贊入聲	倉括切竄入聲 又子括切鑽入聲
卯中81a3	挱	俗抄字音沙	所加切音沙	所加切音沙	所加切音沙
卯中87a8	攔	離閑切音蘭	離寒切音蘭	離寒切音蘭	離閑切音蘭

卯中90b1	攤	他丹切音灘 三畏:音攤	徒干切音灘	徒干切音灘	他丹切音灘
卯下16a3	敢	古覽切音澉	古覽切音稈	古覽切音稈	古覽切音簡
卯下28b6	爛	離閑切音闌	離寒切音闌	離閑切音闌	離閑切音闌
卯下33b5	斬	側減切站上聲	側感切貶上聲	側感切貶上聲	側減切劄上聲
卯下46a3	搶	部衮切盆上聲	部衮切盆上聲	部衮切盆上聲	部本切盆上聲
辰上8b1	盼	敷溫切音分	敷因切音分	敷溫切音分	敷文切音分
辰上12a5	眩	伊絹切音炫	伊勸切音院	伊絹切音炫	于眷切音院
辰上18a3	晏	伊澗切音鷃	伊殿切音燕	伊甸切音鷃	伊甸切音燕
辰上18b6	晚	烏綰切音挽	烏管切音挽	烏綰切音挽	武綰切煩上聲
辰上18b8	晛	許典切音顯	許簡切音顯	許典切音顯	胡典切賢上聲
辰上24a8	暕	古僩切音簡	九輦切音簡	古僩切音簡	古限切音簡
辰上24b1	喚	譌字舊誤云古國名	呼玩切音喚	呼玩切音喚	呼玩切音喚
辰上28a6	曇	徒含切音譚	徒舍sic切音譚	徒含切音譚	徒含切音潭
辰中2b1	未	無沸切微去聲	無沸切肥去聲	無沸切微去聲	無沸切肥去聲
辰中3b3	本	布衮切奔上聲	布衮切奔上聲	布衮切奔上聲	布衮切奔上聲
辰中20a5	枕	譌字舊音尤	易求切音尤	盈求切音尤	於牛切音尤
辰中31b6	柬	古僩切音簡	九輦切音簡	基偃切音簡	古限切音簡
辰中45a3	棟	伊齊切音夷	伊齊切音侇	因攜切音夷	延知切音夷
辰中46b8	桓	戶瞞切音完	戶煩切音完	胡曼切音完	胡官切音完
辰中54a5	梡	俗字舊音晚	武管切音晚	武管切音晚	武綰切音晚
辰中56a7	梧	五胡切音吾	五湖切音吾	五胡切音吾	訛胡切音吾
辰中64b4	橀	譌字舊音賢	瑚連切音賢	希田切音賢	胡田切音賢
辰中65b4	樊	符咸切音煩	符寒切音煩	符咸切音煩	符艱切音煩
辰中66b8	棭	譌字舊音亦	伊昔切音亦	因悉切音亦	羊益切音亦
辰中67a1	森	所臻切音莘	所臻切音參	思簪切音參	疏簪切音參
辰中68b8	棼	敷溫切音分	敷因切音分	敷文切音焚	敷文切音分
辰中75a3	樞	伊殿切音宴	伊殿切音晏	伊甸切音晏	伊甸切音晏
辰中78a7	楗	九輦切乾上聲	苦減切乾上聲	九輦切見上聲	巨展切音件 又與蹇同
辰中80a7	榆	羊劬切音余	羊劬切音于	羊劬切音余	雲俱切音于

辰中82b1	楬	巨列切謙入聲	巨列切慳入聲	巨列切音恰	巨列切音傑又丘瞎切慳入聲
辰中83b3	楧	羊劬切音余	羊劬切音于	羊劬切音余	雲俱切音于
辰中90b4	榣	俗字舊音翁	烏風切音翁	烏紅切音翁	烏紅切音翁
辰中97a1	槵	胡慣切音患	湖貫切音患	胡慣切音患	胡貫切音患
辰中97b5	槔	俗橰字音皋	孤操切音皋	俗橰字音皋	姑勞切音高
辰中97b7	槼	古威切音規	古吹切音規	古威切音規	居為切音規
辰中103b5	樝	柤樝今分古通	莊加切詐平聲	之鴉切詐平聲	莊加切詐平聲
辰中107b6	檇	譌字舊音沓	津私切音沓	津私切音沓	津私切音恣 sic
辰中108a7	橅	同橅省音武	罔甫切音武	王扶切音巫又叶王古切音武	微夫切音巫
辰中110a3	襇	古儞切音簡	九輦切音簡	古儞切音簡	古限切音簡
辰中110a4	橍	譌字舊音閏	如順切音閏	乳運切音閏	儒順切音閏
辰中110b6	檡	俗壺字音壺	洪吾切音壺	洪孤切音壺	洪孤切音壺
辰中115b1	檁	俗字舊音凜	力錦切音凜	力錦切音凜	力錦切音凜
辰中115b3	檊	譌字舊音罕	寒侃切音罕	何闇切音罕	呼唵切音近罕
辰中116a2	櫼	師姦切音山	師關切音山	師姦切音山	所銜切音山
辰中123b6	橐	古本切音袞	古本切音袞	古本切音袞	古本切音袞
辰中130b4	檹	譌字舊音惟	無回切音惟	烏葵切音惟	以追切音惟
辰下1a2	欠	嚚劍切謙去聲	嚚厭切謙去聲	嚚劍切謙去聲	乞念切謙去聲
辰下3a8	欱	河南切音含	河南切音舍 sic	河南切音含	胡甘切音含
辰下4b4	歊	同喟俗音餽	可怪切音塊	口怪切音塊	口恠切音塊
辰下7a4	歈	羊劬切音余	羊劬切音于	羊劬切音余	雲俱切音于
辰下9a8	歋	與歎唾竝通	伊齊切音移	以支切音移	以支切音移
辰下9b6	歑	汪孚切音烏	五汪 sic 切音烏	汪孚切音烏	哀都切音烏
辰下11a7	歗	歊歇通音鴞	虛交切音鴞	歊歇同音鴞	吁驕切音鴞
辰下16b5	嵖	俗踏字音杳	徒荅切音杳	達合切音杳	達合切音杳
辰下18a8	歸	古威切音規	古吹切音規	古威切音規	居為切音規
辰下37b6	臬	譌字舊音厥	居月切音厥	古穴切音厥	古穴切音厥
辰下39a7	殌	敷溫切音分	敷因切音分	敷溫切音分	敷文切音分
辰下41a2	毦	譌字舊音輸	尚朱切音輸	霜俱切音輸	霜俱切音輸
辰下41a7	毣	與氂通音犛	鄰其切音犛	與氂同音犛	鄰溪切音犛

辰下41b4	琨	古本切音袞	古本切音袞	古本切音袞	古本切音袞
辰下43b6	馧	敷溫切音分	敷因切音分	敷溫切音分	敷文切音分
辰下44a2	氉	讘字舊音獵	力涉切音獵	力涉切音獵	力涉切音獵
辰下48a7	雰	敷溫切音分	敷因切音分	敷溫切音分	敷文切音分
巳上4a6	汎	俗汎字音完	戶煩切音完	胡官切音完	胡官切音完
巳上26b1	泫	呼沿切音玄	呼沿切音佡 紙片	呼沿切音玄	胡涓切音玄
巳上33b6	洹	胡瞞切音完	戶煩切音完	戶煩切音完	胡官切音完
巳上34a4	洵	須倫切音荀	須倫切音旬	須倫切音旬	須倫切音荀
巳上37b5	海	呼改切音醢	呼買切音醢	呼買切音醢	呼改切音醢
巳上45a7	淎	俗字舊音捧	方勇切音捧	方勇切音捧	方孔切音捧
巳上48a8	渹	本作渹 sic 音欲	余六切音欲 =弘文	余六切音欲	余六切音欲
巳上50a2	淺	七演切千上聲	七典切千上聲	七典切千上聲	七演切千上聲
巳上50a8	渙	湖貫切音喚	湖慣切音喚	湖慣切音喚	呼玩切音喚
巳上50b8	渝	羊劬切音余	羊劬切音于	羊劬切音于	雲俱切音于
巳上53a7	渰	以淺切音衍	以淺切音掩	以淺切音掩	於檢切音掩
巳上54a8	淘	呼肱切音薨	呼昆切音薨	呼昆切音薨	呼宏切音薨
巳上57a1	湓	蒲門切音盆	蒲萌切音盆	蒲萌切音盆	蒲奔切音盆
巳上59a5	潛	米郢切音閔	米允切音閔	米允切音閔	美允切音閔
巳上61b4	渷	同渷舊音冕	烏宣切音冕	烏宣切音冕	縈員切音冕
巳上65b6	深	式針切音審平聲	審真切沈平聲	審真切沈平聲	式針切沈平聲
巳上69a6	滾	俗滾字	古本切音袞	古本切音袞	古本切音袞
巳上69a6	滿	莫盈切瞞上聲	莫侃切曼上聲 芥：莫侃切瞞上聲	莫侃切曼上聲	莫侃切末上聲
巳上70b1	漏	與扇同音陋	郎豆切音陋	郎豆切音陋	郎豆切音陋
巳上74b6	漹	因仙切音煙	音仙切音煙	音仙切音煙	乙乾切音煙
巳上77a7	潤	居晏切音諫	居宴切音諫	居宴切音諫	居宴切音諫
巳上77b1	潤	米郢切音敏	米允切音敏	米允切音敏	美允切音敏
巳上80a5	澍	詞夜切音謝	施職切音石	施職切音石	常隻切音石
巳上80b1	澀	森戹切森入聲	森立切森入聲	森立切森入聲	色入切森入聲
巳上91a7	濫	盧瞰切藍去聲	盧汗切藍去聲	盧汗切藍去聲	盧瞰切藍去聲
巳上91b2	檻	居陷切音鑑	居宴切音鑑	居宴切音鑑	古陷切音鑑

巳上91b5	濮	博木切音卜	普木切音僕	普木切音僕	博木切音十 sic
巳上94a4	澁	森㐕切音澀	森立切音澀	森立切音澀	色入切音澀
巳上94b5	灈	霍虢切音畫	古伯切音革	古伯切音革	古伯切音革
巳上96b3	瀾	力刃切音蘭	力恨切音蘭	力恨切音蘭	長 sic 刃切音蘭
巳上96b3	澗	阿葛切音遏	烏各切音遏	烏各切音遏	阿葛切音遏
巳上100a4	潘	符山切音旛	符山切音潘	符山切音潘	孚袁切音潘
巳上100b5	瀾	離閑切音蘭	離寒切音蘭	離寒切音蘭	離闇 sic 切音蘭
巳上102b3	灌	古阮 sic 切音貫	古患切音貫	古患切音貫	古玩切音貫
巳上104a3	瀾	齒演切音斕	齒淺切音斕	齒淺切音斕	齒善切音斕
巳上104b2	灝	許老切音顥	許考切音浩	許考切音浩	胡老切豪上聲
巳上106a3	灦	許典切音顯	許簡切音顯	許簡切音顯	呼典切音顯
巳上106b1	灪	紆勿切音鬱	以律切音鬱	以律切音鬱	於勿切音鬱
巳中8a1	烄	古巧切音佼	古巧切音矯	古巧切音矯	古巧切音矯
巳中13a7	焉	因仙切音煙	音仙切音煙	音仙切音煙	夷然切音然 又因肩切音煙
巳中15a6	炛	力刃切音各	力恨切音各	力恨切音各	良刃切音各
巳中22b7	煩	符頑切音繁	符寒切音繁	符寒切音繁	符艱切音繁
巳中26a7	燋	俗字舊音嘲	側交切音嘲	側交切音嘲	陟交切音嘲
巳中27a7	熱	如列切肽入聲	如月切肽入聲	如月切肽入聲	而列切然入聲
巳中27b5	鴈	魚澗切音雁	宜殿切音雁	宜殿切音雁	五晏切音雁 又魚幹切音岸
巳中27b8	熸	將兼切音箋	將兼切音尖	將兼切音尖	將兼切音尖
巳中30a3	燔	符頑切音煩	符寒切音煩	符寒切音煩	符艱切音煩
巳中35b7	爛	盧患切蘭去聲	盧汗切蘭去聲	盧汗切蘭去聲	郎患切蘭去聲
巳中36a5	爟	古玩切音貫	古患切音貫	古患切音貫	古玩切音貫
巳中37a2	爩	紆勿切音菀	以律切音菀	以律切音菀	紆勿切音欝
巳下11a6	牱	苦呵切音科	苦呵切音科	苦呵切音科	牱：苦禾切音科
巳下12b2	犂	米鄂切音敏	米允切音敏	米允切音敏	美隕切音敏
巳下15b4	犩	古玩切音貫	古患切音貫	古思 sic 切音貫	求 sic 患切音貫
巳下18a7	犾	余勤切音銀	魚勤切音銀	魚勤切音銀	語斤切音銀
巳下25a4	獃	魚僅切銀去聲	魚懂切銀去聲	魚懂切銀去聲	魚僅切銀去聲
巳下25a7	狄	以淺切音衍	以淺切音琰	以淺切音琰	以冉切音琰

巳下28a3	猳	許簡切音喊	古覽切音感	古覽切音感	古禫切音感
巳下35a7	㺚	許簡切音喊	虎膽切音喊	虎膽切音喊	荒鑑切音喊
巳下35b4	獡	且藥切音鵲	書藥切音爍	書藥切音爍	式略切音爍
午上3b6	玗	羊劬切音余	羊劬切音于	雲劬切音于	雲俱切音于
午上5b4	珀	普伯切音粕	普伯切音拍	普伯切音拍	普伯切音拍
午上6b3	珊	師姦切音山	師干切音山	尸姦切音山	師姦切音山
午上8a7	珚	因仙切音煙	音仙切音煙	因肩切音煙	因肩切音煙
午上9b8	琙	羊劬切音余	羊劬切音于	羊朱切音于	羊朱切音于
午上12b3	琂	語然切音言	語元切音言	以元切音言	語軒切音言
午上13b4	琊	以蛇切音耶	以遮切音耶	夷遮切音耶	余遮切音耶
午上20a3	瑑	柱怨切音篆	柱見切音篆	杜 sic 戀切音篆	柱衍切音篆
午上21b2	瑜	羊劬切音余	羊劬切音于 ＝三畏	雲劬切音干 sic	雲俱切音于
午上23a6	瑰	枯灰切音傀	古吹切音規	姑悲切音規	姑回切音規
午上26a2	璕	俗字舊音棧	助諫切音棧	助諫切音棧	助諫切音棧
午上30b8	瓘	古玩切音貫 弘文：古阮切	古患切音貫	古玩切音貫	古玩切音貫
午上31a1	瓉	作諫切音贊 三畏：一贊	作堪切音贊	作堪切音贊	在簡切音棧 又去聲才贊切
午上31a4	瓛	戶瞞切音完	戶煩切音完	戶煩切音完	胡官切音完
午上40a1	題	都黎切音堤	都妻切音堤	都奚切音堤	杜奚切音提
午上40a1	瓵	羊劬切音余	羊劬切音于	羊劬切音于	雲俱切音于
午上42a4	甐	力刃切音吝	力恨切音吝	力恨切音吝	良慎切音吝
午上42b8	甒	虛欹切音希	虛期切音希	虛期切音希	虛宜切音希
午上43a7	甗	語蹇切音碾	以淺切音演	以淺切音演	語蹇切音演
午上47a3	甡	所臻切音生	所臻切音莘	所臻切音莘	疏簪切音莘
午上63a2	畯	祖峻切音俊	祖問切音俊	祖問切音俊	祖峻切音俊
午上67b7	疊	他協切音牒	他協切音牒	他協切音牒	徒協切音牒
午中2b7	疲	方諫切音販	方紺切音販	方紺切音販	方諫切音販
午中7b4	痍	伊齊切音夷	伊齊切音侇	伊齊切音侇	延知切音夷
午中18b3	瘝	姑還切音關	孤歡切音關	孤歡切音門 sic	姑還切音關
午中20a6	瘨	多偏切音顛	多篇切音顛	多篇切音顛	多年切音顛

午中27b8	癳	俗字舊音邏	郎佐切音邏	郎佐切音羅	郎佐切音邏
午中30b7	白	蒲核切音帛	蒲格切絣入聲	蒲格切絣入聲	簿麥切彭入聲
午中32b7	皏	譌字舊音葩	普巴切音葩	普巴切音葩	普巴切音葩
午中36b7	皬	俗字舊音作	則各切音作	則各切音作	子末切音作
午中37a5	皖	戶瞞切音完	戶煩切音桓	戶煩切音桓	胡官切音桓
午中38a8	皵	俗字舊擔入聲	都各切擔入聲	都各切擔入聲	都合切擔入聲
午中38b1	皺	俗字舊音撻	徒苔切音撻	徒苔切音撻	他達切音撻
午中39a2	皻	譌字舊音緇	莊詩切音緇	莊詩切音緇	旨而切音緇
午中39a7	皽	俗字舊音臘	落苔切音臘	落苔切音臘	落合切音臘
午中39b3	皿	米郢切明上聲	米允切明上聲	米允切明上聲	眉永切明上聲
午中39b6	盂	羊劬切音余	羊劬切音于	羊劬切音于	雲俱切音于
午中41a4	盉	俗字舊音海	呼改切音海	呼改切音海	呼改切音海
午中41b3	盌	烏捲切剜上聲	烏捲切宛上聲	烏捲切宛上聲	烏管切腕上聲
午中42a2	盇	魚賢切音言	語元切音言	語元切音言	魚軒切音言
午中47a6	盬	俗鹽字舊註改音胡	俗鹽字舊註改音湖	黃孤切音湖	黃孤切音胡
午中50a2	肜	俗字舊音衫	師參切音衫	師參切音衫	師衘切音衫
午中55b8	看	同□侃去聲	苦紺切音勘	苦紺切音勘	袪幹切音勘
午中60a4	盰	頑丒通音杭	呼郎切音杭	呼郎切音杭	胡剛切音航
午中61a8	眼	魚儉切顏上聲	魚淺切顏上聲	魚淺切顏上聲	五簡切顏上聲
午中64b6	晚	莫縮切蠻上聲	莫侃切蠻上聲	莫侃切蠻上聲	母版切蠻上聲
午中64b6	睍	許偃切賢上聲	許簡切賢上聲	許簡切賢上聲	胡典切賢上聲
午中66a3	睞	落代切音賚	落蓋切音賚	落蓋切音賚	洛代切音賚
午中68a1	睮	羊劬切音余	羊劬切音于	羊劬切音于	雲俱切音于
午中69a4	瞷	譌字舊關	沽歡切音關	沽歡切音關	姑還切音關
午中71a7	瞎	同瞶今作瞎	苦甲切音恰	苦甲切音恰	許轄切香入聲
午中72b2	瞖	余祭切音意	余祭切音医	余祭切音医	於計切音医
午中73b2	瞡	古威切音規	古吹切音規	古吹切音規	居爲切音規
午中77b2	矐	屋郭切音臛	火覺切音臛	火覺切音臛	許縛切音臛
午中78b1	矏	舊註胡畎切音鉉	呼沿音鉉	呼沿音鉉	胡畎切音鉉
午中78b3	矑	俗字舊音歷	郎敵切音歷	郎敵切音歷	力擊切音歷
午中79a5	矔	古玩切音貫	古患切音貫	古患切音貫	古玩切音貫

午中79a8	響	莫縮切蠻上聲	莫侃切蠻上聲	莫侃切蠻上聲	母版切蠻上聲
午中84b6	磓	俗字舊音䰟	丘魏切音䰟	丘魏切音䰟	丘䰟切音喟
午中85a3	磈	可駭切音楷	可海切音楷	可海切音楷	口駭切音楷
午中85a3	㩱	譌字舊音晦	呼桂切音晦	呼桂切音晦	呼對切音晦
午中85b2	矯	古了切音皎	古巧切音皎	古巧切音皎	吉了切驕上聲
午中85b6	㩡	舊註改音僕	普木切音僕	普木切音僕	步木切音僕
午下2a4	扑	蒲各切音朴	普木切音朴	普木切音朴	匹各切音朴
午下3b1	砿	戶盲切音宏 弘文：月盲切	戶倫切音宏	戶倫切音宏	戶萌切音宏
午下4b3	碾	譌字舊音碾	乃典切音碾	乃典切音碾	女箭切音碾
午下5a3	砯	補京切音氷	披經切音砯	披經切音砯	滂丁切音砯
午下5b1	破	蒲過切坡去聲	婆過切頗去聲	婆過切頗去聲	普過切坡去聲
午下8b1	硫	譌字舊音抗	口浪切音抗	口浪切音抗	苦浪切音抗
午下10a3	硾	與搥搥通擣也 又隊韻音墜	直類切音墜	直類切音墜	直類切音墜
午下10a4	㾓	除盲切音根	除明切音根	除明切音根	除庚切音根
午下10a8	磋	徒荅切音達	徒荅切音達	徒荅切音達	徒合切音達
午下10b4	硎	俗字舊音欶	測角切音欶	測角切音欶	測角切音欶
午下10b6	碌	力竹切音錄	力竹切音六	力竹切音六	盧谷切音六
午下11a2	砑	烏加切音呀	於加切音呀	於加切音呀	於加切音呀
午下12a5	硍	古本切音袞	古本切音袞	古本切音袞	古本切音袞
午下12b2	碱	舊註音舞	罔甫切音舞	罔甫切音舞	罔古切音舞
午下13a4	碟	俗字舊音舌	式列切音舌	式列切音舌	食列切音舌
午下13a7	磞	俗字	初洽切音插	初洽切音插	初戢切音插
午下14a4	碮	竝密切音匹	並密切音匹	並密切音匹	普逼切音匹
午下14b3	碬	端貫切音鍛	多貫切音鍛	多貫切音鍛	都玩切音鍛
午下14b7	磓	直類切音墜	杜貴切音隊	杜貴切音隊	徒對切音隊
午下15a7	碹	胡同切音洪	湖同切音洪	湖同切音洪	胡公切音洪
午下17a4	礜	豺咸切暫平聲	豺含切暫平聲	豺含切暫平聲	牀咸切暫平聲
午下19a7	磣	舊註音岑	咨辛切音祲	咨辛切音祲	咨林切音祲
午下20b2	礒	俗字舊音戢	莊習切音戢	莊習切音戢	側入聲 sic 音戢
午下22a6	礠	俗字舊音叟	蘇偶切音叟	蘇偶切音叟	蘇后切音叟

307

午下22a6	礥	譌字舊音慮	力遇切音慮	力遇切音慮	良據切音慮
午下22a7	礵	俗磩字音滴	丁歷切音滴	丁歷切音滴	丁歷切音滴
午下24a1	礴	俗字舊音拍	蒲各切音粕	蒲各切音粕	匹各切音粕
午下24a3	礶	集韻砢字	郎果切音裸	郎果切音裸	來可切音裸
午下29b7	祏	申隻切音石	申職切音石	中 sic 職切音石	常職切音石
午下31a8	祜	呼誤切胡去聲	呼誤切湖去聲	呼誤切湖上 sic 聲	侯古切胡上聲
午下34b4	程	譌字舊音呈	稱人切音呈	稱人切音呈	直貞切音呈
午下34b5	秢	俗字舊音稍	所交切音稍	所交切音稍	所交切音稍
午下34b5	秱	俗字舊音豆	大候切音豆	大侯 sic 切音豆	大透切音豆
午下34b6	䄎	譌字舊音俄	吾何切音俄	吾何切音俄	牛何切音俄
午下35a5	裺	以淺切音衍	以淺切音掩	以淺切音掩	於檢切音淹 sic
午下35b3	裸	古玩切音灌	古患切音貫	古患切音貫	古玩切音貫
午下38a4	禕	于欺切音衣	于期切音衣	于期切音衣	於宜切音衣
午下38b1	禗	想里切音徙	斯氏切音徙	斯氏切音徙	想里切音徙 又想否切音私
午下39b3	禣	俗字舊音曹	才豪切音曹	才豪切音曹	財勞切音曹
午下39b4	禠	俗字舊音尺	昌石切音尺	昌石切音尺	昌石切音尺
午下39b5	裙	俗字舊音窓	楚莊切音窓	楚莊切音窓	初莊切音窓
午下40b8	襜	譌字舊音丹	都干切音丹	都干切音丹	丁甘切音丹
午下41b6	禰	以淺切音衍	以淺切音掩	以淺切音掩	於檢切音掩
午下49b8	秄	俗□舊音伴	普慢切音伴	普慢切音伴	蒲滿切音伴
午下50a8	秠	鋪杯切音胚	鋪杯切音丕	鋪杯切音丕	鋪杯切音丕
午下51b7	秪	俗秖字	章伊切音支	章伊切音支	旨而切音支
午下53a5	秘	俗字舊音利	力帝切音利	力帝切音利	力帝切音利
午下55a6	稈	古罕切干上聲	古覽切干上聲	古覽切于 sic 上聲	古罕切干上聲
午下56a8	稌	于欺切音衣	於欺切音依	於欺切音衣	於離切音依
午下57a1	稇	俗字舊音混	呼本切音混	呼本切音混	胡本切音混
午下59b5	稓	烏含切音庵	衣尖切音淹	衣尖切音淹	衣炎切音淹
午下61a1	穊	俗字舊音斐	敷尾切音斐	敷尾切音斐	敷尾切音斐
午下66a2	穛	俗字舊音煩	符寒切音煩	符寒切音煩	符艱切音煩
午下66a3	穤	譌字舊音虎	侯古切音虎	侯古切音虎	侯古切音虎
午下66a5	穱	俗字舊音佃	蕩見切音佃	蕩見切音佃	徒點切音佃

午下67a3	襠	俗字舊音當	都昌切音當	都昌切音當	都郎切音當
午下69b7	襳	俗字舊音纖	蘇焉切音纖	蘇焉切音纖	息廉切音纖
午下70a3	襸	徂桓切音攢	齊桓切音攢	齊桓切音攢	徂官切音攢
午下71a7	穹	丘容切音䓖	丘容切音芎	丘容切音芎	去弓切音芎
午下72a6	宖	戶盲切音宏	戶倫切音宏	戶倫切音宏	胡泓切音宏
午下76b8	窵	徒了切音窕	獨料切音掉	獨料切音掉	土了切挑上聲
午下77a1	窲	力弔切音料	豺豪切音巢	豺豪切音巢	鋤交切音巢
午下77a6	窳	衣虛切音于	衣虛切音於	衣虛切音於	衣虛切音於
午下77b8	篰	俗字舊音料	力弔切音料	力弔切音料	力弔切音料
午下79a8	窮	丘容切音穹	丘容切音䒨	丘容切音䒨	渠宮切音䒨
午下80b7	竑	戶盲切音宏	戶倫切音宏	戶倫切音宏	胡萌切音宏
未上4a7	笈	同极	忌立切音及	忌立切音及	忌立切音及
未上8b7	笨	布衮切音本	布衮切音本	布衮切音本	布衮切音本又步悶切盆去聲
未上10b3	笲	符頑切音煩	符寒切音煩	符寒切音煩	符艱切音煩
未上16b2	笹	以蛇切音耶	以遮切音耶	以遮切音耶	以遮切音耶
未上17a5	答	㗳㗳竝俗字	河南切音含	河南切音含	胡南切音含
未上25b8	節	以蛇切音耶	以遮切音耶	以遮切音耶	余遮切音耶
未上27a5	箈	俗舌字音徹	陳列切音徹	陳列切音徹	丑涉切音徹
未上27b6	筶	相咨切音思	想里切音徙	想里切音徙	胥里切音徙
未上29a2	筿	羊劬切音余	羊劬切音俞	羊劬切音俞	羊諸切音俞
未上36a7	簡	古佃切奸上聲	九輦切奸上聲	九輦切奸上聲	古陷切奸上聲
未上36b4	簡	米郢切音敏	米允切音敏	米允切音敏	美允切音敏
未上36b6	篙	祁堯切音喬	居宵切音嬌	居宵切音嬌	堅姚切音嬌
未上37a8	簗	力刃切音吝	力恨切音吝	力恨切音吝	良慎切音吝
未上38a7	簷	俗字舊音膽	都感切音膽	都感切音膽	都感切音膽
未上39b4	筧	羊劬切音余	羊劬切音俞	羊劬切音俞	雲俱切音俞
未上41a2	藩	符頑切音煩	符寒切音煩	符寒切音煩	符艱切音煩又鋪官切音潘
未上42b6	蘭	離閑切音蘭	離寒切音蘭	離寒切音蘭	離閑切音蘭
未上47b6	棶	舊註音策	初格切音策	初格切音策	恥格切音策
未上48a6	粐	俗字舊音名	眉平切音名	眉平切音名	武兵切音名

309

未上49a5	粯	戶瞞切音桓	戶煩切音桓	戶煩切音桓	胡官切音桓
未上49a7	㰄	㰄㰄竝俗字	昌六切音畜	昌六切音畜	昌六切音畜
未上49b2	粋	同𥹥舊註分爲二	朋沒切盆入聲	朋沒切盆入聲	蒲沒切盆入聲
未上53a8	䊢	與潘通音煩	符寒切音煩	符寒切音潘	符艱切音煩
未上53a8	𥹵	俗字舊音團	徒桓切音團	徒桓切音團	徒官切音團
未上53b1	𥻗	蕾格切音摘	蕾格切音側	蕾格切音側	陟格切音側
未上54b5	糕	與穛同音卓	竹角切音卓	竹角切音卓	側角切音卓
未中3b7	紈	戶瞞切音完	戶煩切音完	戶煩切音完	胡官切音完
未中8b4	素	蘇故切音訴	蘇故切音訴 sic	蘇故切音訴 sic	蘇故切音訴
未中18b2	統	俗統字音桶	徒總切音桶	徒總切音桶	徒總切通上聲
未中18b5	綄	戶瞞切音完	戶煩切音完	戶煩切音完	胡官切音完
未中19a2	綉	俗字舊音透	他候切音透	他候切音透	他候切音透
未中19a2	綊	呼甲切音呷	呼甲切音挾	呼甲切音挾	呼煩切音挾
未中31a7	縡	古本切音袞	古本切音袞	古本切音充	古本切音袞
未中32b2	縏	與鏧通音盤	蒲桓切音盤	蒲桓切音盤	蒲官切音盤
未中37b2	𦁒	俗字舊音柰	尼帶切音柰	尼帶切音柰	女介切音柰
未中38a7	繀	須銳切音歲	須銳切音粹	須銳切音粹	蘇對切音粹
未中38b3	繁	符頑切音煩	符寒切音煩	符寒切音煩	符艱切音煩
未中41a5	繖	蘇孏切跚上聲	蘇孏切薩上聲	蘇孏切薩上聲	蘇簡切薩上聲
未中42a4	繠	如桑切芮上聲	如桑切枘上聲	如桑切枘上聲	如累切誰上聲
未中45a4	纈	舊註音濃上聲	乃勇切濃上聲	乃勇切濃上聲	乃董切濃上聲
未中46b4	繾	苦檢切牽上聲	苦減切牽上聲	苦減切牽上聲	驅演切牽上聲
未中52a5	䊆	俗字舊音皆	居䏭切音皆	居䏭切音皆	居諧切音皆
未中52b7	罄	丘映切音慶	丘應切音慶	丘應切音慶	丘正切音慶
未中53a6	䍧	俗字舊音便	弭面切音便	弭面切音便	婢免切音便
未中54a7	罕	俗䍐字漢上聲	寒侃切漢上聲	寒侃切漢上聲	許侃切漢上聲
未中56a4	蜀	蜀姓有桂攟二音	虛期切音攟	虛期切音攟	弦雞切音攟
未中57a6	𦌢	譌字舊音朔	色角切音朔	色角切音朔	所角切音朔
未中59b3	羀	俗纐字	古罷切音記	古罷切音記	吉罷切音記
未中60a1	羿	俗弟字音題	梯尼切音題	梯尼切音題	杜兮切音題
未中63b5	𦎼	芋字之譌	似魚切音徐	似魚切音徐	似魚切音徐

未中65b3	䭉	鮑字之譌	古委切音詭	古委切音詭	居洧切音詭
未中67a7	䖶	舊註䖶音棧	助諫切音棧	昉諫切音棧	鉏限切音棧
未中67b7	㨮	俗字舊音皆	居䚡切音皆	居䚡切音皆	居諧切音皆
未中67b7	㺄	羊𠛬切音余	羊𠛬切音于	羊𠛬切音于	雲俱切音于
未中68a2	㸈	無暮切音務	無墓切音務	無墓切音務	亡遇切音務
未中68b8	轂	穀字之譌	干候切音遘	于 sic 候切音遘	居候切音遘
未中69a1	𤝜	吾煩切音原	吾煩切玩平聲	吾煩切玩平聲	吾官切玩平聲
未中69b6	𤡩	符頑切音煩	符寒切音煩	符寒切音煩	符艱切音煩
未中70b1	㨮	尼侯切㮋平聲	尼猷切㮋平聲	尼猷切㮋平聲	奴侯切㮋平聲
未中77a4	獖	呼肱切音轟	呼昆切音轟	呼昏切音轟	呼宏切音轟
未中78b7	㺓	𤜫獖同音薨	呼昆切音薨	呼昏切音薨	呼宏切音薨
未中79b1	𦉠	離呈切音零	離呈切音璘	離呈切音璘	離珍切音璘
未中89b3	桂	古威切音圭	古吹切音圭	古吹切音圭	古攜切音圭
未中94a3	耴	譌字舊音輒	之列切音輒	之列切音輒	陟葉切音輒
未中97a7	聚	族遇切趨去聲	七主切趨上聲	七主切趨上聲 又族遇切音娶	慈與切徐上聲 又族遇切
未中102a8	矙	矊本字	無發切瓦入聲	無發切瓦入聲	五滑切瓦入聲
未下7b8	胂	舊註改音申	審真切音申	審真切之 sic 申	矢人切音申
未下21b6	朘	乃賄切音餒	乃悔切音餒	乃悔切音餒	弩委切內入聲
未下22a5	胎	戶雁切音陷	戶玷切音陷	戶玷切音陷	戶鑑切音陷
未下22b7	胆	臓殖通音職	之石切音職	之石切音職	之石切音隻
未下23b4	腑	與府同音撫	扶古切音撫	扶古切音撫	斐古切音撫
未下28a6	膁	苦檢切音遣	苦減切音遣	苦減切音遣	苦點切音歉
未下33b6	膰	符頑切音煩	符寒切音煩	符寒切音煩	符艱切音煩
未下35a6	膻	徒膻 sic 切音誕	徒覽切音誕	徒覽切音誕	徒亶切音誕
未下38b8	臙	因仙切音煙	音仙切音煙	音仙切音煙	因肩切音煙
未下44b3	臱	舊註臱音眠	彌延切音眠	彌延切音眠	莫堅切音眠
未下50a3	甽	苦檢切牽上聲	苦減切牽上聲	苦減切牽上聲	去衍切牽上聲
未下50a5	舅	巨又切音舊	巨又切音臼	巨又切音臼	巨九切音臼
未下51b3	䑛	䑛字之譌	初洽切音插	初洽切音插	測洽切音插
未下52a5	舋	俗字舊音翠	七醉切音翠	七醉切音翠	七醉切音翠
未下55a3	䒑	譌字舊音氣	奇寄切音氣	䒑：奇寄切音氣	去智切音氣

未下62b3	鹹	戶雁切音陷	戶玷切音陷	戶玷切音陷	下斬切音陷
未下64b1	䐓	俗字舊音位	丘位切音媿	丘位切音媿	于貴切音位
未下65a4	艦	戶雁切咸去聲	戶玷切咸去聲	戶玷切咸去聲	胡覽切咸上聲
未下65b2	鑱	俗字舊音讒	豺寒切音讒	豺寒切音讒	鋤咸切音讒
未下66a4	䫀	俗字舊音袞	古本切音兗 sic	古本切音袞	古本切音袞
未下66a4	顤	居山切音奸	經天切音奸	經天切音奸	居顏切音姦
未下67a8	㿸	俗字	虛期切音希	虛期切音希	許奚切音希
未下67b4	㿒	俗字註蛙去聲	烏化切蛙去聲	烏化切蛙去聲	烏化切蛙去聲
申上3a3	芄	戶瞞切音完	戶煩切音完 =弘	戶煩切音完	胡官切音完
申上7b5	芙	逢無切音符	敷無切音符	敷無切音符	逢夫切音符
申上8b6	芡	苦險切箝上聲	苦減切箝去sic聲	苦減切箝上聲	巨險切箝上聲
申上38b6	菅	同稍	圭淵切音涓	圭淵切音涓	圭淵切音涓
申上49a3	菅	居山切音姦	經天切音姦	經天切音姦	居顏切音姦
申上71a2	蔪	與菅通艱堅二音	經天切音姦	經天切音姦	古顏切音姦
申上71a8	葐	蒲門切音盆	蒲萌切音盆	蒲萌切音盆	蒲奔切音盆
申上94b1	蓑	古本切音袞	古本切音袞	古本切音袞	古本切音袞
申上99b2	蓽	兵謎切音閉	方未切音沸	方未切音沸	友 sic 未切音沸
申上101a5	蕃	符頑切音煩	符寒切音煩	符寒切音煩	符艱切音煩
申上102b3	蕈	清醒切尋上聲	清醒切集上聲	清醒切集上聲	慈荏切尋上聲
申上103b2	蕍	羊劬切音余	羊劬切音渝	羊劬切音渝	雲俱切音俞
申上104a1	蕑	居山切音姦	經天切音姦	經天切音姦	居顏切音姦
申上114b2	薍	盧玩切音亂	盧萬切音亂	盧萬切音亂	五患切頑去聲
申上117a8	蘋	符頑切音煩	符寒切音煩	符寒切音煩	符難切音煩
申上119a2	薨	呼肱切音轟	呼昆切音轟	呼昆切音轟	呼宏切音轟
申上123a2	藉	砌夜切音赿	詞夜切音謝	詞夜切音謝 又前歷切音寂	詞夜切音謝 又前歷切音籍
申上126b1	虆	蒙弄切音夢	蒙弄切音孟	蒙弄切音孟	莫更切音孟
申上127a7	蘎	蔕懟同本音帶	楚邁切音嘬	楚邁切音嘬	楚邁切音嘬
申上130b1	蕃	符頑切音煩	符寒切音煩	符寒切音煩	符艱切音煩
申上132a7	藺	力刃切音吝	力恨切音吝	力根 sic 切音吝	良慎切音吝
申上141b7	虇	符頑切音煩	符寒切音煩	符寒切音煩	符艱切音煩

申中9a4	虹	胡同切音洪	湖同切音洪	湖同切音洪	胡公切音洪
申中17a2	蚶	呼甘切音憨	呼山切音酣	呼山切音酣	呼含切音酣
申中25b4	蛥	舊註蛥音哲	之列切音哲	之列切音哲	之列切音哲
申中32b4	蜘	章詩切音知	章伊切音知	章伊切音知	珍離切音知
申中40a6	蝓	羊朐切音余	羊朐切音于	羊朐切音于	雲俱切音于
申中47b1	蝤	譌字舊音脩	思秋切音脩	思秋切音脩	思雷切音脩
申中47b6	蟣	相咨切音思	伊齊切音侇	伊齊切音夷	延知切音夷
申中56b4	蟠	符頑切音煩	符寒切音煩	符寒切音煩	蒲官切音盤 又符艱切音煩
申中65a1	蠍	許列切音歇	許列切音蠍	許列切音歇	許竭切音歇
申中67a1	蠜	符頑切音煩	符寒切音煩	符寒切音煩	符艱切音煩
申中69a4	蠦	力吾切音盧	力吾切音蠦	力吾切音蠦	力胡切音盧
申下23b5	袿	古威切音規	古吹切音規	古吹切音規	居爲切音規
申下32a8	福	俗字舊音富	符遇切音富	符遇切音富	敷救切音富
申下32b2	褕	羊朐切音余	羊朐切音于	羊朐切音于	雲俱切音于
申下38b6	襎	符頑切音煩	符寒切音樊	符寒切音樊	符難切音樊
申下40a8	襙	俗字舊音造	七到切音造	七到切音造	七到切音糙
申下41b5	齎	與齊通音咨	津私切音咨	津私切音咨	津私切音咨
申下41b7	幪	俗幪字音蒙	莫紅切音蒙	莫紅切音蒙	莫紅切音蒙
申下41b7	襱	俗幪字音蒙	莫紅切音蒙	莫紅切音蒙	莫紅切音蒙
申下46a2	覂	俗罨字舊音先	蘇焉切音先	蘇焉切音先	相然切音仙
酉上2a2	規	古威切音圭	古吹切音圭	古吹切音圭	居爲切音圭
酉上6a2	覦	羊朐切音余	羊朐切音于	羊朐切音千 sic	雲俱切音于
酉上8a2	覲	力刃切音吝	力恨切音吝	力恨切音吝	良刃切音吝
酉上10a3	覹	符頑切音煩	符寒切音煩	符寒切音煩	符艱切音煩
酉上16a3	觡	各額切音格	古伯切音格	古伯切音格	各額切音格
酉上23b3	訇	呼肱切音薨	呼昆切音薨	呼昏切音薨	呼宏切音薨
酉上25b6	訑	伊齊切音夷	伊齊切音侇 =弘	伊齊切音移	湯何切音佗 又延知切音夷
酉上26b6	訖	魚乞切音屹	紀逸切音吉	紀逸切音吉	激質切音吉
酉上28b3	訟	似用切音頌	徂送切音頌	徂送切音頌	似用切音頌
酉上36a2	詒	伊齊切音夷	伊齊切音侇	伊齊切音夷	延知切音夷

313

酉上46b6	誑	苦謗切狂去聲	居況切光去聲	居況切光去聲	古況切光去聲
酉上52a2	誦	似用切音頌	徂送切音頌	徂送切音頌	似用切音頌
酉上57b3	談	徒南切音潭	徒寒切音潭	徒寒切音潭	徒藍切音痰
酉上60b1	諛	羊朐切音余	羊朐切音于	羊朐切音于	雲俱切音于
酉上62b7	諫	居晏切音潤	居宴切音潤	居宴切音潤	居晏切音潤
酉上71a1	謓	赤因切音瞋	赤生切音瞋	赤生切音瞋	昌真切音瞋
酉上74a2	謨	莫胡切音模	莫湖切音模	莫湖切音模	莫胡切音模
酉上76a6	謤	俗字舊音冊 三畏2: 初栗切音冊	千悉切音七	千悉切音七	初栗切音冊
酉上77b3	譀	呼安切罕平聲	許戰切喊去聲	許鑑切喊去聲	許鑑切喊去聲
酉上84b1	譴	驅演切牽上聲	苦減切牽上聲	苦減切牽上聲	苦戰切牽去聲
酉上89a3	讕	離閑切音蘭	離寒切音蘭	離寒切音蘭	離閑切音蘭
酉上90a8	讚	作諫切音贊	作勘切音贊	作勘切音贊	則諫切音贊
酉中8a3	豋	俗字改音木	莫卜切音木	莫卜切音木	莫卜切音木
酉中8a3	穀	譌字舊音穀	古祿切音穀	古祿切音穀	古祿切音穀
酉中8a3	貐	羊朐切音余	羊朐切音俞	羊朐切音俞	羊諸切音俞
酉中10b4	豚	徒魂切音臀	徒魂切音屯	徒魂切音屯	徒孫切音屯
酉中11a4	豠	叢租切音鉏	楚渠切音鉏	楚渠切音鉏	疾余切音鉏
酉中13a2	狦	俗字舊音三	蘇目 sic 切音三	蘇甘切音三	相關切音近三
酉中15a1	猗	俗獮字舊註音墮	烏鬼切音委	烏鬼切音委	羊捶切音委
酉中15b6	獂	戶瞞切音完	戶煩切音完	戶煩切音完	胡官切音完
酉中16a5	獀	與嫂通音廬	凌如切音廬	凌如切音廬	凌如切音廬
酉中16a8	獮	猗本字音委	烏鬼切音委	烏鬼切音委	以水切音偉
酉中20a6	貆	戶瞞切音完	戶煩切音完	戶煩切音完	胡官切音完
酉中29b1	䝄	譌字舊音民	眉平切音民	眉平切音民	眉巾切音民
酉中30a5	貫	古玩切音灌	古患切音灌	古患切音灌	古玩切音灌 又古患切音慣
酉中33b6	貽	伊齊切音夷	伊齊切音侇	伊齊切音夷	延知切音夷
酉中36a6	賤	俗字舊音峻	須閏切音峻	思閏切音峻	思閏切音峻
酉中44a2	贊	作諫切趲去聲	作勘切趲去聲	作勘切趲去聲	則諫切趲去聲
酉中44b8	贎	俗字舊音綿	彌延切音綿	彌延切音綿	莫賢切音綿
酉中48a3	唅	呼甘切音憨	呼山切音憨	呼山切音憨	火含切音憨

酉中66b3	跚	相關切音姍	蘇甘切音姍	蔌甘切音姍	相關切音姍
酉中81b2	蹯	符頑切音煩	符寒切音煩	符寒切音煩	符艱切音煩
酉中82b3	蹸	力刃切音吝	力恨切音吝	力恨切音吝	良慎切音吝
酉下15a3	輥	古本切音袞	古本切音袞	古本切音袞	古本切音袞 又戶袞切音混
酉下16b4	輭	同輀俗音軟	乳兗切音軟	乳兗切音軟	乳演切然上聲
酉下24b1	轘	胡慣切音患	湖慣切音患	湖貫切音患	胡慣切音患
酉下25a4	轝	余據切音豫	同輿舊註分爲二非	同輿	羊遇切音豫
酉下25a7	轟	呼肱切音薨	呼昆切音薨	呼昆切音薨	呼宏切音薨
酉下26b6	轣	俗字舊音疊	他協切音疊	他協切音疊	徒協切音疊
酉下37a3	迏	俗赸字舊註音血	呼決切音血	呼決切音血	火決切音血
酉下38b3	迡	之日切音質	黑乙切音迄	黑乙切音迄	綺戟切音迄
酉下38b5	迣	跙趀同舊註音利	力地切音利	力地切音利	古列字又力地切音利
酉下40b7	迗	俗字舊音亥	呼蓋切音亥	呼蓋切音亥	下蓋切音亥
酉下52a6	遴	他協切音爕	蘇協切音爕	蔌協切音爕	蘇協切音爕
酉下60a3	遣	驅衍切牽上聲	苦減切牽上聲	苦減切牽上聲	驅演切牽上聲
酉下70b8	邒	俗字	他魯切音土	他魯切音土	他魯切音土
酉下71a1	邧	俗字	符寒切音凡	符寒切音凡	符咸切音凡
酉下75a8	邽	古威切音規	古吹切音規	古吹切音規	居爲切音規
酉下79a7	郋	同稍	先弔切音肖	先弔切音肖	所教切音哨
酉下83a2	郯	徒南切音談	徒寒切音談	徒寒切音談	徒藍切音談
酉下84a7	鄡	同鄛舊蹺	丘腰切音蹺	丘腰切音蹺	丘妖切音蹺
酉下86b3	鄏	同邒舊音同	徒紅切音同	徒紅切音同	徒紅切音同
酉下92a7	鄬	古威切音規	古吹切音規	古吹切音規	居爲切音規
酉下94b3	鄻	俗字舊音羣	渠云切音羣	渠云切音羣	渠云切音羣
酉下96a7	鑾	符頑切音樊	符寒切音樊	符寒切音樊	符艱切音樊
酉下99b3	酏	伊齊切音夷	伊齊切音侇	伊齊切音夷	延知切音夷
酉下101b8	酘	大候切音豆	大透切音豆	大透切音豆	大透切音豆
酉下102a3	酤	攻呼切音孤	攻乎切音孤	攻乎切音孤	古胡切音孤
酉下103a3	酓	俗酳字音便	方萬切音販	方萬切音販	酳芳萬切音販

酉下104a2	䎝	䎝䎝竝贅	而弇切音冉	而弇切音冉	而琰切音冉
酉下117b1	槩	譌字舊音奮	房問切音奮	房問切音奮	方問切音奮
戌上5a3	衻	以蛇切音耶	以遮切音耶	以遮切音耶	于遮切音耶
戌上12b6	釖	俗字音來上聲	龍改切來上聲	龍改切來上聲	來改切來上聲
戌上17a1	衘	胡晷切音咸	瑚晷切音咸	瑚晷切音咸	胡晷切音鹹
戌上23b3	錀	譌字舊音倫	龍云切音倫	龍云切音倫	龍春切音倫
戌上38b5	鎞	篇迷切音批	邊迷切音箄	邊迷切音箄	邊迷切音箄
戌上47a8	鐏	祖悶切存去聲	徂悶切存去聲	徂悶切存去聲	作管切音纘又徂悶切存去聲
戌上47b6	鐼	敷文切音焚	呼郡切音訓	呼郡切音訓	火運切音訓
戌上66a8	閑	胡顏切轄平聲	瑚連切轄平聲	瑚連切轄平聲	何艱切轄平聲
戌上72a8	閨	古威切音圭	古吹切音圭	古吹切音圭	居爲切音規
戌上75a7	閹	與奄通音淹	衣尖切音淹	衣尖切音淹	衣炎切音淹
戌上76b4	闃	苦昊切傾入聲 芥：苦激切傾入聲	苦激切傾入聲	苦激切傾入聲	居胃切音貴又苦昊切傾入聲
戌上78a1	闀	與緻通音致	丘月切音缺	丘月切音缺	丘月切音缺又直意切音致
戌上78b5	闌	離閑切音蘭 弘：離閉切	離寒切音蘭	離寒切音蘭	離閑切懶平聲
戌上82b7	闞	與鬥部鬫別舊註音喊	虎膽切音喊	虎膽切音喊	虎膽切音喊又去聲許鑑切又苦濫切音瞰
戌上83a6	闡	齒演切徹上聲	齒淺切徹上聲	齒淺切徹上聲	齒善切徹上聲
戌中43a2	雛	楚無切音鋤	楚渠切音鋤	楚渠切音鋤	叢和 sic 切音徂
戌中49b2	雩	羊劬切音余	羊劬切音于	羊劬切音于	雲俱切音于
戌中58a3	霊	他果切音朵	丁可切音朵	丁可切音朵	都火切音朵
戌中58b6	霙	俗字舊音觥	公昏切音觥	公昏切音觥	姑橫切音觥
戌中63b4	電	俗字舊音彎	烏官切音彎	烏官切音彎	烏還切音彎
戌中70a6	靚	疾應切精去聲	疾郢切情上聲	疾郢切情上聲	疾郢切情上聲又去聲疾正切
戌中71b3	韍	舊註音費	舊註父沸切音費	父沸切音費	父沸切音費
戌中84b7	鞳	俗轄字	徒答切音塔	徒答切音塔	他合切音塔
戌中84b7	鞕	烏宣切音冤	烏天切音冤	烏天切音冤	於袁切音冤

戌中86b5	韅	許典切音顯	許簡切音顯	許簡切音顯	呼典切音顯
戌中90b4	韉	與韃同音遐	何麻切音遐	何麻切音遐	乎加切音遐
戌中90b5	韘	失謁切音攝	式獵切音攝	式獵切音攝	夫 sic 獵切音攝
戌中94b4	鞶	符頑切音煩	符寒切音煩	符寒切音煩	符安切音煩
戌下11a7	頍	古威切音規	古吹切音規	古吹切音規	巳 sic 爲切音歸
戌下14a7	顒	魚容切玉平聲	魚紅切玉平聲	魚紅切音sic平聲	魚容切玉平聲
戌下16a3	頇	舊註顉音講	居養切音講	居養切音講	古項切音講
戌下16a8	頖	力遂切音淚	力對切音淚	力對切音淚	力遂切音淚
戌下17b5	頞	與髀同音卑	布非切音卑	布非切音卑	逋移切音卑
戌下19a8	顯	許典切軒上聲	許簡切軒上聲	許簡切軒上聲	呼典切軒上聲
戌下19b5	顲	符頑切音樊	符寒切音樊	符寒切音樊	符艱切音樊
戌下25a5	颽	呼肱切音轟	呼昆切音轟	呼昆切音轟	呼宏切音轟
戌下25b5	飀	羊叴切音余	羊叴切音俞	羊叴切音俞	雲俱切音俞
戌下26b6	飄	披招切音漂	披招切音縹	披招切音縹	披招切音縹
戌下34a6	飶	竝密切音弼	並密切音弼	並密切音弼	薄密切音弼
戌下38b2	餕	祖峻切音俊	祖問切音俊	祖問切音俊	祖峻切音俊
戌下54b3	馧	紆倫切音氳	烏倫切音氳	烏偷 sic 切音氳	於云切蘊平聲
亥上13a4	駿	須閏切音峻	祖問切音俊	祖問切音俊	祖峻切音俊 又須晉切音峻
亥上15a6	驈	魚容切音顒	魚紅切音顒	魚紅切音顒	魚容切音顒
亥上16a1	騟	羊叴切音余	羊叴切音俞	羊叴切音俞	羊諸切音俞
亥上21a2	騆	胡顏切音閑 弘：音閉	瑚連切音閑	瑚連切音閑	戶間切音閑
亥上21b6	騲	鉏林切音岑	慈盈切音情	慈盈切音情	慈陵切音情
亥上23b6	騝	符頑切音樊	符寒切音樊	符寒切音樊	符難切音樊
亥上25b7	骨	古忽切昆入聲	古忽切古入聲	古忽切古入聲	古忽切昆入聲
亥上26b3	骩	俗字舊音廳	他經切音廳	他經切音廳	他經切音廳
亥上27a3	骭	羊叴切音余	羊叴切音于	羊叴切音于	雲俱切音于
亥上27b2	骫	譌字	吾還切玩平聲	吾還切玩平聲	吾官切玩平聲
亥上27b3	骲	譌字舊音糝	桑感切音糝	桑感切音糝	息淺切音鏒
亥上28b1	骼	俗字舊音鈴	離呈切音鈴	離呈切音鈴	離呈切音鈴
亥上28b3	骱	譌字或音杏	伊皎切音杏	伊皎切音杏	伊鳥切音杏

317

亥上28b4	骷	譌字舊音枯	空烏切音枯	空烏切音枯	空胡切音枯
亥上28b7	骩	俗字	烏瓜切瓦平聲	烏瓜切瓦平聲	五瓜切瓦平聲
亥上29a8	髆	集韻同髆	蒲各切音薄	蒲各切音薄	匹各切音魄
亥上29b1	骿	俗字舊音娉	披經切音娉	披經切音娉	普丁切音娉
亥上30b4	骻	俗字舊音誇	枯瓜切音誇	枯瓜切音誇	枯瓜切音誇
亥上45b5	鬟	俗字舊音湛	鋤勘切音湛	鋤勘切音湛	丈陷切音湛
亥上47b8	甋	貶字之譌	私呂切音醑	私呂切音醑	私呂切音醑
亥上48b8	鬱	紆勿切音鬱	以律切音鬱	以律切音鬱	迂勿切音鬱
亥上49a3	鬱	紆勿切蘊入聲	以律切蘊入聲	以律切音sic入聲	於勿切蘊入聲
亥上50a6	䰠	古威切音圭	古吹切音圭	古吹切音圭	居爲切音圭
亥上51b3	鬻	古威切音規	古吹切音規	古吹切音規	居隨切音規
亥中9a8	魿	呼臭切音衂	呼決切音殈	呼決切音殈	而六切音肉
亥中20b7	鯲	魚容切音顒	魚紅切音顒	魚紅切音顒	魚容切音顒
亥中24a7	鰥	姑彎切音關	沽sic歡切音關	沽sic歡切音關	姑還切音關
亥中32a2	鰺	蘇操切音騷	蘇抄切音騷	蘇抄切音騷	蘇曹切音騷
亥中35a7	鱹	古玩切音貫	古患切音貫	古患切音貫	古玩切音貫
亥中43a3	鴈	魚澗切顏去聲	宜甸切顏去聲	宜甸切顏去聲	魚澗切顏去聲
亥中47b7	鴠	丁爛切音旦	丁汗切音旦	丁汗切音旦	得爛切音旦
亥中72a3	鷃	伊諫切音晏	伊甸切音晏	伊甸切音晏	伊諫切音晏
亥中79b3	鶥	胡顏切音閑	瑚連切音閑	瑚連切音閑	何艱切音閑
亥中86a6	鸛	古玩切音貫	古患切音貫	古患切音貫	古玩切音貫
亥下7b8	麈	古威切音圭	古吹切音圭	古吹切音圭	古爲切音圭
亥下17a8	㺄	戶瞞切音桓	戶煩切音桓	戶煩切音桓	胡官切音桓 又戶版切音近患
亥下26b8	黏	尼甜切音鮎	疑咸切音嚴	魚占切音嚴	魚占切音嚴
亥下32b7	黶	因仙切宴平聲	音仙切宴平聲	音仙切宴平聲	烏閑切晏平聲
亥下33a7	黯	烏感切諳上聲	以淺切音黶	以淺切音黶	乙減切音黶
亥下48a4	鼳	古闃切音鶪	居六切音菊	居六切音菊	古役切音菊
亥下49b2	鼶	符頑切音樊	符寒切音樊	符寒切音樊	附袁切音樊
亥下53b6	齒	丑止切鴟上聲	尺矢切音茝	尺矢切音茝	昌止切音茝
亥下56b1	齦	口很切音懇	口請切音懇	口請切音懇	魚巾切音銀 又口狠切音懇

亥下56b4	皷	五巧切音咬	五考切音咬	五老切音咬	五考切音咬
亥下58b5	嚴	疑咸切音碞	疑咸切音嚴	疑咸切音嚴	五銜切音嚴
亥下59b1	矞	居晏切音潤	居宴切音潤	居宴切音潤	（無）
亥下62b6	龜	古威切音規	古吹切音規	古吹切音規	居爲切音規

附表2　江戸日本への三字書の舶載（大庭1967・1972により作成）

	『字彙』	『正字通』	『康熙字典』
宝永七年1710	二套拾四本	一部四套	
正徳元年1711	一部二套 （一部）*	（三部）	
正徳二年1712	（二部以上）	（四部以上）	
正徳三年1713	（一部）	（一部）	
正徳四年1714		五部	
正徳五年1715	一部二套十四本		
享保三年1718		三部各四套四十本	
享保四年1719		一部	
享保五年1720			一部六套
享保九年1724	（一部）	一部四套四十冊	一部六套四十冊
享保十年1725	三部二部二套／一部十四本	一部四套	一部六套
享保十一年1726	一部十四本	一部四套	
享保十六年1731		一部四套	
享保二十年1735	五部 一部二套		
元文元年1736		二部八套 三十六本・四十本	
元文二年1737			（一部）六套
元文四年1739	壹部二套十四本	四部各四套四十本 一部	二部各六套四十本 壹部六套四十本
元文五年1740		二部　一部ハ四套三十二本 　　　一部ハ六套四十本 一部	
寛保元年1741	二部各二套十四本 （一部）	一部四套三十二本 一部四套 （その他二部）	一部六套四十本 一部六套四十本 二部十二本 （一部）

寬保二年1742		（一部）	（一部）
寬保三年1743		四套三十二本	
寬延四年1751		五部各四套 二部各四十本 三部各三十二本	七部各六套四十本
宝暦四年1754			三部各六套四十本
宝暦九年1759	五部十套	六十五部六百五十二套 五部二十套	十九部百十四套 十九部百十四套
天明六年1786	（一部）四十本		
寬政十二年1800			十部六套
享和三年1803			二部各六套
文化元年1804			一部六套 一部四十本 一部六套
文化二年1805			壹部 一部六套
文化七年1810			袖珍　五部各六套
文政十二年1829			拾八部 四拾五部
天保十二年1841	一部十四本	一部六套	
天保十四年1843		壹部六套三十六冊	一部
天保十五年1844			二部各四套
弘化二年1845			一部 一部六套
弘化三年1846		一部三十二本　式拾目	廿部各六套
弘化四年1847		一部六套 式拾目 一部四包 式拾目	一部六套 一部四十本 二部各六包 二部各六包
弘化五年1848			一部六包 一部六套

嘉永二年1849			二部各六套 三部內　一部四十本 　　　　二部各六套 一部六套 一部六套 四部各六套
嘉永三年1850			二部各三包 一部六套
嘉永四年1851			二部各三包 一部四十本
嘉永五年1852		一部六套	三部各二套 一部六套
嘉永六年1853			三部各六套 一部六套
嘉永七年1854			一部六套 四部各六套
安政五年1858			壱部四拾冊 弐部
安政六年1859			壱部四套 壱部四套

＊「(一部)」のように括弧を加えたものは原資料自体の表記ではなく状況から判断したもの。価格については古屋・野川2007の解説を参照されたい。

書　誌

原典資料

『正字通』

白鹿書院本（内閣文庫）

白鹿書院本（東京大学附属図書館）

劉炳補修本（東北大学図書館、京都大学人文研究所 ｛廖序以外の序を欠く｝、北京図書館分館）

清畏堂本蔵板本（内閣文庫2部、二松学舎大学、北京図書館分館、北京大学図書館善本閲覧室）

清畏堂本原板本（内閣文庫2部、尊経閣文庫、国会図書館2部、早稲田大学図書館、東京大学附属図書館2部、戸川芳郎氏蔵、上海図書館 ｛見返しを欠く｝、架蔵）

弘文書院本（東京大学東洋文化研究所、宮内庁書陵部、北京図書館分館、中国社会科学院語言研究所）

弘文書院本第二種（大東文化大学辞典編纂室）

三畏堂本（内閣文庫、北京図書館分館、北京大学図書館工具室、北京大学図書館善本閲覧室 ｛見返しを欠く｝、中国人民大学 ｛見返しや序を欠く｝、上海師範大学図書館 ｛見返しを欠く｝、首都図書館 ｛見返しを欠く｝、架蔵）

芥子園本（内閣文庫、東京大学附属図書館、北京図書館分館、架蔵）

影印6種

①国際文化出版公司（北京）影印本、1996年、上下二冊。清畏堂蔵板本。見返しを欠く。序は呉源起、廖文英、龔鼎孳の三種。芥子園本から補った部分あり（「正字通姓氏」「滿文十二字頭」および一部字典本文）。

②東豊書店（代々木）影印本、1996年。台北故宮博物院蔵弘文書院本（第一種）。張貞生、王震生、黎元寬、史彪古、姚子荘の五序。解題は古屋。附録の小冊子により「滿文十二字頭」「十二字頭引」を補う。

③中国工人出版社（北京）影印本、1996年。董琨氏「前言」によれば弘文書院本による影印（廖文英自序のみ清畏堂本からの補充）。実は張貞生序

（4頁）のみ弘文書院本（第一種）、辞典本文その他の部分（約1395頁）はすべて三畏堂本。
④四庫全書存目叢書本（荘厳文化事業有限公司、1997年、第197・198冊）。見返しなし。十二字頭なし。底本は北京大学図書館蔵の清畏堂本。
⑤続修四庫全書本（上海古籍出版社、2002年、第234・235冊）。見返しに「正字通　清畏堂蔵板」とある。呉源起、廖文英の二序のみ。湖北図書館蔵本による影印。
⑥中華漢語工具書書庫の第3・4冊、安徽教育出版社、2002年刊行。清畏堂原板本。見返しなく、呉序と廖序あり。十二字頭なし。

張自烈『増補字彙』、尊経閣文庫、高麗大学晩松文庫
張自烈『芑山文集』存二十六巻(巻一から巻三を欠く)、清初刊、北京図書館善本閲覧室
張自烈『芑山文集』存三十巻(序および制義一巻を欠く)、清初刊、北京図書館善本閲覧室
張自烈『芑山先生文集』存十九巻（巻二十から巻二十四を欠く）、康熙刻本（1687年頃）、北京図書館善本閲覧室
張自烈『芑山文集』、豫章叢書本、東洋文庫
張自烈『四書大全辯』崇禎刊、四庫全書存目叢書（経部第167-169）
張自烈『四書大全辯』順治刊、北京大学善本閲覧室、内閣文庫
張自烈『箋註陶淵明集』崇禎刊、科学院図書館、東洋文庫、北京師範大学図書館（複写）

珂然『正字通作者辯』江戸刊本、架蔵（→古屋・野川2007）

『洪武正韻』明刊、架蔵
『字彙』康熙二十七年刊本、上海辞書出版社影印、1991年

その他
陳名夏『石雲居文集』、清初刊、科学院図書館

陳弘緒『鴻桷續集』清初刊、科学院図書館

陳維崧『陳迦陵文集』、四部叢刊

陳允衡『詩慰』、北京図書館善本閲覧室

陳貞慧『書事七則』、『昭代叢書』所収、上海古籍出版社

陳作霖『明代金陵人物志』、『明代傳記叢刊』所収、明文書局

戴重『河村集』、清抄本、科学院図書館

方以智『浮山文集前編』、北京図書館善本閲覧室

方中通『陪集』（『陪古』『陪詩』『陪詞』から成る詩文集）
　全13巻のうち11巻を存する康熙刊本、科学院図書館

顧景星『黄公説字』、四庫全書存目叢書（第200-202冊）

顧炎武『聖安本紀』、『明季稗史初編』所収、商務印書館

侯方域『壯悔堂集』、四部叢刊

黄嗣艾『南雷學案』、『明代傳記叢刊』所収、明文書局

黄容『明遺民錄』、東洋文庫

黄宗羲『吾悔集』、四部叢刊『南雷集』所収

黄宗羲『思舊錄』、『昭代叢書』所収、上海古籍出版社

黄宗羲『明文授讀』、汲古書院影印本

金堡『徧行堂續集』、東洋文庫（写真版）

李昌祚『眞山人後集』、康熙刊、科学院図書館

李清『三垣筆記』、中華書局、1982

李天根『爝火錄』、浙江古籍出版社、1986

劉城『嶧桐集』、『貴池二妙集』所収、東洋文庫

魯可藻『嶺表紀年』、浙江古籍出版社、1985

陸世儀『復社紀略』雍正年間抄本、北京大学善本閲覧室

羅振玉『羅雪堂先生全集　初編』、文華出版社

冒襄『同人集』道光刊、早稲田大学図書館

鈕琇『觚賸』清刊、北京大学善本閲覧室

裘君宏『妙貫堂餘譚』康熙刊、北京大学善本閲覧室

沈壽民『姑山遺集』、北京図書館善本閲覧室

施閏章『學餘堂文集』、東洋文庫

宋犖『西陂類稿』、東洋文庫
呉應箕『樓山堂集』、『貴池二妙集』所収、東洋文庫
謝啓昆『小學考』、東洋文庫
徐石麒『可經堂集』、北京大学善本閲覧室
徐文靖『管城碩記』、中華書局、1998
遊藝『天經或問』江戸刊本、架蔵
袁継咸『六柳堂遺集』抄本、北京図書館善本閲覧室
張其淦『明代千遺民詩詠』、明文書局、1991
張維屛『國朝詩人徵略初編』、東洋文庫
張貞生『庸書』、四庫存目叢書（集部第227冊）
朱彜尊『經義考』、四部備要
卓爾堪『明遺民詩』、東洋文庫
趙蔭棠『等韻源流』、商務印書館、1957

『白鹿書院志』康熙刊、北京図書館善本閲覧室
『崇正同人系譜』、東洋文庫
『傳是樓書目』清抄本、北京大学善本閲覧室
『復社姓氏傳略』（「留都防亂公揭」を含む）、道光刊、海王邨古籍叢刊、1990
『廣東通志』雍正刊、北京大学善本閲覧室
『廣信府志』乾隆刊、北京大学善本閲覧室
『漢陽縣志』乾隆刊、東洋文庫
『衡州府志』康熙刊、北京図書館善本閲覧室
『皇明遺民傳』朝鮮抄本（影印本による）
『江南通志』乾隆刊、北京大学善本閲覧室
『江西通志』康熙刊、北京大学善本閲覧室
『溧水縣志』順治刊、北京図書館古籍珍本叢刊
『連州志』康熙刊、北京図書館善本閲覧室；同治刊、北京大学善本閲覧室
『廬山志』康熙刊、東洋文庫
『明史藝文志』（『欽定續文獻通考』『國史經籍志補』『續文獻通考』を含む）、

商務印書館、1959

『南康府志』同治刊、北京大学善本閲覧室

『清史列傳』、中華書局

『興安縣志』、北京大学善本閲覧室

『宜春縣志』康熙刊、北京図書館善本閲覧室

『袁州府志』康熙刊、北京図書館善本閲覧室；乾隆刊、北京大学善本閲覧室

引用・参考文献

阿部兼也 1989 中国の字典その二『正字通』、『漢字講座』第2巻、明治書院

蔡鴻生 1995 清初嶺南僧臨終偈分析、『學術集林』4

陳昌儀 1991『贛方言概要』、江西教育出版社

陳昌儀 1997 贛語止攝開口韻知章組字今讀的歷史層次、『南昌大學學報（社科版）』2

Coblin, W. S. 2006 *Francisco Varo's Glossary of the Mandarin Language*, Monumenta Serica Institute, Sankt Augustin

丁邦新 1978 問奇集所記之明代方音、『中央研究院成立五十周年紀念論文集』第2冊、中央研究院

丁鋒 1984『正字通』著者是廖文英、『辭書研究』1984-1

―― 2001『「同文備攷」音系』、福岡中国書店

分宜縣志編纂委員會 1993『分宜縣志』卷二十八「方言」、檔案出版社

Forke, Von A. 1903 Über einige südchinesische Dialekte und ihr Verhältniss zum Pekinesischen. *Mittheilungen des Seminars für Orientalische Sprachen zu Berlin.*

古屋昭弘 1992 正字通和十七世紀的贛方音、『中國語文』5、北京商務印書館（和訳、大幅修訂の後→本書第2部第1章と第2部第3章の一部）

―――― 1993a 張自烈と『字彙辯』―『正字通』の成書過程―、東洋学報 74-3・4

────1993b 張自烈の『増補字彙』、『中国文学研究』19、早稲田大学
（修訂の後→本書第1部第4章）

────1994a 張自烈年譜稿（明代篇）、『早稲田大学大学院文学研究科紀要』39
（修訂の後→本書第1部第5章）

────1994b『拍掌知音』的成書過程、『中國語文』6、北京商務印書館

────1995 『正字通』版本及作者考、『中國語文』4、北京商務印書館
（修訂の後→本書第1部第2章）

────1996 張自烈年譜稿（遺民篇）、『早稲田大学大学院文学研究科紀要』40 第2分冊
（修訂の後→本書第1部第5章）

────1997 魏際瑞と17世紀の江西客家方音、『橋本萬太郎紀念中国語学論集』、内山書店

────1998a『字彙』與明代吳方音、『語言學論叢』20、商務印書館

────1998b 明刊『箋註陶淵明集』のことなど、『中国文学研究』24、早稲田大学
（修訂の後→本書第1部附論）

────1998c 萬濟國《官話語法》中的羅馬字拼音、『語苑擷英』（慶祝唐作藩教授七十壽辰學術論文集）、北京語言文化大学出版社

────2000 金堡「刊正正字通序」と三藩の乱、『村山吉廣教授古稀記念中国古典学論集』、汲古書院（修訂の後→本書第1部第3章）

────2002 正字通反切的語音系統、李方桂記念漢語史研討會宣讀論文、ワシントン大学
（同音字表を大幅修訂したのち→本書第2部第4章）

────2004 白鹿書院本『正字通』最初期の音注、『中国文学研究』29、早稲田大学
（修訂の後→本書第2部第2章）

────2005 白鹿書院本『正字通』声韻調の分析、『中国文学研究』31、

　　　　　　　早稲田大学
　　　　　　（網羅的な反切系聯表を加え→本書第2部第3章）
―――2006　『正字通』における中古全濁上声字の扱い、『松浦友久博士
　　　　　　追悼記念中国古典文学論集』、研文出版
　　　　　　（修訂の後→本書第2部第5章）
―――2007　張自烈『芑山詩集』について、『佐藤進先生還暦記念論文
　　　　　　集』、好文出版
　　　　　　（修訂の後→本書第2部附論）
古屋昭弘・野川博之 2007『正字通作者辯』（影印・訓読・解説）、中国古
　籍研究所
郭紹虞 1983 陶集考辨、『照隅室古典文學論集』上、上海古籍出版社
花登正宏 1981 明代通俗小說「律條公案」について、『均社論叢』10
平田昌司 1995 唐宋科擧制度轉變的方言背景、『中國東南方言比較研究叢
　書』第1輯
平山久雄 1962 切韻系韻書の例外的反切の理解について、『日本中国学会
　報』14
侯外廬 1988『方以智全書第一冊』（說明部分）、上海古籍出版社
胡迎建 1990『正字通』作者應爲廖文英、『古籍整理出版情況簡報』229
黃沛榮 1998 正字通之版本及其作者問題、第九屆中國文字學全國學術研討
　會宣讀論文
石崎博志 2005 Francisco Diaz の『漢語・スペイン語辞典』について、『中
　国語学』252
岩見輝彦 1980 方以智『通雅』と新井白石の言語論、『早稲田大学大学院文
　学研究科紀要』別冊7
神田信夫 1993 荻生徂徠『滿文考』和『清書千字文』、『第6屆中國域外漢
　籍國際學術會議論文集』
工藤早恵 1994「胡」字小稿、『中国語学』241
河野六郎 1979 呉方言における咸摂一等重韻の扱い方について、『東洋研
　究』53、大東文化大学
李如龍・張雙慶 1992『客贛方言調査報告』、廈門大学出版社

廖肇亨 1999 金堡『徧行堂集』による明末清初江南文人の精神様式の再検討、『日本中国学会報』51

林慶勳 2001 正字通的聲母、『聲韻論叢』11

――― 2003 『「正字通」的音節表』、行政院國家科學委員會補助專題研究計畫成果

劉鳳雲 1994『清代三藩研究』、中国人民大学出版社

劉綸鑫 1999『客贛方言比較研究』、中国社会科学出版社

――― 1999 客贛方言史簡論、南昌大學學報（人文科學版）3

劉平 2001『江西宜春方言音系』、福建師範大学修士論文

劉澤民 2005『客贛方言歴史層次研究』、甘粛民族出版社

羅常培 1940『臨川音系』、商務印書館

羅肇錦 1989『瑞金方言』、学生書局

松浦友久 1996 認識の枠組みとしての「平上去入」体系、『中国文学研究』22、早稲田大学（『中国詩文の言語学』、研文出版、2003、所収）

――― 2000「繆氏」の発音の史的変化と日本漢字音、『村山吉廣教授古稀記念中国古典学論集』、汲古書院（『中国詩文の言語学』、研文出版、2003、所収）

三浦秀一 2004 張自烈撰『四書大全辯』刊刻事情、『東アジア出版文化研究こはく』、磯部彰編

大嶋広美 1996 贛語知三、章組聲母、『中国語学』243

大庭脩 1967『江戸時代における唐船持渡書の研究』、関西大学出版部、1981年第二刷

――― 1972 『宮内庁書陵部蔵≪舶載書目≫』、関西大学学術研究資料叢刊 7

岡本さえ 1977 清代禁書、『東洋文化研究所紀要』第73冊、東京大学

小野和子 1996『明季党社考』、同朋舎

水谷誠 1980「重」の破音における三声調区分について、『安田学園研究紀要』20

任道斌 1983『方以智年譜』、安徽教育出版社

Sagart, Laurent 1993 *LES DIALECTES GAN*

Centre de Recherches Linguistiques sur l'Asie Orientale

佐藤進 2004「傅增湘「蔵書雑詠『宋刊方言』十八首」訳注、『人文学報』352、東京都立大学

上高縣志編纂委員會 1990『上高縣志』卷二十八「方言」、南海出版公司

孫玉文 2000『漢語變調構詞研究』、北京大學出版社

萬載縣誌編纂委員會 1988『萬載縣誌』卷三十三「方言」、江西人民出版社

汪宗衍 1986『明末天然和尚年譜』、台湾商務印書館、もと 1942 年

王政堯 1986 金堡、『清代人物傳稿』上編第三卷、中華書局

魏鋼強 1990『萍郷方言志』、語文出版社

――― 1998『萍郷方言詞典』、江蘇教育出版社

蕭惠蘭 2003 張自烈著『正字通』新證、『湖北大學學報哲學社會科學版』30-5

謝国楨 1981『増訂晩明史籍考』、上海古籍出版社

謝正光 1990『明遺民傳記資料索引』、新文豐出版公司

熊正輝 1995『南昌方言詞典』、江蘇教育出版社

薛瑞錄 1991 尚之信、『清代人物傳稿』上篇第六卷、中華書局

顔森 1993『黎川方言研究』、中国社会科学出版社

―― 1995『黎川方言詞典』、江蘇教育出版社

―― 1995 江西方言研究的歷史與現狀、『江西師範大學學報（哲學社會科學版）』2

楊時逢 1969 南昌音系、『中央研究院歷史語言研究所集刊』39

――― 1971 江西方言聲調的調類、『中央研究院歷史語言研究所集刊』43

宜春市地方志編纂委員會 1990『宜春市地方志』卷三十九「方言」、南海出版公司

余直夫 1975『奉新音系』台北、藝文印書館

張慧劍 1986『明清江蘇文人年表』、上海古籍出版社

張民權 2002 張自烈『正字通』原本考正及其古音注釋、『研究古籍整理研究學刊』5

趙蔭棠 1957『等韻源流』、商務印書館

周祖謨 1966 四聲別義釋例、『問學集』、中華書局

人名索引

○＊をつけた項目は主要な頁数に限定したもの
○原文引用部分や注からも重要なものは採録した

あ

秋谷裕幸……………………………200
阿字………………25, 34, 35, 49-53, 289
阿部兼也………………28, 30, 116, 327
新井白石……………………………44

い

伊藤東涯……………………………44
井上一之……………………………103
尹源進……………32, 33, 44, 54, 65, 101, 121

え

衛弁石………………………………72
易氏……………………………68, 75, 79
易嗣重……………………………72, 103
袁一鶩………………………70, 72, 103
袁業泗………………………………81
袁継咸……………21, 67-69, 71, 72, 74-76, 78,
　　　　80-84, 86, 88, 91, 103-105, 264, 326
袁継梓………………………………98
袁子讓………………………………6
閻若璩……………………………96, 97
袁世琦………………………70, 72, 88
袁仲思……………………………8, 67, 69

お

王延祹………………………………89
王應電………………………………14
王思任………………………………105
王震生…………………33, 38, 39, 323

王諏吉

王諏吉………………………………89
欧陽修………………………………251
王養正………………………………94
王与参………………………………94
王令………………………………35, 48
小川環樹……………………………30

か

夏一諤………………………………89
艾南英……………………………29, 73
夏允彝………………………30, 85, 103, 105
過雲生………………………………100
何九盈……………………………28, 64
郝敬…………………………………9
郭紹虞……………………………103, 329
岳蛻…………………………………66
何氏………………………67, 79, 88, 268
珂然………………………31, 36, 39, 43, 290, 324
函罡………………………………49, 51-53
顔師古……………………………250, 251
顔森………………………………5, 331
神田信夫…………………………43, 329
韓道昭………………………………14
韓愈………………………98, 245, 260

き

魏校…………………………………14
魏鋼強……………………………5, 120, 331
魏周郁………………………………56
魏詔…………………………………69

索　引

木下元高･･････････････････44
裘君宏････････････16, 27, 49, 325
丘雍････････････････････14
丘琳････････････････････48
姜曰広･･･9, 21, 71, 73, 77, 81, 86, 88, 94, 268
喬中和･･････････････････56, 64
龔鼎孳･･･････････33, 37-39, 41, 43,
　　　　　　52, 96, 101, 121, 323
許愼････････････････････13
金光辰････････････････････84
金光房･･････････････････75, 77
金声桓････････････････････86
金堡････15, 34, 35, 46-52, 53, 100, 289, 325

く

瞿式耜････････････････････87

け

掲重熙････････････････80, 82, 91
倪鐙･････････････････････14
厳嵩･････････････････････67
阮大鋮･･････････････････8, 9, 75
厳渡･････････････････････75

こ

呉一聖････････････････････16
呉械･････････････････････14
呉偉業････････････････21, 111, 271
耿精忠････････････････10, 25, 34, 48
黄槐開･･･････････････････105
郜煥元････････････････････93, 95
侯岐曾････････････････････74, 75
康熙帝･･･････････････････129
黄虞稷･･･････････････････110
高光夔････････････････････35, 48
黄嗣艾･･･････････････････66, 325
江志稷････････････････････84
黄孺子････････････････････72, 106
黄淳耀････････････････････21, 75, 85
洪承疇･････････････････10, 90, 96
黄宗羲･･･････････21, 25, 30, 52, 66, 70,
　　　　　　73, 75, 76, 94, 96, 325

黄道周････････････････････85
侯峒曽･･･････････10, 16, 21, 78, 83, 85
河野六郎･････････････････7, 329
侯方域･･･････････25, 76, 91, 93, 261, 325
黄容･････････････････30, 66, 325
顧炎武･････････････12, 20, 81, 87, 325
呉応箕･････････9, 21, 25, 69, 73-77, 81, 85, 91,
　　　　92, 94, 95, 109, 110, 261, 262, 326
顧開雍････････････････････74
胡迎建･･･････････････････17, 65, 329
顧景星････････････････････15, 95, 325
呉源起･･････････15, 31, 36, 52, 124, 323, 324
呉元満････････････････14, 258, 260
顧杲･････････････････････74, 197
呉山嘉･･･････････････････104
呉三桂･･･････････････34, 36, 48, 97, 289
胡思敬･････････････････12, 30, 287
呉淑･････････････････････13
呉盛藻････････････････････35, 44, 48
呉鋳･････････････････････36
呉非･････････････････････91
呉炳･････････････････････80
呉孟堅････････････････92, 94, 95, 109, 110
顧野王････････････････････13
昆湖･･･････････････････→廖文英
今釈･････････････････34, 49, 52
今無･････････････････････34, 49

さ

蔡懋徳････････････････････70, 73
蔡沐･････････････････････79
佐々木猛･･････････････････39
笹原宏之･･････････････････30
佐藤進･･･････････････････261
左懋第････････････････････21, 85
左良玉･･･････････････9, 10, 79, 100, 261

し

史可法･･････････････10, 21, 78, 81
爾公･･･････････････････→張自烈
施閏章･･･････････････････98, 325
史彪古･･････････････････33, 38, 54, 323

333

釋曇域………………………………13	薛尚功………………………………14
謝徳溥………………………………71	銭禧………………………21, 75, 76, 85
謝枋得…………………………82, 266	銭経済………………………………72
朱彝尊……………………7, 92, 326	銭捷………………………35, 44, 48, 53
周燦…………………………………83	銭秉鐙（澄之）………………34, 51, 111
邵漆夫…………………92, 98, 99, 101	そ
周鍾……………………21, 69, 75, 85	宋祁…………………………………13
周伯琦……………………13, 14, 27	宗元豫………………………………100
周鑣…………………9, 21, 72, 84, 105	宋之盛………………………………82
周鳳翔………………………………76	荘初昇………………………………44
周有徳………………………………106	宋存標………………………………74
周立勲…………………………74, 75	曹鳴遠………………………………84
周亮工………………………………106	宋犖……………………………92, 93, 326
朱隗…………………………………111	蘇軾…………………………………105
叔玉………………10, 17, 18, 34, 53, 101	孫羽辰………………………………97
朱謀㙔………………………………14	孫吾與………………………………14
鍾氏………………………74, 75, 78, 270	孫臨…………………………………74
尚可喜……………34, 36, 44, 48, 50, 52	た
蕭惠蘭…………………………15, 43, 331	戴移孝…………………………91, 110
尚之信………………………34, 36, 48, 53	戴重………………9, 85, 91, 110, 112, 325
蔣先庚………………………………56	戴侗…………………………………14
昭明太子………………………104, 105, 111	戴本孝…………………………91, 110
徐鍇……………………………13, 27	卓菴……………………………→張自勲
徐鉉…………………………………13	卓爾堪……………………………66, 326
徐乾学……………………………12, 29, 56	笪三開………………………………89
徐自定…………………………82, 266	澹帰………………………………49, 52
徐石麒………………21, 73, 74, 85, 326	ち
徐孚遠……………………………21, 74, 75	仲玉………………10, 17, 18, 33-35, 53, 101
徐文靖…………………………274, 326	鈕琇……………………………16, 49, 325
徐養心………………………74, 78, 80, 83	張瑋…………………………………10
沈澳……………………………103, 104	張位…………………………………6
沈士柱……………………74-76, 84, 96	趙維寰……………………………103-105
沈約…………………………………14	趙宧光………………………………13
沈寿国………………………………98	張維屏……………………………66, 326
＊沈寿民………9, 64, 70, 75, 77, 79, 90,	張益仁………………………………90
92, 95-97, 103, 105, 110, 325	張日柱………………………………8, 67
沈珽…………………………………110	張日楨………………………………8
任道斌…………………28, 94, 109, 330	張化鵬………………………………8, 67
せ	張化龍………………………………67
成萬材………………31, 35, 37, 65, 289	
席仁…………………………………20	

334

索　引

趙嶷	15, 27, 95, 130
張其淦	66, 326
張旭	104
張忻	14
張慧劍	66, 331
張献忠	8, 10, 79
趙光抃	80
趙古則	14
張自熙	8, 9, 21, 70, 76, 77, 79
張自勲	8, 16, 22, 38, 60, 66, 70, 72, 98, 101
趙如瑾	89
＊張自烈	1, 8, 55, 66, 102, 104, 106, 121, 248, 261, 288, 296, 324
趙振鐸	30
張世堉	21, 22, 78-80, 92, 93, 96, 98, 99, 270
張世応	75, 76
張世埈	66, 101
張雙慶	5, 329
張孫振	74
張貞生	32, 33, 38, 39, 43, 100, 121, 130, 323, 326
張溥	71, 271
張明弼	74
張有	14
陳維崧	90, 110, 325
陳允衡	93, 97, 111, 325
陳弘緒	51, 78, 82, 99, 110, 325
陳作霖	66, 325
陳昌儀	5, 119, 132, 199, 201, 260, 327
陳済生	87
陳澤平	200
陳鼎	104
陳貞慧	21, 75, 76, 84, 90, 91, 94, 110, 261, 325
陳年穀	33, 40
陳名夏	9, 21, 73-76, 84, 88-90, 92, 93, 110-112, 324
陳有恒	5
陳梁	74, 287

て
程康荘	99
鄭樵	13
鄭祖玄	81
丁度	14
丁鋒	296, 327
寺村政男	44

と
湯学紳	12, 13, 27, 56, 57, 63, 64
湯顕祖	6
董琨	289, 323
湯大器	27, 75
戸川芳郎	37, 323
屠隆	14

の
野川博之	44

は
梅膺祚	1, 2, 4, 12, 56, 57, 64, 96, 122
梅庚	98, 110
梅国禎	93
梅之熉	74, 75, 79, 81, 93, 110
梅鼎祚	58, 64
梅朗中	64, 75, 76, 98, 110
馬士英	9, 83
橋川時雄	106
花登正宏	6, 329
樊永定	83, 84
范賢文	79
萬壽祺	74
半拙	109, 111

ひ
平山久雄	7, 134, 153, 260, 329

ふ
馮如京	55, 94
傅山	74
文徳翼	33, 38

335

ほ

- ＊方以智………6, 9, 11, 15, 20, 21, 55, 64, 74-76, 78, 85, 87, 90, 92-94, 101, 108, 325
- 包希魯……………………………13
- 方孝孺…………………………48, 53, 86
- 方孔炤……………………………21, 75, 90
- 冒襄………………21, 74-76, 78, 83, 97, 110, 111, 261, 325
- 冒丹書……………………………110
- 方中通… 15, 29, 51, 55, 64, 92, 108-111, 325

ま

- 麻三衡……………………………74, 75, 85
- 松浦友久…………103, 111, 245, 253, 330

み

- 三浦秀一…………………………297, 330
- 水谷誠……………………………30, 245, 330

も

- 毛晃………………………………14, 248, 250
- 本居宣長…………………………116

ゆ

- 熊維典……………………………38
- 熊禾………………………………88
- 遊藝………………………………98, 326
- 熊正輝……………………………5, 331
- 熊非熊……………………………51, 53, 54, 102
- 兪王爵……………………………26, 66
- 兪塞………………………………84, 88

よ

- 余維樞……………………………75, 84, 90
- 楊以任……………………………71, 72, 106, 271
- 楊桓………………………………14
- 楊時偉……………………………14
- 姚子莊……32, 33, 38, 44, 65, 101, 121, 323
- 楊時逢……………………………5
- 楊愼………………………………14
- 葉贍泉……………………………66
- 楊廷枢……………………………21, 73, 75, 86
- 楊廷麟……………………………21, 82, 86
- 楊文驄……………………………87
- 葉秉敬……………………………14
- 余垣………………………………75, 84, 89
- 余直夫……………………………5, 331
- 余懋衡……………………………9, 75, 77, 83, 104
- 余楷………………………………88

ら

- 羅香林……………………………10
- 羅常培……………………………5, 7, 330
- 羅肇錦……………………………5
- 羅万藻……………………………75

り

- 李栄………………………………65
- 李楷………………………………97
- 李漁………………………………41
- 陸慶曾……………………………74
- 陸元輔……………………………92
- 陸廷掄……………………………99
- 陸徳明……………………………245
- 陸法言……………………………14, 245
- 李綱………………………………86
- 李時………………………………91, 95
- 李自成……………………………9, 81, 266
- 李昌祚……………………………96, 106-108, 325
- 李如龍……………………………5, 329
- 李嵩陽……………………………9, 89, 90
- 李清………………………………100, 325
- 李天根……………………………105, 325
- 李登………………………………252
- 李騰………………………………13, 27
- 李贄………………………………35, 48
- 李雯………………………………74
- 李邦華……………………………10
- 劉湘………………………………74
- 劉城………………20, 29, 73-76, 79, 89, 91, 110-112, 262, 325
- 劉澤民……………………………5, 330
- 劉廷鑾……………………………79, 91, 95, 110
- 劉葉秋……………………………30

劉炳 ………… 15, 25, 34-36, 46-52, 100, 289	林慶勳……………………… 130, 136, 330
劉履丁 ………………………………… 74	**れ**
劉綸鑫 ……………………………… 5, 330	
廖應召 ………………………………… 97	黎元寛… 10, 32, 33, 38, 39, 52, 101, 121, 323
李陽冰 ………………………………… 13	**ろ**
＊廖文英……1, 10, 16, 18, 26, 32, 34, 47, 77, 80, 84, 100-102, 121, 128, 164, 288	魯可藻……………………………… 45, 89, 325
廖綸璣…………… 18, 32-35, 44, 52, 53, 101, 121, 130, 296	**欧**
廖聯翼 ………………………………… 97	Coblin, W. S. ……………………… 290, 327
呂恂 …………………………………… 66	Forke, Von A. ……………… 5, 167, 201, 327
呂忱 …………………………………… 13	Sagart, L. ……………………………… 5, 6, 330
呂兆龍 ………………………………… 74	Varo, F. ………………………………… 290

事項・書名索引

○＊をつけた項目は主要な頁数に限定したもの
○原文引用部分や注からも重要なものは採録した

あ
安徽呉語……………………… 2, 4, 296

い
韻會小補…………………………… 14, 28
韻會定正……………………………… 14
韻補…………………………………… 14

え
永曆政權……… 34, 45, 46, 49, 51, 53, 87, 267
嶧桐集……………………… 73, 91, 325
燕呉夜錄……………………………… 106
＊袁州……… 5, 8, 10, 61, 67, 79, 119, 167
袁州府志…………… 8, 11, 12, 25, 29,
　　　　　　　56, 66, 80, 98, 101, 327

お
王文成集……………………………… 9
音韻正訛…………………………… 296
音韻闡微………………………… 245, 252
音義便考…………………………… 252

か
＊芥子園本……………… 31, 41, 288, 323
海幢寺………………… 25, 34, 49, 51, 53
學餘堂文集……………………… 98, 325
可經堂集…………………………… 73, 326
河邨集（河村集）………… 9, 91, 110, 325
葛源…………… 9, 81-89, 104, 266-268, 271
贛語………… 4, 24, 119, 123, 125, 155, 163, 200

き
宦寺賢姦錄…………………………… 9, 69
漢字三音考………………………… 116
管城碩記…………………… 289, 290, 326
贛方音………………… 6, 121, 122, 165
贛方言…………… 1, 5, 6, 24, 44, 61, 63, 288
贛方言概要…………… 5, 120, 132, 327
漢陽縣志………………………… 106, 326
官話文典…………………………… 290, 296
杞旴…………………………………… 106
芑山…………………………………… 8, 67
芑山詩集……………………… 30, 261, 262
芑山先生文集……………… 66, 262, 324
＊芑山文集…………… 8-13, 20, 44,
　　　　　　　66, 89, 98, 262, 324
幾社……………………………………… 105
＊宜春……………… 4, 5, 8, 24, 67,
　　　　　　　119, 136, 138, 168, 296
宜春縣志……………… 8, 11, 22, 29, 34,
　　　　　　　66, 71, 101, 102, 327
宜春市地方志……………… 132, 137, 168, 331
貴池二妙集………………………… 91, 325, 326
叶音………………… 60, 250, 251, 255, 257-259
匡謬正俗…………………………… 251
玉篇……………………………………… 13
琴言…………………………………… 106
近思錄………………………………… 9
今文辯……………………………… 73

338

索 引

け

經義考	7, 92
啓禎兩朝遺詩	87
經典釋文	245, 260
經譯	106
倦庵錄	106
元韻譜	56, 58, 64
元功垂範	52
建初寺	15, 55, 92, 108
憲章類編	9
賢妃要言	106
建陽	9, 32, 65, 81, 82, 88, 98-100, 121

こ

興安縣志	85, 327
廣韻	2, 14, 23, 24, 116, 164, 203, 245, 250, 260
廣益正字通	290
貢監生	8, 9, 70, 71, 103
康熙字典	1, 245, 290, 320
廣居堂	35, 50
黄公説字	15, 27, 95, 325
考古圖	14, 27
高士傳贊補	106
衡州府志	95, 326
甲戌文辯	9, 26, 73
広信府	9, 26, 80-86, 104, 266, 267, 271
廣信府志	36, 326
江西通志	8, 26, 30, 66, 102, 326
幸存錄	105
孝忠經傳合編	10
江南通志	55, 90, 326
洪武正韻	2-4, 11, 14, 23, 116, 124, 164, 165, 245-250, 260, 324
＊弘文書院本	31, 37, 288, 323
皇明遺民傳	66, 326
觥侑	106
高麗大学	122
吾悔集	30, 76, 325
国子監	8, 10, 17, 21, 71, 75, 76, 103, 105, 265, 271
國志經籍志補	12, 56, 64
國朝詩人徵略初編	66, 326
國表	69
五經參同	106
五經大全辯	9
古今韻會舉要	245, 250
古今韻略	252
古今理學精義	9, 26, 77, 99
古今理學辯似錄	9, 26, 99
姑山遺集	90, 96, 325
姑山文集	105
孤史	93
古詩文辯	9, 22
觚賸	16, 28, 30, 49, 325
吳鼎吾行實	36
古文奇字	14
古方略	9, 26, 75, 77, 83, 86, 104

さ

＊三畏堂本	31, 39, 288, 323
三垣筆記	100, 325
屠守銘	106
山草堂集	9
三朝實錄	87
三藩	34, 36, 46, 48, 52, 53, 100, 289
刪補英雄傳	106

し

詩慰	91, 93, 111, 325
＊字彙	1, 19, 58, 96, 113, 122, 132, 137, 154, 158, 245, 253, 298, 320, 324
＊字彙辯	11, 55, 78, 92, 94-96, 98, 109, 121, 288
字彙補	12, 13, 56, 57, 64
字學元元	6
史記佚	106
思舊錄	26, 29, 66, 73, 325
四庫提要	1, 7, 8, 44, 49, 83
自訟錄	94
四書諸家辯	107
四書大全	9, 78, 83
＊四書大全辯	8, 11, 22, 26, 55, 76-83, 87-90, 92-94, 297, 324

史訊……………………………… 106	正字通作者辯……………… 28, 31, 44, 324
四声別義………………… 245, 249, 252, 260	西儒耳目資………………………… 119, 296, 297
四聲譜………………………………… 14	成仁錄……………………………… 9, 83, 104
四朝大事記…………………………… 87	西陂類稿…………………………………… 93, 326
實錄定本……………………………… 9	青龍山……………………………………… 11, 34
四傳覼論…………………………… 106	石雲居文集…………………………… 110, 324
史辯…………………………………… 9	石嘯居…………………………… 26, 77, 107, 111
四方書牘……………………………… 93	石林堂集………………………… 10, 11, 27, 101
爛火錄…………………………… 105, 325	切韻……………………………………… 245
集韻……………………………… 13, 245	切韻指掌………………………………… 56, 58
十二字頭……………… 1, 18, 32, 33, 35,	切韻聲原………………………………… 6, 64
37-39, 41, 43, 52, 54, 58, 131	説文解字…………………………… 13, 14, 58, 59
周濂溪張横渠集……………………… 9	説文繫傳………………………………… 13
朱晦庵集……………………………… 9	説文五義………………………………… 13
出處譜……………………………… 106	説文字原……………………………… 13, 27
＊上高…………………………… 6, 137, 168	説文集註……………………………… 13
鐘鼎篆韻……………………………… 14	説文長箋……………………………… 13
諸子推要…………………………… 106	説文補………………………………… 13
書事七則…………………………… 84, 325	説文補義……………………………… 13
字學…………………………………… 14	雪廬焚餘稿…………………………… 104
字林…………………………………… 13	
眞山人後集………………… 106, 107, 325	**そ**
清史列傳…………………… 26, 44, 66, 90, 327	増修互注韻略………………………… 14
心書………………………………… 101	増修互註禮部韻略……………… 248-250
新選正字通………………………… 290	＊増補字彙……………… 12, 55-63, 113,
	122, 156, 288, 298, 324
す	楚些……………………………………… 106
瑞金……………………………… 5, 106	尊経閣……………………… 12, 37, 56, 57,
崇正同人系譜……………… 10, 44, 53, 124, 326	105, 107, 122, 323, 324
せ	**た**
聖安本紀……………………………… 81, 325	大學衍義笺行………………………… 106
＊清畏堂本……… 2, 15, 28, 31, 36, 289, 323	大學衍義辯…………………………… 9
聲韻會通……………………………… 296	帯月楼本……………………………… 31, 43
正韻牋………………………………… 14	大成正字通…………………………… 290
正音…………………………… 119, 296	帯巴楼本……………………………… 31, 43
清可堂本……………………………… 43	
聖學格物通…………………………… 9	**ち**
清江…………………………… 119, 120	治書…………………………………… 22
正黄旗教習……………… 18, 28, 32, 101, 121	中原音韻……………………… 116, 252
＊正字通…………… 1, 11, 23, 31, 100, 113, 121,	中古漢語的古典学…………………… 245
132, 203, 245, 288, 320, 323	懲姦錄………………………………… 9

索　引

陳迦陵文集……………………90, 325
陳成徳本……………………………31

つ

通雅……………6, 15, 55, 64, 92, 109, 111

て

訂定資治通鑑綱目…………………9
天界寺………………………55, 92
天經或問……………………98, 326
傳是樓書目……………12, 29, 56, 64, 326
轉注古音略…………………14, 27
篆隷辯從……………………55, 64, 92

と

陶淵明集……9, 26, 72, 83, 101, 103-106, 324
黨戒錄………………………9, 85
唐宋八大家約…………………106
同文備攷……………………296
東林列傳……………………104

な

南康府志……………10, 26, 100, 327
＊南昌…………5, 8, 30, 37, 53, 68,
　　　　　70, 78, 82, 84, 86, 88, 110
南都防亂揭…………………………8
南北通音………………………119, 296
南雷學案……………………66, 325

に

二程全書……………………………9

は

陪詩…………15, 55, 92, 108, 109, 111, 325
陪集……………15, 51, 55, 92, 108, 325
拍掌知音……………………130, 296
白鹿書院志…………10, 16, 28, 29, 326
白鹿書院系版本………………37, 38
＊白鹿書院本………17, 31, 33, 52, 121,
　　　　　132, 203, 245, 288, 298, 323
白鹿洞書院………11, 16, 17, 22, 32, 34,
　　　　　50, 56, 57, 80, 100-102

＊白鹿東大本＝東京大学蔵白鹿書院本
　　　　　……………33, 121, 288, 323
＊白鹿内閣本＝内閣文庫蔵白鹿書院本
　　　　　…………4, 19, 31, 121, 288, 298, 323
客家………6, 10, 44, 118, 124, 125, 155, 296
＊萬載………………………137, 138, 168
反切系聯法………4, 133-136, 147, 165, 166
蟠龍寺………………………………70

ひ

批評東皐子集………………………106
批評二十一史………………………9
批評白樂天集………………………106
批評方青峒集………………………106
批評劉復愚集………………………106

ふ

復社………………1, 8, 21, 26, 71, 72,
　　　　　83, 105, 106, 261, 271
復社姓氏傳略……………26, 30, 104, 326
浮山文集…………11, 45, 78, 85, 87, 93, 325
復古編………………………………14
分宜……………………25, 30, 67, 102, 119
文瓢………………………………106
焚餘續草…………………………104

へ

兵解………………………………106
＊萍郷………………………5, 119, 137, 168
平江………………………………………5
別傳寺…………………………46, 49
篇海…………………………14, 23
篇海類編…………………………14
徧行堂集………………34, 46, 49, 50, 100, 325

ほ

奉新………………………………5, 331
蒲圻………………………………5, 69
翻竊……………………………296
本朝會典經緯録……………………9, 22

341

ま

満洲……18, 20, 28, 32, 52, 111, 121, 129

み

妙貫堂餘譚……………10, 16, 25, 49, 325
明遺民詩………………………66, 326
明遺民錄……………30, 66, 102, 325
明詩摘………………………………106
明清江蘇文人年表……………66, 331
明代金陵人物志………………66, 325
明代千遺民詩詠………………66, 326
明文蒐異……………………………106
明文授讀………………52, 64, 94, 325

め

名臣奏疏定…………………………106

も

問奇集…………………………………6

ゆ

友古圖………………………………106
郵牘…………………………………106

よ

謠述…………………………………106
豫章叢書……26, 44, 66, 261-264, 287, 324

ら

洛陽縣志……………………………36

り

陸象山集………………………………9
六書刊定……………………………13
六書故………………………………14
六書精蘊……………………………14
六書正譌……………………………14
六書總要………………………14, 260
六書統………………………………14
六書本義……………………………14
六書略………………………………13
六書類釋……………………………14
六柳堂集………………………104, 264
六柳堂遺集………68, 69, 88, 91, 101, 326
律條公案…………………………6, 329
留都防亂公揭……………8, 26, 75, 326
隆武政權………………………84, 85, 267
＊劉炳補修本……28, 31, 33, 49, 288, 323
兩漢文選……………………………100
臨川…………………………………5, 6

る

類篇…………………………………14

れ

黎川……………………………………5
嶺表紀年…………………………89, 325
禮部韻略……………………………14
醴陵……………………………………5
歷代文汰……………………………106
連州……………1, 10, 18, 25, 34, 36,
　　　　　46-52, 96, 100, 124, 125, 289
連州志……………26, 28, 34, 48, 96, 326
連州客家……………………………125
連陽………10, 25, 32, 34, 37-39, 41, 46, 47

ろ

樓山堂集………9, 73, 74, 76, 77, 91, 95, 326
老莊滙解……………………………106
廬山志…………………………53, 102, 326

あ と が き

　本書は2006年秋早稲田大学文学学術院に提出した博士学位請求論文『張自烈『正字通』研究』を元としたものである。審査に当られた岡崎由美・平山久雄・水谷誠・柳澤明の諸委員からは数々の助言を忝くした。今回の加筆に際してできる限り反映させて頂いた。心から感謝申し上げる次第である。

　そもそも私が『正字通』の音注と出会うことができたのは故河野六郎先生のおかげである。1985年4月以降、私は東洋文庫の兼任研究員として朝鮮研究室に属し、先生と机を並べさせて頂いていた。一時期、先生は『字彙』附載の韻図に興味をお持ちであった。ある日、その関連で『正字通』の最初の部分のコピーを見せて下さったのである。それがきっかけで音注のことを調べ始め、1989年夏には岩田礼氏の主催する科研費の研究会で「正字通の反切」という簡単な報告をしている。記憶に間違いがなければ、遠藤光暁・太田斎・落合守和・平田昌司を始めとする諸氏が聞いてくれたと思う。早くから『正字通』に注目しておられた杉本つとむ先生からも折に触れて励ましの言葉を頂いた。

　1992年4月からの一年間、訪問学者として北京大学に滞在、唐作藩先生の指導と蒋紹愚先生や社会科学院語言研究所の侯精一先生の協力のもと、声母を中心とする論文を執筆、山東威海での中国音韻学国際学術研討会および『中国語文』誌上で発表することができた。ちょうど高級進修生として勺園に滞在中だった樋口勇夫氏が、出版されたばかりの贛方言の資料を貸してくれたことも有難かった。

　円明園に近い北招待所の静かな部屋で、湖の見える窓の下、当時一歳の娘朋絵と遊びながら張自烈の年譜を作成した日々が懐かしく思い起こされる。毎日のように北京図書館や北京大学図書館の善本閲覧室に通った。その日の文献上の収穫を興味津々の面持ちで聞いてくれただけでなく、研究上のヒントをも提供してくれた妻の和平に感謝したい。

　帰国後、東豊書店が影印出版する弘文書院本『正字通』のために解説を

書く機会に恵まれた。简木桂社長のおかげである。2002年の夏には、余靄芹先生の主催する李方桂記念漢語史研討会（ワシントン大学）で同音字表を発表、細部に問題が残るものの、ようやく体系的なとらえ方ができた。その後、野川博之氏とともに江戸時代の珂然『正字通作者辯』を影印の形で顕彰することもできた。

　この場を借りて、中国近世音研究の世界に導いて下さった東京都立大学の慶谷壽信先生、『正字通』三畏堂本を譲って下さった日下恒夫先輩、『正字通作者辯』を譲って下さった寺村政男先輩、版本その他の事でご協力ご教示を賜った戸川芳郎先生・劉広和先生や佐藤進先輩および秋谷裕幸・闍征・大塚秀明・佐々木猛・笹原宏之・徐時儀・高橋智・丁鋒・山崎直樹・渡辺浩司の諸氏、遅々として進まぬ研究に対し声援を送り続けてくれた故松浦友久先生を始めとする同僚各位、影印資料の掲載を許可して下さった国立公文書館内閣文庫・東北大学附属図書館・早稲田大学図書館、その他の蔵書機関の関係各位など、お世話になったすべての方々にお礼申し上げたいと思う。

　最後となってしまったが、難字や音声記号の多い厄介な原稿を、このように立派な装幀の本にして下さった好文出版の尾方敏裕社長と路子夫人および佐々木直子・竹川朋子両氏そしてオルツの管野真弘・寺尾征枝・唐木田直樹・上野瑞貴の各氏に深甚の謝意を表すとともに、昨年創立二十周年を迎えた好文出版の益々の発展をお祈りしたい。

　なお本書の出版に当たっては早稲田大学学術出版補助費の助成を得ている。

2009年2月

著者

〈著者略歴〉

古屋 昭弘（ふるや あきひろ）

1954年3月1日、横浜市に生まれる。東京都立大学人文科学研究科博士課程満期退学。早稲田大学文学学術院教授、博士（文学）早大。共著に『花関索伝の研究』（汲古書院、1989）、『デイリーコンサイス中日・日中辞典』（三省堂、1999）。論文に「王仁昫切韻と顧野王玉篇」（『東洋学報』65-3・4、1984）、「『斉民要術』に見る使成フレーズ Vt+ 令 +Vi」（『日本中国学会報』52、2000）、「出土文献と上古中国語の音韻について」（『中国文学研究』29、2003）など。

張自烈『正字通』字音研究

2009年3月1日　初版発行

著　者	古屋昭弘
発行者	尾方敏裕
発行所	株式会社 好文出版
	〒162-0041　東京都新宿区早稲田鶴巻町540 林ビル3F
	Tel.03-5273-2739　Fax.03-5273-2740
	http://www.kohbun.co.jp
装　丁	関原直子
組　版	株式会社オルツ
印刷／製本	音羽印刷株式会社

©Akihiro Furuya 2009　Printed in Japan　ISBN978-4-87220-100-0
本書の内容をいかなる方法でも無断で複写・転載使用することは法律で禁じられています。
乱丁落丁の際はお取替えいたしますので直接弊社宛てお送りください。